Zu diesem Buch

Hans Dieter Zimmermann erzählt und deutet das Drama eines zum Künstler begabten jungen Mannes: von den entscheidenden Kindheits- und Jugenderlebnissen an bis zu den letzten Zeugnissen vor seinem Selbstmord. Zwischen Himmelhochjauchzend und Zutodebetrübt schwankte Kleists Seele. Er verfehlte Wege zum Glück und geriet in immer tiefere Einsamkeit. Stationen des Scheiterns markierten seinen Lebensweg. Er ahnte wohl sein wahres Selbst, und er verlor darüber allen Halt im Leben. Seine letzte Zuflucht war die Kunst. Doch auf sie konnte er, ein Dichter um 1800, eine Existenz nicht gründen. Zimmermann bezieht in seiner «faszinierenden Biographie» («Kölnische Rundschau») Leben und Werk mit größter Behutsamkeit aufeinander und ermöglicht so ein besseres und tieferes Verständnis des Menschen und des Dichters Kleist.

«Angst vor Frauen, die ihm zu nahe zu kommen drohen, durchzieht das Leben des Dichters immer wieder, das allerdings war für die Zeit nicht untypisch. Mit Zimmermanns Vermutung läßt sich gut erklären, warum Kleist immer wieder aus der Nähe seiner Verlobten Wilhelmine von Zenge floh. Es waren Männerfreundschaften mit ihren Höhen und Tiefen, die ihn emotional beherrschten. Kleist spürte früh, ohne es sich einzugestehen, daß er zu ‹normaler› Sexualität, zur Rolle als Beamter und Ehemann nicht geschaffen war. Kaum einer hat ernsthafter als er versucht, das Glück seines Lebens auf dem Papier zu planen, und kaum einer ist so oft gescheitert wie er. Sieben Phasen zählt Zimmermann in Kleists kurzem Leben, die mit Krankheiten und tiefen Depressionen enden, bis er endlich findet, was für ihn die Erfüllung der Liebe ist: den Tod.» («Der Spiegel»)

Hans Dieter Zimmermann, geboren 1940 in Bad Kreuznach, promovierte in Berlin mit einer Arbeit über den Sprachgebrauch Bonner Politiker und ist heute Professor für Neuere deutsche Literatur an der TU Berlin. Er veröffentlichte Arbeiten zur Literaturtheorie, zu Franz Kafka und Robert Walser und eine Anthologie zu «Rationalität und Mystik».

Hans Dieter Zimmermann

Heinrich von Kleist

Eine Biographie

Rowohlt

Titel der 1989 im Athenäum Verlag GmbH, Frankfurt a. M.,
erschienenen Buchausgabe «Kleist, die Liebe und der Tod»
Umschlaggestaltung Wolfgang Kenkel unter Verwendung
eines Stahlstichs von Weger (um 1850) nach dem Miniatur-
bildnis von 1801 / Archiv für Kunst und Geschichte, Berlin

Veröffentlicht im Rowohlt Taschenbuch Verlag GmbH,
Reinbek bei Hamburg, September 1991
Copyright dieser Ausgabe
© 1991 by Rowohlt Taschenbuch Verlag GmbH,
Reinbek bei Hamburg
Satz Garamond (Linotronic 500)
Gesamtherstellung Clausen & Bosse, Leck
Printed in Germany
1680 – ISBN 3 499 12906 x

Inhalt

Der Tod am Wannsee 7
Erzählen und Erklären 17
Die Kindheit 21
Die Jugend 27
Die Belagerung von Mainz 35
Die Urszene 45
Das Familiendrama 58
Den sicheren Weg des Glücks zu finden 67
Der Lebensplan: Stationen des Unglücks 81
Die rätselhafte Reise nach Würzburg 90
Des Rätsels Lösung 99
Die Erkenntniskrise 113
Die Verlobungsgeschichte 128
Die amphibische Schwester 149
Die dunklen Jahre 160
Der Dichter und sein Werk 178
Die fragmentarische Legitimität 187
Der verhütete Sündenfall 194
Alkmenes Gott und Gatte 209
Antike und Moderne 223
Mythos und Märchen 233
Überwältigung und Unterwerfung 253
Der enthusiastische Freund 265
Der Gerechtigkeitsfanatiker 279
Wollt ihr den totalen Krieg? 290
Die reale Misere 304
Die ideale Lösung 320
Jungfrau und Mutter 334
Die Liebe und der Tod 345
Die Reise um die Welt 353
Daten zu Leben und Werk 365
Literaturverzeichnis 369
Register der erwähnten Werke Kleists 373
Namenregister 374

Den Studentinnen und Studenten
der J. W. Goethe-Universität Frankfurt,
die mit mir über Kleist gearbeitet haben.

«Die Zeit scheint eine neue Ordnung der Dinge herbei-
führen zu wollen, und wir werden davon nichts als bloß
den Umsturz der alten erleben.»

Kleist an Rühle

Der Tod am Wannsee

Am Vormittag des 20. November 1811 fuhren Heinrich von Kleist und Henriette Vogel, die Frau des Rendanten Louis Vogel, mit einer Lohnkutsche von Berlin in Richtung Potsdam. Sie hielten gegen zwei Uhr auf halbem Wege an Stimmings Gasthaus, das damals an der Brücke lag, die auch heute noch den schmalen Zufluß vom Kleinen Wannsee zum Großen Wannsee überquert, ließen sich dort zwei Zimmer im oberen Stockwerk geben, tranken Kaffee und unternahmen danach einen Spaziergang über die Brücke zu der Stelle am Kleinen Wannsee, an der sie sich am nächsten Tag erschossen. Nach etwa einer Stunde kamen sie zurück, entlohnten den Kutscher, der nach Berlin zurückfuhr, und begaben sich auf ihre Zimmer, wo sie das Abendbrot einnahmen. Sie fragten nach vier Lichtern und Schreibzeug und waren offensichtlich die Nacht über wach, denn sowohl der Hauswirt als auch die anderen Hausgenossen hörten sie noch spät in ihren Zimmern umhergehen, wie sie zwei Tage darauf dem untersuchenden Richter Felgentreu zu Protokoll gaben. Gegen vier Uhr früh bestellte Henriette Vogel Kaffee. Die Dame, so das Dienstmädchen später zum Richter, sei noch in derselben Kleidung gewesen wie am Vortage; erst um sieben Uhr, als sie ihr das zweite Mal Kaffee auftrug, habe die Dame sich umgezogen und sie, das Dienstmädchen, gebeten, ihr dabei zur Hand zu gehen. Der Drücker an der Tür zum Zimmer des Herrn sei herausgezogen gewesen; als der Herr anklopfte, habe die Dame geäußert, daß sie sich seinetwegen geniere.

Bald danach kamen Kleist und Henriette Vogel herunter und bezahlten ihre Rechnung. Die Wirtin fragte sie, ob sie zu Mittag essen wollten; das verneinten beide; der Herr habe, so die Wirtin später, geäußert, daß sie auf den Abend dafür um so besser speisen wollten. Henriette nahm aber dann doch eine Bouillon, bevor beide wieder auf ihre Zimmer gingen.

Gegen zwölf Uhr sandten sie einen Boten mit einem Brief nach Berlin. Gegen ein Uhr verlangte Henriette Vogel nochmals eine Bouillon, danach kamen beide wieder herunter, um sich zu erkundigen, wie lange wohl der Bote bis Berlin brauche. Nach Auskunft der Wirtin scherzten sie im Hofe des Gasthauses miteinander, der Herr sei über die Bretter in der Kegelbahn gesprungen und habe die Dame zu ähnlichen Sprüngen aufgefordert. Sie schienen in freundschaftlichem Verhältnis zu stehen, und der Herr habe jede Gelegenheit benutzt, der Dame Artigkeiten zu erweisen. Auch der Wirt meinte, beide hätten nicht die geringste Unruhe, Furcht oder Betrübnis merken lassen.

Wiederholt erkundigten sie sich, ob der Bote wohl schon in Berlin angekommen sei. Als der Wirt gegen drei Uhr meinte, daß er in dieser Stunde dort eintreffen werde, gingen Kleist und Henriette Vogel in die Küche, um die Wirtin zu bitten, ihnen den Kaffee auf einen Platz jenseits des Kleinen Wannsees zu bringen, da dort eine so schöne Aussicht sei. Als die Wirtin sich über diesen Wunsch, an einem kalten Wintertag den Kaffee im Freien einzunehmen, wunderte, erwiderte Kleist, er würde die Mühe ihr lohnen und erbat sich noch für acht Groschen Rum zu dem Kaffee. Die Reinigung ihrer Zimmer lehnten sie ab, es solle alles so darin bleiben, wie es sei. Die Dame, so der Wirt später, habe am Arm ein mit einem weißen Tuch bedecktes Körbchen getragen, in dem wahrscheinlich die Pistolen gelegen hätten.

Die beiden gingen dann zum See hinüber. Unterwegs stießen sie auf den Tagelöhner Riebisch, der sich ein wenig ausruhte und mit seiner Karre Mist den Weg verstellte. Kleist forderte ihn auf, die Karre wegzuziehen, damit die Dame ungehindert passieren könne, und gab ihm einen Groschen dafür. Den beiden folgte bald darauf Riebischs Frau, die im Auftrag der Wirtin den Kaffee auf den Hügel am Kleinen Wannsee brachte. Riebisch war danach seiner Frau behilflich, einen Tisch und zwei Stühle auf den Hügel zu schleppen. Kleist und Henriette hatten den Kaffee schon bis auf eine Tasse ausgetrunken, in die Kleist nun einen Rest Rum goß. Er wollte Riebisch nach Rum schicken, doch wandte Henriette Vogel ein, er habe genug getrunken. Darauf Kleist, so Riebisch: «Nun, liebes Kind, wenn du nicht willst, will ich auch nicht, dann lasse Er es nur sein, alter Vater, und bringe Er nichts her.» Frau Riebisch bat er aber, ihnen einen Bleistift zu holen.

Als Riebisch und seine Frau sich auf den Weg machten, sahen sie die beiden Hand in Hand den Hügel zum See hinunterspringen, schäkernd, sich jagend, als wenn sie Zeck spielten. «Überhaupt habe ich selten», sagte Riebisch später, «zwei Leute gesehen, die so freundlich zusammen gewesen wären wie diese. Sie nannten sich beständig Kindchen, liebes Kindchen, und waren außerordentlich vergnügt.»

Als Frau Riebisch mit dem Bleistift zurückkehrte, kamen die beiden ihr schon entgegen, Henriette reichte ihr eine Kaffeetasse mit Geld darin und bat sie, das Geld der Herrschaft zu geben und die Tasse gereinigt wieder zurückzubringen. Auf ihrem Rückweg, gerade als sie die Chaussee betrat, hörte Frau Riebisch einen Schuß, den sie jedoch nicht weiter ernst nahm, da sie dachte, aus Tollerei hätte einer in die Luft geschossen; auch als sie nach ungefähr fünfzig Schritten einen zweiten Schuß hörte, glaubte sie immer noch, die beiden würden Scherz treiben.

Als sie mit der gesäuberten Tasse wieder zum Hügel kam, erblickte sie Henriette Vogel leichenblaß auf dem Rücken liegen, worauf sie voller Schrecken zum Gasthof zurückrannte, dort ausrufend, die beiden Fremden hätten sich erschossen. Ihr Mann lief sofort zum Hügel hin und sah die beiden in einer kleinen Grube sitzen. Henriette Vogel war nach hintenüber gefallen und lag auf dem Rücken, die Arme über den Leib gestreckt, die Hände hart aneinander gepreßt. Kleist, ihr gegenüber sitzend, die Hände auf den Knien, war zusammengesunken, so daß sein Kopf neben dem rechten Bein Henriettens auf dem Rand der Grube ruhte. Eine kleine Pistole lag zu seinen Füßen, eine große Pistole auf dem Grubenrand zu seiner Linken und eine dritte Pistole daneben auf dem Tisch. In Gegenwart von Frau Stimming, der Wirtin, die ihm gefolgt war, richtete Riebisch Kleist auf, damit er nicht in der eingesunkenen Haltung steif würde, legte ihn auf den Rücken und durchsuchte seine Taschen, fand aber nichts außer einem Schlüssel und einem Türdrücker.

Um etwa dieselbe Zeit, in der dies geschah, las in Berlin der Kriegsrat Peguilhen den ihm gerade von einem Boten überbrachten Brief der Henriette Vogel:

«Mein sehr werter Freund! Ihrer Freundschaft, die Sie für mich bis dahin immer so treu bewiesen, ist es vorbehalten, eine wunderbare Probe zu bestehen, denn wir beide, nämlich der bekannte Kleist und ich befinden uns hier bei *Stimmings*, auf dem Wege nach Potsdam, in einem sehr unbeholfenen Zustande, indem wir *erschossen* da liegen, und nun der Güte eines wohlwollenden Freundes entgegen sehn, um unsre gebrechliche Hülle der sicheren Burg der Erde zu übergeben. Suchen Sie liebster Peguilhen

9

diesen Abend hier einzutreffen und alles so zu veranstalten, daß mein guter Vogel möglichst wenig dadurch erschreckt wird [...].»

Der Brief enthielt einen längeren Zusatz von der Hand Kleists, der Peguilhen auftrug, seinen Barbier, den er zu bezahlen vergessen hatte, für den laufenden Monat zu entlohnen und das, was er in einem Felleisen auf seinem Zimmer fände, seinem Wirte, Herrn Quartiermeister Müller, in der Mauerstraße 53, als Dank für seine freundliche Aufnahme zu überlassen, soweit es nicht für seine Bestattung gebraucht würde.

Henriette Vogel hatte in Stimmings Gasthof noch Briefe an ihren Mann Louis Vogel geschrieben und an ihre Freundin Manitius in Königsberg, die sie bat, nach ihrem Tode ihre Tochter in Obhut zu nehmen. Der Brief an Louis Vogel enthielt Bitten um Besorgungen und war eine Ergänzung zu einem Brief vom 20. November, den Henriette noch in Berlin geschrieben hatte:

«Mein teurer geliebter Louis! Nicht länger kann ich mehr das Leben ertragen, denn es legt sich mir mit eisernen Banden an mein Herz – nenne es Krankheit, Schwäche, oder wie Du es sonst magst, ich weiß es selbst nicht zu nennen – nur so viel weiß ich zu sagen, daß ich meinem Tode als dem größten Glück entgegensehe; könnte ich Euch doch alle, die ich liebe, mitnehmen, möchtet Ihr doch bald zum ewigen herrlichen Verein folgen, ach! dann bliebe mir ja gar nichts zu wünschen übrig. Kleist, der mein treuer Gefährte im Tode, wie er im Leben war, sein will, wird meine Überkunft besorgen und sich alsdann selbst erschießen.

Weine oder traure nicht, mein vortrefflicher Vogel, denn ich sterbe einen Tod, wie sich wohl wenige Sterbliche erfreuen können, gestorben zu sein, da ich von der innigsten Liebe begleitet, die irdische Glückseligkeit mit der ewigen vertausche.

Der Himmel möge Dich, wie unser liebes Paulinchen gnädiglich behüten und Dir, wie dem herrlichen Kinde tausendfältige Freuden bescheren. [...] Wäre durch die unvorhergesehene Ankunft Hoffmeisters unser Platz nicht vereitelt, so wären Kleist und ich nach Cottbus gereist, um dort fern von unseren hiesigen Bekannten, den vorhabenden Schritt zu tun, und alsdann hätten wir einen Boten nach Auras [bei Drebkau] an H[offmeister] geschickt, um als Freund die letzten Besorgungen für uns zu übernehmen; da dies nun aber nicht hat sein können, so verzeih mir die Unwahrheit, die ich Dir, bester guter Vogel, in Absicht der Potsdamer Reise gesagt habe, weil es mir ganz notwendig schien, daß Dir die erste Nachricht von unserem Tode, durch Freundes-Hand käme. Meinen herrlichen alten Vater wirst Du gewiß nicht verlassen und ihm durch Deine Freundlichkeit die Stelle seines Kindes ersetzen.

Nun mein teurer Louis, tausendmal küsse ich Dich, meine Pauline und den geliebten Vater noch zum Abschied, meine guten Wünsche mögen Euch alle begleiten, und wenn von dorther die Geister sich in Freiheit durch die unermessenen Räume schwingen können, so darf ich Dich wohl nicht erst versichern, wie unsere Geister alles Übel von Deiner noch übrigen Lebensbahn wenden werden.»

Kleist schrieb in Stimmings Gasthof kurze Briefe an Sophie Müller nach Wien, die Frau Adam Müllers, an seine Stiefschwester Ulrike und an seine Schwägerin Marie von Kleist.

An Sophie Müller:
«Der Himmel weiß, meine liebe, treffliche Freundin, was für sonderbare Gefühle, halb wehmütig, halb ausgelassen, uns bewegen, in dieser Stunde, da unsere Seelen sich, wie zwei fröhliche Luftschiffer, über die Welt erheben, noch einmal an Sie zu schreiben. Wir waren doch sonst, müssen Sie wissen, wohl entschlossen, bei unseren Bekannten und Freunden keine Karten [...] abzugeben. Der Grund ist wohl, weil wir in tausend glücklichen Augenblicken an Sie gedacht, weil wir uns tausendmal vorgestellt haben, wie Sie in Ihrer Gutmütigkeit aufgelacht (aufgejauchzt) haben würden, wenn Sie uns in der grünen oder roten Stube beisammen gesehen hätten. Ja, die Welt ist eine wunderliche Einrichtung! – Es hat seine Richtigkeit, daß wir uns, Jettchen und ich, wir zwei trübsinnige, trübselige Menschen, die sich immer ihrer Kälte wegen angeklagt haben, von ganzen Herzen lieb gewonnen haben, und der beste Beweis davon ist wohl, daß wir jetzt miteinander sterben.

Leben Sie wohl, unsre liebe, liebe Freundin, und seien Sie auf Erden, wie es gar wohl möglich ist, recht glücklich! Wir, unsererseits, wollen nichts von den Freuden dieser Welt wissen und träumen lauter himmlische Fluren und Sonnen, in deren Schimmer wir, mit langen Flügeln an den Schultern, umherwandeln werden. Adieu! Einen Kuß von mir, dem Schreiber, an Müller; er soll zuweilen meiner gedenken, und ein rüstiger Streiter Gottes gegen den Teufel Aberwitz bleiben, der die Welt in Banden hält. –»

An Ulrike von Kleist:

«Ich kann nicht sterben, ohne mich, zufrieden und heiter, wie ich bin, mit der ganzen Welt, und somit auch, vor allen anderen, meine teuerste Ulrike, mit Dir versöhnt zu haben. Laß sie mich, die strenge Äußerung, die in dem Briefe an die Kleisten enthalten ist, laß sie mich zurücknehmen; wirklich, Du hast an mir getan, ich sage nicht, was in Kräften einer Schwester, sondern in Kräften eines Menschen stand, um mich zu retten: die Wahrheit ist, daß mir auf Erden nicht zu helfen war. Und nun lebe wohl; möge Dir der Himmel einen Tod schenken, nur halb an Freude und unaussprechlicher Heiterkeit, dem meinigen gleich: das ist der herzlichste und innigste Wunsch, den ich für Dich aufzubringen weiß. Stimmings bei Potsdam
d. – am Morgen meines Todes.

Dein Heinrich.»

An Marie von Kleist:

«Meine liebste Marie, wenn Du wüßtest, wie der Tod und die Liebe sich abwechseln, um diese letzten Augenblicke meines Lebens mit Blumen, himmlischen und irdischen, zu bekränzen, gewiß Du würdest mich gern sterben lassen. Ach, ich versichre Dich, ich bin ganz selig. Morgens und abends knie ich nieder, was ich nie gekonnt habe, und bete zu Gott; ich kann ihm mein Leben, das allerqualvollste, das je ein Mensch geführt hat, jetzo danken, weil er es mir durch den herrlichsten und wollüstigsten aller Tode vergütigt. [...]»

Am 21. November abends um sechs Uhr trafen der Rendant Vogel und der Kriegsrat Peguilhen in Stimmings Gasthof am Wannsee ein. Peguilhen erkundigte sich, ob die beiden Fremden noch im Gasthof seien, worauf ihm der Wirt antwortete, sie lebten nicht mehr, jenseits des Sees lägen sie in ihrem Blut. So ist es wahr, habe Peguilhen geantwortet, berichtete später der Wirt. Vogel und Peguilhen warteten bis elf Uhr vergeblich auf die Polizei aus Potsdam, der Stimming den Vorfall gemeldet hatte, und zogen sich dann in ihre Zimmer zurück. Am nächsten Morgen ließ Vogel sich eine Haarlocke von seiner Frau holen, bevor er mit Peguilhen, ohne die Toten gesehen zu haben, nach Berlin fuhr. Am Mittag kehrte Peguilhen allein zurück, ging zu den Toten und ließ neben ihnen ein großes Grab ausheben; in Berlin hatte er zwei Särge bestellt.

Um zwei Uhr kamen endlich der Hoffiskal Felgentreu, der als Richter von Heinersdorf für das Machnowsche Gebiet, auf dem die Toten lagen, zuständig war, sowie der königliche Polizeirat Meyer, der Kreisphysikus von Teltow, Doktor Sternemann, und der Stadtchirurgus Greif. Der Arzt und der Chirurg nahmen die Obduktion der Leichen vor. Sie gaben zu Protokoll:

«Man fand die beiden Leichen auf einem ungefähr 100 Schritt von der Chaussé zur linken Hand ab, dicht an der sogenannten kleinen Wannsee liegenden Hügel, welcher auf der Mittagseite mit Bäumen bewachsen, die Aussicht auf einen Theil der Wannsee, und der Chaussé nach Potsdam gewährt und zwar beide in einer kleinen Grube, welche ungefähr 1 Fuß tief ist und 3 Fuß im Durchmesser hat mit dem Gesicht gegen einander über, Fuß zwischen Fuß sitzend, ihre Ober Körper jedoch rückwärts über gelegt, die Mannsperson mit einem braun tuchenen Ueberrock, weißer Battist-Musselin Weste, grauen, tuchenen Hosen, und runden Schlappstiefeln, bekleidet, das Gesicht um den Mund herum, jedoch nur wenig, mit Blut beschmutzt; die Frauensperson aber in einem weißen Batist Kleide, blau tuchenen feinen Ueberrock, und weißen glassé-Handschuhen bekleidet, und einem blutigen Fleck von der Größe eines Thalers unter der lincken Brust, auf dem Kleide, welches an dieser Stelle auch verbrannt zu seyn schien. Sonst waren keine Spuren äußerer Gewalt an beiden Körpern zu entdecken.

Beide Körper sind behutsam aufgehoben, und nach dem Hause des Gastwirth Stimming gebracht, wo die Obduction, und zwar zuerst mit dem Körper der Mannsperson vorgenommen, wobei sich denn folgendes ergeben:

Denatus wurde sogleich von den genannten Kleidungsstücken entblößt, und überall von den Obducenten auf das genaueste besichtigt. Das Gesicht desselben war, vorzüglich um den Mund herum nicht nur mit Blut bedeckt, sondern es floß auch aus dem Munde bei einiger Bewegung Blut heraus.

Der Mund war fest verschlossen, beide Reihen guter Zähne, wie auch die Zunge waren unverletzt. Nur mit größter Gewalt konnte der Mund geöffnet werden. In den faucibus befand sich nichts, und der suchende Finger konnte überall keine Verletzung, welche von einem Schuß herrühren soll, wahrnehmen. Nachdem aber die Kinnlade ganz abgelößt worden, fühlte man endlich nach oben einige undeutliche Rauhigkeiten an dem hintersten Theile des Gaumens.

Denatus war nach unserm Dafürhalten, circa 30 Jahr, hatte schwärzliche Haare, einen schwärzlichen Bart, u. blaue Augen.

An dem hintersten Theil des Kopfes, und überall, wurde nicht die geringste Quetschung, noch weniger eine Wunde vorgefunden, aber am hintersten Theil des Körpers fanden sich die gewöhnlichen blau-rothen Todtenflecke. Nach dieser vorangegangenen genauen Besichtigung schritten Obducentes zuerst zur Eröffnung der Brust, und des Unterleibes, wobei sich folgendes ergab.

Gleich nach der Eröffnung der Brust fanden wir die Pleura in einem ganz natürlichen Zustande. Der rechte Lungenflügel hingegen, war gewaltsam von Blute ausgedehnt, auch floß bei dem Zerschneiden nicht nur Blut heraus, sondern auch die darin enthaltene Luft ging mit einem Getöse aus demselben. Der linke Lungenflügel dagegen war fast ganz im Normal Zustande, nur etwas entzündet.

Beide Lungen lagen in der geräumigen Brust ganz frey, und bedeckten fast ganz das Herz mit seinen Pericardio. Nachdem dies aufgeschnitten, sahen wir das Herz in vollkommenen Normal Zustand, es war die gehörige Quantitaet liquor perocardii vorhanden, die beiden vertriculi laterales, so wie überhaupt die Größe des Herzens waren natürlich. Eben so die vasa coronaria desselben; auch das diaphragma war unverletzt.

Nun wurde der Unterleib eröffnet, hier zeigte sich:

Das Peritonaeum, wie auch das große und kleine Netz im Normal Zustand.»

Bei der Obduktion des Gehirns stellten sie fest:

«In saemtlichen Ventrikeln des Gehirns fand sich nichts widernatürliches. Das große Gehirn wurde demnach herausgenommen, um das cerebellum und die basis cranii genauer prüfen zu können.

Sowohl das cerebellum als auch das tentorium desselben waren in dem Normal Zustande, auch war in der basi cranii kein Wasser.»

Am 11. Dezember haben der Arzt und der Chirurg auf Grund des Protokolls einen ausführlicheren Bericht über die Obduktion, «visum repertum» genannt, verfaßt; demnach war Kleist an dem Pulver der Pistole, die er sich in den Mund gesetzt hatte, erstickt, wiewohl die Kugel, die im Gehirn steckengeblieben war, auch schon tödlich hätte wirken müssen.

In einem Punkte weichen die beiden in ihrem zweiten Gutachten von dem ersten ab. Hieß es im ersten Protokoll:

«Die Leber war sehr groß, jedoch natürlich, die Gallenblase enthielt etwas viel Galle, jedoch waren in der Gallenblase keine steinerne Concremente enthalten. Eben so waren die Nieren, die Milz, die Urinblase, das Pancreas und der ganze tractus intestinorum im Normal Zustande.»

So heißt es im zweiten Protokoll:

«Die Leber war widernatürlich groß, der Lobus minor ging über den Magen herüber, die Substanz derselben war widernatürlich fest, und ließ sich nur mit Mühe zerschneiden, wobey viel schwarzes dickes Blut herausfloß.

Vorzüglich groß war auch die Gallenblase, sie enthielt viel verdikte Galle.»

Daraus schließen sie nun:

«Nach diesen Anzeigen finden wir uns veranlaßt, gestützt auf Physyologischen Principia zu folgern, daß Denatus dem Temperamente nach ein Sanguino cholericus in Summo gradu gewesen, und gewiß harte hypochondrische Anfälle oft haben dulden müssen, wie einige Herrn Dienst Cameraden mir den Physicus selbst, solches versichert haben. Wenn sich nun zu diesem excentrischen Gemüthszustand eine gemeinschaftliche Religionsschwärmerey gesellte, so läßt sich hieraus auf einen kranken Gemüthszustand des Denati von Kleist mit Recht schließen.»

Die Obduktion der Leiche von Henriette Vogel ergab, daß die Kugel, die unter der linken Brust eintrat und ohne Rippenverletzung aus dem Körper austrat, sofort tödlich war. Die Vermutung Henriette Vogels, sie habe an Krebs gelitten, wird von Greif und Sternemann im ersten Obduktionsbericht bestätigt:

> «Es wurde hierauf der Unterleib geöffnet, und hier ergab es sich, daß der ganze tractus intestinorum wie auch saemtliche viscera abdominalia sich im Normal-Zustande befanden. Bei der Besichtigung deren Theile, welche extra peritonaeum angetroffen worden, fanden wir besonders den Uterum in seiner ganzen Substanz so widernatürlich verhärtet, daß der Cancer occultus sehr evident sich darbot. Diese Verhärtung hatte fast eine knorpelartige Substanz, welche nur durch den stärksten Druck eines scharfen Scalpells zerschnitten werden konnte. Ex fundo uteri floß eine eiterartige Feuchtigkeit heraus.»

Im zweiten Bericht heißt es:

> «*Der Uterus* aber war in seiner ganzen Substanz so verhärtet, daß er gleichsam verknorpelt zu seyn schien, der Muttermund stand offen, der Cervix war kaum noch zu sehen, so viel war von der ausfliessenden Jauche zerstöhret worden, nur durch den stärksten Druck eines sehr schaften Scalpels ließ sich derselbe der Länge nach aufschneiden. Hier fanden wir auch die inwendige Substanz ganz verhärtet, nur ex fundo floß beym Druck eine eiterartige Feuchtigkeit aus demselben.»

Auch hieraus folgern Sternemann und Greif auf das Motiv des Selbstmords:

> «Es constiret demnach aus diesem Viso reperto, daß denata Vogeln an einem unheilbaren Mutter Krebs gelitten, und aus Furcht für einen langsamen sehr schweren Tod, sich diesen leichten Tod gewählt hat.»

Nach der Obduktion, am 22. November, um zehn Uhr nachts, wurden die Leichname von Kleist und Henriette Vogel in die inzwischen aus Berlin eingetroffenen Särge gelegt und von Stimmings Gasthof, wo die Obduktion stattgefunden hatte, zu dem Hügel am Kleinen Wannsee getragen, wo sie ins gemeinsame Grab gesenkt wurden.

Erzählen und Erklären

Keine Station auf Kleists Lebensweg ist so gut dokumentiert wie sein Tod am Wannsee. Das Gerichtsprotokoll hält Aussagen über den äußeren Ablauf des Ereignisses fest. Der Obduktionsbericht gibt Auskunft über die Anatomie der Toten. Kleists Auftreten und seine Kleidung, die Entzündung seiner Lunge und der Inhalt seines Magens, über all das wissen wir Bescheid.

Kleist selbst spricht in seinen Briefen von den Beweggründen, aber auf eine Weise, die uns schwer verständlich ist. Woher kommt diese euphorische Leichtigkeit, dieses Glücksgefühl angesichts des Todes? Was ließ die zärtliche Zuneigung zwischen Mann und Frau, ein Höhepunkt des Lebens, in der Feier des Todes kulminieren?

Kleists und Henriette Vogels Tod erscheinen uns heute wie eine Inszenierung, die von den beiden Hauptdarstellern den Einsatz des Lebens forderte, so als gehörte diese Tat zu den merkwürdigen Kunstwerken des Autors. Wie durch «Käthchen von Heilbronn» und «Penthesilea», durch «Michael Kohlhaas» und «Die Marquise von O...», so sind wir auch irritiert durch dieses Werk und suchen nach einem Schlüssel, der uns aus dem Bann der Faszination, die aus der Irritation erwächst, befreit. Die Erklärung beruhigt uns; sobald wir das Werk in einen Erklärungszusammenhang einzuordnen wissen, gewinnen wir Distanz: wir fühlen uns ihm überlegen.

Die beiden Ärzte, die Kleist und Henriette Vogel sezierten, wußten, was von ihnen erwartet wurde: eine Erklärung, und zwar eine wissenschaftliche. Die wissenschaftliche Erklärung fußt auf der Beobachtung von Fakten. Im zweiten, endgültigen Obduktionsbericht haben die Ärzte deshalb die Fakten ein wenig zu einer schlüssigen Erklärung zurechtgerückt. Aus der großen, aber natürlichen Leber wurde eine widernatürlich große Leber, und aus der Gallenblase, die etwas viel Galle aufwies, wurde eine vorzüglich große Galle, die viel verdickte Galle enthielt. So wurde Kleist zum «Choleriker» mit «hypochondrischen Anfällen», was einen «excentrischen Gemüthszustand» und schließlich den merkwürdigen Tod zur Folge hatte.

Machen wir uns nicht lustig über die beiden Ärzte: wir sind oft nicht klüger als sie. Einer fürchtet sich sehr. Warum? Weil er ängstlich ist, antworten wir. Einer sehnt sich nach dem Tode und gibt ihn sich schließlich selbst. Warum? Weil er todessüchtig ist, sagen wir. Merkwürdige Handlungen sind «psychologisch bedingt», meinen wir. Wir versuchen sie zu erklären, indem wir psychologisieren. Wir suchen Motive, die wir nachempfinden können, in den Tiefen der Seele, wo wir angesiedelt haben, was früher Schicksal oder Fluch der Götter hieß.

Zu den merkwürdigen Handlungen zählen wir das Kunstwerk, das uns in Ratlosigkeit stürzt. Die Erzählung vermeidet jede Art von Erklärung, schreibt Walter Benjamin in seinem Essay «Der Erzähler»: «Einen Roman schreiben, heißt, in der Darstellung des menschlichen Lebens das Inkommensurable auf die Spitze zu treiben. Mitten in der Fülle des Lebens und durch die Darstellung dieser Fülle bekundet der Roman die tiefe Ratlosigkeit des Lebenden.»

Aus dieser Ratlosigkeit, in die ihn der Roman, die Novelle, das Drama führt, flieht der Leser oft zum Leben des Verfassers, um sich dort klärende Antwort zu holen. Das Leben des Künstlers soll ihm die Auflösung geben für das Rätsel des Kunstwerks. Das Leben des Künstlers: ist es nicht auch ein Werk, vor der Ahnengalerie der Vorbilder inszeniert und aus der Lebenssicht des Lesers gedeutet? Beginnt der Leser das Leben des Autors zu bedenken, wird dieses Leben, ob er es nun will oder nicht, zum Text, zum Kunstwerk, denn er muß es erst als Ganzes formulieren, er muß es sich erst mit Anfang und Ende und den Lebensstationen als Kapiteln erzählen, denn erst wenn das Leben des Künstlers zur Kontinuität einer Lebensgeschichte sich fügt, wie bruchstückhaft auch immer, vermag der Leser auf die Suche nach Erklärungen zu gehen.

Die Bio-graphie ist ein Text, wie die griechische Bedeutung des Wortes sagt: eine Lebens-geschichte, eine Geschichte, die auf besondere Weise Erzählen und Erklären miteinander verbindet. Der Biograph erzählt die Geschichte des Lebens eines Menschen und erklärt zugleich diese Geschichte – aus den Bedingungen dieses Lebens und der postulierten Einheit des Seelenlebens. Ist der erzählte Mensch ein Künstler, dann geht auch das Werk in die Biographie mit ein: Erzählung und Erklärung umfassen Leben und Werk und verschmelzen beide.

Ich schreibe hier keine Biographie Heinrich von Kleists in diesem Sinne, also keine fortlaufende Erzählung, die auf der Annahme einer Einheit von Leben und Werk gründet. Ich untersuche vielmehr, ob und inwieweit von einer Einheit von Leben und Werk die Rede sein kann; ich frage nach der Abhängigkeit des Werks vom Leben sowie des Lebens vom Werk. Deshalb die Zweiteilung meiner Untersuchung: zuerst müssen wir uns der Fakten der Lebensgeschichte versichern, dann können wir die Lebenserfahrung im Werk aufsuchen. Was uns in der Lebensgeschichte verborgen bleibt, darauf kann uns das Werk hinweisen, und was uns im Werk rätselhaft erscheint, kann uns die Lebensgeschichte verständlich machen, doch dies muß nicht notwendig so sein. Es gibt Dunkelheiten, die weder durch das Werk noch durch die Lebensgeschichte aufzuhellen sind.

Kleists Lebensgeschichte, wie sie uns in seinen Briefen und in den Zeugnissen seiner Zeitgenossen überliefert ist, enthält viel Rätselhaftes. Über seine Kindheit und Jugend, also über die prägenden Jahre seines Lebens, wissen wir fast nichts. Am besten ist – wie gesagt – die letzte Station seines Lebens dokumentiert: der Tod am Wannsee. Über den Lebensweg dazwischen geben vor allem Kleists Briefe Auskunft.

Die wiederkehrenden Themen der Briefe (nicht alle, aber die wichtigen), finden sich auch im Werk, doch läßt sich das Werk darauf nicht reduzieren. Es enthält Motive und Gestalten der literarischen Überlieferung. Daß eine biographische Deutung des Textes dessen Sinngehalt nicht ausschöpft, demonstriere ich an «Die Familie Schroffenstein» im ersten, an «Penthesilea» und «Das Käthchen von Heilbronn» im zweiten Teil der Studie. Erst wenn wir die Vorlagen und Vorbilder, die Kleist anregten, sowie die zeitgenössische literarische und politische Diskussion kennen, ermessen wir seine Originalität: in dem, was er sich aneignete, und in dem, was er nicht aufnahm, und schließlich in dem, was weder aus der Tradition noch aus der zeitgenössischen Diskussion kam. Gerade im letzteren dürfte der Niederschlag seiner Lebenserfahrungen zu finden sein. Durch die literarische Gestaltung weist diese Erfahrung jedoch über das individuelle Leben hinaus, dem sie abgerungen wurde. Sie wird zur Mitteilung, die ihre Wahrheit in sich selber trägt: das Kunstwerk spricht auch zu dem, der von dem Leben nichts weiß, dem das Werk entstammt. Wer im Werk nur das Leben sucht, der traut der Literatur keine Wahrheit zu; Walter Benjamin hat diesen Leser in seinem Essay über Goethes «Wahlverwandtschaften» mit Recht einen Spießer genannt.

Wenn wir uns heute noch mit dem entlaufenen preußischen Offizier Heinrich von Kleist beschäftigen, so geschieht dies nicht wegen seines Lebens, wie merkwürdig es auch gewesen sein mag, sondern wegen seines Werkes, das auch in seiner Fremdheit eine erstaunliche Aktualität bewahrt hat – mehr als das der meisten anderen Autoren der Zeit um 1800. Wäre dieses Werk nicht, wäre Kleist heute vergessen. Wenn uns sein Leben interessiert, so wegen dieses Werkes.

Die Kindheit

Über Kleists Kindheit wissen wir nichts außer einigen Namen und Daten. Der Vater Joachim Friedrich von Kleist, geboren 1728, war der zweitälteste Sohn von Bernd Christian von Kleist. Dessen Gut Schmentzien erbte der älteste Sohn; Joachim Friedrich von Kleist wurde wie seine anderen Geschwister ausgezahlt. Er bewirtschaftete einige Zeit das Gut Guhrow, gab es aber dann auf, um Karriere in der Armee zu machen. Im Jahre 1770 wurde er Kapitän und Kompaniechef im Leopold von Braunschweigschen Regiment in Frankfurt an der Oder. Als Kompaniechef hatte er ein reichliches Einkommen von etwa 4000 bis 6000 Talern jährlich, vergleichbar mit dem eines Rittergutsbesitzers. Im Jahre 1769, als er bereits 41 Jahre alt war, hatte er die vierzehnjährige Karoline Luise von Wulffen geheiratet; ein so junges Mädchen zur Frau zu nehmen, war damals nicht ungewöhnlich. Karoline Luise war die Tochter eines verstorbenen Hauptmannes, der ihr ein beträchtliches Erbe hinterließ. Joachim Friedrich von Kleist versuchte daraufhin, seine Familie finanziell abzusichern, Pensionen gab es damals nicht oder nur ausnahmsweise: er kaufte ein Rittergut bei Cottbus und ein Haus in Frankfurt an der Oder, das damals eine lebhafte Stadt war mit Garnison und Universität und jährlichen Messen. Das stattliche Haus in der Oderstraße 26, genannt Im Nonnenwinkel (es wurde im Zweiten Weltkrieg zerstört), lag in der Ecke eines ruhigen Platzes zwischen dem Pfarrhaus und dem Haus des Generalmajors von Zenge, mit dessen Familie die Kleists freundschaftlichen Verkehr hatten. Hinter dem Haus dehnte sich ein Garten bis zur Stadtmauer hin.

Karoline Luise gebar zwei Kinder: Wilhelmine (1772) und Ulrike (1774); nach der Geburt Ulrikes starb sie mit neunzehn Jahren. Joachim Friedrich von Kleist heiratete bald darauf Juliane Ulrike von Pannwitz, die fünf Kinder zur Welt brachte: Friederike (1775), Auguste (1776), Heinrich (1777), Leopold (1780) und Juliane (1781). Heinrich war der älteste von zwei Söhnen, er blieb im Gegensatz zu Leopold, der Offizier wurde, unverheiratet. Die Schwestern heirateten alle bis auf Ulrike, Heinrichs Stiefschwester, die unter allen Geschwistern ihm am nächsten stand. Die älteste Schwester, Wilhelmine, war verheiratet mit Ernst von Löschbrand auf Preskow bei

Fürstenwalde; Friederike war vermählt mit Philipp von Stojenthin auf Schorin und Darsow bei Stolp; Auguste mit dem Leutnant Wilhelm von Pannwitz im Regiment Zenge, also mit einem Vetter, der im Regiment des Vaters von Heinrichs zeitweiser Verlobten Wilhelmine von Zenge diente; die jüngste Schwester Juliane war mit Gustav von Weyer auf Bozepot verheiratet. Alle Schwestern bis auf Ulrike hatten standesgemäß geheiratet; Ulrike war zumindest darin eine Außenseiterin, daß sie unverheiratet blieb.

Die beiden Söhne Heinrich und Leopold erhielten ihre Ausbildung durch einen Hauslehrer – Adlige schickten ihre Kinder nicht in die Bürgerschule. Der Theologe Christian Ernst Martini unterrichtete Heinrich zusammen mit dessen um ein Jahr älteren Vetter Carl von Pannwitz. Martini, Sohn des Frankfurter Bürgermeisters Adam Martini, hatte in Frankfurt an der Oder studiert und wurde später dort Rektor der Bürgerschule und Konsistorialrat. Heinrich scheint ihn mehr geschätzt zu haben als seinen späteren Lehrer Catel in Berlin, denn an Martini, der zeit seines Lebens der Familie Kleist verbunden blieb, schrieb er den langen Rechtfertigungsbrief, als er das Militär verließ; ihn besuchte er zuerst nach seinem Abschied vom Regiment in Frankfurt.

Heinrich von Kleist wurde am 18. Oktober 1777, nachts um ein Uhr, im väterlichen Hause in Frankfurt an der Oder geboren. Er selbst nahm immer an, der 10. Oktober sei sein Geburtstag; warum, wissen wir nicht. Der 18. Oktober ist im Taufregister eingetragen.

Kleist wurde in eine adlige Familie hineingeboren. Familie in unserer heutigen Bedeutung paßt nicht so recht. Die Bezeichnung «familia» wurde erst seit dem späten 16. Jahrhundert benutzt, und zwar im Sinne von «Hausgenossenschaft». Alle, die im Haus lebten, ob sie blutsverwandt waren oder nicht, gehörten zur «Familie». Famulus, der Diener, zählte dazu, also auch Knechte und Mägde. Die Kinder wurden in der Regel der Obhut von Mägden übergeben: einer Amme, die das Kind stillte, einem Kindermädchen, das es versorgte. Das war auch noch zur Zeit von Kleists Kindheit so, jedenfalls im Adel.

Im Adel gab es noch die alte «Großfamilie». Im Bürgertum setzte sich allmählich die neue «Kleinfamilie» durch. Zur Großfamilie gehörten die Eltern und Kinder, die Großeltern und weitere Verwandte und – wie gesagt – «das Gesinde». Die Familie war nicht nur eine Wohn-, sondern auch eine Arbeitsgemeinschaft. Der «Hausvater» kümmerte sich um die Verwaltung der Güter, die «Hausmutter» um Haus und Haushalt. In einem der «Hausväterbücher», wie sie vom 16. bis ins 18. Jahrhundert weit verbreitet waren, heißt es vom Hausvater:

«Wacker, der Mann und Hausvater, stellt das wirklich vor, was er von Natur ist – das Haupt seiner Familie, den Herrn in seinem Haus. Er teilt die sämtlichen häuslichen Geschäfte ein, gibt Acht, ob Jeder sein Pensum verrichte, und hält mit Ernst darauf, daß es geschehe. Er ist deshalb, so viel seine Welt- und Berufslage ihm verstattet, gern zu Hause, um das häusliche Ganze immer vollkommen zu übersehen und zu leiten, oder auch da, wo es fehlt, nachhelfen zu können. Alle Hausgenossen übertrifft er an Pflichteifer und unzuermüdender Geschäftigkeit. Dieser Hausvater ist im würdigsten Verstande der Erste von der ganzen häuslichen Gesellschaft – d. h. der Weiseste und Beste, ein Muster jeder männlichen Tugend [...], auf das alle männlichen Hausgenossen nur blicken dürfen, um sich auf das männlichedelste nachzubilden.»

Und die Hausmutter wird so beschrieben:

«Neben den Hausvater tritt die Hausmutter, der als Hausherrin die Leitung der innerhäuslichen Geschäfte übertragen ist. Wie der Hausvater für die männlichen Hausgenossen vorbildlich ist, so zeigt sie sich als Muster jeder weiblichen Tugend, auf das alle weiblichen Hausgenossen nur blicken dürfen, um sich auf das weiblichedelste nachzubilden. Diese Parallelisierung kann aber nicht den Abstand bagatellisieren, der zwischen beiden Positionen besteht. Der Mann erklärt sie für die Herrin, er substituiert sie im Innern des Hauswesens ganz für sich. Der innere Haushalt ist die Sphäre ihres eigentlichen Lebens, innerhalb deren sie mit ihrem Mann in Erfüllung ihres natürlichen Berufes wetteifert. Das ganze Schema davon schwebt ihr stets vor Augen, und alle Geschäfte dabei gehen vom Morgen bis zum Abend wie nach der Schnur. Sie ist immerwährend stilltätig, vieles besorgt sie selbst, und über Alles, was sie besorgen läßt, hat sie die sorgfältige Aufsicht, so, wie ihr Mann die Oberaufsicht über das Ganze hat.»

Die Kontraktion der «Großfamilie» zur «Kleinfamilie», die nur noch aus Eltern und Kindern besteht, hatte Folgen auch für die Beziehungen der Eltern zueinander und der Eltern zu ihren Kindern: die Beziehungen wurden intimer und intensiver. Jetzt erst entstanden «Gefühlsbindungen», rückte das Kind als Persönlichkeit in den Blick von Eltern und Erziehern. In der «Großfamilie» war der Umgang der Menschen miteinander unsentimental. Dort hatte kaum jemand Zeit für die Kinder, die in die Welt der Erwachsenen hineinwuchsen und weitgehend auf sich selbst gestellt waren.

An den alten Familienbildern können wir diesen Prozeß erkennen. Bis weit ins 18. Jahrhundert hinein werden die Kinder als kleine Erwachsene dargestellt, die genauso wie die Großen gekleidet sind. Die Erziehung, sofern sie überhaupt stattfand, war noch darauf ausgerichtet, die «sündige Natur» des Kindes, mit der es kraft der Erbsünde belastet war, mit aller Strenge auszutreiben. Die Kinder sollten möglichst rasch in die Erwachsenenwelt eingegliedert werden, in der sie ihre Funktion als Vertreter des Standes, in den sie hineingeboren waren, zu erfüllen hatten.

Erst gegen Ende des 18. Jahrhunderts ändern sich die Darstellungen von Kindern auf den Familienbildern allmählich, und dies gilt auch nur für die dünne bürgerliche Schicht. Jean-Jacques Rousseau formulierte mit seinem Erziehungsroman «Émile» (1762) das neue Erziehungsziel, das das Kind als Kind gelten ließ und ihm eine möglichst ungehinderte Entfaltung seiner Fähigkeiten gönnte. War das Kind zuvor sündhaft, so galt es nun als «kindliche Unschuld», die von der Erwachsenenwelt noch nicht verdorben war. Der Pädagoge, so forderte Rousseau, solle zum Kind hinabsteigen, mit ihm lernen und es «kindgemäß» behandeln.

Jetzt erst entstand Kindheit in unserem heutigen Sinne, die gekennzeichnet ist durch den behüteten Freiraum, den elterliche Liebe und Fürsorge dem Kind gewähren. Die Kinder erhielten ihre eigene Kleidung, ihr eigenes Spielzeug, ihr eigenes Zimmer, ihre «Kinderstube».

Kleist hat diese Erziehung nicht kennengelernt, denn er wuchs in einer adligen Großfamilie auf. Wahrscheinlich wurde er von Dienstmägden erzogen, die nicht immer liebevoll mit ihren Zöglingen umgingen. Die Mutter, die viele Kinder, die mit geringem Abstand zur Welt gekommen waren, zu versorgen und dem Haus als gute Hausmutter vorzustehen hatte, wird wenig Zeit für ihn gehabt haben.

Den Vater wird er selten gesehen und ihn aus jener Distanz respektiert haben, die keine körperliche Nähe oder Zärtlichkeit erlaubte. Den Eltern wird man kaum eine besondere Gefühlskälte ihren Kindern gegenüber vorwerfen können, handelten sie doch «standesgemäß».

Es gibt zwei Miniaturen von Vater und Mutter Kleist; auf dem Bildnis der Mutter ist auch der siebenjährige Heinrich abgebildet. Der Junge ist wie ein Erwachsener gekleidet, er blickt ernst und besonnen, er hält kein Spielzeug in der Hand, sondern ein Buch. Das Buch ist aufgeschlagen, als sei er gerade in eine wichtige Lektüre vertieft. Immerhin trägt er keinen Degen, keine Uniform, obwohl ihm doch als Sohn eines unbegüterten Adligen die Offizierslaufbahn vorgeschrieben war. Das mag daran liegen, daß Heinrich mit der Mutter und nicht mit dem Vater abgebildet wurde. Der Vater blickt steif und gemessen, ohne bezeichnende Geste auf den Betrachter. Die Mutter dagegen hat den rechten Arm auf ein Pult gestützt, auf dem ein beschriebenes Blatt liegt, auch sie ist also mit Schreiben und Lesen beschäftigt. Den linken Arm hat sie um die Schulter des Jungen gelegt. Also doch eine Geste der Zärtlichkeit? Es ist eine gestellte Szene: die Mutter mit dem erstgeborenen Sohn, der klug und fleißig ist.

Daß die Mutter nur mit Heinrich, nicht mit den anderen Kindern gemalt wurde, bezeugt dessen besondere Stellung. Wenn es auch kein Landgut zu vererben gab, so war Heinrich doch der «Stammhalter», der älteste der beiden Söhne, auf den sich besondere Erwartungen richteten. Eine hohe Position im militärischen oder auch im zivilen Dienst des Königs war ihm als Angehörigen einer angesehenen Adelsfamilie vorherbestimmt, und sie war ihm auch sicher, wenn er sich nur standesgemäß benahm. Heinrich litt sein Leben lang darunter, daß er die Erwartungen seiner Familie auf keine Weise erfüllen konnte; auch als Dichter blieb ihm die Anerkennung des Hofes versagt.

Sein Bruder Leopold absolvierte anscheinend mühelos die dem preußischen Adligen vorgeschriebene Laufbahn; er stieg bis zum Major auf und wurde schließlich Postmeister. Heinrich hinderte sein «excentrischer Charakter» an dieser Laufbahn, so heißt es. Daß dieser Charakter, also seine oft aufbrausende und menschenabweisende Art, seine Unfähigkeit, feste Bindungen einzugehen, seien es nun familiäre oder berufliche, daß dieser Charakter durch kindliche

Erfahrungen geprägt wurde, ist anzunehmen. Vielleicht ist er als der älteste Sohn besonders streng erzogen worden, da man ihn früh auf seine Bestimmung vorbereiten wollte.

Einzelheiten über seine Kindheit wissen wir nicht. Wir kennen nur den Rahmen, innerhalb dessen sie sich vollzog: in der adligen Großfamilie der zweiten Hälfte des 18. Jahrhunderts in Preußen. Auch Autobiographien der Zeit berichten über die Kindheit wenig, sie war ihnen nicht wichtig, und das Wenige läßt sich nicht auf Kleist übertragen. So sind wir auf Kleists eigene Werke verwiesen: auf seine Briefe, seine Erzählungen und Dramen. In den Briefen spricht er nicht von seiner Kindheit. In den Erzählungen und Dramen werden sehr wohl Eltern-Kind-Beziehungen dargestellt. Nicht selten erscheinen die Väter als bedrohlich, da sie das Leben ihrer Kinder bedrängen oder gar vernichten.

Und ein anderes fällt an den Texten Kleists auf – an den Briefen und an den literarischen Werken gleichermaßen: immer wenn von Liebe die Rede sein sollte, spricht er von Vertrauen. Die früheste Kindheit – das wissen wir heute – ist die Zeit, in der die Grundlagen der psychischen Entwicklung gelegt werden. Nach dem Psychologen Erik H. Erikson entscheidet sich im Säuglingsalter, ob für den Heranwachsenden «Urvertrauen oder Mißtrauen» konstitutiv sind, im Kleinkinderalter, ob er «Autonomie oder Scham und Zweifel» zu entwickeln vermag, im Spielalter geht es um «Initiative oder Schuldgefühl» und im Schulalter um «Wertsinn oder Minderwertigkeitsgefühl». Bei Kleist finden wir oft Mißtrauen und die Sehnsucht nach Vertrauen sowie Scham und Zweifel, Schuldgefühl und Minderwertigkeitsgefühl, wenn auch diese beiden letzteren mehr angedeutet als ausgesprochen werden.

Am stärksten ist die Sehnsucht nach Vertrauen, was auf einen Mangel an Zuwendung in der frühesten Kindheit hinweist; deshalb die Vermutung, seine Kindheit sei liebeleer gewesen. Durch die Liebe der Erwachsenen, der Mutter, des Vaters oder eines Kindermädchens, wächst das Vertrauen des Kindes zu sich und den anderen und der Welt, das «Urvertrauen», wie es Erikson nennt, weil auf ihm alles andere aufbaut. Da der Mangel an Liebe zum Mangel an Vertrauen führte, lesen wir in Kleists Texten dieselbe Abhängigkeit, nur umgedreht: er verlangt Vertrauen, damit er lieben kann, wie wir sehen werden.

Die Jugend

Wie Heinrich von Kleist keine Kindheit in unserem Sinne erlebte, so hatte er auch keine Jugend: 1792, mit noch nicht fünfzehn Jahren, kam er zum Militär, 1793, noch nicht sechzehnjährig, zog er in den Krieg. Das ist nichts, was ihn vor Gleichaltrigen auszeichnet, sondern was ihn mit vielen verbindet.

Sein individuelles Schicksal ist der Tod des Vaters im Jahre 1788, als Heinrich elf Jahre alt ist. Der Verlust wird schmerzlich gewesen sein. Der Vater war der Ernährer der Familie, er sicherte ihre Existenz und ihren gesellschaftlichen Status. Nach dem Tode des Vaters erhielt die Witwe mit ihren sieben Kindern keine Pension; die Altersversorgung war damals eine Ausnahme. Das Gnadengesuch der Mutter lehnte der König am 22. Juni 1788 ab:

«Mit Bezeugung Meines Beileids über das Absterben Eures Mannes, des Major v. Kleist habe ich Euch, in Antwort auf Euer Schreiben vom 19., nicht verhalten wollen, daß ich Euch vor jetzt die gebetene Pension nicht bewilligen kann, weil die zu Pensionen gestimmten Fonds erschöpft sind, und sich dermalen keine Vakanz ereignet hat.»

Auch ein zweites Gesuch der Mutter wies der König zurück.

Im Testament ihres Mannes war sie als Universalerbin eingesetzt worden, «ohne Nachteil der Kinder», wie sie an den König schrieb, «nämlich daß ich nur den Genießbrauch des ganzen Vermögens habe, ohne aller Berechnung, solange ich lebe und davon die Kinder standesgemäß erziehen lasse, behalten soll; nach meinem Tode aber dieses ganze Vermögen unter allen meinen sieben Kindern zu gleichen Teilen geteilt werde. Die baren Kapitallen [darf] ich aber nicht schmälern, worauf vorzüglich gesehen werden soll. Da aber bei diesem Testament, welches mein Mann selbst gemacht, er die Gesetze nicht verstanden, folglich in denen Solennitäten gefehlt, daher gedachtes Testament von dem hiesigen Stadtgericht verworfen werden soll! und ich dadurch in die traurigste Lage versetzt werden muß. Euer Königlichen Majestät flehe alleruntertänigst an, mich in dieser bedrängten Lage eine gnädige Unterstützung angedeihen zu lassen.»

Die Mutter bat den König, den Streit rasch zu ihren Gunsten zu schlichten. Der König verwies sie aber mit Ordre vom 13. Juli 1788 an das Stadtgericht. Zwei Jahre dauerte es, bis der Rechtsstreit mit einem Vergleich zwischen der Mutter und dem Kurator ihrer Kinder beendet wurde. Erst danach konnte die Mutter wenigstens über einen Teil des Erbes verfügen.

Nach dem Tode seines Vaters wurde Heinrich zusammen mit seinen Vettern Carl von Pannwitz und Johann Heinrich von Schönfeldt nach Berlin ins Internat des Frédéric Guillaume Hauchecorne gegeben. Einer seiner wichtigsten Lehrer war Johann Heinrich Catel. Catel war Theologe wie Martini; er stammte aus einer Hugenottenfamilie und lehrte am französischen Gymnasium; später war er Theaterkritiker bei der «Vossischen Zeitung». Heinrich lernte im Erziehungsinstitut von Hauchecorne fließend französisch sprechen; er lernte die französische Literatur kennen, vielleicht las er hier zum erstenmal Rousseau.

Am 20. Juni 1792 wurde Heinrich in Frankfurt konfirmiert, danach trat er in das Garderegiment in Potsdam ein. Im Dezember erhielt er einen längeren Heimaturlaub; am 3. Februar 1793 starb seine Mutter; Heinrich war fünfzehn Jahre alt.

Am 3. März verließ er Frankfurt an der Oder, um seinem Regiment, das zum Rheinfeldzug bereits ausgezogen war, zu folgen. In acht Tagen reiste er über Leipzig, Weißenfels, Naumburg, Erfurt, Gotha, Eisenach, Bebra, Fulda, Schlüchtern, Gelnhausen und Hanau nach Frankfurt am Main.

Von hier schrieb er den ersten Brief, der uns erhalten geblieben ist. Der zweite Brief stammt vom 25. Februar 1795 und ist an die Stiefschwester Ulrike gerichtet. Der dritte ist erst vom 18. und 19. März 1799; es ist das Rechtfertigungsschreiben an Martini, das er vor seinem Austritt aus dem Militär verfaßte.

Die Zeugnisse anderer über Heinrichs Kindheit und Jugend sind alle fünfzig Jahre später verfaßt, weshalb wir sie mit Vorsicht zur Kenntnis nehmen müssen; der große zeitliche Abstand schwächt die Erinnerung, die durch den spektakulären Tod Heinrichs möglicherweise beeinflußt wurde; Stilisierungen sind wahrscheinlich. Trotzdem ein Blick auf zwei Äußerungen.

Die «Mitteilung einer unbekannten Freundin» aus dem Jahr 1847 lautet:

«Schon seine Kindheit wurde ihm verbittert, da seine Erzieher

die eigentümliche Organisation des Knaben zu beachten nicht
der Mühe wert hielten, und ihn für begangene Fehler straften, an
denen ihre Art ihn zu behandeln die meiste Schuld trug. Die
Folge war ein scheues Zurückziehen des Knaben in sich selbst auf
der einen, und ein unbändiger Trotz auf der andern Seite. Beides
unnatürlich, denn von Natur war Kleist offen, sanft, träumerisch,
edel.»

Die zweite Äußerung ist ein Bericht von C. E. Albanus über Martini, also eine Mitteilung aus zweiter Hand; Albanus sandte sie 1832
an Tieck. Heinrich von Kleist und Carl von Pannwitz, seine beiden
Zöglinge, hätten ganz entgegengesetzte Charaktere gehabt, soll
Martini berichtet haben:

«Kleist ein nicht zu dämpfender Feuergeist, der Exaltation selbst
bei Geringfügigkeiten anheimfallend, unstet, aber nur dann,
wenn es auf Bereicherung seines Schatzes von Kenntnissen an-
kam, mit einer bewundernswerten Auffassungs-Gabe ausgerü-
stet, von Liebe und warmem Eifer für das Lernen beseelt; kurz
der offenste und fleißigste Kopf von der Welt, dabei aber auch
anspruchslos. Pannwitz war ein stiller, gemütlicher Mensch, sehr
zum Tiefsinn geneigt. Er stand zwar dem genialen Vetter Heinrich an Lust und Liebe zum Lernen, an ausdauerndem Fleiße
nicht im geringsten nach; aber ihn hatte die Natur in geistiger
Hinsicht stiefmütterlich behandelt; er vermochte, so sehr er sich
auch Mühe gab, nur schwer zu fassen, während Kleist spielend
lernte und zur Fortstellung der Gegenstände beim Unterrichte
eifrigst trieb.»

Martini scheint ein guter Lehrer gewesen zu sein, wenn stimmt, was
Albanus über seine Behandlung der beiden unterschiedlichen Charaktere berichtet; das dürfte ein Grund für Kleists weitere Orientierung an diesem Lehrer, und nicht an Catel, gewesen sein:

«Was Kleist in einer Lektion loskriegte (um mich eines akademischen, aber passenden Ausdrucks zu bedienen), dazu bedurfte
Pannwitz deren mehre, weshalb sich auch der Lehrer des letztern
um so mehr annehmen und den Eifer des ersten zu zügeln suchen
mußte. Er enthielt sich daher auch jeder Austeilung von noch so
verdienten Lobsprüchen zu Kleists Gunsten, und zwar auf eine
Weise, welche der Eitelkeit desselben nicht zu nahe trat und des-

sen Lernbegierde nicht schwächte, und ließ dem wackern Streben Pannwitz' (wenngleich nicht mit dem von beiden Seiten gewünschten Erfolge nur einigermaßen gekrönt) stets gerechte Anerkennung widerfahren und lobte Pannwitz in Kleists Gegenwart, statt daß es eigentlich der umgekehrte Fall hätte sein sollen. – Doch gaben die ungewöhnlichen Fortschritte, welche Kleist machte, die tagtäglichen Beweise seiner ausgezeichneten Geistesfähigkeiten, der Schwermut des sich überaus unglücklich fühlenden und mit sich schon fast zerfallenden Pannwitz' Nahrung. Irre ich nicht, so hörte ich auch, das Kleist und Pannwitz in der Folge auch einmal schriftlich (persönlich sind beide nie wieder zusammengetroffen) die Verabredung getroffen hatten, beide eines freiwilligen Todes zu sterben. Verbürgen läßt sich dies freilich nicht.»

Daß Kleist und Pannwitz später, also nach der Unterrichtung durch Martini, nicht mehr zusammentrafen, stimmt nicht, denn sie besuchten gemeinsam das Internat von Hauchecorne in Berlin. Daß sie den Plan zum gemeinsamen Selbstmord – vielleicht dort – trafen, ist durchaus möglich. Kleist hat später solche Partnerschaften gesucht und schließlich eine gefunden. Carl von Pannwitz erschoß sich am 10. Oktober 1795 auf dem Rückmarsch von Polen «infolge hochgradiger Schwermut», wie Ernst von Schönfeldt berichtet; er tötete sich an dem Tag, den Kleist für seinen Geburtstag hielt, was als Botschaft an Kleist gedeutet werden könnte, so als wolle er ihn an die Verabredung erinnern. Sein Regimentskamerad von Schlotheim begann später einen Selbstmordversuch, für den Kleist Verständnis äußerte.

Kleists Brief an seine Tante, den er zwischen dem 13. und 18. März 1793 in Frankfurt am Main schrieb, ist das früheste Dokument, das wir von seiner Hand besitzen.

Er schreibt an drei Stellen über den Verlust der Mutter, deren Tod kaum fünf Wochen zurücklag. Wie schmerzvoll dieser Tod für den Fünfzehnjährigen war, ist daran abzulesen, zumal der Brief sonst eher konventionell abgefaßt ist und an einer Stelle auch deutlich zum Ausdruck bringt, daß Gefühle zu äußern, gar zu klagen, man dem Kind abgewöhnt hatte. Er spricht von der unzulänglichen Versorgung im Quartier, und dann: «Ich könnte dies meinem Capitaine sagen, und er wäre gewiß so gütig für mich besser zu sorgen; ich mag mich aber das nicht aussetzen, daß es heißt, ich bin mit nichts zufrieden und es käme mir nur ungewohnt vor.» Also lieber nichts sagen, heißt das, denn als verzärtelt gelten. Danach schreibt er: «Das Mittagessen besteht in einer Suppe und Gemüse, öfters als zum Beispiel heute fehlt die Suppe. Kaffee und Zucker hab ich selbst. Abendbrot eß ich bei den Wirt eines meiner Kameraden, bei einem herzensguten Mann, sehr gut und wohlfeil. Was ich aber in meinem Quartier verzehre muß ich aufs teuerste bezahlen. Glauben Sie etwa nicht daß dies ein Appendix zu dem Gespräche sei was wir einmal hatten, nämlich daß die Söhne ihren Eltern öfters von Unglücksfällen vorlügen; dies ist der Fall nicht und wird es nie sein.»

Die Tante muß ihm also ins Gewissen geredet haben, daß Kinder nicht unglücklich sind; wenn sie es doch zu sein bekennen, dann lügen sie. Ein einfaches Mittel für die Erwachsenen, zu glücklichen Kindern zu kommen.

Die wehmütige Erinnerung an seine verstorbene Mutter überwältigt ihn, als er eine Landschaftsbeschreibung mit dem Sonnenaufgang beendet:

«Nach einer zweistündigen Reise ohngefähr passierten wir die Wartburg. Sie entsinnen sich gewiß noch Friedrichs mit der gebißnen Wange? und seiner Burg? – Da wir ohnedem wegen der steilen Berge neben den Wagen gingen, so kletterte ich heimlich den Felsen zur Burg hinan. Ein steiler Fußweg zeigte mir die Öffnung zum Schloß. Auf dem höchsten Felsen liegt hier weiter nichts als ein altes eingefallnes Haus und 2 Türme. So eine antike eingefallne bemooste Burg können Sie sich auf einem steilen Felsen beinah vorstellen; die Aussicht aber die man hier genießt kann man sich unmöglich denken. Hier sieht man über alle beschneite Gebürge weg; hundertjährige Tannen und Eichen verschönern es. In der Ferne sehen Sie eine meilenlange Wiese, in dessen Mitte das Postamt Berka liegt, und in noch weiterer Ferne bemerken Sie Berge die Sie aber gleichsam nur wie durch einen blauen Flor sehen. Über sie ging eben die Sonne auf! – Sonderbar ist es was solch ein Anblick bei mir für Wirkungen zeigt. Tausend andere heitert er auf; ich dachte an meine Mutter und an ihre Wohltaten. Mehr darf ich Ihnen nicht sagen.»

Die aufgehende Sonne macht ihm gerade den Verlust der Mutter deutlich, so als sei mit dem Tod der Mutter für ihn die Sonne untergegangen. Auch Frankfurt an der Oder ist für ihn, wie er anschließend schreibt, «seit dem ich keine Mutter besitze, kein Aufenthalt der Freude mehr». Zur Mutter muß er demnach doch ein innigeres Verhältnis gehabt haben, sonst wäre seine Anhänglichkeit kaum zu erklären. Auch sein Vetter Wilhelm von Pannwitz schreibt nach ihrem Tod, daß er ihr «unendlich viel» zu danken habe. Wieviel Zuneigung Heinrich auch empfangen haben mag, der Tod der Mutter war für ihn ein großes Unglück, das ihm seine Einsamkeit, deren Ausmaß er vorher schon geahnt haben mag, in schmerzlicher Deutlichkeit bewußt machte. So schreibt er gegen Ende des Briefes:

«In den vergnügtesten Augenblicken stört mich freilich öfters der Gedanke beinahe 100 Meilen von Ihnen entfernt zu sein; von Ihnen allen, die einzigen, die ich noch lebhaft liebe und schätze, und an deren Liebe ich noch natürlichen Anspruch machen darf. Der Gedanke an Ihre, beste Tante, erpreßt mir Tränen, indem ich zugleich an eine verlorene zärtliche Mutter denke, und der Gedanke an Ihre Wohltaten tröstet mich indem ich nun keine verlaßne Waise zu sein glaube. Dies alles, Tantchen, Schmerz und Freude, ist bei der Neuheit dieses unglücklichen Vorfalls natürlich; die beste Trösterin aller Leiden, die Zeit, wird nach und nach auch mich trösten, aber vergessen werd ich die Ursach nie.»

Wie gering auch der Anspruch auf Liebe gewesen sein mag, einen «natürlichen» Anspruch gab es immerhin, als die Mutter noch lebte. Der Gedanke an die Liebe der Tante bringt ihm gerade die verstorbene Mutter in den Sinn, denn die Tante kann ihm die Mutter nicht ersetzen. So bleiben ihm die Geschwister für seine «natürlichen» Ansprüche, Ulrike besonders, die später weder Mann noch Kinder hatte. Noch in den wenigsten Zärtlichkeiten, die in seinen Briefen an die Verlobte stehen, ist der Schmerz über die entgangenen Umarmungen der Mutter zu spüren. Es sind Zärtlichkeiten, wie sie das Kind von der Mutter, nicht der Mann von der Geliebten erwartet. Einmal, so erinnert er sich auf der Würzburger Reise, schlief er in Wilhelmines Arm ein; das ist die intimste Äußerung, zu der er sich in einem Brief an Wilhelmine hinreißen ließ: «Tausendmal habe ich es geküßt und Dich selbst. Dann drückte ich Dich an meine Brust und schlief in Deinen Armen ein.» Das Fehlen der mütterlichen Liebe – dieser Mangel blieb bestehen zeit seines Lebens und wurde zur Ursache weiteren Liebesmangels.

Einen rührenden Dankesbrief schreibt er an Ulrike am 25. Februar 1795 aus Eschborn, weil sie ihm eine Weste geschickt hat. Was für ein seltenes oder gar einmaliges Ereignis muß das gewesen sein! Da hat ein Mensch an ihn gedacht, auf dessen Zuneigung er «natürlichen Anspruch» machen darf. Dieser Brief ist das erste Zeugnis einer langjährigen Freundschaft, in der Ulrike in der Regel die Gebende war, also wie eine Mutter, und Heinrich der Empfangende, also wie ein Kind:

«Liebe Ulrique, Ein Geschenk mit so außerordentlichen Aufopferungen von Seiten der Geberin verknüpft, als Deine für mich gestrickte Weste, macht natürlich auf das Herz des Empfängers einen außerordentlichen Eindruck. Du schlägst jede Schlittenfahrt, jede Maskerade, jeden Ball, jede Komödie aus, um, wie Du sagst, Zeit zu gewinnen, für Deinen Bruder zu arbeiten; Du zwingst Dir eine Gleichgültigkeit gegen die für Dich sonst so reizbaren Freuden der Stadt ab, um Dir das einfachere Vergnügen zu gewähren, Deinen Bruder Dich zu verbinden. Erlaube mir daß ich hierin sehr viel finde; mehr, – als gewöhnlich dergleichen Geschenke an wahren inneren Wert in sich enthalten. Gewöhnlich denkt sich der Geber so wenig bei der Gabe, als der Empfänger bei dem Danke; gewöhnlich vernichtet die Art zu geben, was die Gabe selbst vielleicht gut gemacht haben würde. Aber Dein Geschenk heischt einen ganz eigenen Dank. Was mich dahin leitet Dir zu danken, ist eine sehr natürliche Empfindung, ist bloß Folge Deines glücklich gewählten Geschenks. Es flößt mir die wärmste Erkenntlichkeit gegen eine Schwester ein, die mitten in dem rauschenden Gewühl der Stadt, für deren Freuden sie sonst ein so fühlbares Herz hatte, an die Bedürfnisse eines weit entfernten Bruders denkt, nach einem jahrelangen Schweigen an ihn schreibt, und mit der Arbeit ihrer geschickten Hand, den Beweis ihrer Zuneigung ihm gibt. Du siehst wenigstens, liebe Ulrique, daß ich den Wert Deines Geschenkes zu schätzen weiß, und ich wünsche mir Glück, wenn ich Dich davon überzeugt habe.»

Merkwürdig wiederum dieses Betonen der natürlichen Empfindungen in einem Brief, der den konventionellen Rahmen nicht verläßt. Nun war die Wendung «natürliche Empfindung» damals auch ein gebräuchlicher Ausdruck für die emotionale Bindung zwischen Eltern und Kindern. Sie war gegen die sprichwörtliche Gefühlskälte des Adels gerichtet, der sich an der raison orientierte und nicht an der Stimme des Herzens. Vielleicht spricht Kleist deshalb so nachdrücklich von der Empfindung in diesen frühen Briefen, weil er seine Emotionalität dadurch rechtfertigen konnte. Als Kind von Stande hatte er Haltung zu zeigen und seine Gefühle zu verschweigen. Wenn er ihnen dennoch eine Stimme verlieh, mußte er das mit dem Hinweis auf ihre Natürlichkeit verbinden.

Doch könnte hier nicht auch die natürliche Empfindung auf andere, also «unnatürlich» geltende Empfindungen hinweisen, also auf solche, die nicht auf Eltern, Geschwister, Verwandte gehen, sondern auf Freunde, Kameraden, die ihm mehr Zärtlichkeit geben, als er bisher in der Familie empfangen hat? Eine Zärtlichkeit allerdings, die streng verpönt ist. Das Stigma der Lieblosigkeit würde gegen das Stigma der Unmoral getauscht.

Die Belagerung von Mainz

Die längste Zeit in Kleists Leben war Krieg. 1789, als Kleist zwölf Jahre alt war, erstürmte das Volk von Paris die Bastille. Die Französische Revolution begann und sie erschütterte ganz Europa. Der jahrhundertealten feudalen Herrschaft wurde der Kampf angesagt.

Im Jahre 1792 brach der erste Koalitionskrieg aus. Österreich und Preußen zogen vereint gegen Frankreich. Am 10. August hatten die Pariser den König suspendiert – eine ungeheuerliche Tat: der angestammte Herrscher, der durch Generationen von Vorfahren legitimiert war, ja durch den Willen Gottes selbst, wurde entmachtet, eingesperrt und schließlich guillotiniert.

Vom 2. bis 5. September 1792 kam es zu den berüchtigten September-Morden in Paris, etwa eintausendsechshundert wehrlose Menschen wurden niedergemetzelt. Die Revolution hatte nicht nur die Befreiung von feudaler Unterdrückung gebracht, sondern auch destruktive Kräfte freigesetzt. Die Schreckensherrschaft kündigte sich an, die ein Jahr später, im September 1793, den Terror zum politischen Mittel erhob. Zu diesem Zeitpunkt war Mainz aber schon in die Hände der Preußen und Österreicher gefallen – nach viermonatiger Belagerung. Es war der erste Sieg der Koalition gegen die französischen Revolutionstruppen.

Am 20. September 1792 hatte die Koalition bei Valmy in der Champagne eine empfindliche Niederlage erlitten. In einem heillosen Rückzug durch den regennassen Schlamm trieb das Koalitionsheer auseinander. Der Typhus raffte Tausende dahin; Hunger und Elend waren unbeschreiblich. Goethes Bericht über die «Campagne in Frankreich» gibt nur ein schwaches Bild vom Ausmaß dieser Niederlage. In «Magister Laukhards Leben und Schicksale» schreibt ein einfacher Soldat, der am Feldzug teilgenommen hat:

«Das Elend wurde täglich größer, die Wege wurden immer schlechter, und die Mannschaft, wie die Pferde, matter und kränker. Die Kranken – mir schaudert noch die Haut, wenn ich an das Übermaß alles Elends denke, das unsere armen Kranken auf dieser verfluchten Retirade überstehen mußten! – Sie mehrten sich jeden Tag, so daß endlich kaum Fuhren genug zu haben waren, sie wegzubringen.

Auf den Wagen, worauf man die Kranken transportierte, fehlte es an aller Bequemlichkeit; die armen Leute wurden darauf geworfen – wenn sie sich nicht selbst noch helfen konnten –, wie man die Kälber auf die Karren wirft – und damit war es dann gut. Niemand bekümmerte sich, ob so ein Kranker etwas unter dem Leibe oder dem Kopfe hatte, ob er bedeckt war oder nicht; denn die, welche sich um dergleichen hätten bekümmern sollen, waren meistens selbst krank und hatten kaum Kräfte genug, sich fortzuschleppen. Starb einer unterwegs, so warf man ihn von dem Wagen auf die Seite und ließ ihn unbegraben liegen. Oft warf man noch lebende mit herunter, die dann aufs jämmerlichste im Schlamm verrecken mußten.»

Die französischen Truppen rückten den Alliierten nach und besetzten das linksrheinische Gebiet, dessen Feudal-Herrscher geflohen war. Mainz, bisher Residenz eines geistlichen Kurfürsten, wurde zur Hauptstadt der ersten deutschen Republik. Georg Forster war einer ihrer führenden Köpfe; als Delegierter ging er nach Paris. Im Frühjahr 1793 wurde die Stadt von den Truppen der Koalition eingeschlossen. Das Regiment, in dem Kleist diente, bezog in Biebrich Quartier. Während des Bombardements von Mainz erlebte Kleist seine erste glückliche Zeit, vielleicht die glücklichste seines Lebens.

Ein Stich von der Belagerung der Stadt zeigt die geographische Situation: Mainz, am linken Rheinufer gelegen mit einer Brücke zum rechten Ufer und einem Brückenkopf dort, unweit der Mündung des Mains, war weiträumig umzingelt von österreichischen, hessischen, sächsischen und preußischen Stellungen. Die Zeltlager sind säuberlich eingezeichnet, die abgebrannten Gebäude der Stadt mit einem Kreuz abgehakt.

Goethe hat die Belagerung von Mainz beschrieben; er nahm im Gefolge seines Herzogs daran teil. Seine Aufzeichnungen vom Mai bis zum August 1793 hat er fast drei Jahrzehnte später ausgearbeitet; 1822 sind sie erschienen.

Laut Goethe erinnerten sich die Offiziere beim Champagner an die Niederlage in der Champagne im vorangegangenen Jahr:

«Gegen Abend fanden sich die Offiziere des Regiments beim Marketender, wo es etwas mutiger herging als vorm Jahr in der Champagne: denn wir tranken den dortigen schäumenden Wein und zwar im Trockenen beim schönsten Wetter. Meiner vormaligen Weissagung ward auch gedacht; sie wiederholten meine Worte: ‹Von hier und heute geht eine neue Epoche der Weltgeschichte aus, und ihr könnt sagen ihr seid dabei gewesen.› Wunderbar genug sah man diese Prophezeiung nicht etwa nur dem allgemeinen Sinn, sondern dem besonderen Buchstaben nach genau erfüllt, indem die Franzosen ihren Kalender von diesen Tagen an datieren.

Wie aber der Mensch überhaupt ist, besonders im Kriege, daß er sich das Unvermeidliche gefallen läßt, und die Intervalle zwischen Gefahr, Not und Verdruß mit Vergnügen und Lustbarkeit auszufüllen sucht: so ging es auch hier; die Hoboisten von Thadden spielten Ça ira und den Marseiller Marsch, wobei eine Flasche Champagner nach der andern geleert wurde.

Abends acht Uhr kanonierte man stark von den Batterie des rechten Flügels.»

Während man sich hier bei französischer Revolutionsmusik unterhält, erbost sich an einem anderen Ort ein preußischer Artillerie-Offizier über die Revolutionslieder singenden Mainzer. Mit seinen Kanonen hält er eine Rhein-Insel besetzt, von der aus er in die Stadt hineinschießen kann.

«In der Nacht zum dreizehnten Juli war wieder ein sehr heftiges Bombardement, und wir schossen das Rathaus in Mainz in Brand. So mußte die Stadt jetzt hart herhalten, und dauerte die Beschießung nur noch einige Wochen in der Weise fort, so war ganz Mainz nur ein Trümmerhaufen. Ich muß gestehen, daß ich übrigens mit der Bevölkerung nicht das mindeste Mitleiden fühlte, denn sie erhielt jetzt nur die verdiente Strafe für die erbärmliche Charakterlosigkeit und den frevelhaften Leichtsinn, mit denen sie im vorigen Sommer den schwachen Commandanten zur Uebergabe gezwungen, und die Franzosen bei ihrem Einzuge begrüßt hatten. Nirgends in ganz Deutschland hatte ein so wüstes revolutionäres Treiben geherrscht, als gerade in Mainz. Man hatte dort jubelnd sogenannte Freiheitsbäume aufgepflanzt, selbst angesehene Männer hatten sich nicht entblödet die rothe Jacobinermütze mit einer großen französischen republikanischen Kokarde auf den Kopf zu setzen, und Frauenzimmer, die sich zu den höheren Ständen rechnen wollten, sogar öffentlich die Carmagnole getanzt. Wo eine solche Zuchtlosigkeit in einer Stadt herrscht, da muß schon Gottes Zorn ein strenges Strafgericht über die Bevölkerung verhängen und die feurigen Bomben, welche unsere Geschütze jetzt in die Straßen sandten, waren nur eine verdiente Züchtigung. [...]

Mit seltenen Pausen ging nun die Belagerung fort und allein die Batterie, die ich befehligte, that mindestens fünfzig bis sechszig Schüsse täglich. Seit acht Wochen war ich nicht mehr aus den Kleidern gekommen, sondern hatte nur vollständig angezogen, den Degen an der Seite, auf einem Strohlager welches in einer Erdhöhle in den Schanzen lag, hie und da einige Stunden geschlafen, jede Minute bereit, wieder an meine Geschütze zu treten. Meine Füße waren so angeschwollen, daß ich die Stiefel nicht mehr abziehen konnte, mein Bart hing gleich dem eines Kapuziners auf die Brust herab, an eine Frisur und gehöriges Binden des Zopfes war nicht mehr zu denken, und da wir kein Wasser in der Batterie hatten und es immer mit Lebensgefahr für die Leute verbunden war, wenn sie Trinkwasser holen mußten, so konnte man sich auch kaum mit einem feuchten Schwamm nothdürftig Gesicht und Hände reinigen. Noch mehr litten meine Leute, denen die Uniformen in Fetzen am Leibe hingen und die von dem Staub und Pulverdampf ganz dichte schwarze Schichten im Gesichte hatten. Sahen wir Alle in der That doch einer Gesellschaft von Schornsteinfegern die von der Arbeit kommen, ungleich ähnlicher, als königlich preußischen Artilleristen. Glücklicherweise war übrigens die Witterung milde und an Brod, Fleisch und Wein, von dem jeder Mann täglich eine Flasche erhielt, fehlte es nicht, sonst hätten wir diese Strapazen auch gar nicht ertragen können. Trotz dieses Lebens und des steten Kanonengebrülls, von dem mir zuletzt die Ohren ganz taub wurden, so daß ich von dieser Belagerung von Mainz her an einiger Schwerhörigkeit leide, fühlte ich mich doch ungemein zufrieden und freute mich, daß ich in meinem Berufe als Artillerie-Officier jetzt etwas Tüchtiges leisten und im Dienste meines Königs eine so wichtige feindliche Festung wie Mainz war, mit zerstören helfen konnte. [...]

In der Nacht vom einundzwanzigsten auf den zweiundzwanzigsten Juli war ein besonders heftiges Bombardement und eine Bombe, die aus meiner Batterie geworfen wurde, fiel gerade auf das Dach der Dominikanerkirche und steckte diese in Brand. Auch wir erlitten in dieser Nacht nicht geringen Verlust und mir wurde ein Feuerwerker, ein in jeder Hinsicht vortrefflicher Mensch und musterhafter Soldat, der Weib und Kind in Stettin zurückließ, erschossen. Eine platzende Bombe zerriß seinen Körper in solche Stücke, daß diese förmlich umherschlugen und mir selbst ward sein Gehirn so in das Gesicht geschleudert, daß ich mir kaum die Augen wieder rein wischen konnte.»

Die Aufzeichnungen des preußischen Artillerie-Offiziers geben einen Eindruck von den Kämpfen, an denen auch Heinrich von Kleist teilnahm, allerdings nicht als Artillerist, sondern als Infanterist. In seinem Regiment Garde zu Fuß ging es nicht so vornehm zu wie in der Garde du Corps, mit der es nicht verwechselt werden darf; diese diente mehr zu Repräsentationszwecken.

Als Kleist in den Krieg zog, war er fast ohne militärische Ausbildung. Er trat am 1. Juni 1792 in das Regiment Garde in Potsdam ein, als die alljährlichen großen Frühjahrsübungen beendet waren; über solche Übungen berichtet sein Altersgenosse von der Marwitz, der mit vierzehn Jahren zum Militär kam, und zwar zur Kavallerie:

«Ich war sehr klein und schwach und noch ein sehr schlechter Reiter. Wie die Exerzierzeit Ende März losging, wurde es mir unmäßig sauer. Man war von halb vier Uhr morgens bis halb sieben Uhr abends in einer Bewegung, und darunter wenigstens sechs Stunden zu Pferde [...] – es ist also begreiflich, daß dieser Dienst, im vierzehnten Jahr geleistet, höchst angreifend war.»

Kleist war im Juni 1792 sogleich als Gefreiterkorporal eingerückt, eine Vergünstigung, die er seinem Adelstitel verdankte. Im Winter 1792 auf 1793 hatte er Urlaub; sein Regiment zog bereits am 28. Dezember 1792 zum Rheinfeldzug aus. Kleist folgte ihm, nach dem Tod der Mutter, im März 1793.

Am 22. März verlegte das Regiment seinen Standort von Frankfurt am Main nach Mainz; vom 3. April bis zum 22. Juli nahm es an der Belagerung von Mainz teil, also bis zu deren Ende. Im Jahr 1794 war das Regiment in schwere Gefechte mit französischen Truppen in der Pfalz involviert, in Pirmasens, Kaiserslautern und Trippstadt; Anfang 1795 lag das Regiment wieder in der Nähe von Frankfurt am Main in Eschborn. Hier schrieb Heinrich den bereits erwähnten Dankesbrief an seine Schwester Ulrike; er stand kurz vor seiner Beförderung zum «Portepeefähnrich», also zum Offizier; sein Bruder

Leopold war gerade zum Offizier avanciert; dazu Heinrich im Brief:

«Es macht mir indessen eine herzliche Freude, zu hören, daß Leopold schon so früh zum Offizier reift. Der Stand, in dem er bisher gelebt hat, führt so manches Unangenehme, so manche Unbequemlichkeit mit sich, die sein junges Alter, vielleicht zu sehr angreifen würden. Auch hat ihm der Feldzug gegen die Polen genug mit Erfahrungen bereichert um einige Ansprüche auf dieser Stelle machen zu können. Gebe uns der Himmel nur Frieden, um die Zeit, die wir hier so unmoralisch töten, mit menschenfreundlicheren Taten bezahlen zu können!»

Über Kassel und Westfalen kehrte Kleists Regiment nach Potsdam zurück, wo es am 11. Juli 1795 eintraf. Am 5. April war es im Frieden von Basel zu einer Verständigung zwischen Preußen und Frankreich gekommen; Frankreich behielt das linksrheinische Gebiet und besetzte erneut Mainz. Österreich führte den Krieg gegen Frankreich bis zum Frieden von Campoformio im Jahre 1797; es war ein Friede, der nur zwei Jahre dauerte; 1799 begann der zweite Koalitionskrieg.

Kleists Berichte über die Belagerung von Mainz im Jahre 1793 stammen aus dem Jahre 1801. In zwei Briefen äußert er sich über die acht Jahre zurückliegenden Erlebnisse. In der schönen Landschaft am Rhein verspürte er wohl zum erstenmal eine gewisse Freiheit und Ungezwungenheit; im Felde war er wenigstens zeitweise dem strengen Reglement von Familie, Internat oder Regiment entschlüpft; mit Freunden badete er im Rhein, ruderte zu der Biebricher Rhein-Insel, las zusammen mit ihnen Wielands «Sympathien», einen schwärmerischen Essay über die Sympathien der Seelen, über Seelenverwandtschaft und Seelenwanderung. Heinrich von Kleist schreibt an Adolfine von Werdeck am 28. und 29. Juli 1801 aus Paris:

«Mit welchen Empfindungen ich Mainz wiedererblickte, das ich schon als Knabe einmal sah – wie ließe sich das beschreiben? Das war damals die üppigste Sekunde in der Minute meines Lebens! Sechzehn Jahre, der Frühling, die Rheinhöhen, der erste Freund, den ich soeben gefunden hatte, und ein Lehrer wie Wieland, dessen ‹Sympathien› ich damals las – War die Anlage nicht günstig, einen großen Eindruck tief zu begründen?

Warum ist die Jugend die üppigste Zeit des Lebens? Weil kein Ziel so hoch und so fern ist, das sie sich nicht einst zu erreichen getraute. Vor ihr liegt eine Unendlichkeit – Noch ist nichts bestimmt, und alles möglich – Noch spielt die Hand, mutwillig zögernd, mit den Losen in der Urne des Schicksals, welche auch das große enthält – warum sollte sie es nicht fassen können? Sie säumt und säumt, indem schon die bloße Möglichkeit fast ebenso wollüstig ist, wie die Wirklichkeit – Indessen spielt ihr das Schicksal einen Zettel unter die Finger – es ist nicht das große Los, es ist keine Niete, es ist ein Los, wie es Tausende schon getroffen hat, und Millionen noch treffen wird.

Damals entwickelten sich meine ersten Gedanken und Gefühle. In meinem Innern sah es so poetisch aus, wie in der Natur, die mich umgab. Mein Herz schmolz unter so vielen begeisternden Eindrücken, mein Geist flatterte wollüstig, wie ein Schmetterling über honigduftende Blumen, mein ganzes Wesen ward fortgeführt von einer unsichtbaren Gewalt, wie eine Fürsichblüte von der Morgenluft – Mir wars, als ob ich vorher ein totes Instrument gewesen wäre, und nun, plötzlich mit dem Sinn des Gehörs beschenkt, entzückt würde über die eigenen Harmonien. –

Wir standen damals in Bieberich in Kantonierungsquartieren. Vor mit blühte der Lustgarten der Natur – eine konkave Wölbung, wie von der Hand der Gottheit eingedrückt. Durch ihre Mitte fließt der Rhein, zwei Paradiese aus einem zu machen. In der Tiefe liegt Mainz, wie der Schauplatz in der Mitte eines Amphitheaters. Der Krieg war aus dieser Gegend geflohen, der Friede spielte sein allegorisches Stück. Die Terrassen der umschließenden Berge dienten statt der Logen, Wesen aller Art blickten als Zuschauer voll Freude herab, und sangen und sprachen Beifall – Oben in der Himmelsloge stand Gott. Hoch an dem Gewölbe des großen Schauspielhauses strahlte die Girandole der Frühlingssonne, die entzückende Vorstellung zu beleuchten. Holde Düfte stiegen, wie Dämpfe aus Opferschalen, aus den Kelchen der Blumen und Kräuter empor. Ein blauer Schleier, wie in Italien gewebt, umhüllte die Gegend, und es war, als ob der Himmel selbst hernieder gesunken wäre auf die Erde –

Ach, ich entsinne mich, daß ich in meiner Entzückung zuweilen, wenn ich die Augen schloß, besonders einmal, als ich an dem Rhein spazieren ging, und so zugleich die Wellen der Luft und des Stromes mich umtönten, eine ganze vollständige Sinfonie gehört habe, die Melodie und alle begleitenden Akkorde, von der zärtlichen Flöte bis zu dem rauschenden Kontra-Violon. Das klang mir wie eine Kirchenmusik, und ich glaube, daß alles, was uns die Dichter von der Sphärenmusik erzählen, nichts Reizenderes gewesen ist, als diese seltsame Träumerei.

Zuweilen stieg ich allein in einen Nachen und stieß mich bis auf die Mitte des Rheins. Dann legte ich mich nieder auf den Boden des Fahrzeugs, und vergaß, sanft von dem Strome hinabgeführt, die ganze Erde, und sah nichts, als den Himmel –

Wie diese Fahrt, so war mein ganzes damaliges Leben – Und jetzt! – Ach, das Leben des Menschen ist, wie jeder Strom, bei seinem Ursprunge am höchsten. Es fließt nur fort, indem es fällt – In das Meer müssen wir alle – Wir sinken und sinken, bis wir so niedrig stehen, wie die andern, und das Schicksal zwingt uns, so zu sein, wie die, die wir verachten –

Ich habe in der Gegend von Mainz jeden Ort besucht, der mir durch irgend eine Erinnerung heilig war, die Insel bei Bieberich, die ich mit Müllern, oft im größten Sturm, umschiffte – das Ufer zwischen Bieberich und Schierstein, an welchem Gleißenberg mich einmal mitten in der Nacht, als der Schiffer schelmisch aus unserm Kahn gesprungen war, hinanstieß – das Lager bei Marienborn, wo ich noch Spuren einer Höhle fand, die ich einmal mit Barßen, uns vor der Sonne zu schützen, in die Erde gegraben hatte –»

Der Brief erzählt nicht nur von den Orten der Begegnung und den Freunden, in ihm schwingt auch die enthusiastische Stimmung jener Zeit wieder. Doch die Worte und Wendungen, die Kleist gebraucht, scheinen allzu elegant zu sein, so daß sich die Frage stellt, was literarische Floskel, was erinnertes Gefühl in diesem eindrucksvollen Brief sei. Die herrliche Szene am Rhein, Mainz in einem Amphitheater gelegen, ringsum die Berge (was mit der Geographie nicht ganz übereinstimmt), die Wolken, der Himmel, Gott Vater, der wohlwollend herabblickt – all das ähnelt sehr barocken Landschaftsbildern, die sich so hierarchisch aufbauen wie diese Szenerie Kleists. Von der Allegorie des Friedens ist ja auch die Rede; der Titel des Bildes könnte so heißen. Die zwei umfangreichen Briefe, die Kleist im Juli 1801 aus Paris an Adolfine von Werdeck schrieb, lesen sich wie stilistische Übungen, in denen die Freude am Wort den Autor zu schönen Wendungen hinreißt, zu überspitzten Formulierungen.

Doch heißt das nicht, das alles seien leere Worte. Daß er in Mainz den ersten Freund fand, wird stimmen. Der Anblick der Orte, an denen er mit dem Freund damals weilte, wird das Glücksgefühl jener Tage belebt haben. Bei diesem ersten Freund wird er auch zum erstenmal Zuneigung, Verständnis, Vertrauen, gar Zärtlichkeit gefunden haben, was seinen Enthusiasmus erklären kann. Die relative Freizügigkeit des Feldlagerlebens und die liebliche Landschaft am Rhein, die gegenüber der kargen Mark fast südländisch wirkt, werden diese schwärmerische Empfindung beflügelt haben.

Kein Zweifel, daß Kleist sich damals in einem für ihn seltenen Zustand der Harmonie mit sich selbst und der Welt befand, in einem Zustand, den er in der Erinnerung als nahezu paradiesisch ausmalt. Jetzt, 1801, nach dem Abschied vom Militär, nach dem Abbruch des Studiums der ungeliebten Wissenschaften, nach der Flucht aus Berlin, die auch eine Flucht vor der Verlobung war, ohne Aussicht auf eine feste Position, geschweige denn auf eine sinnvolle Tätigkeit, jetzt muß ihm der jugendliche Überschwang von 1793 wie eine hohe Zeit vorkommen, nach der es nur noch bergab ging.

Daß die Zeit der Belagerung von Mainz für ihn eine wichtige Station seines Lebens war, auf der er nicht nur Glück fand, bestätigt ein anderer Brief aus dem Jahre 1801. Es ist der Brief der «Kant-Krise», den er am 22. März 1801 an Wilhelmine von Zenge schrieb. Dort heißt es:

«Ich hatte schon als Knabe (mich dünkt am Rhein durch eine Schrift von Wieland) mir den Gedanken angeeignet, daß die Vervollkommnung der Zweck der Schöpfung wäre. Ich glaubte, daß wir einst nach dem Tode von der Stufe der Vervollkommnung, die wir auf diesem Sterne erreichten, auf einem andern weiter fortschreiten würden, und daß wir den Schatz von Wahrheiten, den wir hier sammelten, auch dort einst brauchen könnten. Aus diesen Gedanken bildete sich so nach und nach eine eigene Religion, und das Bestreben, nie auf einen Augenblick hienieden still zu stehen, und immer unaufhörlich einem höhern Grade von Bildung entgegenzuschreiten, ward bald das einzige Prinzip meiner Tätigkeit. Bildung schien mir das einzige Ziel, das des Bestrebens, Wahrheit der einzige Reichtum, der des Besitzes würdig ist. —»

Auch das ist eine Stilisierung, denn schließlich muß er der Verlobten, die auf die Heirat wartet, erklären, warum er nach Paris flieht. Doch auch hier verdeckt die Stilisierung nicht den ersten Hintergrund: der Eindruck der «Sympathien» Wielands, den er verehrte und bei dem er von 1802 auf 1803 ein halbes Jahr lebte, muß erheblich gewesen sein. Der Gedanke, daß sich die Seele auf dieser Erde zu vervollkommnen habe, wird er aus Wielands «Sympathien» genommen und sich zu eigen gemacht haben. Diese Idee ließ Kleist nicht nur den Abschied beim Militär nehmen, bei dem er sich nicht vervollkommnen konnte, und das Studium aufnehmen. Auch in den Abschiedsbriefen vor seinem Tode im November 1811 erscheint diese Idee auf als Begründung für den selbstgewählten Tod: wenn ihm Vervollkommnung auf der Erde nicht erreichbar sei, dann vielleicht doch auf einem anderen Stern.

Was Kleist aus der Zeit der Belagerung von Mainz mitbrachte, war aufs engste miteinander verknüpft: die erste Freundschaft und die erste Erkenntnis, die tiefen Gefühle und die weitreichende Einsicht. Die Freundschaft brachte ihm wenigstens für kurze Zeit ein erfülltes Leben, die Lektüre brachte ihm wenigstens für einige Zeit den Anschein eines sinnvollen Lebens. In der Freundschaft fand er Zuneigung und Verständnis, in der Lektüre die Bestätigung dieser «Seelenfreundschaft» und zugleich eine philosophische Orientierung. Auch deshalb, weil Herz und Verstand so schön zusammenklangen, war die Belagerungszeit von Mainz eine glückliche Spanne seines Lebens.

Auch später sind Lebenserfahrungen und Leseerfahrungen bei Kleist schwer zu trennen. Seine Lebenserfahrungen beschreibt und deutet er mit den Formulierungen und Gedanken, die er in seiner Lektüre kennengelernt hat, so daß seine Briefe mindestens so sehr Zeugnisse seiner Lesefrüchte sind wie seiner Erlebnisse. Erlebtes und Gelesenes wird zur Einheit: die übersteigerte Haltung des literarischen Helden übernimmt Kleist nicht selten mit dem tiefen Ernst seines Charakters.

Die Urszene

Die erste Freundschaft am Rhein brachte Kleist – so vermute ich – auch die ersten sexuellen Erfahrungen. Körperliche Zärtlichkeiten zwischen Knaben oder Männern, die vom anderen Geschlecht getrennt längere Zeit zusammen leben, sind nicht selten.

Wäre Kleist nicht von seinem elften Lebensjahr an im Internat und dann beim Militär aufgewachsen, sondern zu Hause unter seinen Geschwistern, zusammen mit seinen fünf Schwestern und deren Freundinnen, wäre der Umgang mit dem weiblichen Geschlecht ihm sicherlich leichter gefallen. So aber mußte er wohl eine gewisse Fremdheit erst überwinden, als er mit 22 Jahren seinen Abschied vom Militär nahm und zum Studium nach Frankfurt an der Oder zurückkehrte. Während der Militärzeit hatte er auch gesellschaftlichen Umgang mit Potsdamer Familien; die erste schwärmerische Zuneigung zu einem Mädchen empfand er dort: zu Luise von Linkersdorf. Er berichtet später in einem Brief seiner Verlobten, wie er bei der Durchreise durch Potsdam Luise voll Rührung wiedersah und sie sich von weitem grüßten. Diese Distanz dürften sie – der strengen Konvention der Zeit gemäß – auch vorher kaum überwunden haben; es war wohl eine gefühlvolle, aber schüchterne Seelenfreundschaft.

Die Freundschaft mit einigen Kameraden des Regiments war enger und herzlicher. Ernst von Pfuel wurde im Februar 1797 zum Regiment versetzt, im Februar 1798 Rühle von Lilienstern; mit beiden verband Kleist eine lebenslange Freundschaft. Den leidenschaftlichsten Liebesbrief, den ich unter Kleists überlieferten Briefen fand, ist an einen Mann und nicht an eine Frau gerichtet: an den Freund Ernst von Pfuel. Dort heißt es am 7. Januar 1805:

«Damals liebten wir ineinander das Höchste in der Menschheit; denn wir liebten die ganze Ausbildung unsrer Naturen, ach! in ein paar glücklichen Anlagen, die sich eben entwickelten. Wir empfanden, ich wenigstens, den lieblichen Enthusiasmus der Freundschaft! Du stelltest das Zeitalter der Griechen in meinem Herzen wieder her, ich hätte bei Dir schlafen können, Du lieber Junge; so umarmte Dich meine ganze Seele! Ich habe Deinen schönen Leib oft, wenn Du in Thun vor meinen Augen in den See stiegest, mit wahrhaft mädchenhaften Gefühlen betrachtet. Er könnte wirklich einem Künstler zur Studie dienen. Ich hätte, wenn ich einer gewesen wäre, vielleicht die Idee eines Gottes durch ihn empfangen. Dein kleiner, krauser Kopf, einem feisten Halse aufgesetzt, zwei breite Schultern, als ob Du dem schönsten jungen Stier, der jemals dem Zeus geblutet, nachgebildet wärest. Mir ist die ganze Gesetzgebung des Lykurgus, und sein Begriff von der Liebe der Jünglinge, durch die Empfindung, die Du mir geweckt hast, klar geworden. Komm zu mir!»

Ludwig von Brockes, den Kleist bereits 1796 auf einer Reise mit seinen Geschwistern nach Rügen kennenlernte, schrieb vor der Würzburger Reise, die er gemeinsam mit Kleist im Sommer 1800 unternahm, einen Brief, der das wichtigste Zeugnis für frühe sexuelle Erfahrungen Kleists wäre, wenn wir nur sicher sein könnten, daß jener Heinrich, an den Brockes sich wendet, auch tatsächlich Heinrich von Kleist ist. Ich halte es für wahrscheinlich, daß Kleist vor der Würzburger Reise einen Bekenntnisbrief an Brockes schrieb, um ihn zur Begleitung zu bewegen, daß er ihm also sein Herz ausschüttete, wie man so sagt. Das Leiden, für das er in Würzburg ärztliche Hilfe erhoffte, sah er wohl auch in frühen sexuellen «Verfehlungen» begründet. Brockes' Brief beginnt so:
«Dein Brief, mein bester Heinrich, hat mich bis zu Tränen gerührt, und die Geständnisse, die er enthält, anstatt meine Zärtlichkeit für Dich zu schwächen, wie Du befürchtet hast, haben sie im Gegenteil, was ich vorher nicht möglich gehalten hätte, um ein Großes erhöht. Nie war ich imstande, so ganz die unverdorbene Empfindung Deines Herzens in all seinen Trieben zu durchschauen, als seit Du mich selbst durch die Geschichte Deiner ersten Jünglingsjahre damit bekanntgemacht hast. Oft sah ich Dir's an, daß es Dich Mühe kostete, nicht durchaus offen gegen mich zu sein, daß Deine Zurückhaltung nicht Mißtrauen in mich zur Ursache hatte, sondern mehr in einer zu vorteilhaften Meinung von mir und in Umständen begründet sein müßte, die mir unbekannt waren. Jetzt, da Du mich Deines Vertrauens gewürdigt hast, darf ich Dir wohl sagen, daß ich's ahndete, was in Deiner Seele vorging, und was Deine Schwermut veranlaßte, die gleich anfangs mich mehr zu Dir hinzog, als jede andere Deiner schätzbaren Eigenschaften, die freilich nicht alle bei der ersten Bekannt-

schaft sichtbar sind, sondern bei ihrer allmählichen Entwicklung meine Empfindung für Dich zu meiner großen Freude so sehr rechtfertigten und noch immer täglich erhöhen. Aufmerksamkeit auf mich selbst und auf andere haben früher schon mich Nachsicht gelehrt, denn Vollkommenheit ist nicht das Attribut der schwachen menschlichen Natur. Du hast also von mir, der ich selbst so sehr wie irgend einer diese Schwachheit an mir erfahre, gewiß kein hartes Urteil zu befürchten. Stand es nicht bei Dir, mir die Verirrungen Deiner Jugend zu verschweigen?»

Daß Kleist – wenn er der Adressat dieses Briefes ist –, durch frühe «Verirrungen» bedrückt, seines Lebens selten froh wurde, ist diesem Schreiben von Brockes' zu entnehmen und auch, daß diese «Verirrungen» sexuelle gewesen sein müssen, denn Brockes spricht von der «aufgeregten Sinnlichkeit» der Jugend; Heinrich ist demnach verführt worden:

«Du hast es an Dir selbst erfahren, wie mannigfaltig die Sophistereien sind, wodurch die aufgeregte Sinnlichkeit der Jugend ihre Befriedigung mit der Vermeidung der gefährlichen Folgen derselben zu vereinigen hofft, und wenn sie nicht hinreichend über alles, was dahin gehört, unterrichtet wird, fast immer ein Opfer ihres Irrtums und der Verführung sein muß. Nimm ferner Deine besondere Lage, die so wenig Hoffnung Dir gab, rechtmäßigerweise eine so mächtige Neigung wie diese zu befriedigen und schon an dieser Hoffnung einen nicht unbedeutenden Widerstand verlor; Deine äußeren Vorzüge, welche die Verführung reizen mußten, wie Du so oft es erfuhrst; Dein Temperament, die Weichheit und Zärtlichkeit Deines Herzens, das so lange Dich in dem Irrtum ließ, als wenn es nur rechtmäßige Wünsche nährte, und dann plötzlich zu spät, es inne ward, daß es sich selbst betrogen hatte. Sollte es viele geben, die unter gleichen Umständen stärker sein können, als Du es warst?

Trage nun mit ruhiger Ergebung und ohne Klage die freilich oft drückenden Folgen Deiner ehemaligen Handlungen und sei gewiß überzeugt, daß Dein wahres Glück durch sie nicht gestört, sondern vielmehr gewiß befördert werde. Du sagst, wie sehr es Dich doch kränken müsse, anderen, die ohne eigenes Verdienst der Verführung entgangen sind, in der Fülle der Gesundheit und des eigenen Friedens ihre Jahre genießen zu sehen, die Dir durch ihr Glück wie auch ihren verachtenden Blick Hohn zu sprechen scheinen, indes Dir auf jedem Schritte Demütigung begegnet und jede auch erlaubte Freude vergällt wird. Dies scheint freilich ein wichtiger Einwurf zu sein, aber wer bürgt Dir dafür, daß jene wirklich glücklicher sind als Du? Ununterbrochenes Wohl macht, daß der es besitzt, seinen Wert vergißt und nicht mehr so lebhaft empfindet als derjenige, den nachlassender Schmerz es aufs neue fühlen läßt, was es heißt, aus freier Brust wieder zu atmen. Physischer und moralischer Schmerz führt zur Überlegung, entfernt vom bloß sinnlichen Genuß, und macht oft den Leidenden zum Weisen und diesen zum Wohltäter seiner Brüder.»

Angesichts der Prüderie zwischen den Geschlechtern in der damaligen Zeit können frühe sexuelle Erlebnisse Kleists nur solche mit Knaben oder Männern gewesen sein – oder mit dem Dienstpersonal. Das Bordell scheidet jedenfalls aus, denn die Situation, die von Brockes schildert, weist auf anderes hin: der junge, hübsche Knabe wurde von anderen, also wohl Älteren, verführt. Da Kleist bereits mit elf Jahren ins Internat kam, halte ich es für wahrscheinlich, daß nicht das Dienstpersonal zu Hause, sondern ältere Freunde im Internat, eher noch Kameraden im Regiment, von dem zarten einsamen Jungen angezogen, ihn verführten, und zum anderen, daß der Heinrich des Briefes tatsächlich Kleist ist. Gerade die Abwesenheit des Weiblichen beim Militär ließ Kleist das traditionell Weibliche am eigenen Körper erfahren: dem Mann zu Willen zu sein. Er wurde verführt, möglicherweise nicht ohne Gewalt; die Verführung der Frau, deren Vergewaltigung, die er später für damalige Verhältnisse so sensationell offen in der «Marquise von O…» schildert, aber auch die Unterwerfung der Frau und ihre Auflehnung dagegen – wie Käthchen und Penthesilea – hat er möglicherweise an sich selbst erlebt.

Das sind Vermutungen, aber es gibt Anhaltspunkte dafür, daß diese Vermutungen in die Richtung der Wahrheit weisen. Die Anhaltspunkte können hier freilich erst nach und nach mit der Darstellung des Lebens und des Werkes herausgearbeitet werden. Die Wahrheit in den geschlechtlichen Dingen liegt nie offen zutage, in Kleists Leben so wenig wie in dem seiner Zeitgenossen; es ziemte sich damals nicht, darüber zu sprechen oder zu schreiben; diese

Wahrheit hält sich immer verdeckt oder gar versteckt. Anhaltspunkte finden wir in den überlieferten Texten, in den Briefen, so gut
wie in den poetischen Werken. Wenn sich das Leben in den Briefen
unmittelbar niederschlägt, so äußert es sich in den poetischen
Werken mittelbar. Doch die Verwandlung ist nicht immer eine Ver-
hüllung, nicht selten ist sie eine Offenbarung, weil durch die Stilisierung die zentralen Lebensprobleme deutlicher, pointierter hervortreten.

Ich wende mich deshalb jetzt schon einem poetischen Werk zu,
Kleists frühestem Drama «Die Familie Schroffenstein», obwohl es
erst im Jahre 1802 entstanden ist und ich in der Darstellung von
Kleists Lebensweg noch nicht über das Jahr 1796 hinausgelangt bin.
Doch das Drama könnte ein Licht auf die frühen Jahre Kleists werfen, weshalb ich es zunächst auf biographische Anhaltspunkte hin
untersuche; die Deutung des literarischen Kunstwerks ist damit
noch nicht gegeben.

Die Handlung des Dramas ist rasch erzählt. Die Familie Schroffenstein ist in zwei feindliche Häuser gespalten: das Haus Rossitz
und das Haus Warwand. In Rossitz regiert Rupert mit seiner Gemahlin Eustache, in Warwand Sylvester mit seiner Gemahlin Gertrude. Rupert hat einen legitimen Sohn, Ottokar, und einen illegiti-
men Sohn, Johann, Sylvester hat eine Tochter, Agnes. Sylvesters
Vater Sylvius ist erblindet und hat die Herrschaft an seinen Sohn
abgegeben. Jeronimus von Schroffenstein aus dem Hause Wyk versucht, zwischen den feindlichen Vettern zu vermitteln; er wird ein
Opfer ihrer blutigen Fehde.

Die Fehde – und das Drama – beginnt mit einem Racheschwur
Ruperts. Rupert ist der irrigen Meinung, sein Vetter Sylvester habe
ihm den Sohn Peter ermordet; er hat Indizien dafür. Er will deshalb
das Haus Warwand ausrotten. Sein Sohn Ottokar hat sich in Sylvesters Tochter Agnes verliebt, ihr aber seine Herkunft verschwiegen;
auch Johann liebt Agnes. Agnes erwidert Ottokars Liebe. Sie treffen
sich heimlich in einer Höhle zwischen den verfeindeten Burgen und
entdecken sich ihre Herkunft und ihre Gefühle. Ottokar weiß, daß
sein Vater ihnen folgt, um Agnes zu töten. Er tauscht deshalb mit
Agnes die Kleider. In der finsteren Höhle ersticht Rupert seinen
eigenen Sohn, den er für Agnes hält; Sylvester kommt hinzu und
tötet seine Tochter, die er für Ottokar hält. Erst der blinde Sylvius
und der wahnsinnig gewordene Johann entdecken den wahren Sach-

verhalt. Rupert und Sylvester versöhnen sich über den Leichen ihrer Kinder: es war alles nur ein «Versehen». Die Hexe Ursula sagt am Schluß: «Wenn ihr euch totschlagt, ist es ein Versehen.»

Als Kleist in Bern den Freunden Ludwig Wieland und Heinrich Zschokke den fünften Akt des Dramas vorlas mit dem blutigen Ende im Halbdunkel der Höhle, erntete er stürmisches Gelächter. Zschokke: «[Es] ward im letzten Akt das allseitige Gelächter der Zuhörerschaft wie auch des Dichters so stürmisch und endlos, daß, bis zu seiner letzten Mordszene zu gelangen, Unmöglichkeit wurde.» Der fünfte Akt ist Kleist sicher nicht gelungen; er schwankt zwischen Tragik und unfreiwilliger Komik. Die Irrtümer, die zur Ermordung von Ottokar und Agnes führen, sind unglaubwürdig, wiewohl dramaturgisch notwendig, damit die ungeheuerliche Tat geschehen kann: die Väter töten ihre eigenen Kinder. Vorangegangen ist dieser Tat der Kleidertausch, der zugleich ein Geschlechtertausch ist; hier wird das Lachen eher eine Abwehrreaktion sein, Abwehr eigener Unsicherheiten im Festhalten der Geschlechterrolle.

Der Kleidertausch soll – nach einer Erzählung des Freundes Ernst von Pfuel, die Wilbrandt 1863 veröffentlichte – die Ausgangsszene des Dramas gewesen sein. Wilbrandt schreibt:

«Wie Pfuel erzählt, war es überhaupt auf eine wunderliche, zufällige Weise entstanden. Ihm war eines Tages die seltsame Auskleideszene des letzten Aktes, rein als Szene, in den Sinn gekommen, und da die Situation ihn anzog, hatte er sie wie eine zusammenhanglose Phantasie niedergeschrieben. Dann erst fiel ihm ein, sie mit andern Fäden der Erfindung, vielleicht auch mit einem zufällig entdeckten Stoff zusammenzuspinnen, und so wob sich allmählich um diese Szene die ganze Tragödie herum.»

Diese Szene scheint mir nicht nur die Ausgangs-, sondern auch die Kernszene des Dramas; sie ist jedenfalls der Schlüssel für die biographische Deutung. Daß Kleist vom Tausch der Kleider als vom Tausch der Geschlechter fasziniert war, daß er um die Szene herum eine Geschichte erfand, die ihm den Tausch auszuphantasieren ermöglichte: das scheint mir höchst wahrscheinlich. Der Knabe – Ottokar und Agnes sind sehr jung – wird zum Mädchen, das Mädchen wird zum Knaben. Hätten sie nicht die Kleider getauscht, wären sie nicht von den eigenen Vätern getötet worden. Die Väter töten ihre Kinder und bestrafen dadurch den Geschlechtertausch. Merkwürdig genug: die Väter Rupert und Sylvester führen Krieg gegeneinander, töten aber nicht sich, sondern ihre Kinder. Der Tod der Kinder ist die Voraussetzung für ihre Versöhnung.

Läßt sich das biographisch deuten? Wurde Kleist von seinen Eltern «getötet» im übertragenen Sinne, also durch Gefühlskälte, Vernachlässigung, Strafen, Quälereien, so daß er zu einem «toten Instrument» wurde? Wie heißt es zu Beginn des Dramas: «Bat, ein Kindlein, bat um Liebe. Mörders Stahl gab ihm die Antwort.» Ist das nicht die frühe Situation des Kindes, dem Liebe lebensnotwendig ist, so daß Liebesmangel tödlich für es wirkt, im wörtlichen wie im übertragenen Sinne, wenn seine seelische und körperliche Entwicklung verhindert wird? Oder ist der Kindesmord eine Strafphantasie für die belastenden sexuellen «Verfehlungen»? Kaum vollzogen im Kleidertausch, findet die «Verirrung» schon ihre verdiente Strafe? Ist es aber eine Strafe? Hat Kleist sich nicht lebenslang nach dem Tod gesehnt? Jedenfalls birgt «Die Familie Schroffenstein» nicht nur fast alle Motive der späteren Werke Kleists, sie bringt auch dieses große «Leitmotiv» seines Lebens, mit dem es schließlich endete: Mann und Frau finden glücklich vereint den Tod. Ist also die Strafe, die hier die Väter vollziehen, nicht der Wunsch des Sohnes, der dadurch endlich Ruhe findet und die Väter ins Unrecht setzt? Oder ist der lebenslange Wunsch nach dem Tod nicht die Folge früher Vernachlässigung durch die Eltern, die alle Lebenszuversicht abtöteten, so daß der Mord der Eltern am Kind sich lebenslang vollzog, bis er mit dem Tod am Wannsee endgültig wurde? Diese Fragen lassen sich zusammenfassen; sie fügen sich dann in meine Vermutungen über Kleists Kindheit und Jugend leicht ein. Eine Vernachlässigung, ja eine Drangsalierung in früher Kindheit ist wahrscheinlich. Sie hat zerstörerisch auf Kleists Leben gewirkt. Sie kommt aus der Familie, insofern ist das Thema «Die Familie Schroffenstein» wörtlich zu nehmen: die nächsten Angehörigen sind die am stärksten bedrängender. Feinde.

Eine starke Sympathie für Männer und eine ambivalente Haltung gegenüber Frauen, möglicherweise eine Folge seiner Militärzeit, ist ebenfalls aus dem Drama abzulesen. Neben dem Kleider- und Geschlechtertausch ist eine Szene zwischen Ottokar und Johann dafür ein Indiz, zumal die enthusiastische Hinwendung Ottokars zu Johann hier nicht recht motiviert ist. Johann hat sich als Nebenbuhler Ottokars zu erkennen gegeben; doch die Liebe zur selben Frau trennt sie nicht, sondern verbindet sie. Ottokar zu Johann:

> Ich habe lange
> Mir einen solchen Freund gewünscht. Es sind
> So wenig Seelen in dem Hause, die
> Wie deine, zartbesaitet,
> Von Atem tönen.
> Und weil uns nun der Schwur der Rache fort
> Ins wilde Kriegsgetümmel treibt, so laß
> Uns brüderlich zusammenhalten; kämpfe
> Du stets an meiner Seite.

Das erinnert an die Situation des jungen Kleist, der bei der Belagerung von Mainz den ersten Freund fand, der ihn aus der Einsamkeit führte und ihm brüderlich beistand im «wilden Kriegsgetümmel», dem er sich stellen mußte. «Zartbesaitet», mußte er, Sohn eines Offiziers und künftiger Offizier, männlich hart erscheinen. Nur den wenigen, die «zartbesaitet» waren wie er, konnte er sich offenbaren.

Erinnert nicht auch die Liebesszene in der Höhle, in der die Liebenden vom Tod bedroht sind, an jene Höhle vor Marienborn bei Mainz, die Kleist sich mit einem Freunde grub? Sehen wir uns die Szene genauer an (es ist die erste Szene des fünften Aktes), so fällt auf, daß Ottokar immer dann zärtlich sich Agnes zuwendet, wenn er sicher ist, daß bald die Verfolger eintreten:

OTTOKAR: Wir machen diese Nacht
> Zu einem Fest der Liebe, willst du? Komm.
> *Er zieht sie auf einen Sitz.*
> In kurzem, ist der Irrtum aufgedeckt,
> Sind nur die Väter erst versöhnt, darf ich
> Dich öffentlich als meine Braut begrüßen.
> – Mit diesem Kuß verlobe ich mich dir.
> *Er steht auf, zu Barnabe heimlich:*
> Du stellst dich an den Eingang, hörst du? Siehst
> Du irgend jemand nahen, so rufst du gleich.
> – Noch eins. Wir werden hier die Kleider wechseln,
> In einer Viertelstunde führst du Agnes

In Männerkleidern heim. Und sollte man
Uns überraschen, tust dus gleich. – Nun geh.
*Barnabe geht in den Hintergrund. Ottokar kehrt zu Agnes
zurück.*

AGNES: Wo geht das Mädchen hin?

OTTOKAR *setzt sich*: Ach! Agnes! Agnes!
Welch eine Zukunft öffnet ihre Pforte!
Du wirst mein Weib, mein Weib! weißt du denn auch
Wie groß das Maß von Glück?

AGNES *lächelnd*:   Du wirst es lehren.

OTTOKAR: Ich werd es! O du Glückliche! Der Tag,
Die Nacht vielmehr ist nicht mehr fern. Es kommt, du weißt,
Den Liebenden das Licht nur in der Nacht
– Errötest du?

AGNES: So wenig schützt das Dunkel?

OTTOKAR: Nur vor dem Auge, Törin, doch ich sehs
Mit meiner Wange, daß du glühst. Ach, Agnes!
Wenn erst das Wort gesprochen ist, das dein
Gefühl, jetzt eine Sünde, heiligt – – Erst
Im Schwarm der Gäste, die mit Blicken uns
Wie Wespen folgen, tret ich zu dir, sprichst
Du zwei beklemmte Worte, wendest dann
Viel schwatzend zu dem Nachbar dich. Ich zürne
Der Spröden nicht, ich weiß es besser wohl.
Denn wenn ein Gast, der von dem Feste scheidet,
Die Türe zuschließt, fliegt, wo du auch seist,
Ein Blick zu mir herüber, der mich tröstet.
Wenn dann der Letzte auch geschieden, nur
Die Väter und die Mütter noch beisammen –
– ‹Nun, gute Nacht, ihr Kinder!› – Lächelnd küssen
Sie dich, und küssen mich – wir wenden uns,
Und eine ganze Dienerschaft mit Kerzen
Will folgen. ‹Eine Kerze ist genug,
Ihr Leute›, ruf ich, und die nehm ich selber,
Ergreife deine, diese Hand. *Er küßt sie.*
– Und langsam steigen wir die Treppe, stumm,
Als wär uns kein Gedanke in der Brust,
Daß nur das Rauschen sich von deinem Kleide,
Noch in den weiten Hallen hören läßt.

Dann – – Schläfst du, Agnes?

AGNES: – Schlafen?

OTTOKAR: Weil du plötzlich
So still. – Nun weiter. Leise öffne ich
Die Türe, schließe leise sie, als wär
Es mir verboten. Denn es schauert stets
Der Mensch, wo man als Kind es ihm gelehrt.
Wir setzen uns. Ich ziehe sanft dich nieder,
Mit meinen Armen stark umspann ich dich,
Und alle Liebe sprech ich aus mit *einem*,
Mit diesem Kuß.
Er geht schnell in den Hintergrund; zu Barnabe heimlich:
So sahst du niemand noch?

BARNABE: Es schien mir kürzlich fast, als schlichen zwei Gestalten
um den Berg.
Ottokar kehrt schnell zurück.

AGNES: Was sprichst du denn
Mit jenem Mädchen stets?

OTTOKAR *hat sich wieder gesetzt*: Wo blieb ich stehen?
Ja, bei dem Kuß. – Dann kühner wird die Liebe,
Und weil du mein bist – bist du denn nicht mein?
So nehm ich dir den Hut vom Haupte, *er tuts*, störe
Der Locken steife Ordnung, *er tuts*, drücke kühn
Das Tuch hinweg, *er tuts*, du lispelst leis: o lösche
Das Licht! Und plötzlich, tief verhüllend, webt
Die Nacht den Schleier um die heilge Liebe,
Wie jetzt.

BARNABE *aus dem Hintergrund*:
          O Ritter, Ritter!

AGNES *sieht sich ängstlich um.*

OTTOKAR *fällt ihr ins Wort*: Nun entwallt
Gleicht einem frühling-angeschwellten Strom
Die Regung ohne Maß und Ordnung – schnell
Lös ich die Schleife, schnell noch eine, *er tuts*, streife dann
Die fremde Hülle leicht dir ab, *er tuts*.

AGNES: O Ottokar,
Was machst du? *Sie fällt ihm um den Hals.*

OTTOKAR *an dem Überkleide beschäftigt*:
          Ein Gehülfe der Natur

Stell ich sie wieder her. Denn wozu noch
Das Unergründliche geheimnisvoll
Verschleiern? Alles Schöne, liebe Agnes,
Braucht keinen andern Schleier, als den eignen,
Denn der ist freilich selbst die Schönheit.
BARNABE: Ritter! Ritter!
    Geschwind!
OTTOKAR *schnell auf, zu Barnabe*:
                    Was gibts?

Ottokar malt Agnes das Trugbild einer zukünftigen glücklichen
Ehe aus, da er die Braut nicht ängstigen will; er weiß, daß diese
Zukunft, die ihn ängstigt, nicht kommen wird. Seine farbige Aus-
malung des Hochzeitsfestes bricht abrupt im entscheidenden Augenblick ab: vor dem Schritt ins Hochzeitsgemach. Die Väter
kommen und töten ihre Kinder. Wenn Ottokar Agnes küßt, stört
der Dramatiker sogleich, indem er Ottokar in den Hintergrund
schickt, als sei dem Dichter der Kuß befremdlich und nur möglich
angesichts des drohenden Todes. Auch die Hochzeitsfreuden un-
terbricht der Dramatiker aufs empfindlichste: zweimal ruft Barnabe «Ritter! Ritter!».

Die Angst des Autors vor der Frau, genauer: vor dem sexuellen
Kontakt mit der Frau scheint größer als die Angst vor dem Tod, so
lautet die biographische Deutung dieser Szene, die die Szene gegen
die Intention des Textes und des Autors liest, um Verborgenes in ihr
aufzudecken. Diese Deutung wird durch eine andere Szene bestätigt. Johann, Ottokars Halbbruder, sein Konkurrent und Seelen-
freund, gewissermaßen seine andere, illegitime, dunklere Hälfte, der
schließlich dem Wahnsinn verfällt, Johann verfolgt Agnes, und es ist
nicht ganz deutlich, ob er sie umarmen oder töten will. Sie fürchtet,
er wolle sie töten. Er fuchtelt mit einem Schwert herum. Doch will
er sich selbst töten und sie zuvor umarmen; die Konstellation des
Todes am Wannsee findet sich auch hier. Lustvoll wäre für Johann
der von Agnes ihm zugefügte Tod:

AGNES: Entsetzlicher!
    Sie sinkt besinnungslos zusammen.
JOHANN *sanft*:
    Nimm diesen Dolch, Geliebte – Denn mit Wollust,

Wie deinem Kusse sich die Lippe reicht,
Reich ich die Brust dem Stoß von deiner Hand.

Und lustvoll ist für Johann der Gedanke, die tote Frau zu umarmen:

AGNES: Was willst du, Rasender, von mir?
JOHANN: Nichts weiter.
    Mir bist du tot, und einer Leiche gleich,
    Mit kaltem Schauer drück ich dich ans Herz.
AGNES: Schützt mich, ihr Himmlischen, vor seiner Wut!
JOHANN: Sieh, Mädchen, morgen lieg ich in dem Grabe,
    Ein Jüngling, ich – nicht wahr das tut dir weh?
    Nun, einem Sterbenden schlägst du nichts ab,
    Den Abschiedskuß gib mir. *Er küßt sie.*
AGNES: Errettet mich,
    Ihr Heiligen!

Ist das Nekrophilie? Wenn die Frau tot oder ohnmächtig ist oder
wenn sie schläft, dann muß er nicht Angst haben, vor ihr als Mann
zu bestehen. Der toten oder ohnmächtigen Frau kann er sich mit
bewundernden Augen nähern und mit zärtlichen Händen, ohne daß
dies ein Auftakt zum Beischlaf wäre, der seine Männlichkeit unter
Beweis stellte. Die Ambivalenz gegenüber der Frau tritt hier offen
zutage: sie wird wegen ihrer Schönheit begehrt und zugleich als den
männlichen Partner forderndes Geschlechtswesen gefürchtet. Der
Gedanke an die Marquise von O ... drängt sich auf, der sich der Graf
erst nähert, als sie ohnmächtig ist, und an das Käthchen von Heilbronn, dem der Graf die entscheidenden Fragen stellt, als es in
traumwandlerischem Halbschlaf liegt. Penthesilea ist die Gegenfi-
gur; sie verschlingt und besiegt den Mann.
    Die ambivalente Haltung des Mannes führt zu seiner Passivität
der Frau gegenüber: er wünscht sie sich passiv, damit er nicht aktiv
werden muß. Johann bittet Agnes um den Dolchstoß wie um einen
Kuß, den er «mit Wollust» erwartet. Die erotische Bedeutung ist
deutlich genug, die Assoziation von Dolch und Penis liegt nahe.
Auch die Aggressivität des Geschlechtsaktes, den Johann wünscht
und zugleich fürchtet, wird durch die Verbindung von Dolch mit
Penis hervorgehoben. Johann will sich Agnes hingeben, das heißt, er

will die weibliche Rolle spielen und die Frau in die männliche Rolle zwingen.

Der Kleidertausch, die Ur-Szene von «Die Familie Schroffenstein», ist die Urszene in Kleists Leben und Werk. Der Wechsel der Geschlechter, der weibliche Mann und die männliche Frau, ist die irritierende Grunderfahrung, die Kleist am eigenen Leibe machen mußte. Die Irritation, die manche seiner Figuren hervorrufen, kommt aus dieser Erfahrung, aber auch seine erstaunliche Fähigkeit, als Dichter sich in die Rolle des Mannes zu versetzen, der die Frau fürchtet und begehrt, und zugleich in die Rolle der Frau, die vom Manne verführt wird; mal ist er Mann, mal ist er Frau, mal beides gleichzeitig. Der Rollentausch wird im literarischen Werk zum Rollenspiel.

Das Familiendrama

Das Drama «Die Familie Schroffenstein» ist gleichzeitig eine Familiengeschichte, eine Rittergeschichte, eine Liebesgeschichte und eine mythologische Geschichte. So müssen wir die Teile, die wir in der Analyse trennen, am Schluß in einer Synthese wieder zusammendenken.

Zunächst zur Familiengeschichte. Familie im heutigen Sinne hat sich erst im 18. Jahrhundert herausgebildet: die Kleinfamilie mit der engen Beziehung zwischen Vater und Mutter und zwischen den Eltern und den Kindern. Dieses gefühlsintensive Familienleben wurde allmählich vom erstarkenden Bürgertum gegen die Familienmodelle des Adels und des Bauerntums durchgesetzt.

Wie in der Großfamilie war der Patriarch auch Mittelpunkt der bürgerlichen Kleinfamilie. Noch weit bis ins 19. Jahrhundert hinein zeigen die Familienbilder den Vater in der Mitte, nicht die Mutter, die an seiner Seite plaziert ist, umgeben von den Kindern. Dieser Vater stand für Fürsorglichkeit, seine Strenge war durch Zärtlichkeit gemildert.

Nirgendwo können wir dieses Familienmodell besser erkennen als im bürgerlichen Drama jener Zeit, das dieses Modell – meist polemisch – gegen das des Adels setzte. Lessings «Emilia Galotti» ist ein Beispiel dafür: auf der einen Seite der zärtliche, redliche Vater und die brave, ihm gehorsame Tochter, auf der anderen Seite der intrigante Adlige, der nur seiner Lust frönt; hier die Familie als Hort von Sitte und Anstand, dort die Sittenlosigkeit, die keine Familienbande achtet. Das Ende dieses Rührstücks erscheint uns heute monströs: der liebende Vater ermordet seine Tochter, damit sie dem Adligen nicht in die Hände fällt. Das Familienideal verlangt Opfer.

Ein anderes Beispiel ist «Don Carlos» von Schiller. Was uns heute fragwürdig erscheint, wurde damals als Begründung seiner Rebellion gegen den tyrannischen Vater akzeptiert: der Prinz liebt seine Stiefmutter. Diese Liebe untergräbt keineswegs die Berechtigung seines Zorns gegen die Tyrannei des Königs. Der Familienvater wird in dem bürgerlichen Modell, das hier auch Schiller vertrat, zum Vorbild des «Landesvaters», die Fürsorge des Vaters für die Familie wird ebenso vom «Landesvater» für seine Untertanen erwartet. Die private Obsession des Prinzen stört also die Legitimation seines politischen Engagements nicht. Denn so wie Philipp ein kalter Vater ist, so ist er auch ein herrschsüchtiger Tyrann; der Prinz leidet also doppelt unter ihm und ist deshalb auch doppelt gerechtfertigt, gegen ihn zu rebellieren. In der Liebe von Don Carlos zur Königin scheint das Ideal der bürgerlichen Familie auf: so wie sie sich zärtlich geliebt hätten, so hätten sie auch ihre Untertanen milde und gerecht regiert.

Das Drama «Die Familie Schroffenstein» stellt eine Familie im tödlichen Streit dar. Dieser Familienstreit steht als Metapher für die Zerrüttung aller sozialen und menschlichen Verhältnisse. Die Familie Schroffenstein steht für die Menschenfamilie überhaupt. Dieser Verweis deutet schon auf die mythologische Geschichte: alle Menschen sind Brüder (und Schwestern); jeder Mord ist deshalb Brudermord. Der erste Mord in unserer mythologischen Überlieferung ist der Brudermord von Kain an Abel. Das Ideal der Französischen Revolution «Brüderlichkeit» kommt aus der Tradition dieser mythologischen Überlieferung: früher waren alle Menschen Kinder Gottes, also Geschwister, nun sind alle Menschen Brüder, also Geschwister, wenn auch von einem göttlichen Vater nicht mehr die Rede ist. Die Französische Revolution hat trotz dieses Ideals der Brüderlichkeit zu einer grausigen Schreckensherrschaft geführt, in der Zehntausende ermordet wurden. Die mythologische Überlieferung, Kleist spielt deutlich in der ersten Szene des ersten Aktes darauf an, ist genauso in diesem Drama enthalten wie die historische Erfahrung des ausgehenden 18. Jahrhunderts.

«Die Familie Schroffenstein» ist symmetrisch aufgebaut: Zum einen durch den Ablauf der Szenen, in den Warwand, Rossitz und die zwischen diesen Burgen gelegene Höhle der Liebenden als Ort der Handlung einander ablösen. Symmetrie prägt zum andern den Aufbau der verfeindeten Familien, die einander fast spiegelverkehrt gegenüberstehen. Dem unversöhnlichen Rupert entspricht der versöhnungsbereite Sylvester; der ihren Mann besänftigenden Eustache entspricht die ihren Mann anstachelnde Gertrude; dem angeblich von Rupert ermordeten Sohn Philipp des Sylvester entspricht der angeblich von Sylvester ermordete Sohn Peter des Rupert; dem wahnsinnigen Johann in Rossitz steht der blinde Sylvius in Warwand gegenüber, die beide sich am Schluß vereinen, um den wahren Sachverhalt aufzudecken, so daß der Wahnsinnige als vernünftig, der Blinde als hellsichtig erscheint. Ermorden Sylvesters Leute Ruperts Boten Aldöbern, so ermorden Ruperts Leute Sylvesters Boten Jeronimus. Ruperts liebendem Sohne Ottokar entspricht Sylvesters liebende Tochter Agnes.

Warum diese deutliche Symmetrie? «Die Familie Schroffenstein» ist das erste Werk Kleists. Noch unerfahren, hielt er sich streng an die konventionelle Form, die er fast schematisch handhabe. Das erleichterte ihm sicherlich die Arbeit, zumal die Handlung des Dramas nicht immer gut motiviert ist.

Doch eine weitergehende Absicht wird auch darin stecken. Die Handlung zeigt ja, wie die Tat des einen die Tat des anderen hervorruft; spiegelbildlich reagieren die Figuren aufeinander: Rupert auf Sylvester, Sylvester auf Rupert. Es scheint ein Teufelskreis, den sie nicht durchbrechen können. Sind sie verhext? Eine Hexe war es, die zum Zauberspruch den Finger des toten Kindes Peter abschnitt und dadurch Verdacht, Irrtum, Rache und Mord als Folgen hervorrief. Bei Kleist heißt, was die Menschen auf Abwege führt, das Teuflische. Rupert sieht sein Gesicht in einer Quelle und erschrickt, weil er in das Gesicht eines Teufels blickt; kurz darauf tötet er sein Kind. Und Johann sagt am Schluß des Dramas:

JOHANN: Bringt Wein her! Lustig! Wein! Das ist ein Spaß zum Tot-
    lachen! Wein! Der Teufel hat im Schlaf die beiden
    Mit Kohlen die Gesichter angeschmiert,
    Nun kennen sie sich wieder. Schurken! Wein!
    Wir wollen eins drauf trinken!
URSULA: Gott sei Dank!
    So seid ihr nun versöhnt.
RUPERT: Du hast den Knoten
    Geschürzt, du hast ihn auch gelöst. Tritt ab.
JOHANN: Geh, alte Hexe, geh. Du spielst gut aus der Tasche,
    Ich bin zufrieden mit dem Kunststück. Geh.

«Nun kennen sie sich wieder»: das heißt doch, daß das Problem der Erkenntnis, der Selbsterkenntnis, die an die Erkenntnis des Anderen gebunden ist, hier auch dargestellt wird. Obwohl die Familienangehörigen einander gegenübertreten wie in einem Spiegel, erkennen sie einander nicht, sich selbst nicht und nicht die anderen. Insofern scheinen sie verhext zu sein: sie erkennen die Wahrheit nicht, die so naheliegt.

Sich selbst zu erkennen, das setzt voraus, daß man gewissermaßen aus sich heraustritt, um sich von außen zu betrachten – als einen Anderen, mit den Augen des Anderen. Die Trennung des Ich in ein beobachtetes und ein beobachtendes Ich ist jedoch in diesem Drama nicht die Quelle der Wahrheit wie in der idealistischen Philosophie zu Kleists Tagen, für Kleist jedenfalls ist sie es nicht, in diesem Drama so wenig wie später in seinem berühmten Dialog «Über das Marionettentheater». Die Selbstreflexion führt nur zum Schein der Wahrheit, nicht zur Wahrheit selbst, und vom Schein zum Irrtum ist es nicht weit.

Im ursprünglichen Zustand der Einheit des Menschen mit sich und der Natur stellte sich die Frage nach der Wahrheit nicht. Es ist gerade diese Frage, die den Menschen mit sich und der Natur entzweite, behauptet die Mythologie. Erst als Adam und Eva vom Baum der Erkenntnis gegessen hatten, wurden sie aus dem Paradies vertrieben. Das beschränkte Bewußtsein des Menschen reiche nicht aus, die Wahrheit zu erfassen, dazu bedürfte es schon des «unendlichen Bewußtseins der Götter», schreibt Kleist im Dialog «Über das Marionettentheater».

Nur den Liebenden ist eine Ahnung des Ursprünglichen gegeben. Wenn sie einander vertrauen, wenn sie ihrem inneren Gefühl vertrauen, können sie einander «unverstellt» begegnen. Dann können sie einander unmittelbar in die Seele schauen «wie ein Gott» und «das Unendliche» fassen:

OTTOKAR: Nun will ich heiter, offen, wahr
Wie deine Seele mit dir reden. Komm!
Es darf kein Schatten mehr dich decken, nicht
Der mindeste, ganz klar will ich dich sehen.
Dein Innres ists mir schon, die neugebornen
Gedanken kann ich wie dein Gott erraten.
Dein Zeichen nur, die freundliche Erfindung
Mit einer Silbe das Unendliche
Zu fassen, nur den Namen sage mir.
Dir sag ich meinen gleich; denn nur ein Scherz
War es, dir zu verweigern, was du mir.
Ich hätte deinen längst erforscht, wenn nicht
Sogar dein unverständliches Gebot
Mir heilig. Aber nun frag ich dich selbst.

Nichts Böses bin ich mir bewußt, ich fühle
Du gehst mir über alles Glück der Welt,
Und nicht ans Leben bin ich so gebunden,
So gern nicht, und so fest nicht, wie an dich.
Drum will ich, daß du nichts mehr vor mir birgst,
Und fordre ernst dein unumschränkt Vertrauen.

Doch wird in der ersten Szene des dritten Aktes dieses Vertrauen
noch einmal durch das von dem Haß der Väter gesäte Mißtrauen
gestört.

OTTOKAR: Willst dus?
AGNES: Was meinst du?
OTTOKAR: Mit mir leben?
    Fest an mir halten? Dem Gespenst des Mißtrauns,
    Das wieder vor mir treten könnte, kühn
    Entgegenschreiten? Unabänderlich,
    Und wäre der Verdacht auch noch so groß,
    Dem Vater nicht, der Mutter nicht so traun,
    Als mir?
AGNES: O Ottokar! Wie sehr beschämst du mich.
OTTOKAR: Willst dus? Kann ich dich ganz mein nennen?
AGNES: Ganz deine, in der grenzenlosesten Bedeutung.
OTTOKAR: Wohl, das steht nun fest und gilt
    Für eine Ewigkeit. Wir werdens brauchen.
    Wir haben viel einander zu erklären,
    Viel zu vertraun. – Du weißt mein Bruder ist –
    Von deinem Vater hingerichtet.
AGNES: Glaubst dus?
OTTOKAR: Es gilt kein Zweifel, denk ich, denn die Mörder
    Gestandens selbst.
AGNES: So mußt dus freilich glauben.
OTTOKAR: Und nicht auch du?
AGNES: Mich überzeugt es nicht.
    Denn etwas gibts, das über alles Wähnen,
    Und Wissen hoch erhaben – das Gefühl
    Ist es der Seelengüte andrer.

Das Gefühl wird über «alles Wähnen und Wissen» gestellt. So wäre das Gefühl ein Mittel der Erkenntnis? Bei Kleist jedenfalls – und das werden andere Beispiele bestätigen – gibt das Gefühl eher Gewißheit als der Verstand.

Das Vertrauen der Liebenden wird in der Höhlenszene des fünften Aktes auf die Probe gestellt, und es besteht seine Probe; jedenfalls Agnes vertraut dem Geliebten ganz und duldet deshalb den Kleidertausch. Doch die Liebenden werden ermordet. Die Liebe – sie ist bei Kleist, wie die Zitate zeigen, wesentlich Vertrauen – hat keinen Platz in dieser Welt; noch nicht oder nicht mehr. Die Väter stehen am Schluß an den Leichen ihrer Kinder, versöhnt zwar, doch ohne Erben, also ohne Zukunft.

Vergleichen wir «Die Familie Schroffenstein» als Liebesgeschichte mit Shakespeares «Romeo und Julia», das Kleist als Vorbild gedient haben dürfte, wird diese Intention Kleists bestätigt. Bei Shakespeare stehen sich zwei verfeindete Familien gegenüber, nicht also die Angehörigen einer Familie, die in zwei Häuser gespalten ist. Romeo, Sohn der einen, Julia, Tochter der anderen Familie, überwinden die blutige Fehde durch ihre Liebe. Auch sie scheitern: das Drama endet mit beider Tod. Sie sterben jedoch nicht durch die Hand der Eltern; allerdings tragen diese Schuld an Romeos und Julias Tod, da sie die beiden auseinanderreißen wollten, was erst die unglücklichen Verkettungen zur Folge hatte, die zu ihrem Tode führten. Kleist hat den Konflikt verschärft, indem er ihn zwischen Eltern und Kindern innerhalb einer Familie ausbrechen läßt und die Handlung bis zum äußersten Punkt der Tötung der Kinder durch Elternhand spannte.

Die Roheit eines finsteren Mittelalters, die in dieser Rittergeschichte – denn «Die Familie Schroffenstein» ist auch eine Rittergeschichte – dargestellt wird, dem Geschmack der Zeit entsprechend mit Hexen und Zauberei, mit Fehde und Kriegsgeschrei, diese Roheit ist nicht Vergangenheit: es ist die Finsternis eines Zeitalters, das von den Schrecken der Französischen Revolution erschüttert wurde. Eine Finsternis, die Kleist sich nur mit der mythologischen Überlieferung deuten kann: Durch die Vertreibung aus dem Paradies ist die Falschheit unter die Menschen gekommen. Die Erbsünde ist die Wunde der Menschheit. Diese alte Erklärung wurde ihm durch eine neue, die an diese anknüpft, nähergebracht: durch Jean-Jacques Rousseaus Ansicht, daß wir aus einer ursprünglichen Einheit mit uns selbst und der Natur herausgetreten seien in einen Zustand des Irrtums und der Zwietracht. Die Wurzel des Übels, allen Streites unter den Menschen, sei das Privateigentum. So gehen für Kleist die alte Mythologie der Bibel und die neue Mythologie Rousseaus eine Verbindung ein. Gemeinsam erklären sie das schwer Erklärbare: die Grausamkeit unter den Menschen, die einander Brüder sein sollten, aber einander Feinde sind.

Der Kirchenvogt antwortet im ersten Akt von «Die Familie Schroffenstein» auf die Frage des Jeronimus, der den blutigen Racheschwüren Ruperts und der Seinen verständnislos zuhörte:

> Seit alten Zeiten
> Gibts zwischen unsern beiden Grafenhäusern,
> Von Rossitz und von Warwand einen Erbvertrag,
> Kraft dessen nach dem gänzlichen Aussterben
> Des einen Stamms, der gänzliche Besitztum
> Desselben an den andern fallen sollte.
> JERONIMUS: Zur Sache, Alter! das gehört zur Sache nicht.
> KIRCHENVOGT: Ei, Herr, der Erbvertrag gehört zur Sache.
> Denn das ist just als sagtest du, der Apfel
> Gehöre nicht zum Sündenfall.

Der Erbvertrag gehört zum Streit wie der Apfel zum Sündenfall. Der Erbvertrag begründet die «Erbsünde» des Eigentums: aus der Gier nach dem Eigentum des anderen entsteht Mißtrauen, aus dem Mißtrauen entsteht Irrtum, aus dem Irrtum entsteht Haß. Denn es ist ein Irrtum: weder Sylvester noch Ruperts Kind wurden ermordet. Die Indizien sprechen dafür, doch führen sie in die Irre. Ein wichtiges Motiv in allen Werken Kleists steht hier: der Verstand kann irren, nur das Herz leitet zur Wahrheit. So ist es vor allem das aus Irrtum und Verdacht erwachsene Mißtrauen, das die beiden Liebenden voneinander trennt. Die Vertreibung aus dem Paradies – biblisch gesprochen –, die Entzweiung mit der Natur – mit Rousseau gesprochen – müssen die Liebenden zu überwinden trachten. Die Liebe einer «Zweier-Beziehung», wie man das heute nennt, wird hier vor dem Horizont der Weltgeschichte gesehen, die wiederum als Heilsgeschichte gedeutet wird, das meint: als eine mythologische Geschichte. Wie das «Alte Testament» durch das «Neue Testament», wie die Erbsünde durch Christus, so wird bei Kleist die durch den Erbvertrag markierte Grenze durch die Liebe zu Agnes, einem unschuldigen Wesen, das von Johann und Ottokar Maria genannt wird, andeutungsweise überschritten; andeutungsweise, da die Liebe zwischen Ottokar und Agnes scheitert; die geschichtliche, weltgeschichtliche, heilsgeschichtliche Stunde für Liebe und Versöhnung hat noch nicht geschlagen:

AGNES: Warum nennst du mich Maria?
OTTOKAR: Erinnern will ich dich mit diesem Namen
    An jenen schönen Tag, wo ich dich taufte.
    Ich fand dich schlafend hier in diesem Tale,
    Das einer Wiege gleich dich bettete.
    Ein schützend Flordach webten dir die Zweige,
    Es sang der Wasserfall ein Lied, wie Federn
    Umwehten dich die Lüfte, ein Göttin
    Schien dein zu pflegen. – Da erwachtest du,
    Und blicktest wie mein neugebornes Glück
    Mich an. – Ich fragte dich nach deinem Namen;
    Du seist noch nicht getauft, sprachst du. – Da schöpfte
    Ich eine Hand voll Wasser aus dem Quell,
    Benetzte dir die Stirn, die Brust, und sprach:
    Weil du ein Ebenbild der Mutter Gottes,
    Maria tauf ich dich.

Kleists eigene Erfahrungen, die Versagungen seiner Kindheit und Jugend, werden in diesem Drama Eingang gefunden haben. Welche Erfahrungen das sind, können wir nur vermuten: mangelnde Liebe, daher fehlendes Vertrauen zu sich selbst und der Welt; die ambivalente Haltung zum weiblichen Geschlecht, die Sympathie zum eigenen, die Sehnsucht nach Liebe und die Angst vor der Liebe; und schließlich die Sehnsucht nach dem Tod, der alles ungeschehen macht.

Kleists historische Erfahrungen finden in diesem Drama ebenfalls ihren Ausdruck: die Hoffnung auf die Verwirklichung der humanen Ideale von Freiheit, Gleichheit, Brüderlichkeit durch die Französische Revolution und die Enttäuschung, ja der Schock über deren menschenverachtende Praxis, die Napoleon auf seine Weise fortsetzte. Ist das hier auch nur angedeutet, so wird es in späteren Texten Kleists, am deutlichsten in «Das Erdbeben in Chili», ausgeführt.

Seine eigenen Erfahrungen ordnet Kleist in den Bestand der älteren Erfahrung ein. Erst wenn wir diese ältere Erfahrung, die festgehalten ist in der Mythologie und in der Literatur, in diesem Drama aufgespürt haben, erkennen wir Kleists eigene: als Variante der Tradition, als Neues, das er dem Alten hinzufügt. Die alte mythologische Tradition, die er aufgreift, ist die christliche; die neue mythologische, die er übernimmt, ist die Philosophie Rousseaus, die gerade in dem Punkt, in dem er sie im Drama zitiert, mit der alten übereingeht: der Verlust der ursprünglichen Einheit mit der Natur, das scheint eine zeitgemäßere Formulierung für die «Vertreibung aus dem Paradiese» zu sein.

Den sicheren Weg des Glücks zu finden

Als Heinrich von Kleist 1799 den Dienst im Potsdamer Regiment quittierte, verließ er damit eine dem preußischen Adligen zugeteilte Rolle, von bürgerlichem Bildungsstreben beflügelt. Eine andere Rolle, die einem Adligen angestanden hätte, fand er nicht mehr; die Auswahl war nicht groß; wer keinen Grundbesitz hatte, den er verwalten oder von dessen Verwaltung er leben konnte, dem blieb nur der Dienst für den König: als Offizier oder als Zivilbeamter. Als Kleist den König um seinen Abschied vom Militärdienst bat, um ein Studium aufnehmen zu können, tat er dies mit dem Hinweis, er wolle sich für eine zukünftige Tätigkeit im Zivildienst qualifizieren. Diese zukünftige Tätigkeit stellt der König in seiner Order vom 13. April 1799 in Aussicht:

«An den vom Rgt. Garde verabschiedeten Lieut. v. Kleist in Potsdam.

Ich habe gegen Euern Vorsatz, Euch den Studien zu widmen, nichts einzuwenden, und wenn Ihr Euch eifrig bestrebet, Eure Kenntnisse zu erweitern, und Euch zu einem besonders brauchbaren Geschäftsmanne zu bilden, so werde Ich dadurch auch in der Folge Gelegenheit erhalten, Mich zu bezeigen als Euer pp.»

Später hat Kleist den König an diese Order erinnert, so 1804, als er sich mit der Bitte um Anstellung an ihn wandte, und 1811, als er nach dem Scheitern der «Berliner Abendblätter» den König um eine Stelle bat. Er wandte sich unmittelbar an den König, machte also wie selbstverständlich von seinem Recht als Adliger Gebrauch; der König als Patron des Adels sah seine Verpflichtung, ihm zu helfen, bis zum Schluß. Wenn Kleist sich nur in die konventionelle Rolle eines preußischen Adligen hätten finden können, wäre ihm eine Pfründe, wie bescheiden auch immer, sicher gewesen.

Als Bürgerlicher konnte er sich nicht etablieren, denn als privater Geschäftsmann oder Handwerker hätte er sich nur unter Verzicht auf seinen Adel betätigen können; dem Adligen waren diese Berufe untersagt. Gelehrter, was für einen Adligen noch akzeptabel gewesen wäre – dieses Ziel hat Kleist auch zunächst angesteuert –, wollte er nicht werden; die Wissenschaften stießen ihn ab. So war Kleists

Austritt aus dem preußischen Militär gewissermaßen ein Austritt aus seinem Stand, dessen Privilegien er allerdings beim König einzuklagen versuchte, wenn es ihm schlecht erging. In eine bürgerliche Position konnte und wollte er sich nicht fügen, wie sehr er auch von bürgerlichen Bildungsgedanken bestimmt war, so daß er zwischen die Stände geriet.

Der Historiker Rudolf Vierhaus hat darauf aufmerksam gemacht, daß Kleists Lebensweg in der damaligen Zeit nicht so ungewöhnlich war:

«Bedeutete das Verlassen der vorgezeichneten militärischen Karriere zweifellos eine entscheidende Weichenstellung im individuellen Lebensweg des vermögenslosen adeligen Offizierssohnes, so stellte es in der preußischen Armee am Ende des 18. Jahrhunderts keinen Ausnahmefall dar. Daß Offiziere vorzeitig den Dienst quittierten, um sich der Bewirtschaftung ihrer Güter zu widmen, kam häufig vor; hatte Friedrich II. auf entsprechende Gesuche noch in seinen letzten Lebensjahren erbost reagiert, so taten es seine Nachfolger nicht mehr. Auch die Bevorzugung des Zivildienstes und deshalb die Entscheidung für eine akademische Ausbildung war bei jungen Adeligen keineswegs mehr selten – man denke nur an Wilhelm und Alexander von Humboldt. Es stellt sich jedoch die Frage, ob das vermehrte Auftreten solcher Fälle nicht doch als ein Symptom der Krise bewertet werden muß, in der sich das friderizianische Preußen am Ende des 18. Jahrhunderts befand – einer Krise, deren Tiefe nur wenige ahnten, ehe sie durch den Zusammenbruch von 1806 dramatisch offenbar wurde. Und wenn es so ist, dürfen dann nicht auch die Gründe Kleists für sein Verlassen des Militärdienstes über seinen individuellen Fall hinaus Aufmerksamkeit beanspruchen: als Ergebnis subjektiver Erfahrung der objektiven Krise eines Zeitalters und eines politisch-gesellschaftlichen Systems?»

Wie mit seinen Kindheits- und Jugenderfahrungen so auch mit seinen Erfahrungen beim Militär und beim Studium: Kleists Erfahrungen sind die Erfahrungen seiner Generation. Nur weil wir heute diese Zeit nicht mehr gegenwärtig haben – wir müssen sie uns erst mühsam aus den Schriften rekonstruieren –, nur deshalb halten wir vieles für Ausdruck einer individuellen Erfahrung, was Ausdruck einer kollektiven Erfahrung ist. Freilich – das stellt auch Vierhaus fest – tritt Kleists Individualität in der Intensität, mit der er die Krisen seiner Zeit erlebte, in der Schärfe, mit der er sie durchdachte, in der Radikalität, mit der er darauf antwortete – in seinem Leben und in seinem Werk –, deutlich hervor. Vierhaus schreibt:

«Spricht doch viel dafür, daß Kleist in keinem sozialen und politischen System das gefunden hätte, wonach er strebte. Aber diese Annahme bleibt als Erklärung unbefriedigend. Zweifellos waren die Schärfe von Kleists Erfahrung, mit seiner Zeit und Umgebung nicht übereinzustimmen, und das Ausmaß seines Scheiterns an den Umständen des Lebens einzigartig. Aber an seiner Erfahrung und seinem Scheitern war doch so viel Zeitspezifisches, daß man geneigt ist zu sagen, an Kleists Schicksal seien ideal-typisch die Spannungen und Konflikte, die Hoffnungen und Enttäuschungen, das Zerbrechen älterer Sicherheiten und die nicht oder nur schmerzhaft gelingende Suche vieler Angehöriger der Generation Kleists nach neuer Lebensorientierung abzulesen. Darüber hinaus besteht Anlaß für die Vermutung, daß Sinn- und Lebenskrisen, wie Kleist sie erlebte, sich im damaligen Preußen besonders heftig äußern konnten.»

Friedrich II., den manche «den Großen» nennen, ein Attribut, das wohl eher Friedrich II. von Hohenstaufen zukäme, hatte mit staunenswerter Effizienz seinen Staat geordnet; daß er dabei kurze Zeit ein wenig Meinungsfreiheit duldete, sofern sie sich nicht gegen seine Interessen wandte; daß er eine für damalige Verhältnisse gerechte Justiz zu schaffen suchte, hat ihm den Ruf eines aufgeklärten Fürsten eingetragen. Dabei war ihm das Militär die wichtigste Stütze seines Regiments im Innern und Äußern; in einer beispiellosen Anstrengung gelang es ihm, das zurückgebliebene Preußen zu einer europäischen Großmacht emporzubringen, indem er die Kräfte seiner Untertanen ständig überforderte. Er brach drei Kriege vom Zaun (die Schlesischen Kriege), der dritte dauerte sieben Jahre, er opferte Tausende von Menschenleben und stieß das Land in großes Elend; nur durch einen Glücksfall endete der Siebenjährige Krieg glimpflich für Preußen: die russische Zarin Elisabeth starb zur rechten Zeit.

In Friedrichs letzten Regierungsjahren machten sich «zunehmende Starrheit, Menschenverachtung und rechthaberisches Festhalten am persönlichen Regiment» (Vierhaus) bemerkbar; Wieland sagte über ihn: «König Friedrich ist ein großer Mann, aber vor dem Glück, unter seinem Stock, sive Szepter zu leben, bewahre uns der liebe Herrgott.» Als er 1786 starb, weckte sein Nachfolger Friedrich Wilhelm II. einige Hoffnungen; doch vermochte er weder den vorhandenen Verwaltungs- und Militärapparat zu verändern noch mit ihm zu regieren, so daß die Macht der Bürokratie und des Militärs die beherrschende wurde, was zur Erstarrung führte. Preußen war nicht in der Lage, auf die Veränderungen der Zeit zu reagieren: in den Revolutionskriegen verhielt es sich nach anfänglichen Mißerfolgen lange neutral. Auch der erneute Regierungswechsel – 1798 kam Friedrich Wilhelm III. auf den Thron – änderte nichts an der politischen Situation des Staates. Erst nach dem militärischen Zusammenbruch im Jahre 1806 hatten die Reformer eine Chance.

Das Elend der Bevölkerung dauerte auch dann noch an: die Bevölkerungszahl wuchs, der anbaufähige Boden wurde knapp, die Agrarpreise stiegen; nur die Großgrundbesitzer profitierten davon. Viele Landleute wanderten in die Stadt ab. Um 1800 war die Not in Berlin so groß, daß Bezugskarten für billiges Brot an die Armen ausgegeben werden mußten. Die Masse der Lohnempfänger in den Städten lebte am Rand des Existenzminimums, und dies noch weit in das Jahrhundert hinein. Bettina von Arnims «Armenbuch» gibt einen Eindruck vom andauernden Elend.

Vor diesem Hintergrund blühten die Künste in Berlin: Schinkel und Langhans, Schadow und Zelter, Iffland, die Berliner Romantik mit Fouqué, Tieck, Chamisso, Hoffmann, Arnim, zu deren Umkreis schließlich auch Kleist gehörte, der 1809 nach Berlin kam.

Als Kleist 1798 den König um seinen Abschied bat, geschah dies aus Einsicht in die menschenverachtende Praktik des Militärs, die er aus der Sicht des aufgeklärten Humanisten kritisierte. Die Schwere seiner Entscheidung ist an dem langen Brief abzulesen, den er seinem ehemaligen Lehrer, dem Pfarrer Martini, im März 1799 aus Potsdam nach Frankfurt an der Oder schrieb; es war eine Entscheidung, die er vor sich und vor einer anerkannten Autorität rechtfertigen mußte. Kleist an Martini:

«Denn eben durch diese Betrachtungen wurde mir der Soldatenstand, dem ich nie von Herzen zugetan gewesen bin, weil er etwas durchaus Ungleichartiges mit meinem ganzen Wesen in sich trägt, so verhaßt, daß es mir nach und nach lästig wurde, zu seinem Zwecke mitwirken zu müssen. Die größten Wunder militärischer Disziplin, die der Gegenstand des Erstaunens aller Kenner waren, wurden der Gegenstand meiner herzlichsten Verachtung: die Offiziere hielt ich für so viele Exerziermeister, die Soldaten für so viele Sklaven, und wenn das ganze Regiment seine Künste machte, schien es mir als ein lebendiges Monument der Tyrannei. Dazu kam noch, daß ich den übeln Eindruck, den meine Lage auf meinen Charakter machte, lebhaft zu fühlen anfing. Ich war oft gezwungen, zu strafen, wo ich gern verziehen hätte, oder verzieh, wo ich hätte strafen sollen; und in beiden Fällen hielt ich mich selbst für strafbar. In solchen Augenblicken mußte natürlich der Wunsch in mir entstehen, einen Stand zu verlassen, in welchem ich von zwei durchaus entgegengesetzten Prinzipien unaufhörlich gemartert wurde, immer zweifelhaft war, ob ich als Mensch oder als Offizier handeln mußte; denn die Pflichten beider zu vereinen, halte ich bei dem jetzigen Zustande der Armeen für unmöglich.

Und doch hielt ich meine moralische Ausbildung für eine meiner heiligsten Pflichten, eben weil sie, wie ich eben gezeigt habe, mein Glück gründen sollte, und so knüpft sich an meine natürliche Abneigung gegen den Soldatenstand noch die Pflicht, ihn zu verlassen.»

Daß er hier den Menschen dem Offizier entgegenstellt, gewissermaßen das fühlende und denkende Wesen dem exerzierenden Tyrannen, resultierte aus seiner von der Aufklärungsphilosophie geprägten Vorstellungswelt. Die Begriffe «Pflicht» und «Neigung» mag er bei Kant kennengelernt haben. Schon in Potsdam, in den Jahren des eintönigen Garnisonsdienstes, widmete er sich «den Wissenschaften», vor allem der Philosophie und der Mathematik. Im Brief heißt es:

«Welche Gründe ich für die Wahl eines anderen Standes habe, braucht nicht untersucht zu werden; denn wenn ich mich den Wissenschaften widmen will, ist das für mich kein neuer Stand, weil ich schon, seit ich in Potsdam, mehr Student als Soldat gewesen bin. Ich habe mich ausschließlich mit Mathematik und Philosophie, – als den beiden Grundfesten alles Wissens, beschäftigt und als Nebenstudien die griechische und lateinische Sprache betrieben, welche letzteren ich nun zur Hauptsache erheben werde.»

Dieses Studium vollzog Kleist allein oder im Kreis der Freunde, Rühle und Pfuel waren darunter, nur in Mathematik zog er einen Lehrer hinzu, den «übrigens gescheuten» Konrektor Bauer. Daß Kleist in jenen Potsdamer Jahren auch eifrig musizierte, wissen wir aus anderen Zeugnissen; er spielte die Klarinette in einem Quartett, das einiges Ansehen genoß. In der Biographie des Freundes Rühle von Lilienstern, die 1847 erschien, wird dieser Kreis der jungen Potsdamer Offiziere so geschildert:

> «In dieser Hinsicht ist von den jüngeren Kameraden, welche ähnliche Bestrebungen und Geistesrichtungen wie Rühle verfolgten und mit demselben durch enge Freundschaftsbande verknüpft waren, besonders Heinrich von Kleist, der dramatische Dichter, früher Lieutenant im Garde-Regiment, und Ernst von Pfuel, Lieutenant im Königs-Regiment, jetzt kommandierender General, zu nennen.
>
> Es läßt sich von selbst erwarten, daß höhere geistige Bestrebungen diese Vereinigung der Freunde befestigten und veredelten. Wissenschaften, Dichtkunst und Musik waren der Stoff, welcher die Zusammenkünfte dieser jungen Offiziere belebte. Die von allen Mitgliedern periodisch eingereichten Arbeiten und Produktionen wurden hier gehört und verhandelt. Das ausgezeichnete Quartett, welches v. Kleist (der Dichter), v. Schlotheim (Generalstabs-Offizier und nachheriger Gouverneur des Herzogs Karl von Mecklenburg), v. Gleißenberg (Lieutenant im Regiment Garde, später Gouverneur in der Militär-Akademie) und Rühle bildeten, ist den Zuhörern noch heute lebendig im Gedächtnis. Und wie der rechte Ernst niemals den Sinn für Scherz und Heiterkeit ausschließt, so genossen die Freunde auch mit dem leichten Fluge dieser Stimmungen die vergängliche Zeit. Einst kam das Quartett auf die Idee, als reisende Musikanten einen Ausflug in den Harz zu machen. Wie gedacht, so getan. Ohne einen Kreuzer mitgenommen zu haben, wurde in Dörfern und Städten gespielt, und nur vom Ertrage der Kunst gelebt. Der Erfolg war glänzend; man kehrte von der genialen Reise neu erfrischt und geistig belebt wieder heim.»

Kleist war mit Eifer bei der Sache: daß die Philosophie für ihn nicht Bücherweisheit, sondern Lebensweisheit war, zeigt der Brief an Martini. Die Lebenseinsichten, die er dort formuliert, sind für die damalige Zeit nicht originell; doch die Ernsthaftigkeit, mit der er sie vorträgt, die Entschiedenheit, mit der er sie zur Richtschnur seines Lebens zu machen sucht, sind erstaunlich. Nur wegen dieser Ernsthaftigkeit und Entschiedenheit konnte er ja später in eine Erkenntniskrise, meist «Kant-Krise» genannt, geraten: eben weil er die wissenschaftliche Erkenntnis zur Grundlegung seines Lebensplanes machte.

Was Kleist an Martini schrieb, hatte er – wenig verändert und erweitert – zuvor schon als Aufsatz niedergelegt und dem Freunde Rühle gewidmet. Diese seine erste Prosa-Arbeit, die er mit 21 Jahren schrieb, trägt den Titel: «Aufsatz, den sichern Weg des Glücks zu finden und ungestört – auch unter den größten Drangsalen des Lebens – ihn zu genießen!» Glücklich zu sein, schreibt er dort, sei der erste aller Wünsche. Der Wunsch wiederum sei der Garant für seine Erfüllung, da «die Gottheit» uns nicht täuschen werde. Das Glück könne aber nicht von äußeren Zufälligkeiten abhängig sein. Damit wendet er sich, ohne es ausdrücklich zu sagen, gegen eine alte Glücksvorstellung: die Göttin Fortuna dreht das Glücksrad, mal ist der Mensch oben, mal unten, mal hat er Glück, mal hat er kein Glück, je nachdem, wie die trügerische Göttin will. Dagegen Kleist:

«Wenn das Glück allein von äußeren Umständen, wenn es also vom Zufall abhinge, mein Freund, und wenn Sie mir auch tausend Beispiele aufführten: was mit der Güte und Weisheit Gottes streitet, kann nicht wahr sein. Der Gottheit liegen die Menschen alle gleich nahe am Herzen, nur der bei weitem kleinste Teil ist indes der vom Schicksal begünstigte, für den größten wären also die Genüsse des Glücks für immer verloren. Nein, mein Freund, so ungerecht kann Gott nicht sein, es muß ein Glück geben, das sich von den äußeren Umständen trennen läßt, alle Menschen haben ja gleiche Ansprüche darauf, für alle muß es also im gleichen Grade möglich sein.»

Das Recht eines jeden Menschen auf Glück wird hier postuliert. Es wird begründet aus einer ursprünglich christlichen Vorstellung: vor Gott sind alle Menschen gleich. Also, wird daraus gefolgert, muß er auch allen das gleiche Recht auf Glück gewährleisten. Da aber nur wenige Menschen vom Glück begünstigt scheinen, muß das wahre Glück von anderer Art sein. Die Tatsache, daß es wenigen gutgeht, vielen aber schlecht, führt also nicht zum Zweifel an der Gerechtigkeit Gottes, sondern zur Suche nach einem anderen Glücksbegriff. Kleist stellt daraufhin einen Bezug zwischen Glück und Tugend her: das Glück sei die Belohnung der Tugend. Die Tugend ist also das Mittel, mit dem wir das Glück erreichen: «Ja, mein Freund, die Tugend macht allein glücklich.» Damit wird schon fast das Glück zum Verschwinden gebracht, es ist mit der Tugendhaftigkeit identisch geworden. Kleist:

> «Ich nenne nämlich Glück nur die vollen und überschwenglichen Genüsse, die – um es mit einem Zuge Ihnen darzustellen – in dem erfreulichen Anschaun der moralischen Schönheit unseres eigenen Wesens liegen. Diese Genüsse, die Zufriedenheit unserer selbst, das Bewußtsein guter Handlungen, das Gefühl unserer durch alle Augenblicke unseres Lebens vielleicht gegen tausend Anfechtungen und Verführungen standhaft behaupteten Würde, sind fähig, unter allen äußeren Umständen des Lebens, selbst unter den scheinbar traurigsten, ein sicheres tiefgefühltes und unzerstörbares Glück zu gründen.»

Kleists Glücksvorstellung ist nicht originell. Sein Aufsatz ist das Ergebnis seiner Lektüre und seiner Ausbildung, die populäre Aufklärungsphilosophie des 18. Jahrhunderts läßt sich darin ablesen. Und diese Philosophie wiederum griff auf alte Konzeptionen des Glücks zurück, wie sie sich bis in die Antike, zu den Vorsokratikern und den Weisen der Stoa, zurückverfolgen lassen: nicht in äußeren Gütern, sondern in der inneren Verfassung ist das Glück des Menschen begründet, in seiner Tugendhaftigkeit und Einsicht. Auch die christliche Konzeption von Glück ist von dieser antiken Vorstellung geprägt, die mit der Renaissance wieder stärker hervorgetreten war. Die christliche Vorstellung verweist ganz auf das Jenseits: die Seligpreisungen der Bergpredigt verheißen denen, die hier arm und genügsam sind, das wahre Glück erst im Jenseits.

Daß Kleist die äußeren Güter, die «Vergnügen und Wohlbehagen» bieten, im zweiten Teil seines Aufsatzes nun doch näher in Betracht zieht, ist ein Beleg dafür, wie sehr in der neueren Zeit der Hedonismus in den Vordergrund tritt, der nach materiellen Gütern strebt. Auch Kleist kann ihn nicht ignorieren. «Reichtum, Güter, Würden und alle zerbrechlichen Geschenke des Zufalls», sagt er, verschafften «Vergnügen und Wohlbehagen», «sehr angenehme Genüsse», an denen «Fortunas Günstlinge» – nun nennt er sie doch beim Namen, die Göttin Zufall – freilich reicher seien als ihre Stiefkinder.

Kleist versucht, dieses äußere Glück zu relativieren. Er sieht eine Art Ökonomie am Werk: wer viel habe, der stumpfe leicht ab und falle am Ende in Leere und Langeweile, wer aber wenig habe, der genieße haushälterisch. Also letztlich sind die Reichen doch wieder die Armen, weil die äußeren Güter ihnen kein Glück bringen, sondern Langeweile, ihr Reichtum wird ihnen zur Last. Dies ist eine alte Vorstellung, auch eine christliche: eher geht ein Kamel durch ein Nadelöhr als ein Reicher ins Himmelreich. Hier ist das Himmelreich allerdings ein irdisches: das des Glücks und der Zufriedenheit. Kleist stellt am Schluß seines Aufsatzes eine Lehre auf, die es uns ermöglichen soll, neben den «Genüssen des ersten und höchsten inneren Glückes» auch der «Genüsse des äußeren» teilhaftig zu werden:

> «Die Lehre ist, von den Wegen, die zwischen dem höchsten äußeren Glück und Unglück liegen, gerade nur auf der Mittelstraße zu wandern, und unsere Wünsche nie auf die schwindlichen Höhen zu richten. So sehr ich jetzt noch die Mittelstraßen aller Art hasse, weil ein natürlich heftiger Trieb in Innern mich verführt, so ahne ich dennoch, daß Zeit und Erfahrung mich einst davon überzeugen werden, daß sie dennoch die besten sind.»

Der goldene Mittelweg also, den zu gehen ihm jetzt und später unmöglich war.

In der ersten Zeit in Frankfurt an der Oder soll er heiter und aufgeschlossen gewesen sein, erleichtert wohl, vom Zwang des Militärs befreit zu sein. Eine Überlieferung berichtet, wie er sogleich nach seiner Ankunft Martini aufsuchte, glückstrahlend sozusagen:

> «Das Konzert in Frankfurt a. O. war zu Ende, der mehrberegte Geistliche (Martini), der es auch besucht hat, schickte sich an zu gehen, als er plötzlich hinterrücks einen traulichen Schlag auf die Schulter erhielt. Er erschrickt, sieht sich um und gewahrt Kleist, der in einen großen Reitermantel gehüllt ist. Dieser ist in großer Aufregung und teilt ihm (dem Geistlichen) holterdiepolter mit, daß er nun endlich seinen Abschied erhalten und in Frankfurt studieren wolle.

Kleist war, seinen Abschied in der Tasche, wie im Fluge von

Berlin geritten, hatte den ehemaligen Lehrer in dessen Behausung aufgesucht, aber gehört, daß derselbe im Konzert sei, und war nun stante pede, wie er war, in dasselbe geeilt, um den Freund sofort von dem Gelingen des Plans in Kenntnis zu setzen. Der Referent verschwand ebenso hastig, wie er gekommen.»

In einer anderen, von Bülow festgehaltenen Überlieferung heißt es dann:

«Das neue Leben Kleists in Frankfurt a. O. dürfte wohl die allerglücklichsten Stunden enthalten haben, die ihm der Himmel bestimmt hatte. Er studierte fleißig Philosophie und alte Sprachen, und lebte in heiterer Geselligkeit mit seinen Freunden und Geschwistern, welche letztere, mit ihm zusammen, ihr elterliches Haus bewohnten. Dem wunderlichen Hauswesen, das sie darinnen führten, stand eine alte liebreiche Tante (v. Massow) rüstig vor, und es beseelte in dem kleinen Kreise jung und alt der beste Geist. Der neue Tag fing es wieder an, wo es der vorige gelassen hatte, und es wollte vom Morgen bis zum Abend des Scherzes und der Lust kein Ende werden. Der neue Ankömmling ging nicht allein auf alles, was die anderen angegeben hatten, ein, sondern wußte das gesellige Vergnügen immer noch wesentlich zu erhöhen, oder den begonnenen Scherz witziger und pikanter auszuführen.

So kindisch ausgelassen er auch sein konnte, war Kleist freilich ebensooft still, ernst und zerstreut. Ebenso glühend hingerissen von allem Großen und Schönen, als durch alles Gemeine und Niedrige empört. Es konnte ihn der geringste Verstoß gegen die Sittlichkeit, ein Blick, eine Miene außer Fassung bringen.»

Daß die anfängliche Euphorie bald der Ernüchterung wich – er studierte kaum drei Semester –, lag nicht nur an ihm, sondern auch am Zustand der Wissenschaften, mehr aber noch an dem Milieu, in dem er zu leben gezwungen war. Er hatte niemanden, mit dem er offen sprechen konnte, niemanden, der ihn verstand. In einem stürmischen Brief vom Mai 1799 sucht er wenigstens die Stiefschwester Ulrike zu gewinnen:

«Du, mein liebes Ulrikchen, ersetzest mir die schwer zu ersetzende und wahrlich Dich ehrende Stelle meiner hochachtungswürdigen Freunde zu Potsdam. Ich scheue mich auch nicht Dir zu gestehen, daß die Aussicht auf Deine Freundschaft, so sehr ich sonst andere Universitäten zu beziehen wünschte, mich dennoch, wenigstens zum Teil, bestimmte, meinen Aufenthalt in Frankfurt zu wählen. Denn Grundsätze und Entschlüsse wie die meinigen, bedürfen der Unterstützung, um über so viele Hindernisse und Schwierigkeiten unwandelbar hinausgeführt zu werden. Du, mein liebes Ulrikchen, sicherst mir den guten Erfolg derselben. Du bist die einzige die mich hier ganz versteht. Durch unsere vertraulichen Unterredungen, durch unsere Zweifel und Prüfungen, durch unsere freundlichen und freundschaftlichen Zwiste, deren Gegenstand nur allein die Wahrheit ist, der wir beide aufrichtig entgegenstreben und in welcher wir uns auch gewöhnlich beide vereinigen, durch alle diese Vorteile Deines Umgangs scheidet sich das Falsche in meinen Grundsätzen und Entschlüssen immer mehr von dem Wahren, das sie enthalten, und reinigen sich folglich immer mehr, und knüpfen sich immer inniger an meine Seele, und wurzeln immer tiefer, und werden immer mehr und mehr mein Eigentum. Deine Mitwissenschaft meiner ganzen Empfindungsweise, Deine Kenntnis meiner Natur schützt sie um so mehr vor ihrer Ausartung; denn ich fürchte nicht allein mir selbst, ich fürchte nun auch Dir zu mißfallen. Dein Beispiel schützt mich vor aller Einflüsse der Torheit und des Lasters, Deine Achtung sichert mir die meinige zu. – Doch genug. Du siehst, wie unaufhaltsam mir Dein Lob entfließt, mit wie vielem Vergnügen ich mich als Deinen Schuldner bekenne. Ich schätze Dich als das edelste der Mädchen, und liebe Dich, als die, welche mir jetzt am teuersten ist.»

Ulrike gesteht er auch, wie verloren er sich unter den Menschen fühlt. Am 12. November 1799 berichtet er ihr bereits von seinem Scheitern. Er scheitert in den Wissenschaften, die mit ihrem leeren abstrakten Zeug ihm den Kopf verstopfen, aber das Herz unbefriedigt lassen. Der für ihn grundlegende Gegensatz von Kopf und Herz, Verstand und Gefühl wird in diesem Brief bereits formuliert – alle seine Werke handeln davon –, der Brief endet konsequenterweise mit einem Hinweis auf seinen Meister Rousseau, der diesen Gegensatz begründete. Er scheitert aber auch in seinen menschlichen Begegnungen. Was er kritisiert: Beschränktheit, Mittelmaß, Geschwätzigkeit, Sprachlosigkeit, gehört zur Klage über den deutschen Spießer, die wir auch bei Hölderlin oder Hoffmann finden können. Im Brief heißt es zunächst über die Wissenschaften:

«Wenn man sich so lange mit ernsthaften abstrakten Dingen beschäftigt hat, wobei der Geist zwar seine Nahrung findet, aber das arme Herz leer ausgehen muß, dann ist es eine wahre Freude, sich einmal ganz seine Ergießungen zu überlassen; ja es ist selbst nötig, daß man es zuweilen ins Leben zurückrufe. Bei dem ewigen Beweisen und Folgern verlernt das Herz fast zu fühlen; und doch wohnt das Glück nur im Herzen, nur im Gefühl, nicht im Kopfe, nicht im Verstande. Das Glück kann nicht, wie ein mathematischer Lehrsatz bewiesen werden, es muß empfunden werden, wenn es da sein soll. Daher ist es wohl gut, es zuweilen durch den Genuß sinnlicher Freuden von neuem zu beleben; und man müßte wenigstens täglich ein gutes Gedicht lesen, ein schönes Gemälde sehen, ein sanftes Lied hören – oder ein herzliches Wort mit einem Freunde reden, um auch den schönern, ich möchte sagen den menschlicheren Teil unseres Wesens zu bilden.»

Hier wird bereits die Hoffnung auf die Künste hingelenkt, Kleists zukünftiger Weg von der Wissenschaft zur Poesie angedeutet. Darauf heißt es:

«Dieses letzte Vergnügen habe ich seit Deiner Abwesenheit von hier gänzlich entbehren müssen, und grade dieses ist es, dessen ich am meisten bedarf. Vorsätze und Entschlüsse wie die meinigen bedürfen der Aufmunterung und der Unterstützung mehr als andere vielleicht, um nicht zu sinken. Verstanden wenigstens möchte ich gern zuweilen sein, wenn auch nicht aufgemuntert und gelobt, von einer Seele wenigstens möchte ich gern zuweilen verstanden werden, wenn auch alle andern mich verkennen. Wie man in einem heftigen Streite mit vielen Gegnern sich umsieht, ob nicht einer unter allen ist, der uns Beifall zulächelt, so suche ich zuweilen Dich; und wie man unter fremden Völkern freudig einem Landsmann entgegenfliegt, so werde ich Dir, mein liebes Ulrichen entgegenkommen. Nenne es immerhin Schwäche von mir, daß ich mich so innig hier nach Mitteilung sehne, wo sie mir so ganz fehlt. Große Entwürfe mit schweren Aufopferungen auszuführen, ohne selbst auf den Lohn verstanden zu werden Anspruch zu machen, ist eine Tugend, die wir wohl bewundern, aber nicht verlangen dürfen. Selbst die größten Helden der Tugend, die jede andere Belohnung verachteten, rechneten doch auf diesen Lohn; und wer weiß, was Sokrates und Christus getan haben würden; wenn sie voraus gewußt hätten, daß keiner unter ihren Völkern den Sinn ihres Todes verstehen würde.»

Leicht ließe sich hier eine Verbindung zu jener Vermutung über den Liebesmangel in seiner Kindheit ziehen; Liebesmangel bestand ja wohl darin, daß ihn niemand ermunterte, niemand akzeptierte. Dieser Brief an Ulrike endet mit einem Absatz über «Zengens», also über die benachbarte, befreundete Familie des Generals von Zenge, dessen älteste Tochter ihm auffiel: «Die älteste Zengen, Minette, hat sogar einen feineren Sinn, der für schönere Eindrücke zuweilen empfänglich ist; wenigstens bin ich zufrieden, wenn sie mich bisweilen mit Interesse anhört, ob ich gleich nicht viel von ihr wieder erfahre.» Doch in ihr könnte er, so ist wohl seine Hoffnung, einen Partner finden, der ihm Vertrauen und Verständnis entgegenbringt, das er bisher in seinem Leben so oft entbehrte. Wie sehr er in der kleinbürgerlichen Welt Frankfurts eines solchen Partners bedarf, wird in dem Brief deutlich:

«Wenn ein Türke und ein Franzose zusammenkommen, so haben sie wenigstens gleiche Verpflichtung, die Sprache des andern zu lernen, um sich verständlich zu machen. Tausend Bande knüpfen die Menschen aneinander, gleiche Meinungen, gleiches Interesse, gleiche Wünsche, Hoffnungen und Aussichten; – alle diese Bande knüpfen mich nicht an sie, und dieses mag ein Hauptgrund sein, warum wir uns nicht verstehen. Mein Interesse besonders ist dem ihrigen so fremd, und ungleichartig, daß sie – gleichsam wie aus den Wolken fallen, wenn sie etwas davon ahnden. Auch haben mich einige mißlungene Versuche, es ihnen näher vor die Augen, näher ans Herz zu rücken, für immer davon zurückgeschreckt; und ich werde mich dazu bequemen müssen, es immer tief in das Innerste meines Herzens zu verschließen.

Was ich mit diesem Interesse im Busen, mit diesem heiligen, mir selbst von der Religion, von meiner Religion gegebnen Interesse im engen Busen, für eine Rolle unter den Menschen spiele, denen ich von dem, was meine ganze Seele erfüllt, nichts merken lassen darf, – das weißt Du zwar nach dem äußern Anschein, aber schwerlich weißt Du, was oft dabei im Innern mit mir vorgeht. Es ergreift mich zuweilen plötzlich eine Ängstlichkeit, eine Beklommenheit, die ich zwar aus allen Kräften zu unterdrücken mich bestrebe, die mich aber dennoch schon mehr als einmal in die lächerlichsten Situationen gesetzt hat.»

Der Lebensplan: Stationen des Unglücks

Als Heinrich von Kleist seinen Aufsatz über «den sichern Weg des Glücks zu finden» verfaßte, mag ihn das Vorbild eines entfernten Verwandten inspiriert haben: das Franz Alexander von Kleists, der Ende des 18. Jahrhunderts ein populärer Schriftsteller gewesen war. Jedenfalls steht er Heinrich in Anlage und Lebensweise näher als der Großonkel Ewald Christian von Kleist, der anakreontische Gedichte schrieb, patriotische Lieder und das Versepos «Cissides und Paches»; er starb 1759, 44 Jahre alt, in Frankfurt an der Oder an den Verwundungen, die er in der Schlacht bei Kunersdorf erlitten hatten; 1740 war er in das Heer Friedrichs II. eingetreten.

Franz Alexander von Kleist, der 1797, kaum 28 Jahre alt, starb, war dagegen, ebenso wie Heinrich von Kleist, früh aus dem Militärdienst ausgeschieden, um ein Universitätsstudium zu absolvieren; als Zivilbeamter hatte er, ebenfalls wie Heinrich von Kleist, nur kurze Zeit ausgehalten; er schrieb populärphilosophische Werke wie «Zamori oder die Philosophie der Liebe» und «Das Glück der Ehe», das wenigstens im Titel an Kleists frühen Aufsatz erinnert. Seine Werke, von einem Kritiker «Meisterstücke wohllautender Leerheit» genannt, waren damals sehr beliebt, und so wird er zumindest dem Namen nach Heinrich von Kleist bekannt gewesen sein; vielleicht hat aber auch das Vorbild des erfolgreichen Verwandten ihn schließlich in seinem «Lebensplan» bestimmt, Schriftsteller zu werden; zunächst wollte er ja «gelehrter» Schriftsteller werden und nicht «schöngeistiger».

Schon im Brief an Ulrike vom Mai 1799 spricht er vom «Lebensplan»:

«So lange ein Mensch noch nicht im Stande ist, sich selbst einen Lebensplan zu bilden, so lange ist und bleibt er unmündig, er stehe nun als Kind unter der Vormundschaft seiner Eltern oder als Mann unter der Vormundschaft des Schicksals. Die erste Handlung der Selbständigkeit eines Menschen ist der Entwurf eines solchen Lebensplans. Wie nötig es ist, ihn so früh wie möglich zu bilden, davon hat mich der Verlust von sieben kostbaren Jahren, die ich dem Soldatenstande widmete, von sieben unwiederbringlich verlornen Jahren, die ich für meinen Lebensplan hätte verwenden gekonnt, wenn ich ihn früher zu bilden verstanden hätte, überzeugt.

Ein schönes Kennzeichen eines solchen Menschen, der nach sichern Prinzipien handelt, ist Konsequenz, Zusammenhang und Einheit in seinem Betragen. Das hohe Ziel, dem er entgegenstrebt, ist das Mobil aller seiner Gedanken, Empfindungen und Handlungen. Alles, was er denkt, fühlt und will, hat Bezug auf dieses Ziel, alle Kräfte seiner Seele und seines Körpers streben nach diesem gemeinschaftlichen Ziele. Nie werden seine Worte seinen Handlungen, oder umgekehrt, widersprechen, für jede seiner Äußerungen wird er Gründe der Vernunft aufzuweisen haben. Wenn man nur sein Ziel kennt, so wird es nicht schwer sein, die Gründe seines Betragens zu erforschen.»

Dieser Lebensplan ergibt sich aus Kleists Tugendbegriff, den er in seinem Aufsatz erläuterte: den Weg zum wahren Glück findet man nicht durch Zufall, sondern willentlich. Es ist also nötig, einen Plan zu entwerfen, der Umwege meidet, Überflüssiges aussart, damit das gesetzte Ziel konsequent angesteuert werden kann. Waren in dem Tugendbegriff Kleists schon Spuren des antiken Denkens der Stoa zu erkennen, so ist auch dieser «Lebensplan» auf alte Quellen zurückzuführen, die im 18. Jahrhundert wieder aufgesucht wurden: auf Epikur. Ulrich Gall, der Kleists philosophischen Studien nachgegangen ist, hält es für möglich, daß Kleist Epikur im Original gelesen hat. Wahrscheinlich sei, daß er als Student der alten Sprachen die Philosophiegeschichte des Diogenes Laertius studiert habe, in der Platon und Epikur als die beiden wichtigsten Philosophen der Griechen ausführlich behandelt werden. Wieland, dessen «Sympathien» Kleist so nachhaltig beeinflußten, hatte ein Werk «Nachlaß des Diogenes von Sinope» veröffentlicht, das den Diogenes Laertius bekannt machte; in Wielands Zeitschrift «Teutschen Merkur» wurden Übersetzungen aus Lukrez' Abhandlungen «De rerum naturae» publiziert; Kleist hat dort wohl das Lob des Epikur gelesen.

Aus Wielands «Sympathien», aber auch aus anderen zeitgenössischen Schriften populärer Aufklärer – etwa denen Christian Wolffs oder denen seines Frankfurter Lehrers Christian Ernst Wünsch –, wird Kleist den Gedanken der Vervollkommnung entnommen haben, der ja vortrefflich seine Begriffe von «Tugend» und «Lebensplan» ergänzt: sich selbst zu vervollkommnen an Wissen und seelischer Bildung ist demnach der Zweck des Lebens. Bei Wieland ist der Gedanke der Vervollkommnung mit dem der Seelenwanderung verbunden. Das ist nicht ungewöhnlich für die damalige Zeit. Lessing hatte den Gedanken der wiederholten Erdenleben in seinem Essay «Erziehung des Menschengeschlechts» aus dem Jahre 1782 vertreten. Wieland denkt dagegen an mehrere Leben auf verschiedenen Sternen: das Ziel, das uns hier auf Erden zu erreichen nicht vergönnt ist, können wir auf dem weiteren Weg, der uns auf andere Sterne führt, erlangen. Herder hat sich 1784 in seinen «Drei Gespräche über Seelenwanderung», die im «Teutschen Merkur» gedruckt wurden, kritisch mit der Seelenwanderungsidee auseinandergesetzt.

Kleist scheint dem Gedanken der Seelenwanderung – zumindest zeitweise – angehangen zu haben. An Karoline von Schlieben schreibt er am 18. Juli 1801:

«O möchte Ihnen der Himmel nur ein wenig von dem Glücke schenken, von dem Sie so viel, so viel verdienen. Auf die Erfüllung Ihrer liebsten Wünsche zu hoffen, zu hoffen –? Ja, immerhin. Aber sie zu erwarten –? Ach, liebe Freundin, wenn Sie sich Tränen ersparen wollen, so erwarten Sie wenig von dieser Erde. Sie kann nichts geben, was ein reines Herz wahrhaft glücklich machen könnte. Blicken Sie zuweilen, wenn es Nacht ist, in den Himmel. Wenn Sie auf diesem Sterne keinen Platz finden können, der Ihrer würdig ist, so finden Sie vielleicht auf einem andern einen um so bessern.»

Ähnliches äußert er in Briefen an die Verlobte vom 13. November 1800 und vom 23. März 1801 und an Ulrike am 25. November 1800. In seinen Abschiedsbriefen taucht der Gedanke 1811 wieder auf und beflügelt seine Entscheidung. Sein Tod – als Freitod eher in der Tradition der Stoa und des Epikur – wird ihm erleichtert durch den Glauben an die Unsterblichkeit der Seele, die aber bei ihm nicht in ein himmlisches Jenseits gelangt wie in der christlichen Vorstellung, sondern auf anderen, glücklicheren Sternen ihren Weg fortsetzt.

Wie ernst Kleist diesen Glauben genommen hat, mag man an den Begriffen des Lebensplans und der Vervollkommnung messen, die er für bindend hielt. Daraus erwuchs sein Scheitern; er war nicht zu Kompromissen fähig, zu denen die Realität des Lebens allenthalben zwingt; er konnte sich nicht mit der schlechten Realität abfinden; er konnte sich nicht im Vorhandenen halbwegs einrichten, was anderen sonst das Leben erleichtert. Das kennzeichnet ihn aber auch wieder als einen, der anders war als die anderen; das sonderte ihn als Einzelgänger ab, der sich von den anderen nicht verstanden fühlte, den die anderen tatsächlich selten verstanden. Das hat sein Scheitern beschleunigt.

Er, der sich früh des Glückes auf dem Papier zu vergewissern suchte, eines Glückes, das an Tugend und Bildung geknüpft war, hatte im Leben kein Glück. Auch diese Einsicht hatte er früh. Eine der «Denkübungen», die er seiner zukünftigen Frau zur Vervollkommnung ihrer Bildung im Frühjahr oder Sommer 1800 aufschrieb, enthält folgenden Absatz:

«Wenn man den Zustand dessen, der ein Glück verlor, mit dem Zustande dessen vergleicht, der nie ein Glück genoß, so schwanken die Schalen unter den Gewichten fast gleicher Übel und es ist schwer die Frage zu entscheiden. Doch scheint es, als ob sich die Waage auf der Seite des letztern neigte.

Wer einst an den Brüsten des Glückes den goldnen Traum des Lebens träumte, der streckt zwar, wenn ihn das Schicksal mit rauher Stimme weckt, wehmütig die Arme aus nach den göttlichen Gestalten, die nun auf immer entfliehen, und sein Schmerz ist um so größer das Glück war, dessen er genoß; aber ihm ist doch aus dem Füllhorne des Segens, das von oben herab sich öffnet, auch ein Blümchen zugefallen, das ihn selbst in der Erinnerung noch erfreuen kann, wenn es gleich längst verblüht ist. Ihm sind doch die Ansprüche, die er an dies Leben zu machen hatte, nicht ganz unerfüllt geblieben, nicht mit allen seinen Forderungen ist er von der großen Erbschaft abgewiesen worden, welche der Himmel den Kindern der Erde vermacht hat, nicht murren wird er mit dem Vater der Menschen, der ihn von seiner Liebe nicht ausschloß, nicht mit bitterm Groll seine Geschwister beneiden, die mit ihm nur zu gleichen Teilen gingen, nicht zürnen auf den Genuß seines Glückes, weil er nicht ewig währte, so wie man dem Frühlinge nicht zürnt, weil er kurz ist, und den Tag nicht verwünscht, weil ihn die Nacht ablöset. Mutiger und sicherer als wenn er nie auf hellen Pfaden gewandelt wäre, wird er nun auch die dunklen Wege seines Lebens durchwandeln und in der Erinnerung zuweilen mit wehmütiger Freude die bemoosten Ruinen seines ehemaligen Glückes besuchen, um das Herbstblümchen der Weisheit zu pflücken.

Aber wem von allen seinen brennenden Wünschen auch nicht der bescheidenste erfüllt wurde, wer von jenem großen Vermächtnis, von dessen Überfluß alle seine Brüder schwelgen, auch nicht einmal den Pflichtteil erhalten hat, der steht da wie ein verstoßner Sohn, ausgeschlossen von der Liebe des Allvaters, der sein Vater nicht ist – und die Schale, auf welcher sein Zustand ruht, neigt sich tief gegen die Schale des andern. –»

Hier ist auch das Glück der Liebe, genauer das des Geliebt-Werdens, gemeint: geliebt zu werden vom irdischen Vater und vom himmlischen. Die Brüste des Glücks: das sind auch die Brüste der Mutter, der Frau. Wer von der Liebe des Vaters und der Liebe der Mutter ausgeschlossen ist, der ist wahrhaft unglücklich, der ist ein «verstoßner», ein verlorener Sohn. Ob er sich so sah?

Seine Hoffnung ist damals immer noch auf Erfüllung gerichtet: von Wilhelmine erwartet er mehr, als eine Frau zu geben vermag; das ist nicht unüblich unter Verliebten. Am 10. Oktober 1800, am Tag, den er für seinen Geburtstag hielt, schreibt er ihr:

«Alles was ich Glück nenne, kann nur von Deiner Hand mir kommen, und wenn Du mir dieses Glück wünschest, ja dann kann ich wohl ganz ruhig in die Zukunft blicken, dann wird es mir gewiß zuteil werden. Liebe und Bildung das ist alles, was ich begehre, und wie froh bin ich, daß die Erfüllung dieser beiden unerläßlichen Bedürfnisse, ohne die ich jetzt nicht mehr glücklich sein könnte, nicht von dem Himmel abhangt, der, wie bekannt, die Wünsche der armen Menschen so oft unerfüllt läßt, sondern einzig und allein von Dir.»

Die Hoffnung ist jetzt ganz auf den liebenden Partner gerichtet, der auch das, was der Himmel verweigert, einlösen soll: arkadische Genüsse, die im Brief vom 13. November 1800 an Wilhelmine angedeutet werden:

«Grade auf diesem Lebenswege, wo Du alles fahren läßt, was doch sonst die Weiber reizt, Ehre, Reichtum, Wohlleben, grade auf diesem Wege wirst Du um so gewisser etwas anderes finden, das doch mehr wert ist als das alles – Liebe. Denn wo es noch andere Genüsse gibt, da teilt sich das Herz, aber wo es nichts gibt als Liebe, da öffnet sich ihr das ganze Wesen, da umfaßt es ihr ganzes Glück, da werden alle ihre unendlichen Genüsse erschöpft – ja, gewiß, Wilhelmine, Du sollst einst glücklich sein.

Aber laß uns nicht bloß frohen Träumereien folgen – Es ist wahr, wenn ich mir das freundliche Tal denke, das einst unsre Hütte umgrenzen wird, und mich in dieser Hütte und Dich und die Wissenschaften, und weiter nichts – o dann sind mir alle Ehrenstellen und alle Reichtümer verächtlich, dann ist es mir, als könnte mich nichts glücklich machen, als die Erfüllung dieses Wunsches, und als müßte ich unverzüglich an seine Erreichung schreiten.»

Liebe und Bildung zuerst, Liebe und Wissenschaften nun. Seine «Erkenntniskrise» im März 1801 vernichtet dann jede Hoffnung auf Bildung und Wissenschaften. Wilhelmines Weigerung, ihm nach Thun ins ländliche Idyll zu folgen – wie hätte sie es auch als Frau damals wagen können, er hat es gewußt –, vernichtet ihm jede Hoffnung auf das Glück der Liebe. Jedenfalls hat er nie mehr den Versuch gemacht, zu heiraten und eine Familie zu gründen. So bringt sein Brief an Wilhelmine aus Paris vom 21. Juli 1801 eine Zusammenfassung nicht nur seines weiteren Lebenswegs, seiner erfolglosen bürgerlichen Laufbahn, sondern auch seiner unglücklichen menschlichen Lebensbahn. Der Weg des Dichters, dem große Werke – trotzdem oder deshalb – glückten, ist darin nicht enthalten:

«Verwirrt durch die Sätze einer traurigen Philosophie, unfähig mich zu beschäftigen, unfähig, irgend etwas zu unternehmen, unfähig, mich um ein Amt zu bewerben, hatte ich Berlin verlassen, bloß weil ich mich vor der Ruhe fürchtete, in welcher ich Ruhe grade am wenigsten fand; und nun sehe ich mich auf einer Reise ins Ausland begriffen, ohne Ziel und Zweck, ohne begreifen zu können, wohin das mich führen würde – Mir war es zuweilen auf dieser Reise, als ob ich meinem Abgrunde entgegen ginge –»

Die Texte, die Kleist las, prägten seine Pläne, boten ihm Vorbilder und Muster, sie beeinflußten dadurch auch seinen Lebensweg; ohne diese Lektüre wäre sein Weg anders verlaufen. Wenn wir seinen Lebensweg vor uns sehen, wird er mit all seinen Stationen für uns zum Text: wir haben nur Texte, nur schriftliche Anhaltspunkte für sein Leben. Sein Leben ist uns zu Texten geronnen.

Diese Texte, solche, die uns von ihm überliefert sind, solche, die uns andere, Zeitgenossen und spätere, von ihm überliefert haben, fügen sich uns zu einem einzigen großen, wiewohl bruchstückhaften Text zusammen: Kleists Leben.

Ich folge den Stationen des Lebenswegs wie Einheiten eines Handlungsablaufs, ich achte auf Wiederholungen, auf Ähnlichkeiten und Unterschiede. Tatsächlich zeigt das Leben Kleists, so betrachtet, einen gewissen Rhythmus, man könnte auch sagen: Ansätze einer Struktur. Dieser Rhythmus ergibt sich aus der Wiederholung einer bestimmten Handlungssequenz, deren Einheiten in ihrem Ablauf feststehen, die aber unterschiedlich inhaltlich besetzt und unterschiedlich zeitlich begrenzt sind. Ich bezeichne die Einheiten dieser Sequenz folgendermaßen: Lebensplan, Versuch der Verwirklichung, Scheitern, Krise, neuer Lebensplan, neuer Versuch etc. Diese Sequenz mit vier Stationen hat Kleist in seinem Leben mehrfach durchgemacht, bis die letzte Krise mit seinem Tod endete.

Sieben solcher Sequenzen oder auch Phasen vermag ich im Leben des Dichters zu erkennen. Die erste weicht von den anderen insofern ab, als Kleist hier einen fremden, einen von anderen ihm aufgezwungenen Lebensplan verwirklichen sollte: er sollte Soldat werden. Er entzieht sich diesem Plan, sobald es ihm möglich ist. Das Scheitern des fremden Plans führt nicht zur Krise, sondern im Gegenteil zu einer Art Euphorie. Diese erste Phase beginnt mit seinem Eintritt ins Militär 1792 und endet mit seinem Austritt 1799; mit sieben Jahren ist es die längste Phase in seinem Leben.

Die zweite Phase beginnt mit seinem Studium; der Plan ist, Gelehrter zu werden; die Wissenschaften sollen ihn zur Wahrheit führen. Diese Phase endet mit der «Erkenntniskrise» im März 1801; sie dauerte also zwei Jahre. Kleist ist deprimiert und geht auf Reisen. Mit dem Plan, Gelehrter zu werden, war der Plan, Ehemann und Familienvater zu werden, gekoppelt; er reicht in die dritte Phase hinüber, die mit dem Aufenthalt in Thun im Februar 1802 beginnt. Diese Phase wird bestimmt vom Plan, als Bauer und als Dichter zu leben und zu arbeiten. Er endet mit dem Abbruch des Experiments in Thun. Dies ist das Ende des ländlichen Lebensplans, und es ist zugleich das Ende des Plans, Familienvater zu werden; im Mai 1802 löst Kleist die Verlobung; von anschließender Krankheit ist die Rede.

Der Plan, Dichter zu werden, bleibt erhalten und führt in die vierte Phase hinüber: Ende 1802, mit dem Aufenthalt bei Wieland, nimmt sie ihren Anfang, im Oktober 1803 in Paris findet sie ihr Ende. Kleist zerstreitet sich mit Pfuel und verbrennt das Manuskript des «Robert Guiskard». Danach will er bei der französischen Armee, die die Eroberung Englands plant, den Tod finden; beim Arzt Wedekind in Mainz ist er dann in Behandlung. Diese vierte, «poetische» Phase dauert von April 1802 – sie überschneidet sich mit der dritten «bäuerlichen» Phase – bis zum Oktober 1803, also etwa anderthalb Jahre.

Es folgt die fünfte Phase: Kleist unternimmt einen ernsthaften Versuch, preußischer Beamter zu werden, ein weniger ernsthafter war Ende 1800 bereits gescheitert. Im Juni 1804 beginnt diese fünfte Phase, sie endet im August 1806 mit seiner Beurlaubung wegen andauernder Krankheit; sie dauerte also etwa zwei Jahre. Wiederum folgt eine merkwürdige Episode: Kleist wird als Spion verhaftet und im französischen Fort de Joux bei Pontalier gefangengehalten. In der Haft schreibt er den «Amphitryon».

Die sechste Phase ist seine poetisch fruchtbarste; er schreibt «Penthesilea», «Das Käthchen von Heilbronn», «Michael Kohlhaas» und «Die Marquise von O…». Kleist geht im August 1807 nach Dresden. Zusammen mit Adam Müller gibt er den «Phöbus» heraus. Sein Plan, als Autor sich zu etablieren, scheint zu gelingen, der Plan, als Buchhändler oder als Redakteur sich den nötigen Lebensunterhalt zu verdienen, scheitert. Im Februar 1809 erscheint das letzte Heft des «Phöbus». Damit endet nach etwa mehr als zwei Jahren die sechste Phase. Kleist will wieder in den Krieg ziehen; er geht nach Böhmen und Österreich; als glühender Patriot will er gegen Napoleon kämpfen, mit der Waffe oder mit der Feder.

Die siebte und letzte Phase seines Lebens beginnt im Dezember 1809 in Berlin. Er gibt die «Berliner Abendblätter» heraus, eine Tageszeitung, die zunächst erfolgreich ist; der Plan, sich als Dichter und Redakteur zu behaupten, scheitert jedoch wiederum. Am 30. März 1811 erscheint die letzte Ausgabe der Zeitung, und der Hof weist Kleists Drama «Prinz Friedrich von Homburg» ab. Adam Müller geht nach Wien. Am 21. November 1811 erschießt sich Kleist. Die siebte und letzte Phase dauerte – wie die meisten – etwa zwei Jahre.

Am Ende seines Lebens schließt sich der Ring wieder: Kleist wird vorstellig beim König. Den Abschied vom Militär möchte er rückgängig machen. Offizier oder Beamter will er wieder werden, es wird ihm für später in Aussicht gestellt. Die Versöhnung von Individuum und Staat, von Offizier und poetischem Träumer, die ihm in seinem letzten Werk gelungen ist, dem «Prinz von Homburg», ist in der Wirklichkeit Preußens nicht möglich.

Die Krisen, mit denen die sechs Phasen jeweils schließen – die erste endete ohne Krise –, äußerten sich unterschiedlich: in Krankheit, in Reisen, im Wunsch nach dem Tod, manchmal waren zwei oder alle drei Fluchtversuche miteinander verknüpft. In der letzten Krise bleibt es beim Wunsch nach dem Tod. Dank eines Partners, den Kleist endlich findet, dank Henriette Vogel wird er nun verwirklicht. Doch damit ist der Lebensplan nicht zu Ende. Auf anderen Planeten soll fortgesetzt werden, was auf Erden nicht möglich war: der Lebensplan geht über den Tod hinaus.

Die rätselhafte Reise nach Würzburg

Erst spät in der Nacht trennte sich Kleist von seiner Verlobten, er legte sich aufs Bett, schlief aber nicht, sondern stand nach anderthalb Stunden wieder auf, ließ anschirren und bestieg im halbdunklen Morgen die Kutsche. Als sie an Wilhelmines Haus vorbeirollte, meinte er ein Geräusch an einem Fenster des Hauses zu hören, irrte sich jedoch, eine brennende Sehnsucht erfüllte ihn, die Geliebte noch einmal zu sehen, doch der Wagen rollte weiter, da traten ihm Tränen in die Augen, er wollte weinen, war aber des Weinens schon zu lange entwöhnt.

Im Januar hatte er sich heimlich mit Wilhelmine verlobt, in einem Brief sie um ihre Zuneigung, ihr Vertrauen gebeten:

«Ich will nicht sagen; daß Sie mich lieben müßten, weil ich Sie liebe; aber vertrauen müssen Sie sich mir, weil ich mich Ihnen unbegrenzt vertraut habe. [...] Lassen Sie uns bald recht *innig* vertraut werden, damit wir uns ganz kennen lernen. Ich weiß nichts, Wilhelmine, in meiner Seele regt sich kein Gedanke, kein Gefühl in meinem Busen, das ich mich scheuen dürfte Ihnen mitzuteilen. Und was könnten Sie mir wohl zu verheimlichen haben? Und was könnte Sie wohl bewegen, die erste Bedingung der Liebe, *das Vertrauen* zu verletzen? – Also offenherzig, Wilhelmine, *immer offenherzig.*»

Wilhelmine war es bis dahin gar nicht eingefallen, daß ein Mann sie lieben könnte, sie fand sich eher häßlich und unleidlich, wie sie drei Jahre später an ihren zukünftigen Mann, den Professor Krug schrieb: «Ich war ihm gut wie einem Bruder, doch liebte ich ihn nicht.» Er sei ihr als Freund willkommen, antwortete sie deshalb Kleist, aber sie könne seine Frau nicht werden. Durch den täglichen Umgang mit Kleist – die beiden Familien wohnten Haus an Haus – gewann sie schließlich doch eine gewisse Zuneigung zu ihm, auch wenn er «dem Ideale von Mann, welches ich mir entworfen hatte, noch immer nicht entsprach», wie sie später schrieb. Sie fürchtete, seinen Ansprüchen nicht zu genügen, strengte deshalb alle ihre Kräfte an, um ihre Talente auszubilden. Kleist war ihr Lehrer, er schrieb ihr Aufgaben auf, die sie beantworten mußte, er prüfte sie, um sie auf ihren zukünftigen Beruf einer Ehefrau und Mutter vorzubereiten.

Als Kleist am Morgen des 14. August 1800 Frankfurt an der Oder verließ, wußte nur er den Zweck seiner Reise. Seiner Schwester Ulrike schrieb er noch am selben Abend aus Berlin, wo er gerade angekommen war, daß er bloß die Wahrheit verschweige, ohne indessen zu lügen. Glück, Ehre, vielleicht das Leben eines Menschen sollten durch diese Reise gerettet werden, schrieb er. Wenn man in Frankfurt frage, warum er abgereist sei, solle sie antworten, er habe Geschäfte beim Minister Struensee, welches zum Teil sogar wahr sei. An Wilhelmine schrieb er, sie möge ihm vertrauen und ihm dadurch helfen, seinen Plan auszuführen: «Dein Glück ist so gut dabei interessiert, ja vielleicht mehr noch als das meinige.» Einen weisen, älteren Freund suche er, mit dem er sich über die Mittel zu seinem Zwecke beraten könnte. Tatsächlich fuhr Kleist am 17. August mit der Postkutsche von Berlin nach Pasewalk und von dort in das nahe Coblentz, wo der Ludwig von Brockes traf, den er bei einem Aufenthalt auf Rügen gemeinsam mit Ulrike kennengelernt hatte. Varnhagen von Ense bezeichnet Brockes als einen «edlen, gebildeten Mann, voll hohen Ernstes der Seele und von großer Zärtlichkeit des Gemütes, in seiner Anspruchslosigkeit und Stille wirkte er stark auf seine Freunde, und Männer wie Frauen hingen mit Leidenschaft an ihm». Brockes war sofort bereit, Kleist in seiner Unternehmung zur Seite zu stehen. In einem Brief an Wilhelmine nennt Heinrich ihn einen «älteren, weisern Freund», in einem gleich darauffolgenden Brief an Ulrike einen «trefflichen jungen Mann, wie ich wenige in meinem Leben gefunden habe». Zugleich beschwichtigt er Ulrike: es stünde nicht in seiner Willkür, über das Geheimnis seiner Reise zu schalten, sonst hätte er sie, seine Schwester, gewiß ins Vertrauen gezogen.

Brockes bestärkte Kleist in seinem Plan, redete ihm zu, versicherte ihm, daß ein glücklicher Erfolg höchst wahrscheinlich sei, so Kleist im Brief an Wilhelmine. Den Minister Struensee werde er in Berlin treffen, um sich «auf jeden Fall den Rückzug zu sichern», wie er schrieb. Brockes begleitete ihn, «viel, sehr viel kann ein Freund tun, wenn der Geliebte fehlt. Wenigstens gibt es keine anderen Genüsse, zu welchen sich die Liebe so gern herab ließe, wenn sie ihr ganzes Glück genossen hat und auf eine Zeitlang feiern muß, als die Genüsse der Freundschaft. Vor allen andern Genüssen ekelt ihr, wie dem Schlemmer vor dem Landwein, wenn er sich in Champagner berauscht hat.»

Von Berlin brach Kleist mit Brockes nach Wien auf, zuvor bat er seine Schwester um 100 Dukaten, die sie nach Wien schicken solle, und zwar an den Studenten Buchholz, so heiße Brockes auf dieser Reise, das Geld diene dem eigentlichen Zweck der Reise, über den er nichts sagen könne. Vor dem 1. November werde er auf jeden Fall in Frankfurt zurück sein. Aus Leipzig teilte Kleist Wilhelmine mit, sie gingen nun nicht über Regensburg, wie sie ursprünglich geplant hatten, sondern über Dresden und Prag nach Wien, das sei näher, und in Dresden erhielten sie durch den englischen Gesandten Pässe. In Leipzig schrieben Kleist und Brockes sich als Studenten in die Immatrikulationsliste der Universität ein, Kleist unter dem Namen Bernhoff, Brockes mit Klingstedt. Kleist an Wilhelmine:

«Ich will durch diese immer wiederholten Briefe, durch diese fast ununterbrochene Unterhaltung mit Dir, durch diese nie ermüdende Sorgfalt für Deine Ruhe, bewirken, daß Du zuweilen, wenn das Verhältnis des Augenblicks Dich beklommen macht, wenn fremde Zweifel und fremdes Mißtrauen Dich beunruhigen, mit Sicherheit, mit Zuversicht, mit tiefempfundnem Bewußtsein zu Dir selbst sagen mögest: ja, es ist gewiß, *es ist gewiß*, daß er mich liebt!

Wenn Du mir nur eine Ahndung von Zweifel hättest erblicken lassen, gewiß, mir würde Deine Ruhe weniger am Herzen liegen. Aber da Du Dich mit Deiner ganzen offnen Seele mir anvertraut hast, so will ich jede Gelegenheit benutzen, jeden Augenblick ergreifen, um Dir zu zeigen, daß ich Dein Vertrauen auch vollkommen verdiene.»

In dem vorhergehenden Brief erinnerte er sich an eine Vorstellung, die ihn während der Fahrt in der Postkutsche überkam:

«Ich habe mir Dich in diesem Augenblick ganz lebhaft und gewiß vollkommen wahr, vorgestellt, und bin überzeugt, daß an dieser Vorstellung nichts fehlte, nichts an Dir selbst, nichts an Deinem Anzuge, nicht das goldne Kreuz, und seine Lage, nicht der harte Reifen, der mich so oft erzürnte, selbst nicht das bräunliche Mal in der weichen Mitte Deines rechten Armes. Tausendmal habe ich es geküßt und Dich selbst. Dann drückte ich Dich an meine Brust und schlief in Deinen Armen ein.»

Kleist und Brockes änderten in Dresden nach einem Gespräch mit dem englischen Gesandten Lord Elliott ihre Reiseroute. Nicht nach Wien, sondern nach Würzburg oder Straßburg führt sie nun ihr Weg. Über Chemnitz und Zwickau reisten sie nach Reichenbach, wo sie erfuhren, daß der Waffenstillstand zwischen den Österreichern und den Franzosen am nächsten Tag ende. «Wir reisen gerade den Franzosen entgegen, und da wird es was Neues zu sehen geben», so Kleist an Wilhelmine am 5. September. Das «Würzburger Intelligenzblatt» vom 12. September verzeichnet unter den angekommenen Fremden die Herren Bernhoff und Klingstedt, Studenten aus Leipzig. Kleist schreibt am 9. oder 10. September bereits aus Würzburg an Wilhelmine, von der er lange nichts gehört hat:

«Werde ich nicht bald einen Brief von Dir erhalten? meine liebe, teure, einzige Freundin! – Wenn Du in so langer Zeit krank geworden sein solltest – wenn Du vielleicht gar nicht mehr wärst – o Gott! Dann wären alle Opfer, alle Bemühungen dieser Reise umsonst! Denn Liebe bedarf ich – und wo würde ich soviele Liebe wiederfinden? Für Dich tat ich, was ich nie für einen Menschen tat. – Du würdest mich inniger, treuer, zärtlicher, dankbarer, als irgend ein Mädchen geliebt haben. – O Gott! das wäre schrecklich! Schreibe, schreibe bald.»

Wahrscheinlich reise er gar nicht weiter. Und so war es auch. Brockes und Kleist blieben in der Stadt, die sich auf die Verteidigung gegen die Franzosen vorbereitete. Sie quartierten sich beim Stadtchirurgus Joseph Wirth ein, der in einem Ratsprotokoll der Stadt Würzburg vom 18. September 1800 dafür verwarnt wurde:

«Dem Stadtchirurgus (Joseph) Wirth wurde das Aufnehmen zweer jungen fremden Leuten ohne Quartierzettel für das erstemal verhoben (vorgehalten), worauf derselbe sich damit entschuldigt, es seien zwei Akademiker und kämen von Leipzig, hätten auch ihre Matrikelscheine bei sich, deswegen habe er nicht geglaubt, Quartierzettel haben zu müssen, der eine seie wirklich krank, und könnten nicht fortreisen in ihr Land nach Pommern; nichtsdestoweniger wurde Conclusum ihm bedeutet, hinfüro bei verordnungsmäßiger Strafe derlei fremde nicht hiesige Akademiker ohne Quartierzettel nicht mehr aufzunehmen.»

In einem Brief vom 11. oder 12. September spricht Kleist Wilhelmine vom «schönsten Tage», den er nun vor sich sehe. Jedoch sei die Stadt voll Flüchtenden, Pfaffen und Reichstruppen, alles laufe buntscheckig durcheinander, der Kommandant General D'Allaglio wolle im Ernst die Festung verteidigen, das heißt die Zitadelle, nicht die Stadt, die nicht zu halten sei.

In einem langen Brief, an dem er vom 13. bis 18. September schreibt, sagt Kleist: «Laß uns tun, als ob wir nichts Interessanteres mit einander zu plaudern hätten als fremdartige Dinge. Denn das, was mir die ganze Seele erfüllt, darf ich Dir nicht, jetzt noch nicht mitteilen. Also wieder etwas von dieser Stadt.»

Er berichtet darauf vom Besuch des für die damalige Zeit vorbildlichen Julius-Hospitals, vor allem dessen Abteilung für Irre und Wahnsinnige erfreute sich bei den durchreisenden Fremden großer Beliebtheit. Kleist beeindruckten drei Irre besonders, jedenfalls beschreibt er drei: einen Mönch mit düsterem Blick, mit einer schwachen, doch das Herz zermalmenden Stimme, der sie vor der Freude warnte und an das ewige Leben zu denken gemahnte. Er blickte sie wehmütig an, als ob er sie schon für verloren hielte, so schien es wenigstens Kleist. «Er hatte sich einst auf der Kanzel in einer Predigt versprochen und glaubte von dieser Zeit an, er habe das Wort Gottes verfälscht.» Sie sahen dann einen Kaufmann, der aus Stolz verrückt geworden war, weil sein Vater ein Adelsdiplom erhalten hatte, das sich aber nicht auf den Sohn forterbte. Am ausführlichsten berichtet er über einen achtzehnjährigen Jüngling, dessen Anblick ihm der schrecklichste war: «ein unnatürliches Laster» hatte ihn wahnsinnig gemacht. Noch vor kurzem blühend schön, hing er nun «über die unreinliche Öffnung, mit nackten, blassen, ausgedorrten Gliedern, mit eingesenkter Brust, kraftlos niederhangendem Haupte – Eine Röte, matt und geadert, wie eines Schwindsüchtigen, war ihm über das totenweiße Antlitz gehaucht, kraftlos fiel ihm das Augenlid auf das sterbende, erlöschende Auge, wenige saftlose Greisenhaare deckten das frühgebleichte Haupt, trocken, durstig, lechzend hing ihm die Zunge über die blasse, eingeschrumpfte Lippe, eingewunden und eingenäht lagen ihm die Hände auf dem Rücken – er hatte nicht das Vermögen die Zunge zur Rede zu bewegen, kaum die Kraft den stechenden Atem zu schöpfen – nicht verrückt waren seine Gehirnnerven aber matt, ganz entkräftet, nicht fähig seiner Seele zu gehorchen, sein ganzes

Leben nichts als eine einzige, lähmende, ewige Ohnmacht – O lieber tausend Tode, als ein einziges Leben wie dieses! So schrecklich rächt die Natur den Frevel gegen ihren eignen Willen! O weg mit diesem fürchterlichen Bild.»

Kleist sieht das Elend der Kranken überdeutlich, er erkennt, daß es durch ihr ständiges Zusammenleben noch vergrößert wird. «Die Verrückten», meint er, «können in ihrer eigenen Gesellschaft nie zu gesundem Verstande kommen. Dagegen würde dies gewiß bei vielen möglich sein, wenn mehrere vernünftige Leute, etwa die eigne Familie, unter der Leitung eines Arztes, sich bemühte den Unglücklichen zur Vernunft zurückzuführen.»

Kleist hält in diesem Brief Wilhelmine wiederholt ihre Bestimmung vor: eine Gattin zu werden, «erleuchtet, aufgeklärt, vorurteilslos, immer der Vernunft gehorchend, gern dem Herzen sich hingebend». Sie solle streben, die irdische Bestimmung ihres Lebens zu erfüllen, den Zweck des ewigen Daseins dagegen zu erörtern, sei selbst für Männer unfruchtbar: «Wie können wir uns getrauen, in den Plan einzugreifen, den die Natur für die Ewigkeit entworfen hat, da wir nur ein so unendlich kleines Stück von ihm, unser Erdenleben, übersehen?»

Das Beispiel von Brockes lasse ihn so sprechen, denn Brockes liege unaufhörlich mit der Natur im Streit, da er seine ewige Bestimmung nicht herausfinden könne, weshalb er auch für seine irdische nichts tue.

Er berichtet wieder über die Stadt, deren katholisches Leben ihn abstößt, das viele Läuten der Glocken erinnert ihn an das Rasseln von Ketten, er beobachtet die Kriegsvorbereitungen und betont ausdrücklich, daß er nur «als ein neutraler Zuschauer» an diesem Kriege teilnehmen werde.

Am 19. September beschwert sich Kleist wieder bei Wilhelmine, daß er so lange vergeblich auf einen Brief von ihr warten müsse. Elf Briefe habe er abgeschickt, aber nur zwei erhalten.

«Gibt es denn keinen Boten, der eine Zeile von Dir zu mir herübertragen könnte? Gibt es denn keine Verbindung mehr zwischen uns, keine Wege, keine Brücken? Ist denn ein Abgrund zwischen uns eingesunken, daß sich die Länder nicht mehr ihre Arme, die Landstraßen, zureichen? Bist Du denn fortgeführt von dieser Erde, daß kein Gedanke mehr herüberkommt von Dir zu mir, wie aus einer andern Welt? – Oder ist doch irgend ein Unhold des Mißtrauens zwischen uns getreten, mich loszureißen von Deinem Herzen? Und ist es ihm geglückt, wirklich geglückt –? Wilhelmine! Bin ich Dir nichts mehr wert? Achtest Du mich nicht mehr? Hast Du sie schon verdammt, diese Reise, deren Zweck Du noch nicht kennst? – Ach, ich verzeihe es Dir. Du wirst genug leiden durch Deine Reue –»

Er fürchtet, daß seine Briefe von Neugierigen geöffnet werden könnten. Am Tag, den er für den Tag seines Geburtstags hält, am 10. Oktober, tröstet er Wilhelmine, er müsse noch kurze Zeit in Würzburg bleiben bis zu dem Tage, der ihm «etwas Nochzuerwartendes» überbringe. Doch «von unserem Hauptgegenstande» könne er ihr jetzt noch nicht schreiben. In einem Zusatz des Briefes ist er wohlgemut und zuversichtlich; möglicherweise war der «wichtigste Tag seines Lebens», von dem er in einem späteren Brief vom 16. November Wilhelmine spricht, gerade dieser Tag, «der entscheidende Augenblick», auf den er gewartet hatte, voll Hoffnung, aber auch mit Bangen, weil es ihm schauerte bei dem Gedanken, «daß er vielleicht scheiden müßte, von allem, was ihm teuer ist», wie es in dem Brief vom 16. November rückblickend heißt. Am 10. Oktober scheint die Gefahr überstanden:

«Damals war ich Deiner nicht würdig, jetzt bin ich es. Damals weinte ich, daß Du so gut, so edel, so achtungswürdig, so wert des höchsten Glücks warst, jetzt wird es mein Stolz und mein Entzücken sein. Damals quälte mich das Bewußtsein, Deine heiligsten Ansprüche nicht erfüllen zu können, und jetzt, jetzt – – Doch still!

Jetzt, Wilhelmine, werde auch *ich* Dir mitteilen, was ich mir von dem Glücke einer künftigen Ehe verspreche. Ehemals durfte ich das nicht, aber jetzt – o Gott! Wie froh macht mich das! – Ich werde Dir die Gattin *beschreiben*, die mich *jetzt* glücklich machen kann – – und das ist die *große Idee*, die ich für Dich im Sinne habe. Das Unternehmen ist groß, aber der Zweck ist es auch. Ich werde jede Stunde, die mir meine künftige Lage übrig lassen wird, diesem Geschäfte widmen. Das wird meinem Leben neuen Reiz geben, und uns beide schneller durch die Prüfungszeit führen, die uns bevorsteht. In fünf Jahren, hoffe ich, wird das Werk fertig sein.»

Er schließt den Brief mit der Anrede: «Gute Nacht Wilhelmine, meine Braut, einst meine Gattin, einst die Mutter meiner Kinder.»

Am 27. Oktober schreibt er bereits aus Berlin – Brockes ist nach Dresden gegangen und wird später nach Berlin folgen –, diesmal an seine Schwester Ulrike:

«Mein liebes, bestes Ulrickchen, wie freue ich mich wieder so nahe bei Dir zu sein, und so froh, o ich bin es nie in meinem Leben herzlich gewesen, ich *konnte* es nicht, jetzt erst öffnet sich mir etwas, das mich aus der Zukunft anlächelt, wie Erdenglück. *Mir*, mein edles Mädchen, hast Du mit Deiner Unterstützung das Leben gerettet – Du verstehst das wohl nicht? Laß das gut sein. Dir habe ich, nach Brockes, von meiner jetzigen innern Ruhe und Fröhlichkeit, das meiste zu danken, und ich werde das ewig nicht vergessen. Die Toren! Ich war gestern in Potsdam, und alle Leute glaubten, ich wäre darum so seelenheiter, weil ich angestellt würde – o die Toren!

Du möchtest wohl die einzige sein auf dieser Erde, bei der ich zweifelhaft sein könnte, ob ich das Geheimnis aufdecken soll, oder nicht? Zweifelhaft, sagte ich; denn bei jedem andern bin ich *entschieden*, nie wird es aus meiner Seele kommen. Indessen die Erklärung wäre sehr weitläufig, auch bin ich noch nicht ganz entschieden. Ich weiß wohl, daß Du nicht neugierig bist, aber ohne Teilnahme bist Du auch nicht, und Deiner möchte ich am wenigsten gern kalt begegnen. Also laß mich nur machen. Wir werden uns schon einst verstehen. Für jetzt und immer bleibe verschwiegen über alles.»

Er sehe sich nun «nach einem Leiden von 24 Jahren» befreit, also von einem Leiden, das ihn sein ganzes bisheriges Leben lang begleitet hat.

Daß Kleist in Würzburg in ärztlicher Behandlung war, bestätigt er selbst in einem Brief vom 31. Januar 1801 an Wilhelmine. Er lobt darin den Edelmut und die Uneigennützigkeit von Brockes, dem er die glückliche Wendung seines Schicksals verdanke.

«Um die Zeit, in welcher mein Arzt mich besuchte, ging er immer spazieren. Ich hatte ihm nie etwas gesagt, aber es mochte schlechtes oder gutes Wetter sein, er verließ das Zimmer und ging spazieren. – Nie kam er in meine Kammer, auch darum hatte ich ihn nicht gebeten, aber er erriet es, und nie ließ er sich darin sehen. –

Ich brannte während der Nacht Licht in meiner Kammer, und der Schein fiel durch die geöffnete Tür grade auf sein Bett. Nachher habe ich gelegentlich erfahren, daß er viele Nächte deswegen gar nicht geschlafen habe; aber nie hat er es mir gesagt.»

Kleist an Wilhelmine: «Ja, wenn Du unter den Mädchen wärest, was dieser unter den Männern.»

Am 1. November 1800, an dem Tag, vor dem er auf jeden Fall von seiner Reise zurück sein wollte, bat Kleist in einem Gesuch an den Minister Struensee, an den Sitzungen der technischen Deputation teilnehmen zu dürfen, da er sich für das «Kommerz- und Fabriken-fach» ausbilden wolle. Bereits am 13. November schreibt er jedoch an die Verlobte:

«Ich will kein Amt nehmen. Warum will ich es nicht? – O wie viele Antworten liegen mir auf der Seele! Ich kann nicht eingrei-fen in ein Interesse, das ich mit meiner Vernunft nicht prüfen darf. Ich soll tun was der Staat von mir verlangt, und doch soll ich nicht untersuchen, ob das, was er von mir verlangt, gut ist. Zu seinen unbekannten Zwecken soll ich ein bloßes Werkzeug sein – ich kann es nicht. Ein eigner Zweck steht mir vor Augen, nach ihm würde ich handeln *müssen* und wenn der Staat es anders will, dem Staate nicht gehorchen *dürfen*. Meinen Stolz würde ich darin su-chen, die Aussprüche meiner Vernunft geltend zu machen gegen den Willen meiner Obern – nein, Wilhelmine, es geht nicht, ich passe mich für kein Amt.»

Des Rätsels Lösung

Was ist das Geheimnis dieser Würzburger Reise? Kleist hat sich später nicht mehr zu dieser Reise geäußert, jedenfalls nicht in den uns überlieferten Schriften; auch seine Stiefschwester Ulrike, die vielleicht später das Geheimnis erfahren hat, hat nichts darüber verlauten lassen, was aktenkundig geworden wäre, außer einem vieldeutigen Wort: die Mission sei «politischer Natur» gewesen. So sind wir auf Vermutungen angewiesen.

Rätsel locken die Exegeten an, deren Aufgabe es ja ist, Texte zu entschlüsseln und zu deuten. So ist es nicht verwunderlich, daß diese Reise nach Würzburg in der Kleist-Forschung immer wieder behandelt wird, häufiger als es ihrer Bedeutung für sein Werk zukommt; für sein Leben freilich ist sie wichtig.

Was ist also «des Rätsels Lösung» nach Ansicht der Interpreten? Ihre Vorschläge lassen sich nach drei Kategorien ordnen: politische, medizinische, berufliche Gründe. Ließe sich noch die Ansicht von Heinz Politzer hinzufügen, es sei gar nicht wichtig, was Kleist dort getan habe, wichtig sei vielmehr: er sei dort zu sich selbst gekommen, er habe seine Identität gefunden.

Die politischen Begründungen nennen durchweg Spionage als Zweck von Kleists Reise nach Würzburg, daher die Geheimnistuerei, sei es nun politische Spionage – die Franzosen drohten schließlich der Stadt mit Belagerung –, sei es wirtschaftliche Spionage. Tatsächlich war das wirtschaftlich zurückgebliebene Preußen damals bestrebt, durch Industriespionage – Farbenfabriken, Dampfmaschinen wurden ausgekundschaftet – an die fortgeschrittenen Staaten England und Frankreich anzuschließen. Da Kleist beim Minister Struensee sich um eine Ausbildung für das «Kommerz- und Fabrikenfach» bewarb, könnte er – sozusagen als Beweis seiner Tüchtigkeit – ein auf eigene Faust ausgekundschaftetes Industriegeheimnis in seinen neuen Beruf mitzubringen geplant haben. Einen wichtigen Anhaltspunkt für diese politisch-wirtschaftliche Begründung der Reise gibt Kleist selbst in seinem Brief an Ulrike vom 25. November 1800 aus Berlin:

«Bei mir ist es indessen doch schon so gut, wie gewiß bestimmt, daß ich diese Laufbahn nicht verfolge. Wenn ich aber dieses Amt ausschlage, so gibt es für mich kein besseres, wenigstens kein praktisches. Die Reise war das einzige, das mich reizen konnte, so lange ich davon noch nicht genau unterrichtet war. Aber es kommt dabei hauptsächlich auf List und Verschmitztheit an, und darauf verstehe ich mich schlecht. Die Inhaber ausländischer Fabriken führen keinen Kenner in das Innere ihrer Werkstatt. Das einzige Mittel also, doch hinein zu kommen, ist Schmeichelei, Heuchelei, kurz Betrug – Ja, man hat mich in dieser Kunst zu betrügen schon unterrichtet – nein, mein liebes Ulrikchen, das ist nichts für mich.»

Hier bestätigt Kleist selbst, daß man von ihm Industriespionage erwartete, daß er dies vor der Reise – offensichtlich der nach Würzburg – noch nicht so genau gewußt, aber jetzt in den Sitzungen der «Sezzionen der technischen Deputation» erfahren habe.

Die medizinischen Gründe bieten sich ebenfalls an. Daß Kleist in Würzburg ärztlich behandelt wurde, ist nicht zu bezweifeln, er spricht selbst davon, doch ob diese Behandlung der Grund seiner Reise war, das ist wiederum zweifelhaft. Max Morris sprach schon Ende des 19. Jahrhunderts davon, daß Kleist sich von seiner Impotenz habe heilen lassen wollen, wodurch sich der Zusammenhang der Reise mit Heirat und Ehe, den er in seinen Briefen an Wilhelmine von Zenge herstellt, erklären ließe. Andere Interpreten, wie etwa der Mediziner Gerhard Schmidt, halten es für wahrscheinlich, daß Kleist sich wegen einer Phimose habe behandeln lassen; in seinem Aufsatz «Die Demolierung eines Marionettentheaters» von 1977 schreibt Erich Heller: «Was es war, ist nur zu erschließen; da ihn aber ein Würzburger Chirurg vom Übel befreite, war es wohl eine Phimose, und der Eingriff nicht schwieriger als eine Zirkumzision.»

Bleibt der berufliche Grund, den Ulrich Gall anführt: Kleist habe sich an der Universität Würzburg promovieren oder sogar habilitieren wollen, um eine Universitätslaufbahn einschlagen zu können. Diese Annahme ist am wenigsten stichhaltig, denn Kleists Geheimniskrämerei kann sie nicht erklären.

Mein Lösungsvorschlag stützt sich auf die Aussagen des Dichters in seinen Briefen. Kleist schreibt an Ulrike: er lüge nicht, er verschweige nur die Wahrheit, er habe Geschäfte bei Struensee, welches «zum Teil» sogar wahr sei. Ich nehme an, daß seine Reise einen doppelten Zweck verfolgte, so daß die bisherigen Annahmen über den Zweck der Reise nicht zuletzt deshalb fehlgehen, weil sie Alternativen annehmen. Ich meine, Kleist hatte eine politische Aufgabe, und er wollte sich von einem Arzt behandeln lassen. Die Reise diente zudem seinem beruflichen Fortkommen, freilich nicht einer Universitätslaufbahn; und richtig ist auch, daß Würzburg, vor allem wegen der Gespräche Kleists mit Brockes, eine wichtige Station auf seinem Weg zur Selbstfindung ist.

Die Annahme, die Reise habe einen doppelten Zweck erfüllt, einen politischen und einen medizinischen, löst die Probleme, die durch die Annahme, es handle sich nur um einen Reisezweck, entstehen. Freilich werden die Probleme von den Anhängern einer Erklärung, sei es die politische oder die medizinische, selten erkannt: sie übersehen meist, was von ihrer Erklärung nicht abgedeckt wird. Die Annahme einer politischen Mission erklärt nicht, weshalb von ihr Wilhelmines Glück als Frau und Mutter abhängt, weshalb der «wichtigste Tag meines Lebens» für die zukünftige Ehe Bedeutung hat. Ebenso kann die ausschließliche Annahme einer medizinischen Behandlung einige dunkle Punkte nicht erhellen, wie den Besuch Kleists bei Struensee vor Beginn der Reise, wie die rasche Rückkehr und das am 1. November verfaßte Gesuch an Struensee.

Betrachten wir die Details, zunächst der politischen Mission. Da Kleists Geschäfte beim Minister Struensee «zum Teil» wahr sind, er unter allen Umständen am 1. November in Berlin eintreffen wollte und tatsächlich – in einer für die damalige Zeit außerordentlichen Schnelligkeit – von Würzburg nach Berlin termingerecht zurückkehrte, damit er genau am 1. November sein Gesuch an Struensee richten kann, ihn an den Sitzungen der technischen Deputation teilnehmen zu lassen, muß diese politische Mission mit Struensee, einem der damals einflußreichsten preußischen Politiker, zusammenhängen. Beim Minister Struensee wolle er sich «auf jeden Fall den Rückzug» sichern, schreibt er an Wilhelmine. In Dresden, wo er den englischen Gesandten aufsucht, erfährt er möglicherweise eine notwendige Änderung des ursprünglichen Weges, der ja nach Wien führen sollte. Nun reisen Kleist und Brockes nach Würzburg; von dort wollen sie nach Straßburg. Doch sie bleiben dann in Würzburg, wo sich nach der Beendigung des Waffenstillstands zwischen Österreich und Frankreich die französischen Truppen zusammenziehen. Auf der Rückreise von Würzburg nach Berlin trennen sich Kleist und Brockes; Brockes geht zunächst nach Dresden – vielleicht, um dort den englischen Gesandten zu informieren. Kleists Begründung, Brockes warte dort auf das von Ulrike nach Wien gesandte Geld, scheint mir nicht überzeugend: das Geld hätte man auch nach Berlin oder nach Frankfurt an der Oder zurückschicken lassen können. Von Dresden kehrt Brockes nach Berlin zurück, wo er wieder mit Kleist zusammentrifft. Preußen war damals zwar neutral, aber – zusammen mit England – durchaus an einem Sieg Österreichs über Frankreich interessiert. England und Preußen wurden ja später Verbündete Österreichs.

Welche politische Mission Kleist damals wahrnahm, das läßt sich – werden nicht neue Dokumente gefunden – nicht genau sagen; daß er eine politische Mission hatte, halte ich für sicher. Diese politische Mission könnte auch industrielle Spionage gewesen sein. Die Industrie in Preußen wurde vom Staat gelenkt, und zwar «sehr militärisch», wie Kleist in dem erwähnten Brief an Ulrike vom 25. November schreibt. In Würzburg stand damals eine nennenswerte Farbenfabrik; möglicherweise hat Kleist sie ausspioniert. Eine Metapher in seinem langen Brief vom 10. und 11. Oktober aus Würzburg an Wilhelmine belegt, so meine ich, daß Vorstellungen von Spionage ihm durch den Kopf gingen; er schreibt dort: «Der Felsen mit der Zitadelle sah ernst auf die Stadt herab, und bewachte sie, wie ein Riese sein Kleinod, und an den Außenwerken herum schlich ein Weg, wie ein Spion, und krümmte sich in jede Bastion, als ob er rekognoszieren wollte, wagte aber nicht in die Stadt zu gehen, sondern verlor sich in die Berge –.»

Ich vermute also, daß Kleist in Würzburg eine politische Mission hatte, sei es nun ein militärischer oder ein industrieller Spionageauftrag, vielleicht erfüllte er auch nur Kurierdienste, wie er möglicherweise 1804 für Wedekind in Mainz und 1807 oder 1808 für preußische Stellen in Dresden als Kurier fungierte; in diesen Fällen gegen Napoleon. In seinen «Denkwürdigkeiten aus dem Leben des Generals von Hüser» berichtet dieser preußische General über seine Freikorpstätigkeit – Preußen war von Napoleon im Jahre 1806 besiegt worden, die Freikorps versuchten, militärischen Widerstand zu organisieren: er sei öfter an die sächsische Grenze geritten, um Briefschaften weiterzugeben, auch an den «als Dichter bekannten Heinrich von Kleist, der in Dresden lebte und unser Gesinnungsgenosse war». Kleist versuchte ja im Jahre 1809, die Österreicher gegen Napoleon zu unterstützen. Vielleicht hat Kleist auch in Würzburg im

Jahre 1802 als Kurier eine Botschaft übernommen, die er aus Frankreich, vielleicht aus Straßburg, erwartete und die er nach Berlin an preußische Behörden weitergab, während Brockes Botschaften nach Dresden an englische Ämter übergab. Vielleicht hat er auch die Farbenfabrik ausspioniert. Vielleicht hat er sogar beides getan. Seine Mission, welche auch immer, aus eigenem Antrieb mit Rückendeckung Struensees oder in dessen Auftrag, sollte ihm jedenfalls den Zugang zu einem Amt erleichtern; insofern stimmte also auch die Annahme, berufliches Avancement sei der Grund für seine Mission gewesen – freilich keines in der Universität.

Betrachten wir nun den medizinischen Grund der Reise. Daß Kleist erst in Würzburg krank wurde, ist nicht anzunehmen, da er sich von einem Chirurgen, einem «Wundarzt», der damals deutlich vom akademischen Arzt geschieden war, behandeln ließ und sich bei ihm sogar einlogierte. Wenn er die Folgen eines Unfalls oder einer Krankheit hätte behandeln lassen, warum sollte er das seiner Schwester nicht mitgeteilt haben? Es wäre ein guter Grund gewesen, ihr weiteres Geld zu entlocken. Daß er so geheimnisvoll über dieses Leiden schrieb und daß er das Geheimnis der Reise mit seiner Heirat in Verbindung brachte, legt die Vermutung nahe, es handle sich um ein die Sexualität beeinträchtigendes Gebrechen, denn darüber zu sprechen, geziemte sich damals nicht. Freilich kann es kein seelisches Gebrechen gewesen sein, sonst hätte der Chirurg nicht helfen können, auch ein allzu schweres Gebrechen scheint ausgeschlossen, sonst wäre er wohl ins Julius-Hospital überwiesen worden, das er zu Anfang seines Aufenthaltes besichtigte – dem Brauch der Zeit gemäß, da Irrenhäuser damals so beliebte Ausflugsziele waren wie heute zoologische Gärten.

Kleist logierte sich beim Chirurgen Wirth ein; ein chirurgischer Eingriff war also nötig. Sein Leiden könnte demnach eine Phimose, also eine Verengung der Vorhaut des Penis, gewesen sein, was bei Knaben nicht so selten vorkommt. Heute ist diese Behinderung mit einem chirurgischen Eingriff leicht zu beheben. Beim damaligen Stand der Wissenschaft war das nicht ganz so einfach, weil der Eingriff wegen der fehlenden Desinfektion mit einem Risiko verbunden war, so daß Kleists Furcht verständlich ist.

Zur Begründung dieser Vermutung seien noch einmal zwei Absätze aus Briefen Kleists angeführt. Im Brief an Wilhelmine vom 10. und 11. Oktober 1800 aus Würzburg schreibt er:

«Damals war ich Deiner nicht würdig, jetzt bin ich es. Damals weinte ich, daß Du so gut, so edel, so achtungswürdig, so wert des höchstens Glückes warst, jetzt wird es mein Stolz und mein Entzücken sein. Damals quälte mich das Bewußtsein, Deine heiligsten Ansprüche nicht erfüllen zu können, und jetzt, jetzt – – Doch still!

Jetzt, Wilhelmine, werde auch *ich* Dir mitteilen, was ich mir von dem Glücke einer künftigen Ehe verspreche. Ehemals durfte ich das nicht, aber jetzt – o Gott! Wie froh macht mich das! – Ich werde Dir die Gattin *beschreiben*, die mich *jetzt* glücklich machen kann – – und das ist die *große Idee*, die ich für Dich im Sinne habe.»

Nun kann er ihre «heiligsten Ansprüche» erfüllen und an das Glück der «künftigen Ehe» denken, jetzt, nachdem er den «wichtigsten Tag» seines bisherigen Lebens erfolgreich überstanden hat; dieser Tag muß ihn also der Erfüllung der Ehepflichten nahegebracht haben. Daß der «wichtigste Tag» ihn keinesfalls einem Amt näher gebracht haben kann, das er durch Spionage zu erreichen hoffte, sagt er Ulrike im Brief vom 27. Oktober 1800 aus Berlin:

«Mein liebes, bestes Ulrickchen, wie freue ich mich wieder so nahe bei Dir zu sein, und so froh, o ich bin es nie in meinem Leben herzlich gewesen, ich *konnte* es nicht, jetzt erst öffnet sich mir etwas, das mich aus der Zukunft anlächelt, wie Erdenglück. *Mir,* mein edles Mädchen, hast Du mit Deiner Unterstützung das Leben gerettet – Du verstehst das wohl nicht? Laß das gut sein. Dir habe ich, nach Brokes, von meiner jetzigen innern Ruhe und Fröhlichkeit, das meiste zu danken, und ich werde das ewig nicht vergessen. Die Toren! Ich war gestern in Potsdam, und alle Leute glaubten, ich wäre darum so seelenheiter, weil ich angestellt würde – o die Toren!»

Auch die Formulierung in diesem Brief: «Das wird mir wohltun nach einem Leiden von 24 Jahren», dürfte die Vermutung der Phimose, also eines lebenslangen Leidens, bestätigen. Kleist war damals allerdings erst 23 Jahre alt, so daß es möglich ist, daß er sich im Jahr seiner Geburt genauso irrte wie im Tag seiner Geburt.

Eberhard Siebert nimmt an, Kleist spreche hier von seiner Volljährigkeit, die in Preußen damals erst mir 24 Jahren erreicht wurde. In der Tat ist dieser Zusammenhang im Brief gegeben:

«Die Reise und besonders der Zweck dieser Reise war zu kost-
bar für 300 Rth. Brokes hat mir mit fast 200 Rth. ausgeholfen.
Ich muß diese Summe ihm jetzt nach Dresden schicken. Er hat
zu unaussprechlich viel für mich getan, als daß ich daran denken
dürfte, diese Verpflichtung nur einen Augenblick zu versäumen.
Du weißt daß ich selbst über mein Vermögen nicht gebieten
kann, und Du errätst das übrige. Ich bin in einem Jahre majorenn. Diese Summe zurückzuzahlen wird mich nie reuen, ich
achte mein ganzes Vermögen nicht um das, was ich mir auf
dieser Reise erworben habe. Also deswegen sei unbesorgt. Antworte mir bald hierauf. Wenn mir diese kleine Unbequemlichkeit abgenommen wird, so wird es mir Mühe kosten, zu erden-
ken, was mir wohl auf der ganzen Erde zu meiner Zufriedenheit
fehlen könne. Das wird mir wohl tun nach einem Leiden von
24 Jahren.»

Das «wird», das Futurum des letzten Satzes also, bezieht sich allerdings nicht – wie Siebert meint – auf das kommende Jahr, in dem er
«majorenn» wird, sondern auf die von Ulrike erbetene Unterstützung. Wird sie ihm das Geld geben, das er Brockes schuldet, dann
wird ihm nichts mehr an seiner Zufriedenheit fehlen, dann wird sein
«Leiden von 24 Jahren» beendet sein. Dieser abschließende Satz des
Briefes – es folgt noch eine Nachschrift – weist auf den Anfang des
Briefes zurück: «*jetzt* erst öffnet sich mir etwas, das mich aus der
Zukunft anlächelt, wie Erdenglück.» Das kann die Volljährigkeit,
die ihm in einem Jahr bevorsteht, nicht sein.

Es gibt also keine andere Annahme, welche die Anhaltspunkte,
die wir in Kleists Briefen finden, so schlüssig erklären kann: Ich bin
deshalb ziemlich sicher, daß der Chirurg Kleist von der Phimose
befreite. Daß Kleist diesen Eingriff im Sommer des Jahres 1800 vornehmen ließ, ist verständlich: Anfang des Jahres hatte er sich verlobt; er wollte beseitigen lassen, was dem Vollzug der Ehe hätte
hinderlich sein können. Vielleicht war er der Meinung, daß seine
Hemmung vor einer Heirat von dieser physischen Schwierigkeit
herrühre. Sie war aber psychisch begründet, nach der Operation
dauerte sie an.

Kleists ambivalentes Verhältnis zur Sexualität dürfte auch durch dieses Leiden verursacht worden sein. Bei der damaligen mangelhaften Hygiene wird es öfter zu Entzündungen gekommen sein, die Erektion dürfte dann mit Schmerzen verbunden gewesen sein, so daß die Ambivalenz dadurch schon gegeben ist: Lust brachte Schmerz. Nicht erst die Schuldgefühle, die eine strenge Moral ihm einflüsterte, hätten demnach die Ambivalenz verursacht; die Schuldgefühle haben ihn vielleicht dazu gebracht, den Schmerz als Strafe, gar als verdiente Strafe, für die Lust zu verstehen. Die Überlegungen, auf die Brockes in seinem Brief an den «lieben Heinrich», wohl Heinrich von Kleist, vor der Würzburger Reise antwortete – ich habe sie bereits zitiert –, fügten sich in diesen Zusammenhang gut ein.

Brockes, der in diesem Brief klug und verständnisvoll auf die Befürchtungen und Selbstvorwürfe des Briefpartners eingeht, war der beste Reisebegleiter, den sich Kleist für ein solches Unternehmen wünschen konnte, nicht zuletzt wegen seiner Noblesse und Diskretion. Die Begegnung mit Brockes, der durch den delikaten doppelten Zweck der Reise ihm besonders nahe kam, dürfte das wichtigste Ereignis dieser Reise gewesen sein, jedenfalls in ihrer Auswirkung auf Kleists Werk. In Brockes fand Kleist einen Menschen, mit dem er sich verständigen konnte, der ihn aus seiner Einsamkeit, an der er in Frankfurt an der Oder trotz Wilhelmine litt, für kurze Zeit befreite. Den «einzigen Menschen in dieser volkreichen Königsstadt» nennt er ihn später in einem Brief aus Berlin. In Brockes fand Kleist einen Partner, der ihm Gedanken bestätigte und befestigte, die er bereits gedacht, aber noch nicht als Lebensmaxime ergriffen hatte; es sind Gedanken, die schon früh in seinen Briefen auftauchen und die sein späteres literarisches Werk bestimmen.

Zunächst scheint Kleist freilich die Grübeleien des Freundes skeptisch aufgenommen zu haben. Im Brief an Wilhelmine vom 15. September 1800 warnt er sie ausdrücklich davor, sich den Kopf über die «ewige Bestimmung des Menschen» zu zerbrechen. Skeptisch ist er hier gegen Autoren, die sein eigenes Denken beeinflussen: gegen Epikur, der vom «Genuß der Glückseligkeit» spreche, und gegen Leibniz, der «die Erreichung der Vollkommenheit» als letzten Zweck des Menschen ansehe. Nur ein kleines Stück, nämlich unser Erdenleben, könnten wir durchschauen, nicht aber den Plan, den «die Natur für die Ewigkeit entworfen habe». Auf dieses irdische Dasein solle man sich deshalb konzentrieren, hier seine Bestimmung finden. Er sieht sich also auf diese Erde beschränkt, und er will die irdische Grenze, die ihm gesetzt ist, nicht überschreiten, vielmehr innerhalb dieser Grenze einen Lebensplan finden und verwirklichen. Sogar diese bescheidene Haltung hat ihm später seine Erkenntniskrise zerstört: auch Erkenntnis innerhalb der Grenzen des Irdischen schien ihm unmöglich zu sein. Hier nennt er Brockes noch als negatives Beispiel: er spreche so, schreibt er Wilhelmine, «weil Brockes mich umgibt, der unaufhörlich mit der Natur im Streit ist, weil er, wie er sagt, seine ewige Bestimmung nicht herausfinden kann und daher nichts für seine irdische tut». Später wird er sich wie Brockes verhalten.

Kleist besaß keine abgeschlossene, gar systematische Weltvorstellung, jetzt so wenig wie später. Wer hat das schon? Nur wenige Philosophen, deren Systeme denn auch künstlich genug sind! Bestimmte Grundgedanken, die sehr früh auftreten, durchziehen jedoch Kleists Schriften bis hin zu seinem Tod, freilich in Variationen. Die Auseinandersetzung mit Brockes hat ihm geholfen, über seine eigenen Gedanken Klarheit zu gewinnen. Doch erst nach der Trennung von Brockes im Januar 1801 in Berlin hat er, so vermute ich, gewissermaßen mit dem Freunde in Gedanken weiterdisputierend, dessen Anschauungen weitgehend übernommen. Das dürfte ihm den Abschiedsschmerz gemildert haben – er identifizierte sich mit dem Abwesenden und vergegenwärtigte sich ihn in seinem Denken. Daß die Gedanken des Freundes seinen eigenen so nahe waren, wird die Identifikation erleichtert haben. Ich sehe die «Erkenntniskrise», meist «Kant-Krise» genannt, vom März 1801 als eine existentielle Krise an, die eher durch den Abschied vom geliebten Freund und von der dunkel geahnten Gewißheit, nie Ehemann und Familienvater werden zu können, verursacht wurde als durch die Lektüre eines Buches, welches Buch es auch immer gewesen sein mag. Das Buch war nur der Auslöser der Krise.

Im Brief vom 31. Januar 1801 schreibt er an Wilhelmine: «Ja, wenn Du unter den Mädchen wärst, was dieser unter den Männern.» Er stellt, wenig höflich, ihr den Freund als unerreichbares Vorbild vor Augen; so wie sie ihn nie erreichen wird, so wird sie nie dessen Platz in Kleists Herzen einnehmen, können wir daraus schließen. Kleist berichtet in diesem Brief ausführlich über Brockes:
«Laß mich jetzt einmal ein Wort von meinem Freunde *Brokes*

reden, von dem mein Herz ganz voll ist – Er hat mich verlassen, er ist nach Mecklenburg gegangen, dort ein Amt anzutreten, das seiner wartet – – und mit ihm habe ich den *einzigen* Menschen in dieser volkreichen Königsstadt verloren, der mein *Freund* war, den einzigen, den ich recht *wahrhaft* ehrte und liebte, den einzigen, für den ich in Berlin Herz und Gefühl haben konnte, den einzigen, dem ich es ganz geöffnet hatte und der jede, auch selbst seine geheimsten Falten kannte. Von keinem andern kann ich dies letzte sagen, niemand versteht mich ganz, niemand *kann* mich ganz verstehen, als *er* und *Du* – ja selbst Du vielleicht, liebe Wilhelmine, wirst mich und meine künftigen Handlungen nie ganz verstehen, wenn Du nicht für das, was ich höher achte, als die Liebe, einen so hohen Sinn fassen kannst, als er.

Ich habe Dir schon oft versprochen, Dir etwas von diesem herrlichen Menschen mitzuteilen, der gewiß von den wenigen, die die Würde ihrer Gattung behaupten, einer ist, und nicht der schlechteste unter diesen wenigen. – Eigentlich weiß ich jetzt gar nichts von ihm zu reden, als bloß sein Lob, und ob ich schon gleich mich entsinne, zuweilen auch an diesem den Charakter der Menschheit, nämlich nicht ganz vollkommen zu sein, entdeckt zu haben, so ist doch jetzt mein Gedächtnis für seine Fehler ganz ausgestorben, und ich habe nur eines für seine Tugenden. Ich füge dieses hinzu, damit Du etwa nicht glaubst, daß mein Lob aus einer verblendeten Seele entsprang. Wahr ist es, daß die Menschen uns, wie die Sterne, bei ihrem Verschwinden höher erscheinen, als sie wirklich stehen; aber dieser ist in dem ganzen Zeitraume unsrer vertrauten Bekanntschaft nie von der Stufe herabgestiegen, auf welcher ich ihn Dir jetzt zeigen werde. Ich habe ihn anhaltend beobachtet und in den verschiedensten Lagen geprüft und mir das Bild dieses Menschen mit meiner ganzen Seele angeeignet, als ob es eine Erscheinung wäre, die man nur einmal, und nicht wieder sieht.

Ja wenn Du unter den Mädchen wärest, was dieser unter den Männern – – Zwar dann müßte ich freilich auch erschrecken. Denn müßte ich dann nicht auch sein, wie er, um von Dir geliebt zu werden?

Ich sage Dir nichts von seiner Gestalt, die nicht schön war, aber sehr edel. Er ist groß, nicht sehr stark, hat ein gelbbräunliches Haar, ein blaues Auge, viel Ruhe und Sanftmut im Gesicht, und ebenso im Betragen.

Ebensowenig kann ich Dir von seiner Geschichte sagen. Er hatte eine sehr gebildete und zärtlich liebende Mutter, seine Erziehung war ein wenig poetisch, und ganz dahin abzweckend, sein Herz weich und für alle Eindrücke des Schönen und Guten schnell empfänglich zu machen. Er studierte in Göttingen, lernte in Frankfurt am Main die Liebe kennen, die ihn nicht glücklich machte, ging dann in dänische Militärdienste, wo es sein freier Geist nicht lange aushielt, nahm dann den Abschied, konnte sich nicht wieder entschließen, ein Amt zu nehmen, ging, um doch etwas Gutes zu stiften, mit einem jungen Manne zum zweitenmale auf die Universität, der sich dort unter seiner Anleitung bildete, dessen Eltern interessierten sich für ihn am mecklenburgschen Hofe, der ihm nun jetzt ein Amt anträgt, das er freilich annehmen muß, weil es sein Schicksal so will.»

Hier spricht er selbst von der «Aneignung» des Bildes des anderen, gemeint ist wohl das, was ich zuvor «Identifikation» nannte. Er berichtet anschließend über den bisherigen Lebensweg von Brockes, nicht ganz korrekt: Brockes studierte zuerst in Kiel und darauf als Hauslehrer zusammen mit seinem Zögling in Göttingen, wo er den damals bekannten Philosophen Friedrich Bouterwek hörte, der ihn beeinflußt haben dürfte. Brockes' scharfe Trennung von Herz und Verstand, die Kleist referiert, seine Ablehnung der kalten Wissenschaften sind wohl vor allem auf Rousseau zurückzuführen, der Bouterwek beeinflußte wie auch Kleist. Schon im Brief vom 12. November 1799 an Ulrike führte Kleist die Trennung von Herz und Verstand ein, seine Enttäuschung über das abstrakte Zeug der Wissenschaften ist dort ebenfalls schon ausgedrückt. Insofern findet er in Brockes eine Bestätigung seines bisherigen Denkens; die Radikalisierung bis zur «Erkenntniskrise» wird von Brockes kräftig befördert.

Kleist fährt im Brief an Wilhelmine vom 31. Januar 1801 fort: «Nur zuweilen gegen Gelehrte war er hart, nicht seine Handlung, sondern sein Wort, indem er sie meistens Vielwisser nannte. Sein Grundsatz war: Handeln ist besser als Wissen. Daher sprach er selbst zuweilen verächtlich von der Wissenschaft, und nach seiner Rede zu urteilen so schien es, als wäre er immer vor allem geflohen, was ihr ähnlich sieht – – aber er meinte eigentlich bloß die Vielwisserei, und wenn er, statt dieser, wegwerfend von den Wissenschaften sprach, so bemerkte ich mitten in seiner Rede, daß er in keiner einzigen ganz fremd und in sehr vielen ganz zu Hause war. Von den meisten hatte er die Hauptzüge aufgefaßt und von den andern wenigstens doch diejenigen Züge, die in sein Ganzes paßten – denn dahin, nämlich alles in sich immer in Einheit zu bringen und zu erhalten, dahin ging sein unaufhörliches Bestreben. Daher stand sein Geist auf einer hohen Stufe von Bildung, obgleich nur eigentlich, wie er sagte, die Ausbildung seines Herzens sein Geschäft war. Denn zwischen diesen beiden Parteien in dem menschlichen Wesen, machte er einen scharfen, schneidenden Unterschied. Immer nannte er den Verstand kalt, und nur das Herz wirkend und schaffend. Daher hatte er ein unüberwindliches Mißtrauen gegen jenen, und hingegen ein ebenso unerschütterliches Vertrauen zu diesem gefaßt. Immer seiner ersten Regung gab er sich ganz hin, das nannte er seinen *Gefühlsblick*, und ich selbst habe nie gefunden, daß dieser ihn getäuscht habe. Er sprach immer wegwerfend von dem Verstande, obgleich er in einer solchen Rede selbst zeigte, daß er mehr habe, als andere, die damit prahlen. Übrigens war das Sprechen über seinen innern Zustand eben nicht, wie es scheinen möchte, sein Bedürfnis, selten teilte er sich einzelnen mit, vielen nie. In Gesellschaften war er meist still und leidend, wie überhaupt in dem ganzen Leben, und dennoch war er in Gesellschaft immer gern gesehen. Ja, ich habe nie einen Menschen gesehen, der so viel Liebe fand bei allen Wesen – und oft habe ich mich sinnend in Gedanken vertieft, wenn ich sah, daß sogar Deines Bruders Spitz, der gegen seinen Herrn und gegen mich nie recht zärtlich war, dagegen unbeschreiblich freudig um dieses Menschen Knie sprang, sobald er in die Stube trat. Aber er war von einem ganz liebenden, kindlichen Wesen, ein natürlicher Freund aller Geschöpfe – liebe Wilhelmine, es ist keine Sprache vorhanden, um das Bild dieses Menschen recht treu zu malen –»

Hier spricht Kleist vom «Gefühlsblick», also vom spontanen, unverstellten «Gefühl» als Mittel der Erkenntnis. Um zu verstehen, was damit gemeint ist, ist es nötig, eine Stelle aus Bouterweks Werk zu zitieren. Allzu rasch verwechseln wir sonst Brockes' und Kleists Bedeutung des Wortes «Gefühl» mit der heutigen Bedeutung. Wir meinen heute, der Verstand sei eher zur Erkenntnis fähig als das Gefühl, das für uns nur subjektive Befindlichkeit ist, Reaktion auf innere oder äußere Reize. Für Kleist ist es das nicht! Bouterwek schreibt zu Beginn seiner «Ästhetik», die 1824 in Göttingen erschien:

«*Gefühl* nennen wir den Zustand unsrer selbst, der aller Wahrnehmung, unsrer selbst sowohl, als einer Außenwelt, zum Grunde liegt. Durch die Wahrnehmung oder den Anfang des Erkennens wird dieser subjective Zustand objectiv zu einer *Empfindung*. Wie die Empfindung objectiv entstehe, ob durch Eindrücke, die ein für sich bestehendes Außending auf unsre Sinne macht, oder durch productive Kraft des empfindenden Wesens selbst, kümmert uns nicht, wenn wir die Gefühle nur als Thatsachen unsers Bewußtseyns mit der Wahrnehmung vergleichen. Wohl aber müssen wir, um über das Gefühl und die Wahrnehmung des Schönen richtig zu urtheilen, auf den Antheil achten, den das Gefühl überhaupt an der Entwickelung und Bildung unsers geistigen Lebens nimmt. Ohne Mitwirkung des Gefühls können wir überhaupt weder denken, noch handeln. Jeder Gedanke, jede Handlung, wirkt wieder besonders auf das Gefühl zurück. Was nur irgend zu unserm geistigen Leben gehört, fließt in dem Gefühle, ohne das wir weder wären, noch von uns und der Welt etwas wüßten, zusammen. So mancherlei Formen des menschlichen Lebens, so mancherlei Gefühle giebt es. Wie der *Mensch*, so seine Gefühle. Wer auf das Gefühl eines Menschen wirken kann, wie er es wünscht, der macht gewöhnlich aus dem Menschen, was er will. Darum ist frühe und nie vernachlässigte Cultur des Gefühls von entscheidender Wichtigkeit für das ganze Leben. Und da alle Gefühle sich vereinigen in Einem Gefühle unsers menschlichen Daseyns, so muß, was auch das Schöne sey, die Entwickelung und Cultur des Gefühls für das Schöne oder, objectiv gesprochen, die Empfindung des Schönen unfehlbar dazu beitragen, die ganze Denkart eines Menschen und seinen Charakter zu bestimmen. Ist diese Wirkung, im Ganzen wenigstens, *gut*, das heißt, der Würde der menschlichen Natur und der wahren Bestimmung des Menschen gemäß, so kann auch eine *ästhetische Erziehung der Menschheit*, wie *Schiller* sie idealisiert hat, kein unfruchtbarer Traum seyn.»

«Gefühl nennen wir den Zustand unsrer selbst, der aller Wahrnehmung, unsrer selbst sowohl, als einer Außenwelt, zum Grunde liegt.» Damit haben wir das Kleistsche «Gefühl» noch nicht definiert, wir haben aber einen Anhaltspunkt zum besseren Verständnis dessen, was er darunter versteht. Es ist eine Art spontaner Selbstgewißheit, es ist das Ich, das vorhanden ist, bevor es wahrnimmt oder denkt, das notwendig aller Wahrnehmung und allem Denken voraus ist: das mit sich selbst identische Ich, das noch nicht aus sich herausgegangen ist, gewissermaßen das «paradiesische» Ich, das noch nicht vom «Baum der Erkenntnis» gegessen hat.

Nicht ohne Grund sucht Kleist späterhin in seinen essayistischen Arbeiten Situationen zu rekonstruieren, in denen solche spontane Ich-Stärke noch besteht, also durch Selbstbewußtsein nicht gebrochen, nicht reflektiert ist: im Aufsatz über das Marionettentheater und im Aufsatz über die allmähliche Verfertigung der Gedanken beim Reden. Seine Einsichten stehen der damaligen und bis heute herrschenden philosophischen Reflexion diametral entgegen. Die Reflexion ist immer ein «Darüber-Nachdenken», sie «spiegelt» immer etwas, was vorhanden ist, und versucht, sich im Spiegelbild oder auch im Spiegelbild des Spiegelbildes der Realität zu bemächtigen. Sie erhält so nur den «Schein», nie die Sache selbst. Diese aber wollte Kleist unmittelbar erfassen, er wollte gewissermaßen in ihr darinnen sein; er war auf lebendige Anschauung aus: kein Wunder, daß er schließlich Poet wurde und nicht Gelehrter. Auch diesen Entschluß hat Brockes wesentlich befördert.

Die Erkenntniskrise

Am 22. März 1801 schrieb Kleist in Berlin den Brief an seine Verlobte nach Frankfurt an der Oder, in dem er seine Erkenntniskrise am deutlichsten zum Ausdruck brachte. Das war etwa zwei Monate nach dem Abschied von Ludwig von Brockes, der ein endgültiger Abschied war. Kleist und Brockes haben sich nicht wiedergesehen. Nur einmal noch ist Kleist einem Freunde begegnet, der ihn verstand und förderte: Adam Müller.

Im Brief an die Verlobte schreibt Kleist:

«Vor kurzem ward ich mit der neueren sogenannten Kantischen Philosophie bekannt – und Dir muß ich jetzt daraus einen Gedanken mitteilen, indem ich nicht fürchten darf, daß er Dich so tief, so schmerzhaft erschüttern wird, als mich. Auch kennst Du das Ganze nicht hinlänglich, um sein Interesse vollständig zu begreifen. Ich will indessen so deutlich sprechen, als möglich.

Wenn alle Menschen statt der Augen grüne Gläser hätten, so würden sie urteilen müssen, die Gegenstände, welche sie dadurch erblicken, *sind grün* – und nie würden sie entscheiden können, ob ihr Auge ihnen die Dinge zeigt, wie sie sind, oder ob es nicht etwas zu ihnen hinzutut, was nicht ihnen, sondern dem Auge gehört. So ist es mit dem Verstande. Wir können nicht entscheiden, ob das, was wir Wahrheit nennen, wahrhaft Wahrheit ist, oder ob es uns nur so scheint. Ist das letzte, so *ist* die Wahrheit, die wir hier sammeln, nach dem Tode nicht mehr – und alles Bestreben, ein Eigentum sich zu erwerben, das uns auch in das Grab folgt, ist vergeblich –»

Das sind die beiden viel zitierten Absätze, die sogleich die Frage hervorrufen: welches Buch er gelesen haben mag, das eine solche Erschütterung hervorgerufen hat. War es ein Werk Kants, und wenn ja, welches? War es das Werk eines Kant-Anhängers, und wenn ja, welches Werk von welchem Kantianer? Ulrich Gall nennt die drei Äußerungen Kleists, die zu Spekulationen geführt haben: Kleist spricht nicht von Kant, sondern von der «neueren sogenannten Kantischen Philosophie», und er verwendet das «unkantische» Beispiel von den grünen Gläsern, und er behauptet schließlich, der

Verstand sei zur Erkenntnis der Wahrheit nicht fähig, was eine ganz und gar «unkantische» Behauptung ist. Hat Kleist also einen anderen Autor gelesen oder hat er nur Kant nicht richtig verstanden?

Ernst Cassirer plädiert für das erstere; er meint, Kleist habe nicht Kant, sondern Fichte gelesen, nämlich dessen «Bestimmung des Menschen». Ludwig Muth dagegen plädiert für Kant; dessen «Kritik der Urteilskraft» habe Kleists teleologisches Weltbild zerstört. Ulrich Gall wiederum vertritt den Standpunkt, Kleist habe weder Fichte noch Kant gelesen, sondern den 1789 in Jena erschienenen «Versuch einer neuen Theorie des Vorstellungsvermögens» des damals berühmten Kantianers Karl Leonhard Reinhold. Gall führt eine Reihe von Gründen für seine Vermutung an. Von Fichte habe Kant sich in einer öffentlichen Erklärung 1799 offiziell distanziert, Reinhold dagegen habe er schon 1788 als Exegeten seiner Philosophie anerkannt, und zwar in einer Erklärung in Wielands «Teutschem Merkur», die er nie zurückgenommen habe. Reinhold war übrigens mit Wielands ältester Tochter verheiratet. Kleist habe guten Grund, so Gall, Reinhold zur «neueren sogenannten Kantischen Philosophie» zu zählen. Reinhold habe Kants System nicht richtig verstanden und interpretiert, was Kleists falsche Annahme erklärt, der Verstand sei zur Erkenntnis der Wahrheit nicht in der Lage. Kant seien Reinholds Fehler nicht aufgefallen, weil er ihn nie gründlich gelesen habe. Zwei weitere Gründe für seine Annahme nennt Gall noch: einen wichtigen Lehrer Reinholds, den Philosophie-Professor Platner in Leipzig, habe Kleist auf seiner Reise nach Paris aufgesucht. Im Brief vom 3. Juni 1801 berichtet er Wilhelmine, wie Ulrike in «Mannskleidern», um «Störung zu vermeiden», an einer Vorlesung Platners teilnahm – mit Wissen Platners; Kleists Begriff der «Uneigennützigkeit», mit dem er im Brief an Wilhelmine vom 31. Januar 1801 den Freund Brockes charakterisiert, habe er von Reinhold übernommen; seiner bisherigen Ansicht von der «Eigennützigkeit» der Tugend widerspreche er damit.

Das Bild von den Augen als grünen Gläsern, das Hanna Hellmann schon in dem Roman «Kettenträger» von Friedrich Maximilian Klinger gefunden hatte – Kleist erwähnt den Roman im Brief vom 22. März –, fand Gall ebenfalls in den «Kosmologischen Untersuchungen» von Kleists Lehrer Christian Ernst Wünsch und in Reinholds «Versuch einer neuen Theorie des menschlichen Vorstellungsvermögens».

Gegen Ludwig Muth wendet Gall ein, daß es nicht die Zerstörung der Teleologie war, die Kleist erschütterte, sondern die Zerstörung der Erkenntnisgewißheit, die seinen Glauben an eine Vervollkommnung der Seele als Ziel des Lebens in Frage stellte. Deshalb könne die «Kritik der Urteilskraft» nicht das Werk gewesen sein, das Kleists Gedankenwelt zusammenbrechen ließ.

Von den genannten Kleist-Forschern hat Ulrich Gall die besten Gründe für seine Annahme. Bei aller Diskussion um die Frage, um welches Buch es sich handelt, wollen wir jedoch nicht vergessen: wichtiger als das Buch war das Ereignis selber und seine Folgen. Richten wir also unsere Aufmerksamkeit auf dieses Ereignis. Wenn wir es im Kontext der uns überlieferten Briefe sehen, werden wir es nicht nur besser verstehen lernen, sondern auch erkennen, daß es ein Punkt ist auf einer Entwicklungslinie.

Die Würzburger Reise ist der Beginn dieser Entwicklungslinie. Die dortige Operation, die Pläne, ein Amt anzunehmen und eine Familie zu gründen, sind Stationen dieser Entwicklung genauso wie die Gespräche mit Ludwig von Brockes, die Kleists alte Zweifel an den Wissenschaften bestärken und ihm die Rousseau-Lektüre wieder in Erinnerung rufen. In dem Brief vom 22. März 1801 ist ja nicht nur von der «neueren sogenannten Kantischen Philosophie» die Rede, sondern auch von Jean-Jacques Rousseau. Der Verlobten schreibt er:

«Es hätte sich nicht leicht ein Umstand ereignen können, der imstande wäre, Dich so schnell auf eine höhere Stufe zu führen, als Deine Neigung für Rousseau. Ich finde in Deinem ganzen Briefe schon etwas von seinem Geiste – das zweite Geschenk, das ich Dir, von heute an gerechnet, machen werde, wird das Geschenk von Rousseaus sämtlichen Werken sein. Ich werde Dir dann auch die Ordnung seiner Lesung bezeichnen – für jetzt laß Dich nicht stören, den ‹Emil› ganz zu beendigen. –»

Betrachten wir also die uns überlieferten Briefe im Zusammenhang. Den ersten Brief nach der Trennung von Brockes kennen wir schon; es ist der vom 31. Januar 1801 an Wilhelmine, in dem er den Freund in höchsten Tönen lobt. Der nächste überlieferte Brief vom 5. Februar ist an Ulrike von Kleist gerichtet. Ohne diesen Brief ist der vom 22. März an Wilhelmine kaum zu verstehen. Kleist wendet sich zunächst enthusiastisch der Stiefschwester zu; das tut er immer –

jetzt und später –, wenn er allein ist, sich allein gelassen fühlt und in ihr die letzte Stütze sieht, den einzigen Menschen, der ihm noch bleibt. Das war schon nach dem Abschied von den Kameraden in Potsdam so, nun ist es wieder so – nach dem Abschied von Brockes:

> «Denn hier in der ganzen volkreichen Königsstadt ist auch nicht *ein* Mensch, der mir etwas Ähnliches von dem sein könnte, was Du mir bist. Nie denke ich anders an Dich, als mit Stolz und Freude, denn Du bist die einzige, oder überhaupt der einzige Mensch, von dem ich sagen kann, daß er mich ganz ohne ein eignes Interesse, ganz ohne eigne Absichten, kurz, daß er nur *mich selbst* liebt.»

Daß ihm selbst diese Uneigennützigkeit, die er an ihr wie zuvor an Brockes lobt, fehlt, ist ihm bewußt; nur wenn er sie braucht, denkt er an Ulrike:

> «Recht schmerzhaft ist es mir, daß ich nicht ein Gleiches von mir sagen kann, obgleich Du es gewiß weit mehr verdienst, als ich; denn Du hast zu viel für mich getan, als daß meine Freundschaft, in welche sich schon die Dankbarkeit mischt, ganz rein sein könnte. Jetzt wieder bietest Du mir durch Schönfeld Deine Hilfe an, und mein unseliges Verhältnis will, daß ich nie geben kann und immer annehmen muß. Kann Wackerbarth mir 200 Rth. geben, so denke ich damit und mit meiner Zulage den äußerst teuren Aufenthalt in Berlin (der mir eigentlich durch die vielen Besuche in Potsdam teuer wird) bestreiten zu können. Besorge dies, und fürchte nicht, daß ich, wenn ich dankbarer sein muß, Dich weniger aus dem Innersten meiner Seele lieben und ehren werde. –»

Ihr kann er jedoch nicht sein Herz ausschütten wie dem Freunde Brockes. Was hier als Sprachproblem zum erstenmal erörtert wird – Kleist formuliert es später noch schärfer in dem «Brief eines Dichters an einen anderen» –, das ist nicht nur ein Sprachproblem:

> «Und gern möchte ich Dir alles mitteilen, wenn es möglich wäre. Aber es ist nicht möglich, und wenn es auch kein weiteres Hindernis gäbe, als dieses, daß es uns an einem Mittel zur Mitteilung fehlt. Selbst das einzige, das wir besitzen, die Sprache taugt nicht dazu, sie kann die Seele nicht malen, und was sie uns gibt sind nur zerrissene Bruchstücke. Daher habe ich jedesmal eine Empfindung, wie ein Grauen, wenn ich jemandem mein Innerstes auf-

decken soll; nicht eben weil es sich vor der Blöße scheut, aber weil ich ihm nicht *alles* zeigen kann, nicht *kann*, und daher fürchten muß, aus den Bruchstücken falsch verstanden zu werden.»

Er kann ihr nicht alles sagen, weil ihm die Sprache dafür fehlt, aber auch – so scheint es – weil ihm der Mut dazu fehlt; Moral und Konvention standen dem entgegen. Die Krise, in der er sich befand, teilt er dann doch Ulrike mit:
«Gern will ich immer tun, was recht ist, aber was soll man tun, wenn man dies nicht weiß? Dieser innere Zustand der Ungewißheit war mir unerträglich, und ich griff, um mich zu entscheiden zu jenem Mittel, durch welches jener Römer in dem Zelte Porsennas diesen König, als er über die Friedensbedingungen zauderte, zur Entscheidung zwang. Er zog nämlich mit Kreide einen Kreis um sich und den König und erklärte, keiner von ihnen würde den Kreis überschreiten, ehe der Krieg oder der Friede entschieden wäre. Fast ebenso machte ich es auch. Ich beschloß, nicht aus dem Zimmer zu gehen, bis ich über einen Lebensplan entschieden wäre; aber 8 Tage vergingen, und ich mußte doch am Ende das Zimmer unentschlossen wieder verlassen. – Ach Du weißt nicht, Ulrike, wie mein Innerstes oft erschüttert ist – – Du verstehst dies doch nicht falsch? Ach, es gibt kein Mittel, sich andern *ganz* verständlich zu machen, und der Mensch hat von Natur keinen andren Vertrauten, als sich selbst.»

Und die Gründe für die Krise nennt er ihr auch: «Indessen sehe ich doch immer von Tage zu Tage mehr ein, daß ich ganz unfähig bin, ein Amt zu führen.» Er kann kein Amt annehmen. Die Sitzungen der technischen Deputation sind ihm langweilig, ja «widerlich». Er fragt sich, «wie ich mich davon losmachen soll, ohne zu beleidigen». Einen dicken Folianten über Mechanik soll er durcharbeiten, doch weiß er sicher: das wird er nicht tun! Und der zweite Grund: «Selbst die Säule, an welcher ich mich sonst in dem Strudel des Lebens hielt, wankt – Ich meine, die Liebe zu den Wissenschaften.» Seine Skepsis gegen die Wissenschaften, die er schon in seinem Brief vom 12. November 1799 Ulrike mitteilte, wird immer stärker. Die Ursache war kein Buch, welches auch immer, das Buch gab nur den letzten Anstoß, es war der letzte Tropfen, der das Faß zum Überlaufen brachte.

«Selbst die Säule, an welcher ich mich sonst in dem Strudel des
Lebens hielt, wankt – Ich meine, die Liebe zu den Wissenschaften. – Aber wie werde ich mich hier wieder verständlich machen?
– Liebe Ulrike, es ist ein bekannter Gemeinplatz, daß das Leben
ein schweres Spiel sei; und warum ist es schwer? Weil man beständig und immer von neuem eine Karte ziehen soll und doch
nicht weiß, was Trumpf ist; ich meine darum, weil man beständig
und immer von neuem handeln soll und doch nicht weiß, was
recht ist. *Wissen* kann unmöglich das Höchste sein – handeln ist
besser als wissen. Aber ein Talent bildet sich im Stillen, doch ein
Charakter nur in dem Strome der Welt. Zwei ganz verschiedne
Ziele sind es, zu denen zwei ganz verschiedne Wege führen. Kann
man sie beide nicht vereinigen, welches soll man wählen? Das
höchste, oder das, wozu uns unsre Natur treibt? – Aber auch
selbst dann, wenn bloß Wahrheit mein Ziel wäre, – ach, es ist so
traurig, weiter nichts, als gelehrt zu sein. Alle Männer, die mich
kennen, raten mir, mir irgendeinen Gegenstand aus dem Reiche
des Wissens auszuwählen und diesen zu bearbeiten – Ja freilich,
das ist der Weg zum Ruhme, aber ist dieser mein Ziel? Mir ist es
unmöglich, mich wie ein Maulwurf in ein Loch zu graben und
alles andere zu vergessen.»

Hier ist die Erschütterung schon vorweggenommen; es ist die Ansicht des Freundes Brockes, die er sich zu eigen gemacht hat: «es ist
so traurig, weiter nichts als gelehrt zu sein». Welche Konsequenzen
dies hatte, muß ihm wohl bewußt gewesen sein. Zum einen: er kann
kein Amt annehmen. Zum anderen: er kann kein Gelehrter werden.
Die beiden Möglichkeiten, die er als preußischer Adliger nach dem
Abschied vom Militär hatte, um seinem sozialen Status gemäß zu
leben, waren ihm versperrt. Eine weitere Konsequenz verschweigt
er, vielleicht ist sie ihm nicht bewußt: er kann nicht heiraten! Ohne
Beruf, ohne finanzielle Sicherheit kann er keine Familie gründen,
also auch keine Ehe eingehen. Dies wiederum zieht die weitere Konsequenz nach sich, daß er sich als Außenseiter aus der Gesellschaft
ausschließt, da er keine der sozialen Rollen, die sie ihm anbietet,
annehmen kann. Die Rolle des «lizensierten Außenseiters», also die
Außenseiterrolle, die die Gesellschaft erlaubt, findet er für sich erst
später: die des Künstlers, des Dichters.

«Ach, liebe Ulrike, ich passe mich nicht unter die Menschen, es

ist eine traurige Wahrheit, aber eine Wahrheit; und wenn ich den
Grund ohne Umschweif angeben soll, so ist es dieser: sie gefallen
mir nicht. Ich weiß wohl, daß es bei dem Menschen, wie bei dem
Spiegel, eigentlich auf die eigne Beschaffenheit beider ankommt,
wie die äußern Gegenstände darauf einwirken sollen; und mancher würde aufhören über die Verderbtheit der Sitten zu schelten,
wenn ihm der Gedanke einfiele, ob nicht vielleicht bloß der Spiegel, in welchen das Bild der Welt fällt, schief und schmutzig ist.
Indessen wenn ich mich in Gesellschaften nicht wohl befinde, so
geschieht dies weniger, weil andere, als vielmehr weil ich mich
selbst nicht zeige, wie ich es wünsche. Die Notwendigkeit, eine
Rolle zu spielen, und ein innerer Widerwillen dagegen machen
mir jede Gesellschaft lästig, und froh kann ich nur in meiner eignen Gesellschaft sein, weil ich da ganz wahr sein darf. Das darf
man unter Menschen nicht sein, und keiner ist es – Ach, es gibt
eine traurige Klarheit, mit welcher die Natur viele Menschen, die
an dem Dinge nur die Oberfläche sehen, zu ihrem Glücke ver-
schont hat. Sie nennt mir zu jeder Miene den Gedanken, zu jedem
Worte den Sinn, zu jeder Handlung den Grund – sie zeigt mir
alles, was mich umgibt, und mich selbst in seiner ganzen armse-
ligen Blöße, und dem Herzen ekelt zuletzt vor dieser Nacktheit
– – Dazu kommt bei mir eine unerklärliche Verlegenheit, die un-
überwindlich ist, weil sie wahrscheinlich eine ganz physische Ursache hat. Mit der größten Mühe nur kann ich sie so verstecken,
daß sie nicht auffällt – o wie schmerzhaft ist es, in dem Äußern
ganz stark und frei zu sein, indessen man im Innern ganz schwach
ist, wie ein Kind, ganz gelähmt, als wären uns alle Glieder gebunden, wenn man sich nie zeigen kann, wie man wohl möchte, nie
frei handeln kann, und selbst das Große versäumen muß, weil
man vorausempfindet, daß man nicht standhalten wird, indem
man von jedem äußern Eindrucke abhangt und das albernste
Mädchen oder der elendste Schuft von Elegant uns durch die mat-
teste Persiflage vernichten kann. – Das alles verstehst Du vielleicht nicht, liebe Ulrike, es ist wieder kein Gegenstand für die
Mitteilung, und der andere müßte das alles aus sich selbst kennen,
um es zu verstehen.»

Bevor Kleist sich als Dichter sieht, sieht er sich schon mit den Augen eines Dichters. Es ist eine literarische Rolle, die er in diesem Brief annimmt; eine in der Literatur geprägte Rolle. Der erste Teil des Briefes – er endet mit dem doppelten Gedankenstrich – ist eine Kompilation von Sätzen aus Ludwig Tiecks Roman «Die Geschichte des William Lovoll» von 1795 und 1796.

Der verzweifelte, von der Welt enttäuschte William Lovell, der desillusioniert dem Abgrund entgegengeht: das ist die Rolle, in die Kleist sich hier begibt. Da stellt sich die Frage, ob seine Krise des Jahres 1800, die eher eine Lebens-, denn eine Erkenntniskrise ist, nicht stärker durch die Belletristik als durch die Philosophie beeinflußt wurde, also durch Klingers Roman «Die Kettenträger» und durch Tiecks «William Lovell». Der Lebensekel Lovells resultiert natürlich auch aus einem Erkenntniszweifel, die Welt erscheint ihm sinnlos und nichtig.

Doch warum übernimmt Kleist diese Rolle? Offensichtlich entspricht sie seinem eigenen Lebensgefühl, sie bestätigt ihn in seinen Erfahrungen. Der zweite Teil des Briefes – nach dem doppelten Gedankenstrich – spricht von seinem Handikap: er ist schüchtern, gehemmt, fast sprachlos in Gesellschaft. Er benimmt sich «wie ein Kind». Er ist reich an Gedanken und Empfindungen, er ist klüger und nachdenklicher als die meisten, denen er begegnet, so daß er deren Wichtigtuerei durchschaut. Aber er kann nicht reden und nicht handeln, wie es dem Stand seines Wissens entspräche.

Immer wieder setzt er das Handeln über das Wissen; Brockes hat ihn darin bestärkt. Doch er selbst weiß viel, aber handelt nicht. Er ist ein Wissender, der nicht fähig ist, zu handeln. Sein Leben lang sehnt er sich nach einer großen Tat, doch sie gelingt ihm nicht bis zu seinem spektakulären Tod am Wannsee. So müssen die Helden seiner Dramen und Erzählungen an seiner Stelle handeln. Diese Helden besitzen mitunter auch die Spontaneität, die er so bewundert, weil sie ihm fehlt.

Er hatte Angst zu versagen – und mied deshalb jede soziale Rolle, die sich ihm anbot: die des Gelehrten und des Beamten, die des Ehemannes und des Familienvaters. Er suchte immer nach Auswegen, um sich nicht stellen zu müssen. Ein solcher Ausweg war das Reisen. Schon im Brief an Wilhelmine vom 13. November 1800 entwirft er einen Reiseplan, also nach der Würzburg-Reise, nach der Bitte um Teilnahme an den Sitzungen der Deputation, aber noch bevor er an einer Sitzung teilnahm und bevor Brockes ihn allein zurückließ. Was ihm bevorstand, sah er voraus. Er wollte damals schon auf den «ganzen prächtigen Bettel von Adel und Stand und Ehre und Reichtum» verzichten, also aus seinem Stand, ja gewissermaßen aus seiner Gesellschaft «aussteigen». Er wollte ins südliche Frankreich reisen, um dort durch Unterricht in deutscher Sprache den Lebensunterhalt zu verdienen. Und er wollte Wilhelmine mitnehmen, die er deshalb bat, «alle Vorurteile zu bekämpfen»:

«Mein Plan in diesem Falle wäre dieser. Wir hielten uns irgendwo in Frankreich auf, etwa in dem südlichen Teile, in der französischen Schweiz, in dem schönsten Erdstriche von Europa – und zwar aus diesem Grunde, um Unterricht dort in der deutschen Sprache zu geben. Du weißt, wie überhäuft mit Stunden hier bei uns die Emigrierten sind; das möchte in Frankreich noch mehr der Fall sein, weil es da weniger Deutsche gibt, und doch von der Akademie und von allen französischen Gelehrten unaufhörlich die Erlernung der deutschen Sprache anempfohlen wird, weil man wohl einsieht, daß jetzt von keinem Volke der Erde mehr zu lernen ist, als von den Deutschen. Dieser Aufenthalt in Frankreich wäre mir aus 3 Gründen lieb. Erstlich, weil es mir in dieser Entfernung leicht werden würde, ganz nach meiner Neigung zu leben, ohne die Ratschläge guter Freunde zu hören, die mich und was ich eigentlich begehre, ganz und gar nicht verstehen; zweitens, weil ich so ein paar Jahre lang ganz unbekannt leben könnte und ganz vergessen werden würde, welches ich recht eigentlich wünsche; und drittens, welches der Hauptgrund ist, weil ich mir da recht die französische Sprache aneignen könnte, welches zu der entworfnen Verpflanzung der neuesten Philosophie in dieses Land, wo man von ihr noch gar nichts weiß, notwendig ist.»

Die ersten zwei Gründe, die er für den Aufenthalt in Frankreich nennt, sind sicher ernst gemeint: er kann die Ratschläge der Berliner Freunde, die ihn mit Amt und Familie versehen wollen, nicht mehr hören, und er will deshalb dorthin reisen, wo man ihn nicht kennt, also ihn in Ruhe läßt. Dabei ist sicher auch ein Nebensatz wichtig: «die mich und was ich eigentlich begehre, ganz und gar nicht verstehen». Was er begehrte, verstand er wohl selbst noch nicht, nur daß er das, was sich ihm als das Übliche anbot, nicht akzeptieren konnte; so werden die Freunde sein Begehren auch nicht verstanden haben.

Seine Lektüre zeigt aber schon in die Richtung, in der sein Drängen führt. Die literarische Rolle, die er in der Lektüre fand, weist auf die Rolle des Dichters hin, die er später übernahm.

Um so merkwürdiger der dritte Grund, den er nennt: sein großes Interesse an der Verbreitung der neuesten, also wohl kantischen Philosophie, äußert er hier zum ersten und zum letzten Mal. So ist anzunehmen, daß er dieses Interesse nur vorgeschoben hat, damit er eine sinnvolle Beschäftigung für den Aufenthalt in Frankreich nennen kann – als Rechtfertigung der Reise vor sich selbst, vor Wilhelmine und den Berliner Freunden. Möglicherweise hat er sich daraufhin ernsthafter mit der kantischen Philosophie auseinandergesetzt, was ihm jene Enttäuschung einbrachte, die er im Brief an Wilhelmine vom 22. März 1801 ausspricht. Doch auch die Verzweiflung über die kantische Philosophie dürfte eine willkommene Rechtfertigung der Reise nach Frankreich gewesen sein, die er nun tatsächlich unternahm, allerdings ohne Wilhelmine.

Doch der Brief vom 22. März 1801 an Wilhelmine von Zenge bleibt merkwürdig: er beginnt eher fröhlich, so daß die spätere Verzweiflung erstaunt. Es scheint fast, als habe er sich in die Verzweiflung hineingeredet, ja hineingesteigert. Nicht, daß er sie nicht ernst genommen hätte. Die tragische Geste, die er aus der Lektüre des «William Lovell» und anderer Werke übernahm, gab er immer als eigene aus und empfand sie wohl auch so: sie ermöglichte ihm eine Selbstdarstellung. Die Überspitzung resultierte jetzt auch aus seiner Argumentationslage: er mußte Wilhelmine, die darauf wartete, daß er sie endlich heiratete, verdeutlichen, warum er ins Ausland reisen müsse, wodurch deren Hoffnung auf die Heirat wieder auf unabsehbare Zeit hinausgeschoben wurde. Daß er kein Amt annahm, mußte sie akzeptieren; daß er seine Studien abbrach, mußte sie hinnehmen; daß er nun für längere Zeit ins Ausland ging, kam noch hinzu. Warum er diese Reise unternahm, mußte er ihr mit den stärksten Ausdrücken begründen, damit sie die Notwendigkeit der Reise einsah.

Damit sei nicht gesagt, daß er nicht in einer Krise gewesen sei, doch war es eher eine Lebens- als eine Erkenntniskrise. Er konnte seinen Platz in der Gesellschaft nicht finden, so daß er auch seine Identität nicht finden konnte, denn diese wird durch die soziale Rolle mitdefiniert. Der Entschluß zur Reise war allerdings nicht die Lösung der Krise; es war eine Flucht, die ihm einen Aufschub vergönnte. Er schreibt an Wilhelmine:

«Liebe Wilhelmine, laß mich reisen. Arbeiten kann ich nicht, das ist nicht möglich, ich weiß nicht zu welchem Zwecke. Ich müßte, wenn ich zu Hause bliebe, die Hände in den Schoß legen, und denken. So will ich lieber spazieren gehen, und denken. Die Bewegung auf der Reise wird mir zuträglicher sein, als dieses Brüten auf einem Flecke. Ist es eine Verirrung, so läßt sie sich vergüten, und schützt mich vor einer andern, die vielleicht unwiderruflich wäre. Sobald ich einen Gedanken ersonnen habe, der mich tröstet, sobald ich einen Zweck gefaßt habe, nach dem ich wieder streben kann, so kehre ich um, ich schwöre es Dir. Mein Bild schicke ich Dir, und Deines nehme ich mit mir. Willst Du es mir unter diesen Bedingungen erlauben? Antworte bald darauf Deinem treuen Freunde *Heinrich*.»

Im Brief an Ulrike vom 23. März 1801 wiederholt Heinrich die Begründung der Reise, doch der zweite Teil des Briefes ist ganz sachlich den Reisevorbereitungen gewidmet; sein Brief an Ulrike vom 1. April handelt nur noch von der Organisation der Reise. Lediglich Wilhelmine gegenüber begründet er die Reise weiterhin: im Schreiben vom 28. März, in dem er auf ihre Einwände gegen seine Einsicht in die Fruchtlosigkeit allen Erkennens kurz eingeht; im Schreiben vom 9. April, in dem er die offizielle Begründung seiner Reise erläutert: in Berlin erkläre er, er wolle sich in Paris in den Naturwissenschaften fortbilden, doch das sage er nur, um aus seinen Verpflichtungen sich leichter herauswinden zu können:

«Der Minister, und alle Professoren und alle Bekannten wünschen mir Glück. – Am Hofe wird es ohne Zweifel bekannt – soll ich nun zurückkehren über den Rhein, so wie ich hinüberging? Habe ich nicht selbst die Erwartung der Menschen gereizt? Werde ich nun nicht in Paris im Ernste etwas lernen müssen?»

Er gibt also zwei Gründe für seine Reise nach Paris an, einen Wilhelmine gegenüber, einen den Berliner Bekannten gegenüber. Daß er den Grund, den er den Bekannten nennt, nicht ernst meint, dürfte auch die Ernsthaftigkeit des Grundes mindern, den er Wilhelmine nennt. Der eigentliche Grund dürfte gewesen sein: er wollte weg – unter welchem Vorwand auch immer. Das heißt aber auch: er empfand seine Situation in Berlin als unerträglich.

Daß er sich den Rückweg nach Berlin selbst verbaute, weiß er in diesem Brief schon. Er hatte zu hohe Erwartungen geweckt, als daß er sie hätte erfüllen können, es sei denn, er hätte sich auf das Studium der Wissenschaften geworfen, was er aber ganz und gar nicht wollte. So schreibt er schon am 18. Juli 1801 aus Paris an Karoline von Schlieben, er kehre nie mehr in sein Vaterland zurück. Und am 19. Juli 1801 schreibt er an Adolfine von Werdeck einen Brief, der seinen Ekel vor den Wissenschaften ausdrückt:

«Ich möchte so gern in einer *rein-menschlichen* Bildung fortschreiten, aber das Wissen macht uns weder besser, noch glücklicher. Ja, wenn wir den ganzen Zusammenhang der Dinge einsehen könnten! Aber ist nicht der Anfang und das Ende jeder Wissenschaft in Dunkel gehüllt? Oder soll ich alle diese Fähigkeiten, und alle diese Kräfte und dieses ganze Leben nur dazu anwenden, eine Insektengattung kennen zu lernen, oder einer Pflanze ihren Platz in der Reihe der Dinge anzuweisen? Ach, mich ekelt vor dieser Einseitigkeit!»

Am 10. Oktober 1801 hat er den Wissenschaften völlig den Rücken gekehrt:

«Die Wissenschaften habe ich ganz aufgegeben. Ich kann Dir nicht beschreiben, wie ekelhaft mir ein wissender Mensch ist, wenn ich ihn mit einem handelnden vergleiche. Kenntnisse, wenn sie noch einen Wert haben, so ist es nur, insofern sie vorbereiten zum Handeln. Aber unsere Gelehrten, kommen sie wohl, vor allem Vorbereiten, jemals zum Zweck? Sie schleifen unaufhörlich die Klinge, ohne sie jemals zu brauchen, sie lernen und lernen, und haben niemals Zeit, die Hauptsache zu tun.»

Er selbst, der zu den Wissenden gehörte, die nicht zum Handeln kommen, schätzte die Handelnden über alles. Dabei ist seine Kritik an der Beschränktheit der Gelehrten, die ihr Leben lang sich mit einem Teilproblem beschäftigen, nicht unbegründet. Doch resultiert sie aus seiner subjektiven Situation: er sucht eine Lebensaufgabe, und da er weiß, daß die des Gelehrten für ihn nicht in Frage kommt, wertet er den Stand der Gelehrten ab.

Wohin sich sein weiterer Lebensweg wenden wird, auch das steht in Andeutungen in seinen Briefen aus Paris. An Wilhelmine schreibt er am 21. Mai:

«Wie oft, wenn ich auf meinen Spaziergängen junge Künstler sitzen fand, mit dem Brett auf dem Schoß, den Stift in der Hand, beschäftigt die schöne Natur zu kopieren, o wie oft habe ich diese glücklichen Menschen beneidet, welche kein Zweifel um das Wahre, das sich nirgends findet, bekümmert, die nur in dem Schönen leben, das sich doch zuweilen, wenn auch nur als Ideal, ihnen zeigt. Den einen fragte ich einst, ob man, wenn man sonst nicht ohne Talent sei, sich wohl im 24. Jahre noch mit Erfolg der Kunst widmen könnte? Er antwortete mir, daß Wouwerman, einer der größten Landschaftsmaler, erst im 40. ein Künstler geworden sei. –»

Und dann am 10. Oktober 1801 bedenkt er schon die Schwierigkeiten des Dichters, der von seinen Büchern leben muß:
«Nahrungssorgen, für mich allein, sind es doch nicht eigentlich, die mich sehr ängstigen, denn wenn ich mich an das Bücherschreiben machen wollte, so könnte ich mehr, als ich bedarf, verdienen. Aber *Bücherschreiben* für Geld – o nichts davon. Ich habe mir, da ich unter den Menschen in dieser Stadt so wenig für mein Bedürfnis finde, in einsamer Stunde (denn ich gehe wenig aus) ein Ideal ausgearbeitet; aber ich begreife nicht, wie ein Dichter das Kind seiner Liebe einem so rohen Haufen, wie die Menschen sind, übergeben kann. Bastarde nennen sie es. Dich wollte ich wohl in das Gewölbe führen, wo ich mein Kind, wie eine vestalische Priesterin das ihrige, heimlich aufbewahre bei dem Schein der Lampe. – Also aus diesem Erwerbszweige wird nichts. Ich verachte ihn aus vielen Gründen, das ist genug.»

Erstrebte er im Brief an Wilhelmine vom 15. August 1801 noch Freiheit, Haus und Weib, so erstrebt er im Brief an Ulrike vom 1. Mai 1802 eine andere Dreierfigur: «ein Kind, ein schön Gedicht und eine große Tat». Hier ist erstmals das poetische Werk als Lebensziel genannt. Sein Ehrgeiz, den Wilhelmine nicht versteht, wie er ihr am 20. Mai 1802 vorwirft, richtet sich nun auf die Dichtung.

Die Erkenntniskrise von 1801, die Teil war einer umfassenden Lebenskrise, hat schließlich doch mit einer Lösung geendet. Kleist hat seine Lebensaufgabe gefunden: er wird Dichter. 1802 in Bern und Thun schreibt er seine ersten Werke. Als Dichter kann er Außenseiter sein und gesellschaftliche Anerkennung finden. Kleist ringt nun um seine Anerkennung als Dichter. Der Erfolg, den er benötigt hätte, um von seinen Werken leben zu können, ist ihm jedoch versagt geblieben. Dieses Versagen hat ihn dann in weitere Krisen gestürzt.

Über Kleists individuellen Entwicklungsgang sollten wir nicht den Ertrag vergessen, den sein Leben und Denken in diesen Jahren nicht nur für ihn, sondern auch für uns gebracht hat. Eine Ursache für Kleists anhaltende Aktualität dürfte in den Einsichten liegen, die er in dieser Zeit gewann. Da ist zunächst seine Kritik am preußischen Staat.

So entschieden, wie er zuvor das preußische Militär ablehnte, das die Soldaten zu Marionetten erniedrigt, so entschieden lehnt er jetzt dessen Beamtenapparat ab, der den Beamten zum bedingungslosen Gehorsam verpflichtet.

Eine weitere Kritik am Staat formuliert er in seinem Brief aus Paris an Wilhelmine vom 15. August 1801. Er ist empört über die Sittenlosigkeit der französischen Hauptstadt, in der die großen Werke von Rousseau, Helvétius und Voltaire «nicht einen einzigen ihrer Zwecke» erreicht hätten. Und fragt darauf:

«Ja selbst dieses Studium der Naturwissenschaft, auf welches der ganze Geist der französischen Nation mit fast vereinten Kräften gefallen ist, wohin wird er führen? Warum verschwendet der Staat Millionen an alle diese Anstalten zur Ausbreitung der Gelehrsamkeit? Ist es um die Wahrheit zu tun? Dem Staate? Der Staat kennt keinen anderen Vorteil, als den er nach Prozenten berechnen kann. Er will die Wahrheit anwenden – Und worauf? Auf Künste und Gewerbe.»

Kleist zielt auf die politische und ökonomische Instrumentalisierung der Naturwissenschaften, die sich als zweckfrei definieren.

Das ist auch schon ein Gesichtspunkt seiner Kritik an den Wissenschaften. Die «zyklopische Einseitigkeit», die er dem wissenschaftlichen Spezialisten vorwirft, übrigens mit einem Zitat aus Kants «Anthropologie» von 1798, versperrt den Blick nicht nur auf den größeren wissenschaftlichen Zusammenhang, in dem dessen Arbeit steht, sondern auch auf den ökonomischen und politischen Kontext.

Kleists Kritik an der wissenschaftlichen Praxis sowie seine Kritik am preußischen Staat gehen von einem Idealbild des Staatsbürgers aus, das er nicht ausdrücklich formuliert, das sich aber aus der Kritik erschließen läßt: es ist das aufklärerische Ideal des freien mündigen Bürgers, der verantwortlich denkt und handelt.

Auch Kleists Kritik an der Erkenntnismöglichkeit von Philosophie und Wissenschaft hat ihre Quelle in der Aufklärung, in der Spätaufklärung, wie sie in den Romanen von Klinger und im «William Lovell» von Tieck zum Ausdruck kommt: die Kritik der Aufklärung an Kirche und Staat im Namen der Vernunft richtet sich nun gegen diese Vernunft selbst.

Kleist mag Kant oder die neuere kantische Philosophie nicht begriffen haben; eines ist gewiß: er hat auf seine Weise und mit Hilfe der Werke von Klinger und Tieck ein grundlegendes Erkenntnisproblem formuliert: kann der Mensch in den Wissenschaften überhaupt die Wirklichkeit erfassen? Für Kleist kann der Beobachter nicht sicher sein – wie er am 22. März 1801 Wilhelmine schreibt –, ob das, was er sieht, mit der Realität übereinstimmt. Der Beobachter ist, nach Kleist, in seine Vorstellungswelt eingeschlossen, ohne verbürgten Zugang zur Realität; damit ist er aber auch ohne Zugang zur Welt der anderen Menschen.

Die Frage des späten Wittgenstein: wie kann ich sicher sein, daß der andere, dem ich von meinem Schmerz berichte, tatsächlich versteht, was ich meine – die ist hier vorweggenommen. Die Behauptung der Konstruktivisten, daß es keinen Weg von der jeweiligen Konstruktion eines Bildes der Welt in meiner Vorstellung zur tatsächlich vorhandenen Welt gebe, ist bei Kleist schon ausgedrückt. Gerade daß Kleist Kant, der gegen diese Zweifel eine Mauer bauen wollte, mißverstand, gibt ihm seine Modernität.

Die Verlobungsgeschichte

Im April 1799 begann Kleist sein Studium in Frankfurt an der Oder. Er lebte, 22 Jahre alt, wieder im Kreis seiner Familie, die er mit elf Jahren verlassen hatte. Vater und Mutter waren tot, Tante Massow leitete den Haushalt. Bruder Leopold wurde bald nach Potsdam versetzt, danach war Heinrich der einzige Sohn im Hause. Seine Schwestern waren befreundet mit den Töchtern des Generals von Zenge, der im Haus nebenan wohnte. Die älteste Tochter, Wilhelmine, fiel ihm auf, mit ihr freundete er sich an. Im Januar 1800 bat er ihren Vater um ihre Hand. Sie verlobten sich.

Lange Verlobungszeiten waren damals nicht unüblich. Erst wenn der Mann ein Amt hatte, also über hinreichende Einkünfte verfügte, konnten die Verlobten heiraten. Caroline Flachsland etwa mußte acht Jahre warten, bis Herder sie ehelichte. Kleist war bestrebt, ein Amt zu erlangen. Als er im August 1800 seine Reise nach Würzburg antrat, tat er dies in der Absicht, alles Notwendige für eine Ehe zu regeln. Doch wenn wir den weiteren Verlauf dieser Reise betrachten, stellt sich die Frage, ob der Aufbruch nach Würzburg im August 1800 nicht auch ein Versuch war, der Verlobten zu entfliehen. Ein Versuch, der ihm selbst nicht bewußt war und der überlagert wurde von seiner Sehnsucht nach Liebe und der Absicht, Wilhelmine zu heiraten. Widerstreitende Gefühle und Strebungen dürften ihn erfüllt haben. Warum kehrte er nicht nach Frankfurt an der Oder zurück? Warum besuchte er von Berlin aus nicht öfter seine Verlobte, wenn er sich so sehr nach ihr sehnte?

Von Würzburg ging Kleist im Oktober 1800 nach Berlin, nicht nach Frankfurt an der Oder, obwohl er erst am 3. Dezember an einer Sitzung der technischen Deputation teilnahm. Ende Dezember, also zur Weihnachtszeit, machte er einen kurzen Besuch in Frankfurt. Es war das einzige Mal, daß er die Verlobte wiedersah bis zur Auflösung der Verlobung im Mai 1802. War die Sehnsucht nach der Verlobten dann besonders stark, wenn sie weit entfernt war? Wilhelmine benötigte er vielleicht mehr als Adressaten seiner Briefe und als Figur seiner Zukunftsentwürfe, denn als wirkliche lebendige Person. Die Entfernung von Wilhelmine enthob ihn des Handelns, seine Briefe an Wilhelmine wurden zum Ersatz des Handelns. Seine

Pläne, die er Rousseau entlehnt hatte, sahen eine Frau vor, die das Haus versorgt, Kinder zur Welt bringt, während der Mann sich den Wissenschaften oder der Landwirtschaft widmet.

Erstaunlich ist es immerhin, daß Kleist auch während seiner Krise im März 1801 die Verlobte nicht aufsuchte, sondern die Freunde in Potsdam. Rühle gab ihm Klingers Roman «Kettenträger» als trostspendende Lektüre. Durch die Pflichten des Studiums und die Sitzungen der technischen Deputation ließ er sich doch bei anderen Gelegenheiten nicht von einem Besuch abhalten. Wieso besuchte er nicht seine Verlobte?

Seine Reise im April 1801 führte ihn weit weg von ihr, gemessen nicht nur in Meilen. An Heirat war auf lange Zeit nicht mehr zu denken. Wie wir heute wissen, ist er damit einer Heirat für immer aus den Weg gegangen. War das ein undeutliches Ziel seiner Reise?

Am 6. Juli 1801 kommt Kleist in Paris an, im November verläßt er es schon wieder, jedoch nicht um nach Hause zurückzukehren. In Frankfurt am Main trennt er sich von Ulrike, die nach Frankfurt an der Oder reist; mit einem guten Freund, dem Maler Lohse, geht Heinrich in die Schweiz. Hätte er als Landmann sich nicht auch in Preußen niederlassen können? Wäre das nicht sogar eine dem Adligen angemessene Rolle gewesen? Hätte dann Wilhelmine ihm nicht bedingungslos folgen können? Warum mußte es die Schweiz sein?

Die Schweiz war damals für die Deutschen ein exotisches Land. Claurens viel gelesener kleiner Roman «Mimili» zeugt davon: das unschuldige Mädchen Mimili in der erhabenen Schweizer Bergwelt verkörpert das Wunschbild einer reinen Natur. Die Schäferidylle des 18. Jahrhunderts bot das Modell, in dem die Natursehnsucht ihren Phantasien nachhängen konnte. An Mimilis Busen, am Busen der Natur ruht der preußische Offizier von der Unbill des Krieges und von der Unbill der Zivilisation aus.

Ein ruhiges Landleben in idyllischer Natur mag auch Kleist vorgeschwebt haben. In der märkischen Landschaft aber, die er kannte, war das nicht möglich. Deren rauhe Wirklichkeit, das harte Leben auf dem Lande, war ihm zu gut bekannt, als daß er hier sein Arkadien sich hätte ausmalen können.

Er fordert Wilhelmine auf, ihm in die Schweiz zu folgen. Müßig, sich auszumalen, was geschehen wäre, wenn sie ihm ergeben wie Käthchen von Heilbronn gefolgt wäre. Möglich, daß er bei solcher Unterwürfigkeit der Frau eine Ehe hätte eingehen oder gar durchhalten können. Seine Angst vor Frauen, die ihm, der unter Männern aufgewachsen war, fremd waren, hätte sich früher oder später doch gemeldet. Das Drohbild, das ihn an einer Ehe gehindert haben wird, hat er in «Penthesilea» ausgemalt: es ist die verzweifelte Geschichte der Unmöglichkeit einer Liebe, die tatsächlich verzweifelt ist, weil beide sich lieben wollen, sich aber nicht lieben können. Wie auch Kleists Verlobung mit Wilhelmine die verzweifelte Geschichte der Unmöglichkeit einer Liebe ist, verzweifelt deshalb, weil Kleist sie lieben wollte und doch nicht lieben konnte.

Seine Angst vor der Frau, die ihn hinderte, eine Ehe einzugehen, hat ihn zu den beiden gegensätzlichen Frauenfiguren Käthchen und Penthesilea geführt, die – wie er selbst sagt – zwei Hälften ein und derselben Konfiguration sind. Eine unterwürfige Frau, die ihrem Manne völlig untertan ist, schuf er als Wunschfigur, weil er sich vor der beherrschenden Frau fürchtete, die den Mann unterwirft, wenn nicht gar vernichtet. In einer seiner Übungen für Wilhelmine klingt die Befürchtung an:

> «Wenn der Mann sein brutales *Recht des Stärkern* mit den *Waffen der Gewalt* gegen die Frau ausübt, hat nicht auch die Frau ein Recht gegen den Mann, das man das *Recht des Schwächern* nennen könnte, und das sie mit den *Waffen der Sanftmut* geltend machen kann?»

Diese Übungen, nach literarischem Vorbild, vor allem Rousseaus «Émile», durchgeführt, also für damalige gebildete Kreise nicht so ungewöhnlich, wie es uns heute erscheint – diese Übungen gestatten ihm die Rolle des Überlegenen: des Schulmeisters und Zuchtmeisters, der sich die Schülerin vom Leibe hält. Nicht nur ein Oben und Unten bestimmt diese pädagogische Situation, wie gut sie auch gemeint sein mag – der Lehrer ist nunmal der Überlegene –, es drückt sich darin auch ein Distanzierungswille aus.

Im Lichte dieser Vermutungen zeigte sich uns Kleist als ein seiner selbst unsicherer Mensch. Nur wer seiner selbst sicher ist, kann einem Partner so gegenübertreten, daß er diesen Partner als gleichberechtigt anerkennt. Wer sich selbst nicht besitzt, fürchtet die Begegnung mit dem anderen, weil er in ihr sich vollends verlieren könnte. Geht er aus seiner Einsamkeit heraus, um nicht in größere Isolation zu geraten, die ihm die Begegnung mit anderen noch mehr erschwerte, so wird er zwischen zwei Möglichkeiten wanken: entweder er unterwirft sich dem anderen oder er unterjocht den anderen. Es sind die zwei Seiten einer Medaille, das heißt einer «labilen» Persönlichkeit.

Das war Kleist, und das war er wiederum nicht: in seinem künstlerischen Streben war er stark, mutig und konsequent, in seinen Beziehungen zu anderen Menschen, besonders zu Frauen, vielleicht sogar nur zu Frauen, zeigt er diese Eigenschaften nicht. Daß ihm eine Art Urvertrauen zu sich und der Welt gefehlt haben mag, zeigen gerade die ersten Briefe an Wilhelmine. Er bittet sie händeringend um Vertrauen. Vertrauen wird ihm fast mit Liebe identisch; aus der «Familie Schroffenstein» kennen wir diese Konstellation. Nach der Verlobung schreibt er:

«Zwar – was soll ich aus dem Frohsinn, der auch Sie seit gestern belebt, was soll ich aus den Freudentränen, die Sie bei der Erklärung Ihres Vaters vergossen haben, was soll ich aus der Güte, mit welcher Sie mich in diesen Tagen zuweilen angeblickt haben, was soll ich aus dem innigen Vertrauen, mit welchem Sie in einigen der verflossenen Abende, besonders gestern am Fortepiano, zu mir sprachen, was soll ich aus der Kühnheit, mit welcher Sie sich jetzt, weil Sie es dürfen, selbst in Gegenwart andrer mir nähern, da Sie sonst immer schüchtern von mir entfernt blieben – ich frage, was soll ich aus allen diesen fast unzweifelhaften Zügen anderes schließen, was anderes, Wilhelmine, als daß ich geliebt werde?

Aber darf ich meinen Augen und meinen Ohren, darf ich meinem Witze und meinem Scharfsinn, darf ich dem Gefühle meines leichtgläubigen Herzens, das sich schon einmal von ähnlichen Zügen täuschen ließ, wohl trauen? Muß ich nicht mißtrauisch werden auf meine Schlüsse, da Sie mir selbst schon einmal gezeigt haben, wie falsch sie zu weilen sind? Was kann ich im Grunde, reiflich überlegt, mehr glauben, als was ich vor einem halben Jahre auch schon wußte, ich frage, was kann ich mehr glauben, als daß Sie mich *schätzen* und daß Sie mich wie *einen Freund* lieben?

Und doch wünschte ich *mehr*, und doch möchte ich nun gern *wissen*, was Ihr Herz für mich fühlt. Wilhelmine! Lassen Sie mich einen Blick in Ihr Herz tun. Öffnen Sie mir es einmal mit Vertrauen und Offenherzigkeit. So viel Vertrauen, so viel unbegrenztes Vertrauen von meiner Seite verdient doch, wohl *einige* Erwiderung von der Ihrigen. Ich will nicht sagen, daß Sie mich lieben müßten, weil ich Sie liebe; aber vertrauen müssen Sie sich mir, weil ich mich Ihnen unbegrenzt vertraut habe. – Wilhelmine! Schreiben Sie mir einmal *recht innig und herzlich*. Führen Sie mich einmal in das Heiligtum Ihres Herzens das ich noch nicht mit Gewißheit kenne.»

Die Tasse, die er ihr schenkte, trug das Wort «Vertrauen» auf dem Boden der Schale, auf der Untertasse stand «uns» und auf ihrer Unterseite wiederum «Einigkeit», was heißen sollte: «Vertrauen auf uns, Einigkeit unter uns.»

Daß ihm selbst dieses Vertrauen – mehr zu sich selbst als zu ihr – fehlte, daß er zu der «Einigkeit» und schließlich zu der «baldigen Vereinigung», die er im Brief vom 22. November 1800 verspricht, nicht fähig war, das wird ihm Schuldgefühle bereitet haben. Früh schon versucht er sie zu mildern, indem er Wilhelmine die Schuld an seinem Scheitern zuweist. Am 30. November 1800 schreibt er:

«Bleibe mir immer treu, und so lange uns auch das Schicksal äfft, liebe mich doch nie kälter, als in dieser schönen Periode unsrer Liebe. Ach kalte Liebe ist so gut wie keine –»

Am 11. Januar 1801:

«Ja, liebe Wilhelmine, wenn jemals die Erinnerung an Dich in mir immer kälter und kälter werden sollte, so bin ich in meinem heiligsten Innern überzeugt, daß es einzig Deine Schuld sein würde, nie die meinige. Nur dann könnte und müßte ich gleichgültig gegen Dich werden, wenn die Erfahrung mich lehrte, daß der Stein, den ich mit meiner ganzen Seele bearbeite, den Glanz aus ihm hervorzulocken, kein Edelstein wäre – Ich würde Dich darum nicht verlassen, – denn warum solltest *Du* den Irrtum büßen, den *ich* beging? Aber unglücklich würde ich sein, und Du würdest nicht glücklich sein, weil ich es nicht sein kann; denn das Gemeine kann man nur brauchen, nur das Edlere kann man lieben, und nur die Liebe macht das Leben süß.

Aber sie der Liebe würdig und nie wird es Dir daran fehlen. [...]

Daher kann ein Wechsler die Echtheit einer Banknote, die sein Vermögen sichern soll, nicht ängstlicher untersuchen, als ich Deine Seele; und jeder schöne Zug, den ich an ihr entdecke, ist mir lieber, ja lieber selbst, als wenn ich ihn an mir selbst entdeckte.»

Und am 22. März 1801:

«Ja, Wilhelmine, meine Liebe ist ganz in Deiner Gewalt.
Schmerzhaft würde es mir sein, wenn ich Dir jemals aus bloßer
Pflicht treu sein müßte. Gern möchte ich meine Treue immer nur
der Neigung verdanken. Ich bin nicht flatterhaft, nicht leichtsin-
nig, nicht jede Schürze reizt mich, und ich verachte den Reichtum; wenn ich doch jemals mein Herz Dir entzöge, Dir selbst,
nicht mir, würdest Du die Schuld zuzuschreiben haben. Denn so
wie meine Liebe Dein Werk, nicht das meinige war, so ist auch die
Erhaltung derselben nur Dein Werk, nicht das meinige. Meine
Sorge ist nichts als Deine Gegenliebe, für meine eigne Neigung zu
Dir kann ich nichts tun, gar nichts, Du aber *alles*. Dich zu lieben
wenn ich Dich nicht liebenswürdig fände, das wäre mir das Unmögliche. Die Hand könnte ich Dir geben, und so mein Wort
erfüllen, aber das Herz nicht – denn Du weißt, daß es das seltsame
Eigentum ist, welches man sich nur rauben lassen darf, wenn es
Zinsen tragen soll. Also sorge nie, daß ich gleichgültig gegen Dich
werden möchte, sorge nur, daß *Du* mich nicht gleichgültig gegen
Dich *machst*.»

Er spürte schon, daß seine Liebe kälter wurde, daß seine Liebe zu
Brockes wärmer war als die zu Wilhelmine, der er vorhielt, daß sie
unter den Mädchen leider nicht sei, was Brockes unter den Männern, das heißt doch auch, daß er sie nicht so lieben könne wie
Brockes. Und sie sei schuld daran, nicht er. Daß der Grund für das
Scheitern der Verlobung jedoch bei ihm liegt und nicht bei ihr, sagt
er deutlicher, als ihm lieb sein kann: die Hand vermag er ihr zu
geben, das Herz nicht. Er ist im Wort, doch lieben kann er sie nicht.
Nach Wilhelmine hat er sich keiner Frau mehr genähert, jedenfalls keiner, mit der er eine Ehe hätte eingehen wollen. Einmal noch
in Dresden soll er ein junges Mädchen, Julie Kunze, geliebt haben,
nach einer Überlieferung von Bülows. Ohne Wissen ihres Vormun-
des sollte sie ihm schreiben, habe er von ihr verlangt. Als sie diese
Forderung nicht erfüllte, habe er sich von ihr abgewandt. Das
«Käthchen von Heilbronn» sei daraufhin entstanden, als leuchten-
des Vorbild weiblichen Verhaltens.
Wielands junge hübsche Tochter Luise fand ihn sympathisch und
zeigte ihm ihre Zuneigung, als er in Oßmannstedt weilte. Er verließ
daraufhin Wielands gastliches Haus; dabei hatte Wieland ihn er-

muntert und gelobt. Er wurde ja tatsächlich der große, noch Schiller und Goethe übertreffende Dramatiker, wie Wieland es vorausgesagt hatte. Daß Luise Wielands Zuneigung der Grund seiner Abreise war, gibt er selbst in zwei Briefen an Ulrike vom Januar 1803 zu erkennen: «Ich habe die Feiertage in Oßmannstedt zugebracht, und mich nun (trotz einer sehr hübschen Tochter Wielands) entschlossen, ganz hinauszuziehen.» Und: «Ich wohne schon geraume Zeit hier, und es freut mich, daß Du das gern siehst. Ich habe aber mehr Liebe gefunden, als *recht* ist, und muß über kurz oder lang wieder fort; mein seltsames Schicksal!»

Warum muß er wieder fort? Er zieht nach Oßmannstedt hinaus nicht wegen, sondern trotz der hübschen Tochter. Er muß abreisen, nicht weil er keine Liebe findet, sondern weil er Liebe findet. Eines deutlicheren Belegs seiner Furcht vor der Frau, vor der Liebe der Frau bedarf es wohl kaum. Wie tief ihn die Zuneigung der Tochter Wielands in Verwirrung stürzte, zeigt Kleists Handschrift.

Hans Joachim Kreutzer hat in seiner Untersuchung der Handschrift Kleists für diese Zeit des Aufenthaltes in Weimar und Oßmannstedt eine erstaunliche Abweichung von den sonst üblichen Schriftzügen festgestellt, eine Abweichung, die sich aus der Verwirrung erklären läßt, in die Kleist die Liebe der vierzehnjährigen Luise Wieland brachte. Kreutzer schreibt:

«Eine in sich geschlossene Gruppe von Briefen zeigt nun ein davon stark abweichendes Schriftbild. Man ist bei diesen Briefen auf den ersten Blick sogar versucht zu fragen, ob es sich nicht um Abschriften handele; übrigens ist die Schrift Ulrikes diesen Zügen nicht so unähnlich. Vielleicht ist das nur eine temporäre, eine besonders fahrige, ja flackrige Variante der früheren Schrift. Sie findet sich in den Briefen, die Kleist im Winter 1802 auf 1803 aus Weimar und Oßmannstedt geschrieben hat, und nur in diesen. Ist diese Schrift auch ein Ausdruck der inneren Spannung, von der Kleist in der Entscheidungssituation, in der er damals lebte, beherrscht war? Man muß sich ja klarmachen, daß Kleist in Weimar regelrecht Wohnung genommen hatte, daß er dort die großen Gestalten der Dichtung seiner Zeit gewissermaßen umkreiste, so, als suche er eine Entscheidung durch das Urteil einer unabhängigen Autorität. Eine Entscheidung – sie wäre in mehr als einem Sinne ein ‹Urteil› für ihn geworden – war aber ohne den ‹Guiskard› nicht zu erlangen. Und der ‹Guiskard› wiederum war nicht fertig.

Diese krisenhafte Anspannung wird in der Mitte des letzten Briefes aus Oßmannstedt augenfällig. Der Brief war dort ursprünglich schon einmal beendet, dann aber fortgesetzt worden. ‹In Kurzem werde ich dir viel Frohes zu schreiben haben; denn ich nähere mich allem Erdenglück.› Das wird datiert und unterschrieben. Dann kommt die Nachschrift, er müsse sich wieder fortbegeben: ‹Ich habe aber mehr Liebe gefunden, als recht ist, und muß über kurz oder lang wieder fort; [...]›, eine Formulierung, die, in sorgfältiger Korrektur, entstanden ist aus einem anderen Ansatz: ‹Ich habe aber soviel Liebe gefunden, daß ich›. Die Briefe aus dieser besonderen Situation markieren in ihrem eigentümlichen, von der sonstigen Schrift Kleists abweichenden Duktus zumindest den Zeitpunkt einer ernsthaften Krisis.»

Die Krise, von der hier Kreutzer mit Recht spricht, dürfte nicht durch den «Robert Guiskard», sondern durch Luise Wieland ausgelöst worden sein; die veränderte Nachschrift legt es nahe. Kleist floh vor Luise Wielands Liebe, um seine Ruhe wieder zu finden; offensichtlich wollte er von Frauen in Ruhe gelassen werden. Kreutzer stellt fest: «Kleists Schrift zeigt dann 1803, nachdem er Oßmannstedt verlassen hat, wieder ungefähr die früheren Züge.»
Daß Kleist sich eher ein Zusammenleben mit einem Mann als mit einer Frau vorstellen konnte, zeigt sein Brief an Pfuel vom 7. Januar 1805. Er bittet Pfuel, mit ihm eine Art Ehe einzugehen: «Sei Du die Frau mir, die Kinder und die Enkel!» Er verzichtet also ausdrücklich auf die Ehe und setzt eine Verbindung mit Pfuel an deren Stelle. Sein leidenschaftliches Schreiben an den Freund lautet:
«Man wird mich gewiß, und bald, und mit Gehalt anstellen, geh mit mir nach Anspach, und laß uns der süßen Freundschaft genießen. Laß mich mit allen diesen Kämpfen etwas erworben haben, das mir das Leben wenigstens erträglich macht. Du hast in Leipzig mit mir geteilt, oder hast es doch gewollt, welches gleichviel ist; nimm von mir ein Gleiches an! Ich heirate niemals, sei Du die Frau mir, die Kinder, und die Enkel! Geh nicht weiter auf dem Wege, den Du betreten hast. Wirf Dich dem Schicksal nicht unter die Füße, es ist ungroßmütig, und zertritt Dich. Laß es an *einem* Opfer genug sein. Erhalte Dir die Ruinen Deiner Seele, sie sollen uns ewig mit Lust an die romantische Zeit unsres Lebens erinnern. Und wenn Dich einst ein *guter* Krieg ins Schlachtfeld ruft,

Deiner Heimat, so geh, man wird Deinen Wert empfinden, wenn die Not drängt. – Nimm meinen Vorschlag an. Wenn Du dies nicht tust, so fühl ich, daß mich niemand auf der Welt liebt. Ich möchte Dir noch mehr sagen, aber es taugt nicht für das Briefformat. Adieu. Mündlich ein mehreres.»

Kleist hat diese Intimität in keinem Schreiben an Wilhelmine von Zenge oder an eine andere Frau je erreicht. Seine Briefe an Wilhelmine sind, verglichen damit, schroff und abweisend. Zumindest in der zweiten Hälfte der Verlobungszeit dürfte seinen Briefen die Absicht zugrunde gelegen haben, die Verlobung scheitern zu lassen. In einem Brief an den befreundeten Maler Heinrich Lohse vom April 1803 verrät er etwas von seiner Taktik Wilhelmine gegenüber, als er Lohse dieselbe Taktik der Verlobten gegenüber nahelegt:

«Es kann sein, daß Du in einem Augenblick der Hoffnungslosigkeit Dich entschlossen hast, Dein Schicksal von dem Schicksal dieses armen Mädchens zu trennen. Sollte dies der Fall sein, und sollte Trennung von ihr ein Mittel sein, um mit freierer Bewegung Deiner Kräfte wenigstens Dir allein ein erträgliches Los zu erringen (Du verstehst mich), so setze, wie Du es angefangen hast, Dein Stillschweigen fort, und ich will, während meines Hierseins, alles Mögliche tun, um den großen Schmerz, der dieses arme Mädchen dann allerdings träfe, zu mildern. Wenn Du aber zu Deinen Kräften noch ein klein wenig Mut spürst, o mein lieber Lohse, so laß Dir sagen, daß keine Arbeit Dich schrecken muß, die dies vortrefflichste der Mädchen Dir gewinnen kann.»

Auch ein weiterer Grund für das Scheitern der Verlobung steht in diesem Brief an Lohse: «die freiere Bewegung der Kräfte» hätten ihm Ehe und Familie behindert, die freiere Bewegung, die er als Künstler in einer ungesicherten Existenz brauchte. Lohse war Künstler, deshalb auch sein Verständnis für ihn. Mit Lohse, so schreibt Kleist in einem Brief an Ulrike, wolle er gemeinsam auf der Aarinsel im Thuner See leben. Das gemeinschaftliche Leben, das er Wilhelmine unter Umständen anbot, die sie ablehnen mußte, wäre ihm mit Lohse eher möglich gewesen. So markiert Kleists Brief an Wilhelmine von Zenge vom 2. Dezember 1801 bereits das Ende der Verlobung, das offiziell erst im Brief vom 20. Mai 1802 vollzogen wird:

«Liebe Wilhelmine, ich fürchte nicht, daß Dich Ulrikens Ankunft ohne mich schmerzhaft überraschen wird, da ich Dich bereits von Paris aus darauf vorbereitet, und Dir meinen Plan, noch in diesem Winter nach der Schweiz zu reisen, darin mitgeteilt habe.

Deinen Brief habe ich noch in Paris, noch an dem Morgen meiner Abreise, fast kaum eine Stunde ehe ich mich in den Wagen setzte, erhalten – Ob er mir Freude gemacht hat –?

Liebe Freundin, ich möchte nicht gern an Deiner Liebe zweifeln müssen, und noch wankt mein Glaube nicht – Wenn es auch keine hohe Neigung ist, innig ist sie doch immer, und noch immer, trotz Deines Briefes, kann sie mich glücklich machen.

Ich wüßte kein besseres, herzlicheres Mittel, uns beide wieder auf die alte Bahn zu führen, als dieses: laß uns beide Deinen letzten Brief vergessen.

Herzlich lieb ist es mir, daß ich ihn nicht gleich in der ersten Stimmung beantwortete, und daß ich auf einer Reise von 15 Tagen Zeit genug gehabt habe, Dich zu entschuldigen. Ich fühle nun, daß ich doch immer noch auf Deine Liebe rechnen kann, und daß Deine Weigerung, mir nach der Schweiz zu folgen, auf vielen Gründen beruhen kann, die unsrer Vereinigung gar keinen Abbruch tun.

Deine Abhängigkeit an Dein väterliches Haus ist mir so ehrwürdig, und wird mir doch, wenn Du mich nur wahrhaft liebst, so wenig schaden, daß es gar nicht nötig ist, das mindeste dagegen einzuwenden. Sind nicht fast alle Töchter in demselben Falle, und folgen sie nicht doch, so schwer es ihnen auch scheint, dem weisen Spruche aus der Bibel: Du sollst Vater und Mutter verlassen und Deinem Manne anhangen?

Wenn Du mich nur wahrhaft liebst, wenn Du nur wahrhaft bei mir glücklich zu werden hoffst – Und da mochte freilich in meiner ersten Einladung, aus Furcht Dich bloß zu überreden, zu wenig Überzeugendes, zu wenig Einladendes liegen.

Deine ganze Weigerung scheint daher mehr ein Mißverständnis, als die Furcht einer ruhigen Prüfung zu sein. Du schreibst Dein Körper sei zu schwach für die Pflichten einer *Bauersfrau* – und dabei hast Du Dir wahrscheinlich die niedrigsten ekelhaftesten gedacht. Aber denke Dir die besseren, angenehmeren, denke daß Dir in einer solchen Wirtschaft, wie ich sie unternehmen werde, wenigstens 2 oder 3 Mägde zur Seite gehen – wirst Du auch jetzt noch zu schwach sein?

Liebe Wilhelmine, wenn Du Dich jetzt nicht recht gesund fühlst, so denke, daß vielleicht Dein städtisches Leben an manchem schuld sei und daß gewiß *die* Art der Arbeit, die ich Dir vorschlage, statt Deine Kräfte zu übersteigen, sie vielmehr stärken wird. Aufblühn wirst Du vielleicht – Doch ich verschweige alles, was nur irgendeiner Überredung ähnlich sein könnte. Freiwillig und gern mußt Du mir folgen können, wenn nicht jeder trübe Blick mir ein Vorwurf sein soll. – Dennoch würde ich mehr hinzusetzen, wenn ich nur mit voller Überzeugung wüßte, daß Du mich nicht weniger innig liebst, als ich es doch notwendig bedarf. Manche Deiner Gründe der Weigerung sind zu seltsam – Du schreibst, Kopfschmerzen bekämst Du im Sonnenschein – Doch nichts davon. Alles ist vergessen, wenn Du Dich noch mit *Fröhlichkeit* und *Heiterkeit* entschließen kannst. Ich habe Dir kurz vor meiner Abreise von Paris alles gezeigt, was auf dem Wege, den ich Dich führen will, Herrliches und Vortreffliches für Dich liegt. Die Antwort auf diesen Brief soll entscheidend sein. Du wirst ihn wahrscheinlich schon nach Bern geschickt haben, und ich ihn dort bei meiner Durchreise empfangen. Es wird der Augenblick sein, der über das Glück der Zukunft entscheidet.

Heinrich Kleist.»

In diesem Brief verfolgt Kleist einen doppelten Zweck: einerseits demonstriert er, daß er nach wie vor zu seinem Wort steht, andererseits treibt er das Scheitern der Verlobung, das ihn aus einem Wort lösen würde, entschieden voran.

Denn seine Aufforderung, Wilhelmine solle ihm in die Schweiz folgen, ist nicht ehrlich gemeint. Er wußte, daß sie ihm nicht folgen konnte. Keine Frau von Stande hätte damals Eltern, soziales Milieu, sozialen Status aufgeben können, um in eine unsichere Zukunft in einem fremden Land zu ziehen, ohne sich selbst völlig aufzugeben. Kleist wußte, daß Wilhelmine seinen Bitten nicht folgen konnte, deshalb sind seine Bitten so dringlich, deshalb macht er von Wilhelmines Antwort den Fortbestand der Verlobung abhängig. Die Trennung rückte dadurch in greifbare Nähe, und die Schuldige würde Wilhelmine sein! Und er stünde dann nicht als Versager da.

Wilhelmine durchschaute diese Taktik nicht. Sie wartete und

hoffte immer noch. Ihr Brief vom 10. April 1802 ist uns überliefert, weil Kleist ihn ungeöffnet zurückgehen ließ:

«Mein lieber Heinrich. Wo Dein jetziger Aufenthalt ist, weiß ich zwar nicht bestimmt, auch ist es sehr ungewiß ob das was ich jetzt schreibe Dich dort noch treffen wird wo ich hörte daß Du Dich aufhälst; doch ich kann unmöglich länger schweigen. Mag ich auch einmal vergebens schreiben, so ist es doch nicht meine Schuld wenn Du von mir keine Nachricht erhälst. Über zwei Monate war Deine Familie in *Gulben*, und ich konnte auch nicht einmal durch sie erfahren ob Du noch unter den Sterblichen wandelst oder vielleicht auch schon die engen Kleider dieser Welt mit bessern vertauscht habest. –

Endlich sind sie wieder hier, und, da ich schmerzlich erfahren habe wie wehe es tut, *gar nichts* zu wissen von dem was uns über alles am Herzen liegt – so will ich auch nicht länger säumen Dir zu sagen wie mir es geht. Viel Gutes wirst Du nicht erfahren.

Ulrike wird Dir geschrieben haben daß ich das Unglück hatte, ganz plötzlich meinen liebsten Bruder zu verlieren – wie schmerzlich das für mich war, brauche ich Dir wohl nicht zu sagen. Du weißt daß wir von der frühesten Jugend an, immer recht gute Freunde waren und uns recht herzlich liebten. Vor kurzen waren wir auf der silbernen Hochzeit unserer Eltern so froh zusammen, er hatte uns ganz gesund verlassen, und auf einmal erhalten wir die Nachricht von seinem Tode – Die erste Zeit war ich ganz wie erstarrt, ich sprach, und weinte nicht. Ahlemann, der während dieser traurigen Zeit oft bei uns war, versichert, er habe sich für mein starres Lächeln sehr erschreckt. Die Natur erlag diesem schrecklichen Zustande, und ich wurde sehr krank. Eine Nacht, da Louise nach dem Arzt schickte weil ich einen sehr starken Krampf in der Brust hatte, und jeden Augenblick glaubte zu ersticken, war der Gedanke an den Tod mir gar nicht schrecklich. Doch der Zuruf aus meinem Herzen ‹es werden geliebte Menschen um dich trauern, *einen* kannst du noch glücklich machen!› der belebte mich aufs neue, und ich freute mich das die Medizin mich wieder herstellte. Damals! lieber Heinrich, hätte ein Brief von *Dir*, meinen Zustand sehr erleichtern können, doch Dein Schweigen vermehrte meinen Schmerz. Meine Eltern, die ich gewohnt war immer froh zu sehn, nun mit einemmal so ganz niedergeschlagen, und besonders meine Mutter immer in Tränen zu sehn – das war zu viel für mich. Dabei hatte ich noch einen großen Kampf zu überstehn. In Lindow war die Domina gestorben. Und da man auf die älteste aus dem Kloster viel zu sagen hatte, und ich die zweite war konnte ich erwarten, daß *ich* Domina werden würde. Ich wurde auch wirklich gefragt, ob ich es sein wollte. Mutter redete mir sehr zu, da dieser Posten für mich sehr vorteilhaft sein würde, und ich doch meine Zukunft nicht bestimmen könnte. Doch der Gedanke in *Lindow* leben zu müssen (was dann notwendig war) und die Erinnerung an das Versprechen was ich Dir gab, nicht da zu wohnen, bestimmten mich, das Fräulein von Randow, zur Domina zu wählen, welche nun bald ihren Posten antreten wird. Bedauerst Du mich nicht? Ich habe *viel* ertragen müssen. Tröste mich bald durch eine erfreuliche Nachricht von Dir, schenke mir einmal ein paar Stunden und schreibe mir recht *viel*.

Von Deinen Schwestern höre ich nur daß Du recht oft an sie schreibst höchstens noch den Namen Deines Aufenthalts, Du kannst Dir also leicht vorstellen wie sehr mir verlangt etwas mehr von *Dir* zu hören. Pannwitzens sind sehr glücklich. Ich habe mich aber sehr gewundert daß Auguste als Braut so zärtlich war, da sie sonst immer so sehr dagegen sprach, doch es läßt sich nicht gut, über einen Zustand urteilen den man noch nicht erfahren hat.

Freuden gibt es jetzt für mich sehr wenig – unsere kleine Emilie macht mir zuweilen frohe Stunden. Sie fängt schon an zu sprechen, wenn ich frage ‹was macht dein Herz?› so sagt sie ganz deutlich ‹mon coeur palpite›, und dabei hält sie die rechte Hand aufs Herz. Frage ich ‹wo ist Kleist?› so macht sie das Tuch voneinander und küßt Dein Bild. Mache Du mich bald froher durch einen Brief von Dir, ich bedarf es *sehr* von *Dir* getröstet zu werden.

Der Frühling ist wiedergekehrt, aber nicht mit ihm die frohen Stunden die er mir raubte! Doch ich will *hoffen!!* Der *Strom* der nie wiederkehrt führt durch Klippen und Wüsten endlich zu fruchtbaren schönen Gegenden, warum soll ich nicht auch vom Strome der Zeit erwarten, daß er auch mich endlich schönern Gefilden zuführe? Ich wünsche Dir recht viel frohe Tage auf Deiner Reise, und dann bald einen glücklichen Ruhepunkt.

Ich habe die *beiden Gemälde* von L. und ein Buch worin

Gedichte stehn in meiner Verwahrung. Das übrige von Deinen Sachen hat Dein Bruder. Man glaubte dies gehörte *Carln* und schickte mir es heimlich zu.

Schreibe *recht bald* an *Deine Wilhelmine.*»

Der rührende, herzliche Tonfall dieses Briefes kontrastiert aufs schärfste mit Kleists Abschiedsbrief vom 20. Mai 1802. Kalt, herzlos, ja, unverschämt klingt Kleists Antwort auf ein Schreiben Wilhelmines, das er schon fünf Monate zuvor erhalten hatte und das uns nicht überliefert ist. Allerdings: ehrlich ist dieser Brief, ehrlicher jedenfalls als die früheren. Endlich kann er die mühsam gehaltene Maske des zukünftigen Ehemanns fallenlassen. Ehrlich ist auch seine Scham: er kann als Erfolgloser, als Versager nicht nach Hause zurückkehren, nachdem er großsprecherisch hohe Erwartungen geweckt hat. Nur noch der Ruhm kann sein Verhalten rechtfertigen, deshalb sein Ehrgeiz:

«Auf der Aarinsel bei Thun, den 20. Mai 1802

Liebe Wilhelmine, um die Zeit des Jahreswechsels erhielt ich den letzten Brief von Dir, in welchem Du noch einmal mit vieler Herzlichkeit auf mich einstürmst, zurückzukehren ins Vaterland, mich dann mit vieler Zartheit an Dein Vaterhaus und die Schwächlichkeit Deines Körpers erinnerst, als Gründe, die es Dir unmöglich machen, mir in die Schweiz zu folgen, dann mit diesen Worten schließest: wenn Du dies alles gelesen hast, so tue was Du willst. Nun hatte ich es wirklich in der Absicht mich in diesem Lande anzukaufen, in einer Menge von vorhergehenden Briefen an Bitten und Erklärungen von meiner Seite nicht fehlen lassen, so daß von einem neuen Brief kein bessrer Erfolg zu erwarten war; und da mir eben aus jenen Worten einzuleuchten schien, Du selbst erwartetest keine weiteren Bestürmungen, so ersparte ich mir und Dir das Widrige einer schriftlichen Erklärung, die mir nun aber Dein jüngst empfangner Brief doch notwendig macht.

Ich werde wahrscheinlicher Weise niemals in mein Vaterland zurückkehren. Ihr Weiber versteht in der Regel ein Wort in der deutschen Sprache nicht, es heißt Ehrgeiz. Es ist nur ein einziger Fall in welchem ich zurückkehre, wenn ich der Erwartung der Menschen, die ich törichter Weise durch eine Menge von prahlerischen Schritten gereizt habe, entsprechen kann. Der Fall ist möglich, aber nicht wahrscheinlich. Kurz, kann ich nicht mit

Ruhm im Vaterlande erscheinen, geschieht es nie. Das ist entschieden, wie die Natur meiner Seele.

Ich war im Begriff mir ein kleines Gut in der Schweiz zu kaufen, und Pannwitz hatte mir schon den Rest meines ganzen Vermögens dazu überschickt, als ein abscheulicher Volksaufstand mich plötzlich, acht Tage ehe ich das Geld empfing davon abschreckte. Ich fing es nun an für ein Glück anzusehn, daß Du mir nicht hattest in die Schweiz folgen wollen, zog in ein ganz einsames Häuschen auf einer Insel in der Aare, wo ich mich nun mit Lust oder Unlust, gleichviel, an die Schriftstellerei machen muß.

Indessen geht, bis mir dieses glückt, *wenn* es mir überhaupt glückt, mein kleines Vermögen gänzlich drauf, und ich bin wahrscheinlicher Weise in einem Jahr ganz arm. – Und in dieser Lage, da ich noch außer dem Kummer, den ich mit Dir teile, ganz andre Sorgen habe, die Du gar nicht kennst, kommt Dein Brief, und weckt wieder die Erinnerung an Dich, die glücklicher, glücklicher Weise ein wenig ins Dunkel getreten war –

– Liebes Mädchen, schreibe mir nicht mehr. Ich habe keinen andern Wunsch als bald zu sterben. H. K.»

Wilhelmine von Zenge hat 1803 über ihre Verlobung mit Heinrich von Kleist einen Bericht erstattet, und zwar an ihren neuen Verlobten, den Philosophie-Professor Wilhelm Traugott Krug, der damals in Frankfurt an der Oder lehrte und später Nachfolger Kants auf dem Königsberger Lehrstuhl wurde. Während seiner Königsberger Zeit hat Kleist im Hause der Krugs verkehrt. Da Wilhelmines Briefe an Kleist verlorengingen, zitiere ich ihren Brief an Traugott Krug vom 16. Juni 1803 ganz. Es ist ihre Sicht der Dinge.

«*Mein bester Freund!*
Sie äußerten gestern Abend bei Ahlemanns den Wunsch, ich möchte weniger geheimnisvoll sein. Für Sie will, und werde ich nie etwas verheimlichen. Es hängt ganz von Ihnen ab, alles was meine Person betrifft von mir zu erfahren. Da ich so sehr wünsche, daß Sie mir ganz Ihr Vertrauen schenken möchten. So will ich Ihnen den Teil meines Lebens beschreiben, welcher bis jetzt für mich der wichtigste und interessanteste war, und ich hoffe Sie werden mich Ihres Vertrauens wert finden. Daß ich von meinen Eltern sehr einfach und häuslich erzogen wurde, ist Ihnen be-

kannt. Von meinem 16ten Jahre an, führte mich meine Mutter in alle Gesellschaften, sie begleitete mich in große Assembleen, wo ich das Hofleben anstaunte, Opern, Redouten und Bälle besuchte ich, und genoß, da mir diese Freuden so ganz neu waren, dies alles eine Zeit lang mit großem Interesse, doch blieb mein Herz bei dem allen sehr leer, und mit Freuden kehrte ich wieder in unsere stille Häuslichkeit zurück. Als ich 18 Jahre alt war bekam mein Vater das Regiment in Frankfurth. Damals trennte ich mich sehr ungern von Berlin, da ich einen sehr geliebten Bruder, und eine ebenso geliebte Freundin zurück lassen mußte; doch war mein Herz noch von keinem Manne besonders gerührt worden. Mit einem tanzte, oder unterhielt ich mich vielleicht lieber als mit dem andern, doch hatte keiner besonders Teil an meiner Traurigkeit bei dem Abschiede von Berlin.

Die erste Zeit gefiel es mir gar nicht in Frankfurth, wir alle lebten noch ganz in Berlin, bis sich auch hier Menschen fanden, welche sich für uns interessierten, und uns durch mancherlei Vergnügungen zu zerstreuen suchten. Unter diesen zeichnete sich besonders die Kleistsche Familie aus.

Der Lieutenant Kleist stand damals noch bei des Vaters Regiment. Auch er kam mit seinen Schwestern beinahe täglich zu uns, und wurde von allen gern gesehen, weil er ein sehr fröhlicher junger Mann war, und uns durch seinen Scherz oft zu lachen machte. Sein älterer Bruder, welcher als Lieutenant bei der Garde stand, nahm damals den Abschied, um hier in Frankfurth zu studieren. Auch er wurde unser Nachbar, nahm aber keinen Theil an unserer Gesellschaft wenn wir zu seinen Schwestern kamen. Erst als sein Bruder nach Potsdam versetzt wurde, und seine Schwestern ihren Begleiter, und wir einen angenehmen Gesellschafter verlohren hatten, gesellte er sich zu uns. Wir fanden aber alle, daß er die Stelle des Bruders nicht ersetze, denn er war sehr melancholisch und finster, und sprach sehr wenig. Bald aber begleitete er uns auf allen Spaziergängen, kam mit seinen Schwestern auch zu uns, spielte und sang mit mir, und schien sich in unsrer Gesellschaft zu gefallen. Damals hörte er Experimentalphisik bei Dr. Wünsch, wovon er uns gewöhnlich nach dem Colegia mit großem Interesse unterhielt. Auch wir nahmen so lebhaft Antheil an allem was er uns darüber sagte, daß seine Schwestern, wir und noch einige Mädchen aus unserem Kreise zu dem Dr. Wünsch gingen und ihn baten auch uns Vorlesungen darüber zu halten. Dies geschahe, und wir waren sehr aufmerksame Zuhörerinnen, repetirten mit unserem Unterlehrer dem Herrn von Kleist, und machten auch Aufsätze über das, was wir hörten. Als Kleist einen Abend die Aufsätze von seinen Schwestern gelesen hatte, bat er mich ihm auch den meinigen zu zeigen; ich that es, und er fand ihn gut, nur sehr fehlerhaft geschrieben.

Er bat sich die Erlaubnis aus mir die Hauptregeln der deutschen Sprache nachgerade in kurzen Aufsätzen mittheilen zu dürfen, welches ich recht gern annahm, und recht fleißig studierte, um seine Mühe zu belohnen.

Einen Abend als ich bei Kleists war, gab er mir einen ähnlichen Aufsatz, wie gewöhnlich in ein weiß Papier geschlagen, doch wie erstaunte ich als ich es zu Haus öffnete und darin von ihm einen Brief fand, worin er mir sagte, daß er mich schon lange herzlich liebe, und ich ihn durch meine Hand sehr beglücken könne. Mir war es bis jetzt noch gar nicht eingefallen, daß ein Mann mich jemals lieben könne, denn ich fand mich immer sehr häßlich und unleidlich, und war nie mit mir zufrieden. Ich hatte ihn immer sehr unbefangen behandelt, und war ihm gut wie einem Bruder, doch liebte ich ihn nicht, und erstaunte über seine Erklärung, da ich vorher auch nicht das Geringste davon geahndet hatte, sondern immer glaubte er zöge meine Schwester Lotte mir sehr vor. Louisen machte ich zu meiner Vertrauten, und gestand ihr, daß ich ihm gut sei, doch wäre er gar nicht der Mann nach meinem Sinnen. Den andern Tag schrieb ich ihm daß ich ihn weder liebe, noch seine Frau zu werden wünsche, doch würde er mir als Freund immer recht werth sein.

Leider konnte ich es nicht verhindern ihn wieder zu sehen. Er war außer sich über meine Antwort und wollte mir einen zweiten Brief geben, welches ich aber schlechterdings verbat. Acht Tage lang suchte er mich auf den Spaziergängen auf, da ich nicht mehr zu seinen Schwestern kam, und bat Louisen so sehr den Brief zu nehmen, und reichte ihn mir noch einmal mit thränenden Augen, so daß ich endlich bewegt wurde und ihn annahm.

In diesem Brief fragte er was ich an ihm auszusetzen habe, und versicherte ich könne aus ihm machen was ich wolle, ich möchte ihm nur sagen, wie er meine Liebe gewinnen könne. Ich schrieb ihm wieder, und schilderte den Mann wie er mich glücklich machen könnte. Er gab sich so viel Mühe diesem Bilde ähnlich zu werden, daß ich ihm endlich erlaubte an meine Eltern zu schreiben, und ihm meine Hand versprach, sobald sie einwilligten.

Er hatte etwas Vermögen, aber nicht so viel daß wir davon leben konnten, doch hatte er vom König das Versprechen in einem Amte angestellt zu werden sobald er ausstudiert habe. Meine Eltern gaben ihre Einwilligung, doch mit der Bedingung, so lange zu warten bis er ein Amt habe, welches ich auch sehr zufrieden war. Meine Ausbildung und Veredelung lag ihm sehr am Herzen. Wenn er aus dem Colegia kam so beschäftigte er sich eine Stunde mit mir. Er gab mir interessante Fragen, auf welche ich schriftlich beantworten mußte, und er korrigierte sie. Er gab mir nützliche Bücher zu lesen, und ich mußte ihm meine Urtheile darüber sagen, oder auch Auszüge daraus machen. Er las mir Gedichte vor, und ich mußte sie nachlesen oder französisch übersetzen. Auch schärfte er meinen Witz und Scharfsinn durch Vergleiche, welche ich ihm schriftlich bringen mußte. So lebte er ganz für sich, ich gewann ihn recht lieb und machte es mir zur Pflicht auch ganz für ihn zu leben. Wenn ich mir zuweilen gestand, daß er dem Ideale von Mann, welches ich mir entworfen hatte, noch immer nicht entsprach, so dachte ich es giebt vielleicht keinen Besseren, denn ich kannte auch keinen der mir lieber war als er. Ich erfüllte mein Vorhaben redlich. Alles, was er an mir tadelte, suchte ich fortzuschaffen, und alles, was ich dachte und that, bezog ich auf ihn. So lebten wir ein halbes Jahr sehr glücklich, da hatte er sein Studium hier beendet, er ging nach Berlin, um sich dort noch mehr zu vervollkommnen und zu einem Amte vorzubereiten.

Sein Umgang war mir nun so werth geworden, daß ich bei seiner Abreise sehr unglücklich war, und ihn nachher bei jeder Gelegenheit vermißte. Alle vierzehn Tage schrieb er an mich, und so oft er konnte, war er bei mir, und war noch immer der herzliche, gute Mensch. Er hatte viel Geist, seine schnelle Fassungskraft wurde von allen seinen Lehrern bewundert, seine Phantasie war sehr lebhaft, und verleitete ihn oft zu Schwärmerei. Er hatte einen erhabenen Begriff von Sittlichkeit, und mich wollte er zum Ideal umschaffen, welches mich oft bekümmerte. Ich fürchtete ihm nicht zu genügen, und strengte alle meine Kräfte an, meine Talente auszubilden, um ihn recht vielseitig zu interessieren.

Weihnachten vor zwei Jahren kam er ganz unerwartet hier an,

und sagte mir, er könnte jetzt gleich angestellt werden wenn er wolle, doch wäre es ihm unmöglich ein Amt zu nehmen, die Amtsgeschäfte würden ihn unglücklich machen, auch könne er seine Freiheit nicht so aufopfern. Er fragte ob ich sein kleines Vermögen mit ihm theilen wolle, ich erschrak über dies alles sehr, ich wollte und konnte ihm weder ab- noch zurathen, um meinetwillen unglücklich zu sein, und versicherte, ich wolle alles thun, was zu seinem Glücke beitragen könne. Er reisete wieder nach Berlin, doch nicht lange nachher erhielt ich einen Brief, dessen Inhalt weit schrecklicher war als die erste Nachricht. In diesem Brief sagte er mir, daß er jetzt die Kantsche Philosophie studiere, welche ihn so unglücklich gemacht habe, daß er es in Berlin in seinen engen vier Wänden nicht aushalten könne, er würde eine Reise machen, um sich zu zerstreuen. Er schickte mir sein Bildnis und eine Tasse mit einer sehr hübschen Inschrift, versicherte bald wieder zu kommen, und mir recht oft zu schreiben. Auch ich schickte ihm mein Bildnis, und sagte ihm nur ein schriftliches Lebewohl. Er reisete mit seiner Schwester nach Paris, schrieb mir anfänglich oft, doch als ich seit drei Monaten keine Nachricht von ihm erhalten hatte, schrieb er mir – er werde sich in der Schweiz ankaufen, und hoffe, ich werde ihm dorthin folgen wenn er mich abholte. Ich bat ihn mit den rührendsten Ausdrücken in sein Vaterland zurückzukehren, und gestand daß ich ihm zwar folgen wolle wohin er ginge, doch würde es mir sehr schwer werden, meine Eltern zu verlassen, und besonders mich so weit von ihnen zu entfernen. Ehe dieser Brief beantwortet wurde, mußte ich 5 Monat alle Posttage vergebens auf Antwort warten! Meine Hoffnung, und die Erwartung von einer frohen Zukunft, waren schon längst in mir gesunken, ich sagte mir es oft daß ich mit dem Mann nie glücklich sein würde, da ich nicht im Stande war ihn glücklich zu machen. Doch wollte ich mein Wort halten und mich ganz für ihn aufopfern. Ich war ihm so viel Dank schuldig, und nahm so innig Antheil an allem was ihn betraf, daß ich wenigstens hoffte ihn wo nicht beglücken, doch aufheitern zu können. Ich kannte seine Wünsche und wußte mich so gut in sein sonderbares Wesen zu schicken, daß ich überzeugt war, es könne außer mir kein weibliches Wesen mit ihm fertig werden. Nach fünf Monaten erfuhr ich endlich durch seine Schwester wo er sich aufhielt, und schrieb an ihn, und bekam zur Antwort – er habe nicht erwartet von mir noch einen Brief zu empfangen, sondern habe mein letztes Schreiben als eine Weigerung angesehen ihm nach der Schweiz zu folgen. Nach einem heftigen Kampfe habe er es endlich dahin gebracht mein Bild aus seiner Seele zu entfernen, er bäte mich deshalb nicht wieder an ihn zu schreiben. Da er durch Leichtsinn in Berlin sein Amt verscherzt habe, und durch seine Reise die Menschen zu großen Erwartungen von ihm berechtigt habe, so könne er nicht ohne Ruhm wieder in sein Vaterland zurückkehren. Sein einziger Versuch sei jetzt bald sein Leben zu enden. – Dieser Brief erschütterte mich tief, doch beweinte ich mehr sein trauriges Schicksal als das Meine. Ich sah es ein, daß ich nie seine Frau werden konnte, und hatte auch schon lange aufgehört es zu wünschen. Ich hatte die Kraft mich von seinem Gemälde zu trennen welches ihm sehr ähnlich war, schrieb noch einmal an ihn, tröstete ihn als Freundin, und sagte er möchte wenigstens seine Freundin nicht vergessen, sondern, mir zuweilen schreiben wie es ihm ginge, denn gewiß würde ich immer den lebhaftesten Antheil an seinem Schicksal nehmen. Hierauf hat er nicht geantwortet.

Zu gleicher Zeit verlor ich einen sehr geliebten Freund und Bruder, – mein Schmerz war unbeschreiblich. Ich wurde sehr krank, und mein einziger Wunsch war bald zu sterben, denn mein Leben hatte für mich alles Interesse verlohren. Der Schmerz meiner Eltern welche auch durch den Tod meines Bruders einen großen Theil ihres Glückes verlohren hatten, erinnerte mich daß ich noch Pflichten zu beobachten habe. Ich verbarg meinen Schmerz, um sie zu trösten, und meine einzige Linderung waren jetzt bittere Thränen. Die Welt, und besonders die Männer waren mir sehr gleichgültig geworden, nur Ahlemann war mein Vertrauter, er weinte mit mir, und tröstete mich. Mit der Zeit sahe ich es ein, daß diese Trennung zu meinem Glücke sei und dankte dem großen Führer der Menschen für meine ertragenen Leiden, denn ich fühlte daß sie mich zu einem besseren Menschen gemacht hatten.

Meine Leidensgeschichte ist zu Ende. Die Wolken haben sich zertheilt, und ich sehe eine freundliche Sonne an meinem Horizonte aufgehen. Ich lernte Sie kennen, und gleich nachdem ich Sie zum ersten mal bei Ahlemanns gesprochen hatte sagte ich zu meiner Schwester: der Mann gefällt mir. Und mit Ihrer näheren Bekanntschaft fühlte ich immer mehr daß ich für Sie, und Sie für mich geschaffen wären, ich war so glücklich Ihnen zu gefallen, und hoffe Ihrer nicht unwerth zu sein. Die offene Mitteilung meiner Jugendgeschichte wird Sie nicht beunruhigen, sie ist so wahr, wie ich immer gegen Sie sein werde. Wenn Sie nicht der Einzige waren der mein Herz rühren konnte, so kann ich doch versichern daß ich noch nie so von ganzem Herzen liebte, als ich Sie liebe, und daß der Entfernte nur noch als ein erhabens Mittel, wodurch der gütige Schöpfer meine Veredelung bewirken wollte, in meinem Herzen tront.

Seien Sie ganz mein Freund, und wenn Sie in meinem Betragen auch nur das Geringste finden das nicht nach Ihrem Sinne ist, so bitte ich leiten Sie.

Frankfurt   Ihre
an 16. Juni 1803.»   Wilhelmine.

Die amphibische Schwester

Die wichtigste Frau im Kleists Leben war seine Stiefschwester Ulrike von Kleist. Im Abschiedsbrief an sie schrieb er:

> «Ich kann nicht sterben, ohne mich, zufrieden und heiter, wie ich bin, mit der ganzen Welt, und somit auch, vor allen anderen, meine teuerste Ulrike, mit Dir versöhnt zu haben. Laß sie mich, die strenge Äußerung, die in dem Briefe an die Kleisten enthalten ist, laß sie mich zurücknehmen; wirklich, Du hast an mir getan, ich sage nicht, was in Kräften einer Schwester, sondern in Kräften eines Menschen stand, um mich zu retten: die Wahrheit ist, daß mir auf Erden nicht zu helfen war.»

In der Tat hatte Ulrike für den Bruder getan, was in ihren Kräften stand. Liest man die überlieferten Briefe Heinrichs, die Ulrike treu bewahrt hat – ihre sind verlorengegangen –, versteht man, daß sie schließlich resignierte. Immer wenn er in Not war, in seelischer und finanzieller, was nicht selten zusammentraf, wandte sich Heinrich an sie als an die letzte Stütze, die ihm blieb. Immer half sie ihm, bis sie den verhängnisvollen Zyklus wohl einsah: die hochfliegenden Erwartungen des Bruders endeten immer wieder mit bitterer Enttäuschungen. Er war ein hoffnungsloser Fall, vor dem sie schließlich sogar sich fürchtete. Als er das letzte Mal im September 1811 unverhofft bei ihr in Frankfurt an der Oder auftauchte, erschrak sie wie vor einem Gespenst. Sie fürchtete wohl, daß er sie in den Abgrund, dem er entgegenging, hineinziehen würde. Bei allem Mut, bei aller Tatkraft war sie doch stets bemüht, das ihr gesetzte Maß bürgerlicher Reputierlichkeit nicht zu verlassen. Daß der Bruder nicht zu einer ansehnlichen Position im Staate kam, hat sie wohl immer geschmerzt. So mag sie der späte Erfolg des Dichters, den sie nach dessen Tod noch erlebte, gefreut haben.

Als Heinrich 1811 starb, war Ulrike 37 Jahre alt; sie starb 1848 mit 74 Jahren. In der zweiten Hälfte ihres Lebens lebte sie nach ihren eigenen Wünschen, so weit ihr das möglich war. Die Grenzen für eine alleinstehende Frau, zumal des Adels, waren in Preußen damals eng gesteckt. Sie konnte nur eine «alte Jungfer» werden, sei es im Schoß der Fmailie als geduldete oder gern gesehene Hilfe, sei es als

«Stiftsfräulein» in einem der eigens für alleinstehende Damen des Adels gegründeten Stifte. Ulrike konnte nicht Ärztin oder Lehrerin werden, nicht Geschäftsfrau. Lehrerin wäre sie wohl gerne geworden, denn sie erstrebte einen pädagogischen Beruf, soweit ihr das damals möglich war. Als sie das väterliche Haus 1817 übernehmen konnte – sie zahlte die anderen Geschwister aus –, gründete sie ein Mädchenpensionat, dem sie vorstand bis 1839. Ihre Aufgabe war die Erziehung der Mädchen zu ihrem künftigen Beruf als Hausfrau und Mutter, zu einem Beruf, den sie selbst nie auf sich hatte nehmen wollen, wie ihr wohl schon früh klargeworden war. Denn in dem ersten Brief, den Kleist ihr nach seiner Rückkehr nach Frankfurt an der Oder schrieb, hält er ihr genau dies vor. Dieser erste Brief vom Mai 1799 – der zweite an Ulrike, der uns erhalten ist, nach jenem von 1795, in dem Heinrich ihr für die Weste dankte, die sie ihm ins Feld schickte – enthält die geschwisterliche Konstellation, wie sie bis zu Ulrikes Rückzug aus dieser Beziehung bestehen blieb.

Heinrich stürzt sich mit seiner ganzen Liebesbereitschaft auf sie, nachdem er die geliebten Freunde in Potsdam zurücklassen mußte. In Frankfurt an der Oder hat er keine Freunde, keine anteilnehmenden Verwandten, keine mitfühlende Seele bis auf Ulrike. Ulrike ist der einzige Mensch, auf den er «natürliche Ansprüche» machen kann. Sie ist ihm nicht nur Ersatz für die fernen Freunde, sondern auch Ersatz für die fehlende Mutter und die fehlende Geliebte. In der ersten Zeit der Verlobung mit Wilhelmine von Zenge braucht deshalb Heinrich die Schwester nicht mehr, erst nach dem sich abzeichnenden Scheitern dieser Verlobung, seit März 1801, wendet er sich wieder der Schwester zu: er reist mit ihr nach Paris. Da er sich nach Liebe sehnte, nach einer verständnisvollen Frau, den Geschlechtsakt aber fürchtete, war die Schwester die beste Geliebte, die er sich wünschen konnte. Deshalb lud er sie mehrmals ein, mit ihm zusammen zu leben, und zweimal machte sie auch den Versuch: auf jener Reise nach Paris und später in Königsberg und Berlin. Doch es ging nicht.

Trotz mancher Wesensähnlichkeit waren sie zu verschieden: Ulrike war sparsam und vernünftig, Heinrich verschwenderisch und exzentrisch. Ulrike hatte das höhere Maß der Selbstkontrolle und wohl auch des Selbstbewußtseins. Zur Selbstkontrolle war sie als Frau stärker gezwungen denn Heinrich als Mann: sie durfte sich nicht gehenlassen. Die Ausflüge in Männerkleidern in die Männerwelt sind das Äußerste, was sie wagen konnte; die Männerkleider ermöglichten nicht nur den Zugang zu Männerveranstaltungen – zum Beispiel einer Vorlesung an der Universität –, sie waren auch weniger aufwendig und bequemer auf der Reise als die weibliche Kleidung.

Ulrike wußte sich zu kontrollieren, was nicht heißt, daß sie resigniert hätte. Die Selbstkontrolle war sogar die Voraussetzung für ihre bescheidenen Erfolge. Sie ging mit Bedacht zu Werke und bereitete ihren Plan, ein Pensionat zu eröffnen, von langer Hand vor, nicht zuletzt durch Sparsamkeit. Erst als sie das Geld zusammengespart hatte und das väterliche Haus übernehmen konnte, war die Gründung des Pensionats möglich. Der Bruder war weit weniger bedacht; er hatte kaum einen Plan ergriffen, da wollte er ihn schon verwirklichen, und zwar mit ihrem Geld. Er hatte keines, weil er auf großem Fuß lebte. Er gab viel Geld aus und mußte sich immer wieder Geld leihen.

Die Summen, die er von seiner Schwester erhielt, waren hoch: zweihundert bis fünfhundert Reichstaler. Auf der Würzburger Reise gab er in kaum zwei Monaten etwa fünfhundert Reichstaler aus, die Familie hatte ihm aber nur dreihundert Reichstaler jährlich ausgesetzt. Das ist ein Betrag, von dem er hätte leben können. Ein Hauslehrer verdiente damals einhundert Reichstaler jährlich. Von Sophie Mereau wissen wir, daß sie nach ihrer Scheidung 1801 zweihundert Reichsgulden jährlich erhielt (Reichsgulden standen im Wert etwas niedriger als Reichstaler); mit diesem Geld baute sie sich eine eigene Existenz als Schriftstellerin auf, und sie hatte noch eine Tochter zu versorgen. Kleist hätte also durchaus mit seinem ererbten Vermögen leben können; er lebte aber über seine Verhältnisse.

Unterschieden sich Heinrich und Ulrike in diesem Punkt scharf – der verschwenderische Bruder lebte von der Hilfe der haushälterischen Schwester –, so hatten sie in einem anderen Punkt große Ähnlichkeit, was Heinrich aber wohl kaum bewußt wurde. Im Brief vom Mai 1799 hielt er Ulrike die Bestimmung des Weibes als erstrebenswertes Ziel vor Augen. Es war das Erziehungsideal, das er aus seiner Lektüre gewonnen hatte. So wie er hier von Ulrike forderte, Mutter und Hausfrau zu werden, so forderte er damals von sich selbst, Ehemann und Vater zu werden. So wie er die vorgeschriebene gesellschaftliche Rolle einnehmen wollte, so sollte Ulrike die ihrige übernehmen:

«Laß mich aufrichtig, ohne Rückhalt, ohne alle falsche Scham reden. Es scheint mir, – es ist möglich daß ich mich irre, und ich will mich freuen, wenn Du mich vom Gegenteil überzeugen kannst, – aber es scheint mir, als ob Du bei Dir entschieden wärest, Dich nie zu verheiraten. Wie? Du wolltest nie Gattin und Mutter werden? Du wärst entschieden, Deine höchste Bestimmung nicht zu erfüllen, Deine heiligste Pflicht nicht zu vollziehen? Und entschieden wärst Du darüber? Ich bin wahrlich begierig die Gründe zu hören, die Du für diesen höchst strafbaren und verbrecherischen Entschluß aufzuweisen haben kannst.

Eine einzige simple Frage zerstört ihn. Denn wenn Du ein Recht hättest, Dich nicht zu verheiraten, warum ich nicht auch? Und wenn wir beide dazu ein Recht haben, warum ein Dritter nicht auch? Und wenn dieses ist, warum nicht auch ein Vierter, ein Fünfter, warum nicht wir alle? Aber das Leben, welches wir von unsern Eltern empfingen, ist ein heiliges Unterpfand, das wir unsern Kindern wieder mitteilen sollen. Das ist ein ewiges Gesetz der Natur, auf welches sich ihre Erhaltung gründet.»

Doch Ulrike wußte dank eines höheren Maßes an Selbstbewußtsein früh, daß diese Rolle nicht für sie bestimmt war; Heinrich wußte es noch lange nicht, er mußte es erst schmerzhaft lernen. Sie wußte, daß sie zwischen den Geschlechtern stand, er nicht; ob er sich je dessen bewußt geworden ist? Was er in diesem Brief vom Mai 1799 schon und dann immer mal wieder Ulrike vorhält, das trifft genauso gut auf ihn selber zu. Sie sei nicht genug Frau, sagt er; und er ist nicht genug Mann. Ist Ulrike ein Mann-Weib, wie er sagt, dann ist er ein Weib-Mann. Im Juli 1801 schreibt er über sie:

«Sie ist eine weibliche Heldenseele, die von ihrem Geschlechte nichts hat, als die Hüften, ein Mädchen, das orthographisch schreibt und handelt, nach dem Takte spielt und denkt – Doch still davon. Auch der leiseste Tadel ist zu bitter für ein Wesen, das keinen Fehler hat, als diesen, zu groß zu sein für ihr Geschlecht.»

Und in einem anderen Brief vom Juli 1801 aus Paris:
«O es gibt kein Wesen in der Welt, das ich so ehre, wie meine Schwester. Aber welchen Mißgriff hat die Natur begangen, als sie

ein Wesen bildete, das weder Mann noch Weib ist, und gleichsam wie eine Amphibie zwischen zwei Gattungen schwankt? Auffallend ist in diesem Geschöpf der Widerstreit zwischen Wille und Kraft. Auf einer Fußreise in dem schlesischen Gebirge aß und trank sie nicht vor Ermüdung, ward bei dem Sonnenaufgang auf der Riesenkoppe ohnmächtig, und antwortete doch immer, so oft man sie frage, sie befinde sich wohl. Vor Töplitz fuhren wir mit einem andern beladenen Wagen so zusammen, daß wir weder vor- noch rückwärts konnten, weil auf der andern Seite ein Zaun war. Der Zaun, rief sie, muß abgetragen werden – Es gab wirklich kein anderes Mittel, und der Vorschlag war eines Mannes würdig. Sie aber ging weiter, und legte, ihr Geschlecht vergessend, die schwache Hand an den Balken, der sich nicht rührte.»

Sie hatte die Fähigkeit des raschen entschlossenen Handelns, die ihm fast gänzlich fehlte und die er über das Reflektieren stellte. Daß diese Fähigkeit, so bewundernswert sie war, ihm als ganz unweiblich galt, geht aus dem Brief vom Mai 1799 hervor. Dort empfahl er Ulrike einen Mann: «Nicht einen Zaun, nicht einen elenden Graben kannst du ohne Hilfe eines Mannes überschreiten.» Sie konnte es. Deshalb galt sie ihm als «Amphibion», als ein Wesen, das in zwei Elementen lebt. Zum Neujahr 1800 schrieb er für sie:

Amphibion Du, das in zwei Elementen stets lebet,
Schwanke nicht länger und wähle Dir endlich ein sichres
    Geschlecht.
Schwimmen und fliegen geht nicht zugleich, drum verlasse das
    Wasser,
Versuch es einmal in der Luft, schüttle die Schwingen und
    fleuch!

Er konnte ja selber ein «sicheres Geschlecht» sich nicht wählen. Clemens Brentano schrieb an Achim von Arnim im März 1808 zum «Phöbus», der gemeinsamen Zeitschrift Adam Müllers und Kleists, den bösen Vers:

Wenn Adam malt und Eva kleistert,
dann wettert Phöbus hochbegeistert.

Kleist als Eva: er spielt die weibliche Rolle.

Ulrike stand nie mit Männern in einer auch nur zarten Verbindung, nichts ist davon bekannt. Ihr Drang zur Mädchenerziehung kam wohl auch aus einem pädagogischen Eros, der dem der Sappho so unähnlich nicht gewesen sein dürfte. Ein Amphibion zu sein, also männlich und weiblich zugleich, was Kleist als Vorwurf gegen die Schwester und insgeheim wohl auch gegen sich wandte, war damals ein erstrebenswertes Ideal der Romantiker: der androgyne Mensch als der wahre, der vollkommene Mensch.

Das ist ein alter Mythos, Aristophanes, in Platons Dialog «Symposion», berichtet, daß die Menschen ursprünglich vier Beine, vier Hände und zwei Köpfe gehabt hätten. Die Götter hätten sie zur Strafe ihres Übermuts in zwei Teile gespalten. Seitdem erst gebe es die Liebe – als Sehnsucht der getrennten Hälften, wieder zueinander zu finden.

Friedrich Schlegel formulierte das zeitgemäß in seinem damals aufsehenerregenden Roman «Lucinde»: erst wenn der Mann in sich das Weibliche, die Frau in sich das Männliche entwickle, erst dann näherten sie sich dem wahren Menschen, erst dann seien sie fähig, einander wahrhaftig zu lieben und zueinander zu finden. Der kleine Roman erregte einen Skandal wegen seiner für damalige Verhältnisse freizügigen Erotik. Solange das Zusammenleben der Menschen auf der scharfen Trennung der Rollen von Mann und Frau beruhte, solange war für den, der diese strikte Rollenteilung nicht übernehmen konnte, kein Raum in der Gesellschaft. Er wurde als Außenseiter stigmatisiert.

Ulrike und Heinrich waren beide solche Außenseiter in ihrer Zeit, weil sei die ihnen vorgeschriebene soziale und sexuelle Rolle nicht annehmen konnten. Das war ihre unausgesprochene Gemeinsamkeit, die sie zusammenhielt – trotz aller Unterschiede der Charaktere, trotz aller Mißverständnisse, die das Auf und Ab ihrer Beziehung bestimmten.

Schon die Anzahl der überlieferten Briefe Heinrichs an seine Stiefschwester sagt etwas über die wechselnde Intensität dieser Beziehung: 1799 sind es zwei Briefe, Kleist ist in Frankfurt, also in der Nähe der Schwester; 1800 sechs Briefe, es ist das Jahr der Würzburger Reise; 1801 nur zwei Briefe, Heinrich reist mit Ulrike gemeinsam nach Paris; 1802 acht Briefe, Kleist ist in der Schweiz und in Weimar; 1803 sieben Briefe, er reist mit Pfuel in die Schweiz und nach Paris; 1804 schließlich acht Briefe, Heinrich ist wieder in Berlin. Diese drei Jahre von 1802 bis 1804 sind die Jahre der intensivsten Korrespondenz. Aus dem Jahre 1805 gibt es keinen Brief, Ulrike ist bei Heinrich in Königsberg, 1806 sind es nur drei Briefe, nach dem gescheiterten Versuch eines Zusammenlebens ist die Beziehung der Geschwister abgekühlt. Im Jahre 1807, als Ulrike sich für den Bruder, der in französischer Gefangenschaft sitzt, couragiert einsetzt, wurden sieben Briefe geschrieben; Heinrich lädt sie wieder zu sich ein, diesmal nach Dresden. Von dort schickt er sechs Briefe im Jahre 1808, nach dem Scheitern des «Phöbus» folgen 1809 drei Briefe. Danach ist die Beziehung vollends eingefroren, nur noch einmal schreibt Heinrich der Schwester 1810, zweimal 1811, den entschuldigenden Abschiedsbrief nicht mitgerechnet.

In der Korrespondenz wiederholen sich bestimmte Themen, die das Verhältnis der Geschwister bestimmen. Als Heinrich 1799 an Ulrike in Frankfurt an der Oder enthusiastisch schreibt, begründet er seinen Enthusiasmus für die Schwester noch: er hat sonst niemanden nach dem Abschied von den Freunden in Potsdam. Als er ihr Anfang Februar 1801 aus Berlin eine Art Liebesbrief schreibt, sagt er den Grund nicht mehr: der geliebte Brockes hat ihn verlassen, so daß er wieder Ulrike als Halt braucht. Er benötigt Ulrike, wenn er die Freunde verliert, und ist bereit, sie zurückzuweisen, wenn er einen Freund gefunden hat. Nach der Rückkehr von Paris im November 1801 trennt er sich in Frankfurt am Main von Ulrike und geht mit dem neuen Freund Lohse in die Schweiz. Daß er wußte, was er ihr antat, zeigt sein Brief vom 16. Dezember 1801; er hat ein schlechtes Gewissen:

«Mein liebes, teures Ulrikchen, möchtest Du doch das Ziel Deiner Reise so glücklich erreicht haben, wie ich das Ziel der meinigen! Ich kann nicht ohne Besorgnis an Deine einsame Fahrt denken. Niemals habe ich meine Trennung von Dir gebilligt, aber niemals weniger als jetzt. Aber Gott weiß, daß oft dem Menschen nichts anders übrig bleibt als unrecht zu tun. – Vielleicht bist Du in diesem Augenblick damit beschäftigt, mir aus Frankfurt zu schreiben, daß Du mir alles verzeihst. Denn Deine unbezwungene Tugend ist es, ich weiß es –»

Und als er am 20. Juli 1803 feststellt, daß er an ihrer Seite nicht leben könne, ist er gerade auf einer gemeinsamen Reise mit dem geliebten Pfuel in die Schweiz und nach Paris! Als er aber dann im Oktober 1803 pathetisch dem Tod entgegengeht, weil ihm der Himmel «den Ruhm, das größte der Güter der Erde» versagt – er «frohlockt» bereits «bei der Aussicht auf das unendlich-prächtige Grab», das er bei der Invasion Englands im Meer zu finden hofft –, da braucht er wieder Ulrike: als Ersatz für die Geliebte, an deren Adresse der Held seinen gefühlvollen Abschiedsbrief zu richten hätte. Er braucht sie für dieses Rollenspiel, also schreibt er ihr: «O Du Geliebte, Du wirst mein letzter Gedanke sein!»

Seine großen Gesten sind nicht selten Gesten der Hilflosigkeit, die er durch Großsprecherei zu überdecken sucht, denn er hat ja niemanden, dem er rückhaltlos vertrauen kann, niemanden, der ihn aus seiner Isolation befreit. So sind seine Briefe an Ulrike auch Hilferufe, was die Schwester, der er doch Hartherzigkeit vorwarf, spürte, sonst hätte sie ihm nicht immer wieder geholfen. Als sie einmal hörte, daß er krank wäre, eilte sie in die Schweiz und fand ihn putzmunter. Als er von ihr offensichtlich Spitzeldienste erwartete (siehe die Briefe vom August und September 1808), kam sie nach Dresden und half ihm tatsächlich als Kurier. Nach dem gescheiterten Zusammenleben in Paris bittet er:

«Komm, meine Freundin, komm doch gleich zu mir! Gualtieri reiset wirklich in der Mitte künftigen Monats ab, er will immer noch, daß ich ihn nach Spanien begleite, lerne doch diesen Menschen selbst kennen, und die Verhältnisse, und sage mir, was ich tun soll. In dem Hause, in welchem ich wohne, ist ein Zimmer noch, neben dem meinigen, zu vermieten, sehr angenehm, ein wenig teuer; opfre dies für einen Monat! Wenn ich nach Spanien gehe, so gehst Du zu Deiner Tante zurück, oder zu Leopolden; und wenn wir zusammen in Berlin uns etablieren können, so kann ich unter Deinen Augen die Anstalten treffen, die Du für zweckmäßig hältst. Wie glücklich könnten wir leben! Es würde nicht wie in Paris sein –!»

Sie versuchte es noch einmal mit ihm. Als dieser Versuch wieder scheiterte, lockte er aufs Neue:

«Wir werden glücklich sein! Das Gefühl, mit einander zu leben, muß Dir ein Bedürfnis sein, wie mir. Denn ich fühle, daß Du mir die Freundin bist, Du Einzige auf der Welt! Vergleiche mich nicht mit dem, was ich Dir in Königsberg war.»

Doch sie hat eingesehen, daß sie nicht zusammen leben können, er dagegen immer noch nicht. Zu Beginn seines letzten Aufenthaltes in Berlin, im März 1810, lädt er sie wieder ein, nicht mit ihm zusammen, aber doch am selben Platze wie er zu leben. Im August 1811, als der geliebte Freund Adam Müller nach Wien abgereist ist, kommt ein letztes Mal seine Einladung. Ulrike aber hat sich zurückgezogen.

Die letzte große Hilfe, die sie ihm nach Zögern gewährte, hatte wiederum mit einem Fiasko geendet. Von September 1807 bis Januar 1808 schreibt Heinrich ihr immer wieder aus Dresden Bettelbriefe, in denen er zunächst ihr ganzes Vermögen, dann nur einen Teil für das glanzvolle Geschäft einer Verlagsbuchhandlung verlangt. Sie antwortet nicht, wie dringlich er auch schreibt.

Erst als die das erste Heft des «Phöbus» in Händen hält, also sieht, daß diesmal doch ein seriöses Unternehmen in Gang zu kommen scheint, schickt sie Geld, nicht so viel, wie er verlangte, aber immerhin. Daraufhin Heinrich am 8. Februar 1808: «Mein liebes Herzens-Riekchen.»

Einmal allerdings, das darf nicht vergessen werden, bietet Heinrich ihr finanzielle Unterstützung an, freilich auf die trügerische Hoffnung hin, eine Pension der Königin zu erhalten:
«Ohne mich würdest Du unabhängig sein; und so mußt Du (ich fühle die Verpflichtung auf mich, was Du auch dagegen einwenden mögest), Du mußt es auch wieder durch mich werden. Wenn ich mit Äußerungen dieser Art immer sparsam gewesen bin, so hatte das einen doppelten Grund: einmal, weil es mir zukam, zu glauben, daß Du solche Gefühle bei mir voraussetzest, und dann, weil ich dem Übel nicht abhelfen konnte.

Doch jetzt, dünkt mich, zeigt sich, ein Mittel ihm abzuhelfen; und wenn Du nicht willst, daß ich mich schämen soll, unaufhörlich von Dir angenommen zu haben, so mußt Du auch jetzt etwas von mir annehmen. Ich will Dir die Pension, und das, was in der Folge an ihre Stellen treten könnte, es sei nun eine Präbende, oder etwas anderes, abtreten. Es muß, mit dem Rest Deines Vermögens, für ein Mädchen, wie Du bist, hinreichen, einen kleinen Haushalt zu bestreiten. Laß Dich damit, unabhängig von mir, nieder; wo, gleichviel; ich weiß doch, daß wir uns über den Ort vereinigen werden.»

Es ist eine Geste des Dankes, denn Ulrike ist es gerade gelungen, ihn aus der französischen Gefangenschaft auszulösen, es ist eine Geste des Schuldgefühls, denn er weiß, daß sie sonst immer die Gebende ist, er immer der Nehmende. Einmal will er auch geben, freilich setzt das voraus, daß er etwas hat. Er hat aber nichts: die Pension der Königin, die er erwartet, ist eine Behauptung, die seine angeheiratete Cousine Marie von Kleist vorschob, um die Unterstützung, die sie aus eigenen Mitteln ihm gab, zu tarnen.

Marie von Kleist, das sei noch betont, lud er nie ein, mit ihm zu leben. Sie hätte es als Angebot zu einem eheähnlichen Zusammenleben auffassen müssen; das wollte er offensichtlich nicht. Ein Zusammenleben mit der Schwester war für ihn unverfänglich.

Für Ulrike war die fortwährende Unterstützung des Bruders nicht nur eine Last, sondern auch eine willkommene Tätigkeit: sie gab ihrem Leben einen Sinn. Sie wurde gebraucht, sie konnte tatkräftig einschreiten, sie konnte Reisen unternehmen, sie konnte tätig sein. Das hat ihr, die so gerne betriebsam war und so wenig Möglichkeiten dazu hatte, sicher gefallen, jedenfalls so lange, als sie annehmen konnte, daß ihre Hilfe einen Zweck hatte. Dann zog sie sich zurück.

Die Enttäuschung über den Bruder und über ein Leben, das sie unter strenger Selbstkontrolle und unter strenger sozialer Kontrolle zu leben gezwungen war, zeigte sich in ihrem Alter als zunehmende Verhärtung. So berichtet Ada Pinelli, die Tochter einer Freundin Ulrikes, über die alte Dame:

«Zwar hatten sich die letzten Getreuen des Frühverblichenen, Tieck, von Pfuel öfters für die wunderliche alte Jungfer verwendet; aber Ulrike war schroff, stolz, schwer zu behandeln, wodurch es dann wohl zu manchen Reibungen gekommen ist.»

Das Mädchen fürchtete sich vor ihr:

«Außerdem hatte sie etwas Rasches, offenbar sehr Energisches in ihrem Wesen, was mich einschüchterte. Geradezu Entsetzen flößte mir der Gedanke ein, von Kleists Schwester im Französischen unterrichtet zu werden.»

Noch einmal unternahm Ulrike ein Abenteuer: mit zwei Nichten reiste sie durch die Schweiz und Oberitalien nach Nizza. Die Tante war nicht nur schroff und betriebsam, sie konnte auch originell und großzügig sein. Die kostspielige Reise dauerte immerhin vom 24. August 1834 bis zum 10. Mai 1835. Eine der Nichten, Auguste, hat einen Bericht über diese Reise verfaßt.

Einer anderen Nichte, Friederike, verdanken wir einen Bericht über Ulrike von Kleists letzte Tage. Es scheint so, als wolle kurz vor dem Tod das lange Angestaute aus ihr hervorbrechen: Gefühle, Gedanken, so oft unterdrückt, suchen sich jetzt Bahn in einem nicht enden wollenden Redestrom, als müßten alle Entsagungen nun benannt werden. Friederike schreibt:

«Ich rechnete auf Stillschweigen der Tante, aber ich hatte die Rechnung ohne den Wirt gemacht. Ihr vieles Sprechen peinigt mich wirklich sehr. Gestern z.B. wo sie von früh bis abends 10 Uhr in ein reden blieb war mir zuletzt der Kopf wüst zum springen. [...]

Sie hat heute von früh bis gegen Abend viel geweint und in sich gekehrt gesessen. Um sechs Uhr hat sie angefangen zu sprechen, und ohne eine einzige Pause hat sie gesprochen bis neun, zu welcher Stunde sie jetzt regelmäßig zu Bett geht. Da spricht sie nun nicht etwa konfuses Zeug; sie rekapitulirt nun ihr Leben bis in die winzigsten Details, und sucht nach Sünden und Verbrechen. [...] Die ganzen Nächte spricht und lamentiert sie laut, zum Schlafen kommt sie selten ein wenig. Ich stehe vor ihr wie vor einem Räthsel.»

Die dunklen Jahre

Die Miniatur, die Kleist für Wilhelmine von Zenge malen ließ, soll ihm sehr ähnlich sein; Wilhelmine selbst bezeugte es, während er meinte: «Es liegt etwas Spöttisches darin, das mir nicht gefällt, ich wollte, er hätte mich ehrlicher gemalt.» Es scheint jedenfalls das einzige authentische Porträt des Dichters zu sein. Verträumt blickt er drein, ein runder Kopf, ein weiches Gesicht, eher naiv und freundlich als spöttisch und zurückweisend. Wie er wohl war?

Lesen wir die Aussagen der Zeitgenossen, die ihn gekannt haben, ergeben sich einige Anhaltspunkte. Etwas Geheimnisvolles, Schwermütiges war in seinem Wesen, das die Zeugen nicht recht zu deuten wissen. Er war eher verschlossen, ein nach Innen gewandter Mensch, der sich nie ganz öffnete. Die wohltemperierte Mittellage war ihm fremd. Er war entweder fast teilnahmslos oder voll glühender Anteilnahme. Wenn ihn der Gesprächspartner oder das Gesprächsthema zu faszinieren begann, dann überstürzte sich manchmal seine Rede, so daß er fast ins Stottern kam. Diese Extreme konnten stark ausgeprägt sein: einerseits eine Teilnahmslosigkeit, die zu einer geistigen Abwesenheit führte, einer längeren Absenz mitten im Gespräch, aus der er unvermittelt wieder ins Gespräch zurückkehren konnte, andererseits eine Raserei, die ihn tagelang nicht zur Ruhe kommen ließ, Zeugnis wohl des cholerischen Temperaments, das nach seinem Tode Kameraden und Ärzte ihm nachsagten. Bei von Bülow heißt es:

«Nach einer Mitteilung Fouqués hatte ihn derselbe zuweilen mit vieler Lebendigkeit eine Begebenheit zu erzählen anfangen, plötzlich mitten darin verstummen und still dasitzen sehen, als ob er allein im Zimmer gewesen wäre. An sein Schweigen erinnert, hatte er zwar über sich selbst gelacht und wieder zu erzählen angefangen, war aber nicht selten zum andernmale in denselben Fehler verfallen.»

Die Mitteilung einer unbekannten Freundin von 1847, die Sembdner in den «Lebensspuren» vorlegt, bestätigt dies:

«Kleists Persönlichkeit, obgleich in ihr etwas Düsteres und Beängstigendes lag, soll doch, besonders für Frauen, höchst anziehend gewesen sein. Für gewöhnlich sprach er wenig und in gedrängter Kürze, doch regte ihn ein Gegenstand dergestalt an, daß er das Bedürfnis fühlte, sich darüber auszusprechen, so riß seine Rede alle Zuhörer mit sich fort – oft geschah es aber, daß er mitten im Redestrom plötzlich abbrach, vor sich hinstarrte, als erblicke er irgend etwas vor sich, und dann in dumpfes Hinbrüten versank, wo dann nichts mehr aus ihm herauszubringen war.»

Im Lebensbericht von Johann George Scheffner von 1821 «Mein Leben, wie ich es selbst beschrieben», wird uns ein Eindruck des verschlossenen Kleist aus seiner Königsberger Zeit, in der Scheffner ihn kennenlernte, gegeben:

«Im Jahr 1805 war Heinrich von Kleist, der nach Verlassung des Kriegsdienstes in Begleitung seiner pyladisch gesinnten klugen Schwester in Frankreich und Italien gewesen und von seinem Gönner, dem Minister von Hardenberg, zur Ausbildung im Finanzfach nach Königsberg geschickt war, oft in meinem Hause. Da in seinem Äußeren etwas Finsteres und Sonderbares vorherrschte, so gab ein Fehler am Sprachorgan seinem Eifer in geistreichen Unterhaltungen einen Anschein von eigensinniger Härte, die seinem Charakter wohl nicht eigen war. Wie ein der Meerestiefe entsteigender Taucher sich wenigstens in den ersten Augenblicken nicht auf alles Große und Schöne besinnt, was er in der Wasserwelt gesehen, und es nicht zu erzählen vermag, so schien es bisweilen bei Heinrich von Kleist der Fall zu sein.»

Peguilhen, der Freund Henriette Vogels und ihres Mannes, hat in einer Niederschrift von 1812, also ein Jahr nach dem Tod des Dichters, dessen Verschlossenheit mit der Käthchens von Heilbronn vergleichen:

«Sein Käthchen von Heilbronn ist ein treues Gemälde seiner selbst, dieselbe nur in einzelnen Momenten aufglühende tiefe Verschlossenheit. Wer den Verfasser nicht kennt, muß dieses Käthchen für ein unbedeutendes Wesen halten, das sich selbst nicht klar ist; der Verfasser wollte aber ein Wesen darstellen, deren Inneres so reich ausgestattet, gleichsam überfüllt ist, daß ihm immer und ewig die Worte fehlen, es ganz auszusprechen. –»

An anderer Stelle bezeugt Peguilhen das Schwanken Kleists zwischen Enthusiasmus und Teilnahmslosigkeit:

> «Aber so wie Kleist überhaupt einer ruhigen Überlegung nicht fähig, sondern entweder Enthusiast oder ganz teilnahmslos war, so auch hier.»

Peguilhens Aufzeichnungen aus dem Jahre 1834, «Aus dem Leben Heinrich von Kleists», enthalten eine bezeichnende Begebenheit. Eine damals sehr bekannte und offenherzige Schauspielerin, Henriette Hendel-Schütz, soll einmal Kleists Tischnachbarin gewesen sein und ihn recht unverblümt in ihre Wohnung eingeladen haben, worauf Kleist mit einer an Raserei grenzenden Aufregung reagierte, sicherlich nicht nur aus moralischen Gründen, sondern auch wegen seiner Ängstlichkeit gegenüber Frauen. Peguilhen berichtet:

> «Der in aller Hinsicht starr ehrenwerte Kleist, Reinheit in Wort und Tat beim schönen Geschlecht fordernd und ehrend, begriff nun erst, wovon die Rede sei. Aber so wie ihm dies klar geworden, war es auch um seine gemütliche Gaumenlust geschehen.
>
> Nicht schneller durchzuckt der elektrische Funke den durch die Kette verbundenen Kreis, als er, ohne ein Wort zu sagen, mit dem Taschentuch die in seinem Gesicht auflodernde Glut verbergend, aufsprang, aus dem Speisesaal die Treppen hinab auf die Straße stürzte und, wie von Furien verfolgt, zu seinem in der Nähe wohnenden Freund P. [Peguilhen (Anmerkung von Gubitz, 1854)] flüchtete.
>
> Kleist fuhr, ohne anzuklopfen, in dessen Arbeitszimmer hinein, und warf sich glühend, ganz außer sich auf ein Sofa, anfangs unfähig, nur ein Wort herauszubringen. P., der ihn in solcher Aufregung nie gesehen, stutzte, und fragte gutmütig, ihm ein Glas Wasser reichend, was ihm begegnet sei?
>
> Kleist goß das Wasser hastig hinunter, und nach einiger Erholung trug er das Begegnis mit einer bei ihm ganz ungewöhnlichen Exaltation und mit Äußerungen des innigsten Verdrusses über Verletzung der weiblichen Würde ausführlich vor, und hätte vielleicht noch lange fortgesprochen, wenn ihn nicht P., sobald er unterrichtet war, durch ein lautes, nicht zu stillendes Gelächter unterbrochen hätte. […]
>
> Da brach der Sturm noch gewaltiger los. Er warf dem P., ihn mit einer Sündflut genialer Scheltnamen überschüttend, Undeli-

katesse, Gemeinheit vor, kündigte ihm alle Freundschaft auf, die zwischen so ganz verschiedenen Naturen nicht ferner bestehen könne, und so weiter.

Als P. bemerkte, daß alle besänftigenden Worte in den Wind geredet waren, doch sein unmöglich zu unterdrückendes Gelächter immer von neuem Öl ins Feuer goß, bemühte er sich, sein Gesicht in ernstere Falten zu legen, reichte Kleist einen Hut und ersuchte ihn, nach Hause zu gehen, um die Sache zu beschlafen; worauf Kleist blitzschnell, ohne ein Wort zu erwidern, davonlief. [...]

Bei dem Mäzen entstand zwar eine allgemeine höchst unwillkommene Störung, indessen wurde Kleists Flucht wirklich auf Nasenbluten oder einen andern plötzlichen Krankheitsfall geschoben. Nur die Sensitive glaubte das Richtige zu treffen, indem sie den raschen Aufbruch zwar auf Rechnung des strengsten und heiligsten Feuers schrieb, das sie entzündet zu haben glaubte, aber zugleich überzeugt war, Kleist habe nur die Absicht, mit ihr eine Weihe-Zusammenkunft vorzubereiten, in welcher Meinung sie unter einem Vorwande ebenfalls den Speisesaal verließ, um ihn in seinem Versteck aufzusuchen. Als sie die Gewißheit erhielt, daß er wirklich ohne Kopfbedeckung das Haus verlassen habe, besuchte sie ihn am folgenden Tage in seiner Wohnung, wozu zarte Besorgnis für seine Gesundheit einen schicklichen Vorwand bot, und gab ihren Plan erst auf, da er sich als unwohl verleugnen ließ.

P. fand es nicht unter seiner Würde, am andern Tage den Freund in seiner Wohnung aufzusuchen. Da dessen Lebensgeister durch die Stille der Nacht beruhigt waren, so fand ein gutes Wort eine stille Statt, und bald wurde unter gemeinschaftlichem Gelächter und Witzworten der Freundschaftsbund von neuem geschlossen.»

Daß gerade die delikate Beziehung zu Frauen ihn zu solcher Raserei führen konne, bestätigt ein anderes Zeugnis, das Bülow in seiner Überlieferung anführt und das an anderer Stelle durch Pfuels Erzählung bestätigt wird. Es geht hier um den Bruch mit der jungen Julie Kunze in Dresden, den Kleist herbeigeführt haben soll, weil sie nicht bereit gewesen sei, ihm bedingungslos zu folgen und zu vertrauen. Bülow berichtet:

«Aus Niedergeschlagenheit über die Störung dieses Verhältnisses, und weil es sich zugleich entschied, daß der Phöbus keinen Fortbestand haben werde, versuchte Kleist schon hier, sich das Leben zu nehmen, und fand ihn sein Freund Rühle eines Herbsttages, von einer starken Dosis Opium, die er zu sich genommen hatte, der Besinnung geraubt, auf dem Bette liegen.»
Letzteres hält Sembdner für eine fragwürdige Überlieferung. Pfuel soll gesagt haben, «er habe ihn einst acht Tage in Dresden wegen einer in der Liebe gekränkten Eitelkeit wahnsinnig und rasend in seiner Stube gehabt».

Der Rückzug nach Enttäuschungen scheint nicht selten gewesen zu sein; verschiedene Zeugnisse belegen, daß er tagelang im Bett blieb, «mehr aus Unlust als aus Unwohlsein», oder er ließ sich, «in sein Zimmer verschlossen, vor keinem Menschen sehen» (nach von Bülow). Ludwig Tieck lernte Kleist 1808 in Dresden kennen: «Trotz seines sonderbaren Wesens war Kleist liebenswürdig. Wenn auch scheu und schroff, war er doch bieder, wahr und aufrichtig, aber wechselnden und zweifelvollen Stimmungen unterworfen. In guten Stunden nahm er unbefangen und lebhaft an der Unterhaltung teil. Dann fiel ein unbedeutendes Wort, auf welches niemand Wert legte, aber ihn berührte es in unbegreiflicher Weise, und sogleich ward er stumm, finster, und zog sich mißtrauisch tagelang in sich zurück. In solchen Augenblicken des Schweigens schien er geistig abwesend. In seiner Bildung hatte er die verschiedenartigsten Gegensätze durchgemacht, ohne sie zu überwinden. Kantische Philosophie und Militärdisziplinen, Poesie und Naturwissenschaften, Skepsis und gläubige Mystik hatten ihn angezogen und erfüllt. Namentlich glaubte er Kants Philosophie trefflich zu kennen. Von allen Seiten her suchte er die Rätsel des Lebens aufzufassen, und angstvoll arbeitete er sich an ihrer Lösung ab, ohne weiter zu kommen. Seine äußere Stellung war eine unsichere; die Hoffnungslosigkeit Deutschlands drückte ihn vollends nieder. Der Sturz Preußens erschütterte ihn heftig. Ein tiefer, sittlicher Unwille, ein bitterer Ingrimm erfaßte ihn, der sich sarkastisch und schlagend äußerte. Und oft warf sich dieser Haß auf einzelne Personen.»

Kleist war mindestens so sehr Melancholiker wie Choleriker, wenn ich diese beiden alten Begriffe der Temperamentenlehre einmal gebrauchen darf: er war schwermütig. Und nur in den seltenen Augenblicken, in denen ein verständnisvoller und kluger Partner ihm begegnete, löste sich die Schwermut in der Wärme des Gesprächs. Der Historiker Friedrich Christoph Dahlmann etwa, der mit Kleist 1809 in Böhmen einige Zeit zusammen war, gibt in seinem Bericht Beispiele für freundschaftliche Gespräche, zu denen Kleist durchaus fähig war. Daß es der Anteilnahme und des Verständnisses bedurfte, ihn aus seiner Schwermut zu lösen, ist wohl auch ein Anzeichen für die Ursache dieser Schwermut: fehlende Anteilnahme, fehlendes Verständnis von Kindheit an. Dazu kommen wohl auch Schuldgefühle wegen des Versagens im privaten und bürgerlichen Leben: in der Liebe, im Beruf. Daß Enttäuschungen ihn wieder in den Zustand der Schwermut zurückwarfen, diesen in seiner Gewalt erneuernd, ist an den Phasen seines Lebens abzulesen, die mit Krisen jeweils endeten: das Mißlingen, das nicht nur auf ihn zurückzuführen ist, also auf seinen «schwierigen Charakter», stürzte ihn in Depressionen.

Sechs Krisen schließen die sechs Lebensphasen ab, die seiner siebenjährigen Militärzeit folgen, die ich die erste Phase seines Lebens genannt habe. Die zweite Phase von 1799 bis 1801 wird bestimmt vom Versuch, Gelehrter zu werden; sie endet mit der ersten großen Krise, «der Erkenntniskrise». Die dritte Phase von 1800 bis 1802 überlappt sich mit der vierten: es ist der Versuch, eine Familie zu gründen; nach dem Bruch der Verlobung folgt eine Krankheit, so scheint es. Die vierte Phase von April 1802 bis Oktober 1803, also etwa anderthalb Jahre dauernd, ist der erste Versuch, poetische Werke zu schaffen. Sie endet mit dem Verbrennen des Manuskripts des «Robert Guiskard». Ein dreiviertel Jahr lang, vom 26. Oktober 1803 bis 24. Juni 1804, fehlen uns Briefe von Kleist. Es ist ein dunkles Jahr in seinem Leben, über das wir nur Vermutungen haben. Die nächste Krise fällt in das Jahr 1806 nach dem zweijährigen Versuch, sich als Beamter in Königsberg zu bewähren. Von Februar bis Juli 1807 ist Kleist als Spion in französischer Haft. Die fünfte Krise folgt zwei Jahre später nach dem Ende des «Phöbus» in Dresden im April 1809. Hier entsteht wieder eine Pause: ein dunkles halbes Jahr, in dem Kleist in Böhmen ist; es geht sogar das Gerücht, er sei tot. Die sechste und letzte Krise kam nach den zwei Jahren in Berlin,

Dezember 1809 bis November 1811: Kleist erschießt sich am Wannsee.

Ich will diese dunklen Krisen-Zeiten – der Krankheit, des Todeswunsches, des Verschollenseins – genauer untersuchen, soweit das vorliegende Material es zuläßt. Die erste Krise, die «Erkenntniskrise», habe ich bereits dargelegt; die zweite Krise folgt im Sommer 1802 in Thun, sie scheint nicht so schwer gewesen zu sein wie die vorangegangene, wohl ein Zeichen dafür, daß die Auflösung der Verlobung für ihn vor allem befreiend wirkte. Ja, es stellt sich sogar die Frage, ob die Entlobung überhaupt die Ursache der Krise war.

Kleists Weigerung, mit Ulrike nach Frankfurt an der Oder zurückzukehren, hatte einen Grund darin, daß er sich nach seinen mißlungenen Studien weder in Frankfurt noch in Berlin sehen lassen konnte, wo er allzu hohe Erwartungen geweckt hatte. Er reist mit einem Freund, dem Maler Heinrich Lohse, in die Schweiz. Das Zerwürfnis mit diesem Freund in Basel scheint ihn – nach den vorliegenden Dokumenten zu urteilen – stärker erschüttert zu haben als die Entlobung. In seinem Brief an Ulrike von 16. Dezember 1801 schildert er Lohse als einen «guten Menschen, den man recht lieb haben kann. Seine Rede ist rauh, doch seine Tat ist sanft.» Mit ihm betritt er das «neue Vaterland», die Schweiz, als sei es ein «Eintritt in ein anderes Leben». In einem Brief an Lohse vom 23. Dezember aus Liestal bei Basel, mit Nachschriften vom 27. und 29. Dezember aus Bern, entschuldigt sich dann Kleist für einen Auftritt, der den Freund zu raschem Abschied getrieben haben muß. Was der Grund für Kleists Vorwürfe war, wissen wir nicht. Er schreibt:

«Mein lieber Lohse, Du empfängst durch einen Boten diesen eingeschlossnen Schlüssel, den ich nicht, wie ich gestern versprach, selbst nach Basel bringen kann, weil ich mich krankhaft ermattet fühle am Leibe und an der Seele. Sondre Dein Eigentum von dem meinigen ab, schicke den Schlüssel mir zurück, und bedeute unsre lieben Wirtsleute, daß sie meine *beiden* Koffer zurückbehalten sollen bis auf weitere Nachricht.

Und weiter hätte ich Dir nichts zu sagen? O doch, noch etwas. Aber sei unbesorgt. Du sollst keine Vorwürfe von mir hören. Ich will Abschied von Dir nehmen auf ewig, und dabei fühle ich mich so friedliebend, so liebreich, wie in der Nähe einer Todesstunde.

Ich bitte um Deine Verzeihung! Ich weiß, daß eine Schuld auch auf meiner Seele haftet, keine häßliche zwar, aber doch eine, diese, daß ich Dein Gutes nicht nach seiner Würde ehrte, weil es nicht das Beste war. O verzeihe mir! Es ist mein töricht überspanntes Gemüt, das sich nie an dem, was ist, sondern nur an dem, was nicht ist, erfreuen kann. Sage nicht, daß Gott mir verzeihen solle. Tue Du es, es wird *Dir* göttlich stehen.

Ich verzeihe Dir alles, o *alles*. Ich weiß jetzt nicht einmal, ja kaum weiß ich noch, was mich gestern so heftig gegen Dich erzürnt hat, und wenn ich mich in diesem öden Zimmer so traurig einsam sehe, so kann ich mir gar nicht Rechenschaft geben, gar nicht deutlich, warum Du nicht bei mir bist?»

Diese Formulierung, daß er sich nie an dem, was ist, sondern nur an dem, was nicht ist, erfreuen könne, findet sich auch in anderen Briefen – etwa dem vom 5. Februar 1801 und dem vom 29. Juli 1801 –, sie charakterisiert ihn als jemanden, der nicht in der Lage ist, im Hier und Jetzt zu leben, sondern in Gedanken immer vorauseilt in die Zukunft oder zurückkehrt in die Vergangenheit; er lebt ganz in Gedanken; er hat keine Ruhe in der Gegenwart, er ist immer unzufrieden. Friede verspricht ihm einzig der Tod: ist ihm besonders «friedliebend» und «liebreich» zumute, fühlt er sich «in der Nähe einer Todesstunde»!

Das Liebesgeständnis, das Kleist darauf Lohse macht, besser: die Beteuerung seiner Liebe, mag mit dem Grund des Zerwürfnisses zu tun haben:

«Und ich sollte Dich nicht lieben? Ach, wie wirst Du jemals einen Menschen überzeugen können, daß ich Dich nicht liebte! – Du hast wohl selten daran gedacht, was ich schon für Dich getan habe? Und es war doch so viel, so viel, ich hätte für meinen Bruder nicht mehr tun können. Denke nun zuweilen daran zurück, auch an Metz, ich muß dich nur daran erinnern. Ach es ist nicht möglich, nicht möglich, es muß Dich doch immer rühren, so oft Du daran denkst.

Und doch konntest Du von mir scheiden? So schnell? So leicht –? Ach, Lohse, wenn Caroline Dich einst fragen wird, wie konntest Du so schnell, so leicht von einem Menschen scheiden, der Dir doch so viel Liebes, so viel Gutes tat, wie wirst Du Dich getrauen können zu antworten, es sei geschehen, weil er immer recht haben wollte –?»

Seine Rechthaberei, der Eigensinn, der ihn auf dem Eigenen beharren ließ, mag den Umgang mit ihm erschwert haben; seinem Werk ist dieser Eigensinn zugute gekommen.

Ein Satz aus diesem Brief an Lohse lautet: «O wenn Gott diesmal mein krankhaftes Gefühl nicht betrügen wollte, wenn er mich sterben ließe.» Der Wunsch nach dem Tod taucht in schwierigen Situationen bei ihm rasch auf ebenso wie die Äußerung, er sei krank; ich nehme diese so ernst wie den Todeswunsch. Es werden nicht organische Krankheiten gewesen sein, die ihn in solchen Krisen geplagt haben, es waren wohl psychische Depressionen, Niedergeschlagenheit, Verzweiflung, in der alle Kraft sich zerstörerisch gegen ihn selbst wandte, wenn er nicht gar völlig gelähmt war. Er wußte es. Im Brief an Ulrike vom 12. Januar 1802 aus Bern, in dem er ankündigt, daß Lohse bei ihm wohnen werde, wenn er seine Landwirtschaft betreibe – von Wilhelmine ist nicht die Rede! –, schreibt er:

«Und im Ernste, wenn ich mein letztes Jahr überdenke, wenn ich erwäge, wie ich so seltsam erbittert gewesen bin gegen mich und alles, was mich umgab, so glaube ich fast, daß ich wirklich krank bin. Dich, zum Beispiel, mein liebes, bestes Ulrikchen, wie konnte ich Dich, oft in demselben Augenblicke, so innig lieben und doch so empfindlich beleidigen? O verzeih mir! Ich habe es mit mir selbst nicht besser gemacht. – Du rietest mir einmal in Paris, ich möchte, um heiter zu werden, doch kein Bier mehr trinken, und sehr empfindlich war mir diese materialistische Erklärung meiner Trauer – jetzt kann ich darüber lachen, und ich glaube, daß ich auf dem Wege zur Genesung bin. Ach, Ulrike, es muß irgendwo einen Balsam für mich geben, denn der bloße Glaube an sein Dasein stärkt mich schon. – Ich will Dir wohl sagen, wie ich mir das letzte Jahr erkläre. Ich glaube, daß ich mich in Frankfurt zu übermäßig angestrengt habe, denn wirklich ist auch seit dieser Zeit mein Geist seltsam abgespannt. Darum soll er für jetzt ruhen, wie ein erschöpftes Feld, desto mehr will ich arbeiten mit Händen und Füßen, und eine Lust soll mir die Mühe sein. Ich glaube nun einmal mit Sicherheit, daß mich diese körperliche Beschäftigung wieder ganz herstellen wird.»

Der letzte Brief an Wilhelmine vom 20. Mai 1802 endet mit dem Wunsch zu sterben, das ist sicherlich wieder eine Rede, die ihm naheliegt, eine Ausflucht, die aber ernst zu nehmen ist als Ankündigung von etwas, was tatsächlich erwogen wird. Im Brief an den Vetter Wilhelm von Pannwitz vom August 1802 schreibt er: «Ich bitte Gott um den Tod und Dich um Geld.» Das Geld ist ihm hier sicher wichtiger als der Tod. Auch die Krankheit, von der er dann schreibt, war wohl eher ein Grund, Geld einzufordern. Ulrike eilte daraufhin von Frankfurt an der Oder nach Bern und fand statt des kranken einen gesunden und munteren Bruder, der den Bernern gegen die Aufständischen helfen wollte.

Hatte er die Krankheit nur erfunden? Ich glaube nicht: das rasche Scheitern seines Thuner Experiments, das durch die Kriegsereignisse beschleunigt wurde, stürzte ihn sicher in eine Krise; das Ende der Verlobung und das Ende der Freundschaft mit Lohse kamen hinzu. Was sollte er tun? Wie errang man sich einen Namen? Seine literarische Arbeit hatte er bereits begonnen. Doch die Aussicht auf Erfolg war höchst ungewiß. Also – das liegt nahe – wieder ein Rückzug mehr «aus Unlust als aus Unwohlsein» ins Zimmer oder ins Bett, erneut der Wunsch zu sterben, am besten durch eine militärische Heldentat.

Das wiederholt sich fast alles bei der nächsten Krise: das Zerwürfnis mit einem Freund, diesmal mit Ernst von Pfuel, der nach einem wütenden Ausbruch sich von ihm trennt, die Unsicherheit über sein poetisches Können – er verbrennt das Manuskript des «Robert Guiskard» – und der Versuch, im Krieg einen schönen Tod zu finden. Das ereignet sich im Oktober 1803 in Paris, wohin er mit Pfuel reiste, nachdem er ihm zuvor die schöne Schweiz gezeigt hatte. Für die Zeit von Oktober 1803 bis Juni 1804 haben wir keine Briefe von ihm. Ein wenig Licht können wir jedoch ins Dunkel bringen, wenn wir dieses Krisenjahr mit den anderen vergleichen. Erneut Depressionen und der Wunsch zu sterben, erneut der Versuch, den kriegerischen Tod zu finden. Kleist hat sich ernsthaft bemüht, der napoleonischen Armee beizutreten, die an der Kanalküste zusammengezogen wurde für eine Invasion Englands.

Zweierlei ist daran geheimnisvoll: es ist das erste und einzige Mal in seinem Leben, daß Kleist nicht gegen, sondern für Napoleon kämpfen will. Ist der Todeswunsch so stark, daß alle preußischen Rücksichten weichen? Als ehemaliger preußischer Offizier mußte er bei Eintritt in die napoleonische Armee mit der Todesstrafe in Preußen rechnen; nach seinem Abschied vom Militär hatte er zugesichert, nie in fremde Dienste zu treten. Und warum ging er ohne

Paß nach St. Omer? War ihm die Gefahr nicht bewußt, als preußischer Spion hingerichtet zu werden? Oder wollte er gar spionieren?

In Bern sprach er noch von Napoleons Truppen geringschätzig als den «Affen der Vernunft»; er verabscheute sie zutiefst. Es ist schwer vorstellbar, daß er ein Jahr später ausgerechnet diesen Truppen helfen will, ein friedliches Land zu überfallen und zu unterdrücken. Ich halte es für möglich, daß er Spionage- oder Kurierdienste ausführte oder ausführen wollte, daß er für diesen Fall sich die Ausrede, er wolle der Invasionsarmee beitreten, ausgedacht hatte, ja, daß er sogar bereit war, ihr beizutreten, um genauere Auskünfte über deren Stärke zu erhalten. Das könnte auch erklären, warum alle Unterlagen über diese Angelegenheit aus den preußischen Archiven verschwunden sind. Es war eine schwierige Situation: einerseits durfte er nicht fremde Kriegsdienste nehmen, andererseits wollte er sie nehmen, um dem Feind zu schaden.

Das sind zwar alles Vermutungen, aber sie können Kleists weitere Tätigkeit verständlicher machen. Da er ohne Paß war, mußte er nach Paris zurückkehren. Der preußische Gesandte Lucchesini stellte ihm einen Paß aus für die Heimreise nach Preußen. Warum aber blieb er in Mainz beim damals berühmten Arzt und vormals berühmten Jakobiner Georg Wedekind? Wegen seiner Krankheit? Sicherlich. Wedekind, der wohl sah, daß er es hier mit psychischem und nicht mit organischem Leiden zu tun hatte, wandte sich an Christoph Martin Wieland, bei dem Kleist den Winter von 1802 auf 1803 verbracht hatte, um ihn nach dem merkwürdigen Menschen zu befragen. Kleist wollte nicht nach Preußen zurückkehren? Sicherlich. Zum fehlenden Ruhm kam nun auch noch die seltsame Affäre mit der französischen Invasionsarmee. Doch warum war Kleist zwischen dem 4. Februar und dem 10. Mai 1804 in Paris? Jedenfalls wird er im Tagebuch Karl Bertuchs mehrmals erwähnt, was Hilda Brown und Richard Samuel entdeckten.

Hier könnte doch eine politische Tätigkeit der Grund gewesen sein. Wedekind, Anhänger der Französischen Revolution und Gegner Napoleons, in Verbindung mit anderen jakobinischen Gegnern Napoleons, könnte Kleist als Kurier eingesetzt haben und dies zugleich noch in therapeutischer Absicht, eben um den depressiven Mann sinnvoll zu beschäftigen. Sinnvoll konnte für Kleist – so meine ich – eine antinapoleonische Tätigkeit sehr wohl sein. Dirk Grathoff schreibt: «Ohne Frage ist Kleists Einstellung zu Napoleon von eminenter Bedeutung [...], so ist es eine dankenswerte Leistung der Studie von Brown und Samuel zu vergegenwärtigen, daß Kleist jene Kulminationsphase des napoleonischen Verrats an der Revolution in unmittelbarer Nähe miterlebt.» Daß Kleist im Auftrag Wedekinds handelte, will Grathoff nicht einleuchten.

Mir wiederum will nicht einleuchten, daß Kleist Ende 1803 tatsächlich Napoleon unterstützen wollte. Daß er ernsthafte Versuche machte, dessen Invasionsarmee beizutreten, wurde von Jean Ruffet belegt. Daß er dies auch in der Absicht tat, im Kanal sein «prächtiges» Grab zu finden, sagte Kleist selbst.

Daß er dabei auch eine spionageähnliche Tätigkeit im Sinne hatte, möchte ich – angesichts seiner Feindschaft gegen Napoleon – zumindest nicht ausschließen.

Schon die Würzburger Reise hatte sehr wahrscheinlich einen spionageähnliche Zweck; in seiner Dresdner Zeit führte er Kurierdienste für preußische Freikorps aus; 1809 wollte er den Österreichern gegen Napoleon zu Hilfe kommen; das alles fügt sich gut zusammen: es ist nicht auszuschließen, daß Kleist eine spionageähnliche Absicht hatte – sei es mit oder ohne Auftrag –, als er Ende 1803 an der Kanalküste war und im Frühjahr 1804 in Paris. Im Februar 1807 wurde er schließlich sogar als Spion von den Franzosen verhaftet. Bisher betrachtete man diese Verhaftung als ein Versehen, so wie sie von Kleist und vor allem von seiner Schwester Ulrike in ihren Eingaben an französische Stellen dargestellt wurde. Ich bezweifle, daß sie ein Versehen war, weil ich sie im Zusammenhang mit seinen anderen – belegten oder mutmaßlichen – politischen Absichten und Tätigkeiten sehe. Eine politische Aktion entspräche seiner antinapoleonischen Haltung.

Damit sind wir schon bei der nächsten Krise von Sommer 1806 und von Winter 1806 auf 1807. Es war auch eine schwere Krise des preußischen Staates. Am 14. Oktober 1806 besiegte Napoleon Preußen in der Schlacht bei Jena. Der Hof flüchtete von Berlin nach Königsberg, wo Kleist seinen einzigen ernsthaften Versuch unternahm, Zivilbeamter zu werden. Kleists Versuch endete in einer Depression. Im Brief an den Freiherrn von Stein zum Altenstein, der ihm und dem er wohlgesonnen war, beschreibt er diese Depression genau:

«Ein Gram, über den ich nicht Meister zu werden vermag, zerrüttet meine Gesundheit. Ich sitze, wie an einem Abgrund, mein edelmütiger Freund, das Gemüt immer starr über die Tiefe geneigt, in welcher die Hoffnung meines Lebens untergegangen ist: jetzt wie beflügelt von der Begierde, sie bei den Locken noch heraufzuziehen, jetzt niedergeschlagen von dem Gefühl unüberwindlichen Unvermögens. – Erlassen Sie mir, mich deutlicher darüber zu erklären. Stünd ich vor Ihren Augen, so würd ich Sprache finden, Ihnen deutlicher zu sein, Ihnen! Obschon ich es niemandem in der Welt bin –

Vergebens habe ich mich bemüht, mich aus diesem unglücklichen Zustand, der die ganze Wiederholung eines früheren ist, den ich schon einmal in Frankreich erlebte, emporzuarbeiten. Es ist, als ob das, was auf mich einwirkt, in eben dem Maße wächst, als mein Widerstand; wie die Gewalt des Windes in dem Maße, als die Pflanzen, die sich ihm entgegensetzen. Ich bin seit mehreren Monden schon mit den hartnäckigsten Verstopfungen geplagt. Nicht genug, daß ich bei der Unruhe, in welche sie mich versetzen, unfähig zu jedem Geschäft bin, das Anstrengung erfordert: kaum, daß ich dazu tauge, die Seite eines Buches zu überlesen.»

Daß er dieser Art von Depression schon einmal ausgeliefert war, nämlich in Frankreich, ist wohl ernst gemeint. Wie sehr Depressionen auch durch Konstitution oder Charakter hervorgerufen werden mögen, ihre Auslöser sind äußere niederdrückende Erlebnisse. Diesmal in Königsberg im Sommer 1806 ist es die sture Beamtenarbeit, die den Dichter lähmt, der am «Zerbrochenen Krug» arbeitet. Der Zusammenbruch Preußens nach der Jenaer Schlacht folgt. Die kluge und stolze Haltung der Königin Luise, die die besten Männer um sich sammelt, wie Kleist schreibt, bewundert er, den zögernden, schwachen König verachtet er. Unter den vaterlandsliebenden Männern, die nach Königsberg kommen, ist auch sein alter Freund Ernst von Pfuel. Was läge näher, als wieder aus der Depression in eine militärische Heldentat zu fliehen, die auch noch ein «prächtiges Grab» verhieß? Mit Ernst von Pfuel, dem ehemaligen Offizierskameraden, und mit zwei weiteren ehemaligen Offizieren, Karl Ernst von Gauvain und Friedrich Ehrenberg, verläßt Kleist im Januar 1807 Königsberg, um über Stolp, Köslin und Stettin nach Berlin zu gehen, also hinter die französischen Linien und in die von den Franzosen besetzte Hauptstadt, die zu betreten preußischen Offizieren verboten war. Pfuel trennt sich vor Berlin von den dreien, wahrscheinlich weil er am ehesten eine Verhaftung zu fürchten hatte. Von Bülow berichtet dazu folgendes:

«Im Jahre 1807 wanderte Kleist, gerade zu der Zeit, als nach der Schlacht von Eylau die Parteigänger in Preußen auftauchten, mit Pfuel und zwei anderen Offizieren zu Fuße nach Berlin.

Herr v. Pfuel trennte sich von seinen Begleitern kurz vor der Stadt, um nach Nenndorf (Nennhausen) zu Fouqués zu gehen. Die drei andern wurden am Tor angehalten, und Kleist, da er ohne Paß war, und nur seinen Abschied als Leutnant in der Tasche hatte, als vermeintlicher Schillscher Offizier ohne weiteres gefangengenommen und nach Fort de Joux in Frankreich abgeführt.

Es ist gewiß nicht unmöglich, daß dieser Verdacht der wahre Grund eines solchen Verfahrens gegen ihn gewesen sei; doch bleibt immer so viel Unaufgelöstes in der Sache, daß auch die Vermutung nicht ganz abzuweisen sein mag, man habe ihn mit Pfuel verwechselt, und für ihn bestraft, dessen Abgang von Königsberg verraten worden war, und den die Franzosen ohne Zweifel recht wohl als bedeutenden Vaterlandsfreund kannten und fürchteten.

Nach einer anderen Meinung machte es ihn zumeist verdächtig, daß er so leicht verlegen ward, stotterte, errötete, ein Kindergesicht hatte, und Französisch eigentlich fließender als Deutsch sprach.»

Daß Pfuel den Franzosen als «Vaterlandsfreund» bekannt war, daß Kleist als Ersatz für Pfuel verhaftet worden sein könnte, das können Anhaltspunkte dafür sein, daß Kleist abermals und unzulänglich wie bisher gegen Napoleon etwas zu unternehmen versuchte. Es ist also möglich, daß die Franzosen ihn nicht zu Unrecht als Spion oder Widerständler verhafteten. Kleist, der am 31. August 1806 an den Freund Rühle von Lilienstern schrieb: «Komm laß uns etwas Gutes tun und dabei sterben», Kleist wäre eine riskante Tat zuzutrauen. In diesem Brief an Rühle erläutert Kleist auch seine literarische Arbeit:

«Komm, laß uns etwas Gutes tun, und dabei sterben! Einen der Millionen Tode, die wir schon gestorben sind, und noch sterben werden. Es ist, als ob wir aus einem Zimmer in das andere gehen. Sieh, die Welt kommt mir vor, wie eingeschachtelt; das kleine ist dem großen ähnlich. So wie der Schlaf, in dem wir uns erholen, etwa ein Viertel oder Drittel der Zeit dauert, da wir uns, im Wachen, ermüden, so wird, denke ich, der Tod, und aus einem ähnlichen Grunde, ein Viertel oder Drittel des Lebens dauern. Und grade so lange braucht ein menschlicher Körper, zu verwesen. Und vielleicht gibt es für eine ganze Gruppe von Leben noch einen eignen Tod, wie hier für eine Gruppe von Durchwachungen (Tagen) einen. – Nun wieder zurück zum Leben! So lange das dauert, werd ich jetzt Trauerspiele und Lustspiele machen. Ich habe der Kleisten eben wieder gestern eins geschickt, wovon Du die erste Szene schon in Dresden gesehen hast. Es ist der zerbrochene Krug. Sage mir dreist, als ein Freund, Deine Meinung, und fürchte nichts von meiner Eitelkeit. Meine Vorstellung von meiner Fähigkeit ist nur noch der Schatten von jener ehemaligen in Dresden. Die Wahrheit ist, daß ich das, was ich mir vorstelle, schön finde, nicht das, was ich leiste. Wär ich zu etwas anderem brauchbar, so würde ich es von Herzen gern ergreifen: ich dichte bloß, weil ich es nicht lassen kann.»

Aus der französischen Gefangenschaft kehrte Kleist nicht nach Berlin zurück, er ging nach Dresden, wo er Ende August 1807 eintraf. Bis April 1809 blieb er in Dresden; es war seine literarisch fruchtbarste Zeit; die Freundschaft mit Adam Müller beflügelte ihn. Das Ende dieser schöpferischen Periode wurde wiederum nicht nur durch den Bankrott der Zeitschrift «Phöbus» herbeigeführt, sondern auch durch den Streit mit dem Freund und Mitherausgeber Müller, der tatsächlich Kleist hinterging. Müller hatte alle finanziellen Außenstände des «Phöbus» an den Buchhändler Walther abgetreten, ohne Wissen Kleists. Kleist wollte sich deshalb mit ihm duellieren.

Für lange anhaltende Depressionen hatte Kleist diesmal keine Zeit: die Franzosen räumten Dresden, Preußen mobilisierte, der Krieg zwischen Österreichern und Franzosen begann erneut. Kleist zog voll patriotischer Gefühle mit Dahlmann nach Böhmen und Österreich. Die Hoffnung nach dem Sieg der Österreicher bei Aspern am 21. und 22. Mai 1809 – am 25. Mai besuchten Kleist und Dahlmann das Schlachtfeld – wurde von deren Niederlage bei Wagram am 6. Juli wieder zunichte gemacht. Am 12. Juli wurde ein Waffenstillstand zwischen Österreich und Frankreich geschlossen.

Der letzte Staat auf dem Kontinent, der gegen Napoleon sich noch zu behaupten versuchte, hatte eingelenkt.

Über Kleists anhaltendes Interesse an Kriegführung – auch und gerade 1809 in Böhmen und nicht zuletzt durch Ernst von Pfuel inspiriert – berichtet Dahlmann:

«Kleist und ich trieben damals eifrig das Kriegsspiel, welches gerade durch den auch in unserm Kreise verkehrenden Hauptmann (Ernst v.) *Pfuel*, jetzigen Generallieutenant und Staatsminister a. D., sehr verbessert worden war. Wir taten das zum gewaltigen Ärger Knesebecks, der, als wir uns einmal unartig genug durch seinen Eintritt gar nicht stören ließen, uns nun auseinandersetzte, wie hier gerade alles fehle, was das Wesen des Kriegs ausmache. Kleist erwiderte auf jede dieser Ausstellungen: ‹Es ist aber alles darin, lieber Knesebeck.› Als nun die Reihe auch an die Verproviantierung kam und Kleist es an denselben Worten nicht fehlen ließ, rannte Knesebeck mit den Worten: ‹Na, so hole Sie denn der Teufel› grimmig zur Türe hinaus.

Kleist verstand etwas vom Kriegswesen, ich nichts; aber seine jähe Hitze machte mich vorsichtig, und so zog ich mich ganz leidlich aus der Sache.»

In der Selbstbiographie Friedrich von Pfuels, des Bruders von Ernst von Pfuel, findet sich ein weiterer Hinweis auf geheimdienstliche Tätigkeit Kleists in dieser Zeit; Friedrich von Pfuel schreibt, «daß er [Ernst v. Pfuel] damals mit dem in geheimer Mission in Österreich tätigen Heinrich von Kleist zusammengetroffen sei». Da Friedrich von Pfuel den General Knesebeck in dieser Zeit begleitet und mit Kleist und Dahlmann oft zusammentraf, dürfte er wissen, wovon er spricht.

Hermann F. Weiss hat in seiner Untersuchung «Studien und Funde zu Heinrich von Kleists politischem Wirken 1808 bis 1809» Beweise für Kleists politische Tätigkeit in dieser Zeit erbracht. Kleist schloß sich in Dresden im Jahre 1808 der den Österreichern anhängenden Partei an, die sich um Joseph von Buol gebildet hatte, der damals die österreichische Gesandtschaft in Dresden leitete und den Dichter förderte. Ein Freund des in Wien tätigen Friedrich von Gentz, mit Kleists Freund Adam Müller befreundet, war der Teplitzer Schriftsteller Eichler; Eichler arbeitete – das ist unzweifelhaft – für den österreichischen Nachrichtendienst. Weiss schreibt, daß

Eichler «der wichtigste Verbindungsmann zwischen Napoleongegnern in Böhmen und Sachsen war. Ihm kam auch [...] eine wichtige Rolle bei der Vermittlung österreichischer Propagandaschriften nach Norden zu; auch die Korrespondenz zwischen den genannten Gruppen lief größtenteils aus Sicherheitsgründen über ihn. Daher bittet Kleist am 25. Mai 1809 Buol darum, daß sein Brief an Hartmann ‹nicht etwa auf die Post› gegeben werde: ‹Der Brief muß durch Eichler gehen.› Den Behördenakten läßt sich entnehmen, daß Eichler für den österreichischen Nachrichtendienst in Sachsen verantwortlich war.»

Friedrich Christoph Dahlmann und Kleist waren in Prag mit Friedrich von Pfuel und Karl Friedrich von dem Knesebeck zusammen, die beide in preußischem Auftrag in Böhmen Nachrichten sammelten, weshalb sie von der Prager Polizei überwacht wurden, solange die Haltung Preußens zu Österreich unsicher war; auch dafür gibt Weiss Belege. Das Schlachtfeld bei Aspern besuchten Kleist und Dahlmann offensichtlich, um preußischen Stellen über den Verlauf der Schlacht und die Truppenstärken der Beteiligten zu berichten. Dazu schreibt Weiss:

«Kleists freudig erregter Brief vom 25. Mai 1809 bezeugt, wie sehr er sich der allgemeinen Hochstimmung nach der Schlacht bei Aspern hingab. Anscheinend hatte er vorher die Möglichkeit einer Teilnahme Preußens am Krieg oder an einer Volkserhebung skeptisch beurteilt, nun aber zweifelte er ‹keinen Augenblick mehr daß der König v. Preußen und mit ihm das ganze Norddeutschland losbricht›. Dieser Brief beweist auch, daß Kleist damals wieder die Funktion eines Agenten ausübte und patriotisch gesinnten Freunden und Bekannten in Prag, darunter Knesebeck, von der Schlacht berichtete. Sicher leitete ihn dabei die Absicht, auf die politische und militärische Entwicklung in seinem Sinne einzuwirken. Er mußte z. B. annehmen, daß Knesebecks Berichterstattung über den Sieg von Aspern die Position der Patrioten am preußischen Hof stärken könnte. Kleists Meldungen hatten um so mehr Gewicht, als er Verbindungen zur österreichischen Heeresführung angeknüpft hatte. Darauf weist die Bemerkung in seinem Schreiben vom 25. Mai 1809 hin, er habe ‹soeben, feucht aus der Presse kommend›, ein Druckerzeugnis ‹aus den Händen des Gen. Grf. Radetzky› erhalten. Es läßt sich nicht mit Sicherheit sagen, ob Radetzky Kleist den hochgestimmten Armeebefehl

Erzherzog Karls vom 24. Mai 1809 oder seinen eigenen Aufruf übergab, der etwa zur gleichen Zeit herauskam. Er lautet: «Se. Kaiserl. Hoheit der E. H. Carl hat am 21. und 22. May die Franzosen bei Stadt Enzersdorf geschlagen, ihre Brücken verdorben, 18 Pontons davon abgerissen. – Eilet brave Oesterreicher! schliesset euch gleich den Tirolern an eure braven Krieger an – und helfet die Feinde, die Räuber und Plünderer eures Vaterlandes zu vertilgen. Graf Radetzky, Generalmajor.»»

Zumindest für diese Zeit in Böhmen steht also fest, daß Kleist die Funktion eines Agenten ausübte! Das läßt auch frühere Agententätigkeit wahrscheinlicher werden.

Die sechste und letzte Krise Kleists fiel wiederum mit einer Krise des preußischen Staates zusammen, der hilflos gegenüber Napoleon war. Sie erfolgte im Herbst 1811, wiederum nach der Trennung von einem Freund; Adam Müller ging von Berlin nach Wien. Kleist versuchte, sich aus der Depression herauszuziehen: auch diesmal schien das Militär einen Ausweg zu bieten oder doch der Dienst beim König, und auch einen zivilen hätte er – wenigstens zeitweise – akzeptiert.

Als kein Ausweg zum Weiterleben sich bot, wurde der Wunsch zum Tod immer mächtiger. Daß er auch verwirklicht wurde, bedurfte des Zusammentreffens mehrerer Ereignisse: des Bankrotts der «Berliner Abendblätter», des Abschieds von Adam Müller, des Mißerfolgs als Dramatiker, der Zurückweisung durch den Hof, der Misere des Staates. Entscheidend aber war, daß er eine Partnerin fand, die bereit war, mit ihm zu sterben. Immer hatte er einen Partner oder eine Partnerin für diesen letzten Gang gesucht, jetzt fand er Henriette Vogel. Mit ihr sang er Todeslitaneien, die ihn entzückten. Mit ihr vollzog er die Tat, die er allein wohl nicht ausgeführt hätte. Im Leben war er lange genug einsam gewesen, im Tod wollte er nicht mehr einsam sein.

Der Dichter und sein Werk

Vor allem dem melancholischen Zug von Kleists Charakter bin ich gefolgt, dem cholerischen weniger, wiewohl er an seinen Krisen nicht unbeteiligt war. Die beiden extremen Haltungen, die Zeitgenossen bei ihm konstatierten – die Teilnahmslosigkeit einerseits und die Raserei andererseits –, sind zwei unterschiedliche Zustände des «Außer-Sich-Seins», so will es mir scheinen. «Teilnahmslos» heißt, er nimmt nicht am Gespräch teil, nicht an dem, was um ihn herum geschieht; er ist in Gedanken versunken und in Gedanken woanders, als er mit dem Körper ist.

Die «Raserei» ist ein anderer Zustand des «Außer-Sich-Seins». Hier ist er ganz einer Emotion hingegeben, so wie dort einem Gedanken; er ist dieser Emotion ausgeliefert, die Kontrolle des Bewußtseins ist während dieser Zeit ausgeschaltet, so daß ihm erst nachher klar wird, was er getan hat (siehe sein Entschuldigungsschreiben an Lohse am Tag nach einer solchen Raserei). Ganz-bei-sich-selber-zu-Sein war ihm oft, so scheint es, versagt. In seinem Brief vom 4. Mai 1801 an Wilhelmine klagt er: «Meine heitersten Augenblicke sind solche, wo ich mich selbst vergesse – und doch, gibt es Freude, ohne ruhiges Selbstbewußtsein?»

Christoph Martin Wieland erkannte diesen «schwierigen» Charakter Kleists; in einem langen Brief an Georg Wedekind vom 10. April 1804 gibt er eine «Charakter-Studie». Wieland hatte nicht nur Verständnis für Kleist, er erkannte auch Kleists poetisches Genie, das nicht in seinem Charakter begründet war. Man kann wie Kleist melancholisch, cholerisch, hypochondrisch sein – und man ist doch kein großer Poet. Das Wissen um seinen Charakter kann uns den Lauf seines Lebens verständlich machen, und die Kenntnis seiner Lebensbahn uns seinen Charakter erhellen. Manches Motiv seiner Dichtung, manche Eigenart seiner Gestalten werden wir besser verstehen, wenn wir seinen Charakter und seine Lebensgeschichte kennen. Sein Talent, große poetische Werke zu schaffen, läßt sich mit seiner charakterlichen Eigenart und seinem Leben nicht erklären. Das ist ein landläufiger Irrtum, der sich zu Unrecht auf Freud beruft. Sigmund Freud sagt zu Beginn seines Aufsatzes «Dostojewski und die Vatertötung» von 1928: «Leider muß die

Analyse vor dem Problem des Dichters die Waffen strecken.» Den Neurotiker Dostojevskij könne er analysieren, nicht aber den Dichter. Freud spricht ausdrücklich von der «unanalysierbaren künstlerischen Begabung».

Überragende Dichter sind so selten wie exzeptionelle Mathematiker, doch sie kommen vor. Kleist war einer von ihnen. Das ist der Grund, warum ich mich um ihn bemühe; doch seine Genialität kann ich nicht begründen. Die Kraft, mit der sie sich äußert, kann ich zu beschreiben versuchen: Kleists Vorstellungskraft, seine dramaturgische Kraft und seine Sprachkraft; seine Begabung liegt vor allem in seiner Macht über die Sprache, mit der er Sätze und Satzfolgen bildete, die seinem Werk jene Eigenwilligkeit aufprägten, die uns nach zweihundert Jahren noch in Bann zu ziehen vermag.

Warum gerade Kleist diese Sprachkraft besaß, andere sie nicht haben, das kann ich nicht begründen. Es war ein Glücksfall, der einzige seines Lebens, so scheint es, allerdings ein eminenter. Ein einziges Mal hatte er doch – die Zufallsgöttin Fortuna sei zitiert – das große Los gezogen.

Sicher, sein Temperament, das cholerische stärker als das melancholische, prägt sich seinem Werk ein: im Zusammenprallen der Positionen, in der Unversöhnlichkeit der Konflikte, in der Raserei dieser oder jener Figur und im Rhythmus seiner Sätze, der manchmal sich zu überstürzen scheint. Auch die Erfahrungen seines Lebens finden sich in seinem Werk ebenso wie die Gedanken, die er durch Freunde, durch Lektüre, durch eigene Grübelei fand.

Sein Entwicklungsgang vom preußischen Offizier über den Studenten, der als Gelehrter der Wahrheit dienen wollte, bis zum Dichter, der sich der dramatischen Literatur widmete, liegt nun vor unseren Augen: da er die Wahrheit durch die Wissenschaften nicht erlangen konnte, wandte er sich, sobald diese Vermutung ihm zur Gewißheit wurde, der Kunst zu. Seine Briefe bezeugen diesen Weg; ich habe sie zitiert. Schon im Brief an Ulrike vom 12. November 1799 ist diese Wendung von der Wissenschaft zur Kunst markiert:

«Bei dem ewigen Beweisen und Folgern verlernt das Herz fast zu fühlen; und doch wohnt das Glück nur im Herzen, nur im Gefühl, nicht im Kopfe, nicht im Verstande. Das Glück kann nicht, wie ein mathematischer Lehrsatz bewiesen werden, es muß empfunden werden, wenn es da sein soll. Daher ist es wohl gut, es zuweilen durch den Genuß sinnlicher Freuden von neuem zu

beleben; und man müßte wenigstens täglich *ein* gutes Gedicht
lesen, *ein* schönes Gemälde sehen, *ein* sanftes Lied hören – oder
ein herzliches Wort mit einem Freunde reden, um auch den schönern, ich möchte sagen den menschlicheren Teil unseres Wesens
zu bilden.»

Im Brief an Wilhelmine vom 21. Mai 1801, nach der Erkenntniskrise, heißt es dann:

«Wie oft, wenn ich auf meinen Spaziergängen junge Künstler sitzen fand, mit dem Brett auf dem Schoß, den Stift in der Hand,
beschäftigt die schöne Natur zu kopieren, o wie oft habe ich diese
glücklichen Menschen beneidet, welche kein Zweifel um das
Wahre, das sich nirgends findet, bekümmert, die nur in dem
Schönen leben, das sich doch zuweilen, wenn auch nur als Ideal,
ihnen zeigt. Den einen fragte ich einst, ob man, wenn man sonst
nicht ohne Talent sei, sich wohl im 24. Jahre noch mit Erfolg der
Kunst widmen könnte? Er antwortete mir, daß Wouwerman,
einer der größten Landschaftsmaler, erst im 40. ein Künstler geworden sei.»

Und im Brief an Ulrike vom 1. Mai 1802 steht das Ziel ihm in einer
Trias schon vor Augen. «Ich habe keinen andern Wunsch, als zu
sterben, wenn mir drei Dinge gelungen sind: ein Kind, ein schön
Gedicht, eine große Tat.»

«Ein schön Gedicht»! Wenn die Wahrheit durch die Wissenschaft
nicht zu erringen war, dann die Schönheit durch die Kunst. In der
Kunst, im Drama, in der Novelle, konnte er die «Inkommensura-
bilität» des Lebens auf die Spitze treiben – um es mit einem Worte
Walter Benjamins zu sagen –, er konnte Lebenssituationen zeigen,
ohne sie erklären zu müssen. Gerade das «sinnlose» Wüten des
Schicksals gibt dem Drama Größe. Der Philosoph will die Welt erklären, er will ihren Sinn finden und offenlegen. Der Dichter kann
die Welt zeigen, wie sie ist; nach Erklärungen braucht er nicht zu
suchen; das kann er dem Leser und den Interpreten überlassen.

Wie sehr auch die Misere seiner Zeit und die Misere seines Lebens
den dunklen Hintergrund bilden, vor dem Kleists Werk sich abhebt,
dieses Werk läßt sich mit seiner Lebensgeschichte nicht erklären, in
seinem Gestaltenreichtum ist es anderes und mehr als sein Leben.
Jean-Paul Sartre hat diesen Tatbestand in seinem Essay «Marxismus

und Existentialismus» so formuliert: «Das Werk ist als Objektivation der Person tatsächlich vollständiger und umfassender als das Leben. Sicher wurzelt das Werk darin und erhellt es; seine vollkommene Erklärung findet es nur in sich selber.»

Das werden wir sehen, wenn wir uns nun Kleists Werk zuwenden. Wir werden nicht nur uns Bekanntes wiederfinden, wir werden auch Neues entdecken. Das Neue, also das, was nicht aus seinem Leben kommt, ist jedoch auch zunächst einmal das Alte, nämlich das in der literarischen Tradition Überlieferte. Kleist las, als er mit der Arbeit an «Der zerbrochene Krug» begann, Aristophanes und Sophokles. Diese Lektüre beeinflußte sein Lustspiel stärker als alle seine bisherigen Lebenserfahrungen. Er stieß auf andere Gedanken und Konstruktionen, als er sie gefunden hätte, wenn er sich nur über sein Leben gebeugt hätte. Eine Vermutung wie diejenige von Richard Samuel und Hilda Brown, Kleist habe der napoleonischen Armee Ende 1803 beitreten wollen, um Stoff für seinen «Robert Guiskard» zu sammeln, ist unzutreffend, weil sie auf einem anderen, nämlich neueren Dichtungsbegriff fußt als dem Kleists und seiner Zeitgenossen. Kleist dichtete *nicht* nach dem Leben, jedenfalls nicht in dem Sinne, daß er Milieustudien gemacht hätte oder gar Recherchen wie ein Reporter. Seine Nachforschungen hielt er in Bibliotheken: er las Quellenwerke, Geschichtsbücher, mythologische Handbücher und vor allem literarische Meisterwerke, die ihm Vorbild wurden: die griechischen Dramatiker, Shakespeare, Goethe. Als er «Der zerbrochene Krug» schrieb, wurde dieser – trotz aller Ähnlichkeit zum «König Ödipus» des Sophokles, auf den Kleist selbst hinweist – etwas ganz anderes, etwas, was es so bis dahin noch nicht gegeben hatte. Das Neue entsteht aus dem Alten: als Modifikation, Variation, Negation der literarischen Tradition, die der Autor im Lichte seiner Erfahrungen sieht.

Kleists Werk ist in den wenigen Jahren zwischen 1802 und 1811 entstanden, die meisten Arbeiten in den letzten fünf Jahren. 1802 schrieb er noch in der Schweiz «Die Familie Schroffenstein», deren erster Entwurf «Die Familie Thierrez» hieß und deren erste Niederschrift «Die Familie Ghonorez». Den «Robert Guiskard» begann er in der Schweiz, das fast abgeschlossene Manuskript verbrannte er im Oktober 1803 in Paris; ein Fragment des Anfangs aus dem Jahre 1807 ist uns überliefert. Die Anregung zu «Der zerbrochene Krug» erhielt Kleist in Bern, es war der Kreis der Literatur-Interessierten

Ludwig Wieland, Heinrich Geßner, Heinrich Zschokke, der ihn dort inspirierte; doch erst 1804 in Berlin arbeitete er das Stück aus, in Königsberg setzte er die Arbeit fort. 1807 schickte Adam Müller das Manuskript an Goethe, der das Lustspiel am 2. März 1808 in Weimar aufführte; es wurde ein Mißerfolg. Den «Amphitryon» schrieb er 1806 in Königsberg. Die «Penthesilea» hatte er ebenfalls noch 1806 in Königsberg begonnen, vollenden konnte er das Drama 1807 in Dresden, wo er danach von 1807 auf 1808 auch «Das Käthchen von Heilbronn» schrieb. «Die Hermannsschlacht» ist 1808 in Dresden entstanden. «Prinz Friedrich von Homburg», sein letztes Drama, begann er wohl 1809 in Dresden, konnte es aber erst im Sommer 1811 in Berlin vollenden; eine Reinschrift des Manuskripts übergab Marie von Kleist am 3. September 1811 an Prinzessin Wilhelmine von Preußen, eine geborene von Homburg, aus jenem hessischen Homburg vor der Höhe, aus dem auch das historische Vorbild des Dramas stammte. Die Prinzessin nahm das Werk höchst kühl auf; Druck und Aufführung suchte sie zu verhindern.

1810 gab Kleist einen ersten Band mit Erzählungen in Berlin heraus; dieser enthielt «Michael Kohlhaas», «Die Marquise von O...» und «Das Erdbeben in Chili». Den «Michael Kohlhaas» hatte Kleist schon 1804 in Königsberg begonnen, die «Marquise von O...» wahrscheinlich in der französischen Gefangenschaft, «Das Erdbeben in Chili» hatte er schon vorher geschrieben, denn Rühle reichte es bei Cotta zur Publikation ein, während Kleist in Gefangenschaft saß.

Der zweite Band der Erzählungen erschien 1811 und enthielt «Die Verlobung von St. Domingo», «Das Bettelweib von Locarno», «Der Findling», «Die heilige Cäcilie» und «Der Zweikampf». Alle diese Erzählungen stammten aus den Jahren 1810 und 1811. «Das Bettelweib von Locarno» hatte Kleist 1810 für die «Berliner Abendblätter» verfaßt, «Die heilige Cäcilie» als Patengeschenk für Adam Müllers Tochter Cäcilie, die am 16. November 1810 getauft wurde. 1811 entstanden «Die Verlobung von St. Dominge» – diese schon zu Beginn des Jahres für Kühns Zeitschrift «Der Freimüthige» – und «Der Findling» und «Der Zweikampf», die Kleist im Sommer 1811 schrieb, wahrscheinlich extra für den geplanten zweiten Erzählungsband.

In den «Berliner Abendblättern» sind noch etliche kleinere Texte Kleists publiziert worden, Anekdoten, von ihm verfaßte Nachrichten, aber auch so wichtige Aufsätze wie der «Über das Marionettentheater» und der «Brief eines Dichters an einen anderen». «Über die allmähliche Verfertigung der Gedanken beim Reden» wurde erst aus dem Nachlaß herausgegeben.

Ich schließe dieses Kapitel mit Christoph Martin Wielands Brief an Georg Wedekind in Mainz; er gibt uns noch einmal ein Bild von Kleists Charakter und führt uns zugleich zu seinem Werk hin. Wieland schrieb am 4. April 1804:

«Meine Bekanntschaft mit diesem Herrn von Kleist ist die Frucht eines freundschaftlichen Verhältnisses, welches sich im Jahre 1801, ni fallor, zwischen ihm und meinem ältesten Sohn Ludwig (der jetzt in Wien ist) in der Schweiz, wo beide sich damals aufhielten, entsponnen hatte. Im Herbst des Jahres 1802 verließen beide die Schweiz und Kleist fand Gelegenheit, meinem Sohn einen sehr wesentlichen Dienst zu leisten. Sie reisten eine Zeitlang miteinander, trennten sich sodann, und Kleist ging nach Jena, mein Sohn aber zu mir nach Oßmannstätt, 2 Stunden von Weimar, wo ich damals noch auf einem Gute wohnte, welches ich aber wieder zu verkaufen entschlossen war und auch wenige Monate darauf einen Käufer dazu fand, dem ich es acht Tage nach Ostern 1803 einräumte. Kleist zog nach einem kurzen Aufenthalt in Jena nach Weimar, mietete sich ein Quartier, so gut es in der Eile zu haben war, und besuchte mich ein oder zweimal auf meinem Gut. Es ging mir mit ihm wie Ihnen. Wiewohl mir nichts mehr zuwider und peinlich ist als ein überspannter Kopf, so konnte ich doch seiner Liebenswürdigkeit nicht widerstehen. Sooft dies, in meinem ganzen Leben, bei einer neuen Bekanntschaft, die ich machte, der Fall war, entrainierte mich meine natürliche Offenheit und Bonhommie weiter, als die Klugheit einem kaltblütigen Menschen erlauben würde. Doch zurückhaltender hingegen war Herr von Kleist, und etwas Rätselhaftes und Geheimnisvolles, das tiefer in ihm zu liegen schien, als daß ich es für Affektion halten konnte, hielt mich in den zwei ersten Monaten unserer Bekanntschaft in einer Entfernung, die mir penibel war, und vermutlich alles nähere Verhältnis zwischen uns abgeschnitten hätte, wenn ich nicht durch meinen Sohn erfahren hätte, daß Kleist sich in seinem Quartier zu Weimar so schlecht befinde, daß er eine Einladung, die übrige Zeit, die er sich noch in unserer Gegend aufzuhalten gedächte, bei mir in Oßmannstätt zu wohnen, mit Dank annehmen würde. Sogleich erging diese Einladung an ihn, er nahm sie an, bezog an einem der ersten Tage des Januars 1803 ein Zimmer in meinem Hause, und war von dieser Zeit an 9 bis 10 Wochen mein Commensal auf eben dem Fuß, als ob er zu meiner Familie gehörte. Alles, was Sie mir von seinem Benehmen in Ihrem Hause erzählen, ist auch die Geschichte der Rolle, die er bei mir spielte.

Er schien mich wie ein Sohn zu lieben und zu ehren; aber zu einem offenen und vertraulichen Benehmen war er nicht zu bringen. Unter mehreren Sonderlichkeiten, die an ihm auffallen mußten, war eine seltsame Art der Zerstreuung, wenn man mit ihm sprach, so daß z. B. ein einziges Wort eine ganze Reihe von Ideen in seinem Gehirn, wie ein Glockenspiel anzuziehen schien, und verursachte, daß nichts weiter von dem, was man ihm sage, hörte und also auch mit der Antwort zurückblieb. Eine andere Eigenheit und eine noch fatalere, weil sie zuweilen an Verrücktheit zu grenzen schien, war diese: daß er bei Tische sehr häufig etwas zwischen den Zähnen mit sich selbst murmelte und dabei das Air eines Menschen hatte, der sich allein glaubt oder mit seinen Gedanken an einem andern Ort und mit einem ganz andern Gegenstand beschäftigt ist. Er mußte mir endlich gestehen, daß er in solchen Augenblicken von Abwesenheit mit seinem *Drama* zu schaffen hatte, und dies nötigte ihn, mir gern oder ungern zu entdecken, daß er an einem Trauerspiel arbeite, aber ein so hohes und vollkommenes Ideal davon seinem Geiste vorschweben habe, daß es ihm noch immer unmöglich gewesen sei, es zu Papier zu bringen. Er habe zwar schon viele Szenen nach und nach aufgeschrieben, vernichte sie aber immer wieder, weil er sich selbst nichts zu Danke machen könne. Ich gab mir alle nur ersinnliche Mühe, ihn zu bewegen, sein Stück, nach einem Plan, den er sich entworfen hatte, auszuarbeiten und fertig zu machen, so gut es geraten wollte, und es mir sodann mitzuteilen, damit ich ihm meine Meinung davon sagen könnte; oder wenn er das nicht wolle, es nur wenigstens für sich selbst zu vollenden, um es dann desto besser zu übersehen, das Nötige zu ändern, kurz alles gehörig auszufeilen und zur Vollkommenheit bringen zu können. Sed surdo narrabam fabulam. Endlich nach vielen vergeblichen Versuchen und Bitten, nur eine einzige Szene von diesem fatalen Werk seines Verhängnisses zu sehen zu bekommen, erschien einstmals zufälligerweise an einem Nachmittag die glückliche Stunde, wo ich ihn so treuherzig zu machen wußte, mir einige der wesentlichsten Szenen, und mehrere Morceaux aus andern, aus dem Gedächtnis vorzudeklamieren. Ich gestehe Ihnen, daß ich erstaunt war, und ich glaube nicht zu viel zu sagen, wenn ich Sie versichere: Wenn die Geister des Äschylus, Sophokles und Shakespeare sich vereinigten, eine Tragödie zu schaffen, so würde das sein, was Kleists *Tod Guiscards des Normanns*, sofern das Ganze demjenigen entspräche, was er mich damals hören ließ. Von diesem Augenblick an war es bei mir entschieden, Kleist sei dazu geboren, die große Lücke in unserer dermaligen Literatur auszufüllen, die (nach meiner Meinung wenigstens) selbst von Goethe und Schiller noch nicht ausgefüllt worden ist; und Sie stellen sich leicht vor, wie eifrig ich nunmehr an ihm war, um ihn zur Vollendung des Werks zu bewegen. Er schien zwar damals über die Wirkung, die er auf mich getan hatte, ungeheim erfreut und versprach alles Gute: aber dabei blieb es auch, und um ihn nicht zu quälen, fand ich nötig, ihm während der übrigen Zeit, daß er mein Hausgenosse war, so wenig als möglich von seinem Werk zu sprechen. Gegen die Mitte des Märzes [Febr.] trennten wir uns endlich wieder, er verweilte noch mehrere Tage zu Weimar, ging dann nach Leipzig und Dresden und schrieb mir nach Verlauf einiger Monate ein kleines Briefchen, worin er mir einen über Weimar reisenden Freund [v. Werdeck] empfahl, ließ aber seit dieser Zeit nichts weiter von sich hören. Auch klagt mein Sohn zu Wien, daß er seit ihrer letzten Trennung nichts von ihm wisse. Da mir soeben zufälligerweise das Konzept meines dem Herrn von Kleist nach Dresden (oder Leipzig) in Antwort auf sein besagtes Briefchen geschriebenen Briefes unter meinen Papieren in die Hände fällt, so sei mir erlaubt, die sein Drama betreffende Stelle abzuschreiben.

Ich glaubte ihm durch diesen Eifer, womit ich ihn zur Vollendung seines Werkes bestürmte, den größten Dienst zu tun: wie traurig wäre es für mich, wenn es nur dazu gedient hätte, ihn in das Schicksal, das ihn zu verschlingen droht, vollends hineinzustoßen!»

Der Zusatz, den Wieland seinem Brief beilegte, die Abschrift des Konzepts seines Briefes an Kleist vom Juli 1803, lautet folgendermaßen:

«Sie schreiben mir, lieber Kleist, der Druck mannigfaltiger Familienverhältnisse habe die Vollendung Ihres Werkes unmöglich gemacht. Schwerlich hätten Sie mir einen Unfall ankündigen können, der mich schmerzlicher betrübt hätte. Zum Glück läßt mich die positive Versicherung des Herrn von W(erdeck), daß Sie zeither mit Eifer daran gearbeitet, hoffen und glauben, daß nur ein mißmutiger Augenblick Sie in die Verstimmung habe setzen können, für möglich zu halten, daß irgendein Hindernis von außen Ihnen die Vollendung eines Meisterwerks, wozu Sie einen so allmächtigen innerlichen Beruf fühlen, *unmöglich* machen könne. Nichts ist dem Genius der heiligen Muse, die Sie begeistert, unmöglich, Sie *müssen* Ihren Guiscard vollenden, und wenn der ganze Kaukasus und Atlas auf Sie drückte.»

Die fragmentarische Legitimität

Kleist hat den «Robert Guiskard» nicht vollendet. Achtzehn Monate arbeitete er daran. Nach Wielands Ermunterung fand er Unterstützung bei Ernst von Pfuel. An Ulrike schrieb er am 3. Juli 1803:
«Ich soll das Anerbieten eines Freundes (Pfuel) annehmen, von seinem Gelde so lange zu leben, bis ich eine gewisse Entdeckung im Gebiete der Kunst, die ihn sehr interessiert, völlig ins Licht gestellt habe. Ich soll in spätestens zwölf Tagen mit ihm nach der Schweiz gehen, wo ich diese meine literarische Arbeit, die sich allerdings über meine Erwartung hinaus verzögert, unter seinen Augen vollenden soll.»

Doch am 5. Oktober hat er bereits resigniert:
«Ich habe nun ein Halbtausend hintereinander folgender Tage, die Nächte der meisten mit eingerechnet, an den Versuch gesetzt, zu so vielen Kränzen noch einen auf unsere Familie herabzuringen: jetzt ruft mir unsere heilige Schutzgöttin zu, daß es genug sei. [...] Töricht wäre es wenigstens, wenn *ich* meine Kräfte länger an ein Werk setzen wollte, das, wie ich mich endlich überzeugen muß, für mich zu schwer ist. Ich trete vor einem zurück, der noch nicht da ist, und beuge mich, ein Jahrtausend im voraus, vor seinem Geiste. Denn in der Reihe der menschlichen Erfindungen ist diejenige, die ich gedacht habe, unfehlbar ein Glied [...].»

Am 14. Oktober 1803 kam Kleist mit Ernst von Pfuel in Paris an, das er schon eine Woche später, am 21. Oktober, verließ, um in der Normandie der napoleonischen Armee beizutreten – eine Verzweiflungstat. Ulrike teilte er am 26. Oktober 1803 mit: «Ich habe in Paris mein Werk, soweit es fertig war, durchlesen, verworfen und verbrannt: und nun ist es aus.»
Vier Jahre später, im Dezember 1807, nimmt er den Plan in Dresden wieder auf, ermuntert durch Adam Müller und bestärkt in der Gewißheit seines poetischen Talents. 1806 ist das Jahr, in dem er vollends zum Dichter wurde: «Der zerbrochene Krug», «Amphitryon», «Penthesilea», «Das Erdbeben in Chili», «Die Marquise von O...», fünf Meisterwerke sind begonnen, meist sogar abge-

schlossen; Anerkennung ist ihm zuteil geworden, nicht zuletzt durch Goethe, der den «Zerbrochenen Krug» für das Weimarer Theater angenommen hat. Daß mit dem Jahre 1806 ein neuer Entwicklungsabschnitt in seinem Leben beginnt, die poetisch fruchtbare Zeit nämlich, hat Hans Joachim Kreutzer auch an Kleists Schriftbild festgestellt. «Im Spiegel der Schriftentwicklung stellen sich Entwicklungsphasen oder -einschnitte wesentlich anders dar, als man sie nach den biographischen Daten oder der Werkchronologie zu denken gewöhnt ist. So gesehen bildet das Jahr 1806 den tiefsten Einschnitt. In diesem Jahr tritt zum ersten Mal diejenige Schrift auf, die Kleist dann in ihren Grundzügen bis zu seinem Ende beibehielt.»

Nach dem Jahre 1806 scheint sich Kleist als Dichter so gefestigt zu fühlen, daß er sich traut, den alten Plan wieder aufzunehmen. Am 17. Dezember 1807 spricht Adam Müller in einem Brief an Goethe von den «beiden Trauerspielen Penthesilea und Robert Guiskard», und Kleist schreibt am 14. Februar 1808 an Heinrich Joseph von Collin, der das «Käthchen von Heilbronn» an das Theater an der Wien vermittelt hatte: «Das erste Werk, womit ich wieder auftreten werde, ist Robert Guiskard, Herzog der Normänner. Der Stoff ist, mit den Leuten zu reden, noch ungeheurer (als Penthesilea); doch in der Kunst kommt es überall auf die Form an, und alles, was eine Gestalt hat, ist meine Sache.»

Im vierten und fünften Heft der von Kleist und Müller herausgegebenen Zeitschrift «Phöbus», im April und Mai 1808, erschienen die ersten zehn Auftritte des Trauerspiels. Ob Kleist sie neu geschrieben, ob er vom alten Manuskript doch Teile aufbewahrt, ob er Teile des alten Entwurfs noch auswendig wußte, wissen wir nicht. Mehr als diese zehn im «Phöbus» veröffentlichten Auftritte sind uns nicht überliefert, mehr hat Kleist offenbar nicht geschrieben; wahrscheinlich ist er wieder vor der Vollendung gescheitert. «Robert Guiskard», gewöhnlich als zweites Werk Kleists nach «Die Familie Schroffenstein» genannt, war tatsächlich sein zweites Werk, doch das uns überlieferte Fragment – und nur über dieses können wir sprechen – stammt aus späterer Zeit, ist ein Werk der Zeit von 1807 auf 1808. Wieweit es mit dem Fragment von 1802 und 1803 Ähnlichkeit hat, können wir nicht sagen, weil wir dieses Fragment nicht kennen.

Ein Drama, das es nur als Fragment gibt, reizt die Interpreten; sie fragen: warum hat Kleist es nicht beendet, wie hätte es enden sollen, was war mit dem Ganzen beabsichtigt?

Im ersten Auftritt des Fragments klagt das Volk im Chor über das Elend im Lager der Normannen: die Pest ist ausgebrochen, Unheil ankündigend. Ähnlich ist der Anfang des «Ödipus» von Sophokles: Die Ursache der Krankheit dort ist das Verbrechen des Königs, das im Laufe der Tragödie an den Tag gebracht wird, das Unheil wird dadurch beseitigt.

In Kleists Drama dürfte das Unheil den weiteren Verlauf bestimmen, denn die Voraussage des Volkes dürfte sich erfüllen: erobert Robert Guiskard die Kaiserstadt Konstantinopel, dann wird er sich seinen «Leichenstein» erringen. Das Volk will deshalb in die Heimat Apulien zurückkehren; mit diesem Wunsch endet der zehnte Auftritt und damit das Fragment.

Die Befürchtung des Volkes, dem ein würdiger Greis noch seine Stimme leiht, scheint berechtigt; Helena, Guiskards Tochter, verwitwete Kaiserin von Konstantinopel, möchte das versammelte Volk zerstreuen – vergeblich. Die miteinander konkurrierenden Erben treten auf: Robert, Guiskards Sohn, und Abälard, sein Neffe. Robert gebührte die Nachfolge, weil er Guiskards Sohn ist, Abälard dagegen ist der Sohn des wahren Herzogs der Normannen, dessen Thron sich Guiskard widerrechtlich angeeignet hatte. Abälard spricht offen von Guiskards Gebrechen, Robert will es vertuschen. Endlich tritt Guiskard auf, die Befürchtung des Volkes, auch er sei an der Pest erkrankt, durch Augenschein zu widerlegen. Doch kurz darauf erleidet er einen Schwächeanfall, er muß sich hinsetzen; offensichtlich ist er krank. Das ist in Kürze die Handlung der zehn Auftritte.

Zwei dramatische Konflikte treten deutlich hervor. Zunächst die Angst des Volkes um seinen geliebten Anführer, den die Pest ihm nehmen wird, und der daraus resultierende Wunsch der Heimkehr; dem steht Guiskards energischer Entschluß entgegen, Konstantinopel zu erobern. Zum andern die Konkurrenz zwischen den beiden möglichen Nachfolgern, die durch den drohenden Tod Guiskards verschärft wird. Dabei scheint Abälard in der stärkeren Position zu sein: er ist der legale Herrscher und er ist beim Volk beliebt. Solange Guiskard lebt, scheint er jedoch diesem sich zu unterwerfen.

Kleist hat in diesem Drama – ähnlich wie in «Die Familie Schroffenstein» – die Konflikte als Familienstreit dargestellt, entgegen den Vorgaben der Quelle, die ihm vor allem als Vorlage diente. Karl Wilhelm Ferdinand von Funcks Aufsatz «Robert Guiscard Herzog von

Apulien und Calabrien» erschien 1797 in Schillers «Horen» (Heft I bis Heft III) in Fortsetzungen. Abälard, der bei Funck in Süditalien einen Aufstand gegen den abwesenden Robert Guiskard zu schüren versucht, wird bei Kleist zum Mitglied der Familie und lebt im Hofstaat Guiskards; die Tochter Roberts, Helena, ist mit ihm sogar verlobt. Kleist verlegt den Streit in die Familie; es ist dies die stärkste Abweichung von der Vorlage, die er ansonsten, wenn auch vereinfacht, übernahm: die Pest, der Versuch der Eroberung von Konstantinopel, die energische und erfolgreiche Führergestalt Robert, der den Beinamen «Guiskard», das heißt «Schlaukopf», erhielt.

Nach Funck ist Robert auf der griechischen Insel Kephalonia schon zu Beginn des Feldzugs gegen Konstantinopel an der Pest gestorben. Kleist hat die Situation dramatisch zugespitzt: unmittelbar vor der Belagerung der Stadt, die durch Verrat errungen werden soll, spielen die ersten zehn Auftritte; die folgenden hätten wohl die Eroberung und Guiskards Tod gebracht. Ein doppelter Verrat, so kann man vermuten, steht bevor: zwei Griechenfürsten verraten ihre Vaterstadt Konstantinopel an Guiskard; Guiskard verrät seinen Neffen Abälard, dem er die Tochter und die Kaiserwürde versprach, da er selber Kaiser werden will. Der Verrat wird in den zehn Auftritten angekündigt; die Täuschung ist schon hier vorweggenommen: Guiskard täuscht das Volk, indem er dem Volk seine Gesundheit vorspielt, und er täuscht sich selbst, denn die Eroberung der Kaiserkrone wird ihm nicht gelingen, der Tod – so ist anzunehmen – wird seinen Plan vereiteln.

Die beiden genannten Problemkreise des Fragments – das Volk bangt um seinen geliebten Führer, der es in den Tod führt, und die Nachfolger liegen miteinander im Streit – lassen sich zu einem Thema zusammenfassen: die Legitimität der Herrschaft. So wenig wie Robert Guiskard der legale, also gesetzmäßige Regent ist, so sehr ist er doch der legitime, also von dreißigjähriger Zustimmung des Volkes getragene Herrscher. In Abälard scheint sich beides zu verbinden: Legalität, denn ihm gebührt der Thron, und Legitimität, denn ihn liebt das Volk. Sein Konkurrent Robert ist demgegenüber ein weder legaler noch beliebter Thronfolger.

Daß in der Figur des Usurpators Robert Guiskard Züge Napoleons zu erkennen seien, meinen viele Interpreten. In der Tat sind die Parallelen, die Richard Samuel aufzeigt, erstaunlich: «Während der ersten Phasen der Arbeit am ‹Guiskard›, 1802/03, bestanden die Parallelen Napoleon-Guiskard durchaus nicht so eindeutig wie nach der Vernichtung, Parallelen wie; ein ehrgeiziger, alles vor sich hinfegender Eroberer und Usurpator versammelt eine große Flotte, um mit seinem Heer den ihn am stärksten bedrohenden Feind, das ‹meerumgebne› Endland (vgl. ‹Robert Guiskard›, Vs. 335: das ‹meerumgebne Griechenland›), niederzuschlagen. Kleist schien, als er der Schwester die Absicht mitteilte, am Einfall in England teilzunehmen, dessen Scheitern gewiß: ‹Unser aller Verderben lauert über den Meeren› (St. Omer, 26. Oktober 1803); um dieses Scheitern dramatisch zu verstärken, nahm er das Motiv der *Pest*, die 1799 Bonaparte in Syrien an der Durchführung gigantischer Pläne gehindert hatte, in das Handlungsgefüge auf. Das alles mußte Kleist 1807, als er das Guiskard-Thema wieder aufnahm, viel klarer vor Augen gestanden haben als vier Jahre vorher. Dennoch wäre es abwegig, den Sinngehalt eines so groß angelegten Werkes auf eine so einfache Formel zu reduzieren.»

Es ist nicht wahrscheinlich, daß Kleist, wie Richard Samuel annimmt, am Feldzug Napoleons gegen Endland teilnehmen wollte, um Material für seinen Robert Guiskard zu sammeln; es ist aber, so Richard Samuel, wahrscheinlich, daß seine Kenntnisse von Napoleons Werdegang von 1799 bis 1804 die Handlungsführung seines «Robert Guiskard» von 1807 beeinflußt haben. Richard Samuel betont, daß Kleist mit «Robert Guiskard» nicht nur Napoleons Werdegang darstellen wollte, er wollte mehr; Samuel: «...man darf wohl sagen, daß Kleist weit objektiver arbeitete, als ihm so oft zugeschrieben wird.»

Wie vom «Ödipus» des Sophokles so ließ Kleist sich wahrscheinlich auch von der historischen Gestalt Bonapartes anregen. Möglicherweise liegen seine eigenen Lebenserfahrungen in diesem Fragment verborgen. Die Angst um den Tod des geliebten Landesvaters Robert Guiskard, des geliebten Vaters, der er für Helene und Robert ist, wie er für Abälard der väterliche Onkel ist: könnte darin nicht auch die Angst des jungen Kleist um seinen kranken Vater verborgen sein, der starb, als Kleist elf Jahre alt war, und dessen Tod ein schwerer Verlust für eine Familie im patriarchalischen Preußen bedeutete? Und weist die Konkurrenz der beiden Thronfolger nicht auch auf die Konkurrenz zwischen Heinrich und seinem Bruder Leopold hin? Heinrich als der ältere und deshalb legale Erbe, der, wenn es ein Gut als Erbe gegeben hätte, auf Grund des damals in Preußen üblichen «Fideicommis» es erhalten hätte?

War Leopold nicht der charmantere, im Kreis der Familie angesehenere und erfolgreichere Sohn? Erst als Leopold nach Potsdam versetzt worden war, konnte Heinrich im Kreise der Schwestern und Freundinnen eine anerkannte Rolle übernehmen; das hat Wilhelmine von Zenge berichtet. Es könnte also sein, daß auch biographisches Material in diese Familiengeschichte «Robert Guiskard» eingegangen ist.

Das Thema, um das es in diesen zehn Auftritten geht, ist jedoch umfassender: es ist das der Legitimität von Herrschaft, ein damals nach der Französischen Revolution, doch nicht nur damals, wichtiges Thema.

Jochen Schmidt nennt drei Arten der Legitimität: die dynastische, die durch Erbschaft und «Gottes Gnade» erfolgt, sowie die charismatische, in der eine große «Natur» sich kraft eigenen Willens etabliert, und schließlich die demokratische, die auf welche Weise auch immer durch das Volk, durch seine Stände, seine Abgeordneten getragen wird. Kleist neigte der demokratischen Legitimität zu, nicht zuletzt als Anhänger Rousseaus; er war aber auch insoweit preußischer Adliger, daß er die dynastische Legitimität – in einigen Werken wenigstens – nicht ablehnte, zumindest so lange sie sich vom Interesse und dem Wohlergehen des Volkes leiten ließ.

In Robert Guiskard tritt uns der charismatische Führer gegenüber, der sich energisch-eigenmächtig durchsetzt, dessen Führerschaft aber von der Liebe des Volkes getragen wird. Insofern scheint er auch als demokratisch legitimiert. Als er jedoch das Wohlergehen des Volkes ignoriert und dessen Untergang einkalkuliert, wird das Volk unwillig, fast rebellisch. Die Pest wird zum Symbol dieser «krankhaften» Herrschaft Guiskards, also einer Herrschaft, die an der demokratischen Legitimität «krankt». Außerdem steht Guiskards Absicht, seine charismatische Herrschaft in eine dynastische zu überführen, also seinen Sohn als Herrscher einzusetzen, im Widerspruch zu seiner charismatischen Legitimität. Diesen Übergang vollzog Napoleon, als er seine Familienmitglieder in Amt und Würden einsetzte und in den Adelsstand erhob.

Abälard ist, so gesehen, der positive Gegenspieler Robert Guiskards – wenn er auch der direkten Konfrontation ausweicht, was seine einzige Schwäche zu sein scheint –, denn er ist dynastisch legi-

timiert, er hat Charisma und vertritt das Recht des Volkes. Abälard
zu Robert:

> Wär mein das kecke Volk, das dir mißfällt,
> Ich möcht es anders wahrlich nicht, als keck;
> Denn seine Freiheit ist des Normanns Weib,
> Und heilig wäre mir das Ehepaar,
> Das mir den Ruhm im Bette zeugt der Schlacht.
> Das weiß der Guiskard wohl, und mag es gern
> Wenn ihm der Krieger in den Mähnen spielt;
> Allein der glatte Nacken seines Sohnes
> Der schüttelt gleich sich, wenn ihm eins nur naht.
> Meinst du, es könne dir die Normannskrone
> Nicht fehlen, daß du dich so trotzig zeigst?
> Durch Liebe, hör es, mußt du sie erwerben,
> Das Recht gibt sie dir nicht, die Liebe kanns!

Die Liebe des Volkes ist entscheidend, nicht das Recht: Kleist gibt
also der demokratischen Legitimität vor den anderen den Vorzug.

Der verhütete Sündenfall

«Der zerbrochene Krug» ist das erste Meisterwerk, das Kleist gelang. Sein frühes Trauerspiel «Die Familie Schroffenstein» hat im fünften Akt noch eine Nähe zur unfreiwilligen Komik. Auch die Fassung des «Robert Guiskard», die uns überliefert ist, zeigt noch Mängel in der sprachlichen und dramaturgischen Gestaltung; nicht ohne Grund ließ er sie unvollendet. In «Der zerbrochene Krug» verfügt er erstmals über die volle Anmut und Kraft seiner Sprache.

Das Lustspiel «Der zerbrochene Krug» ist in einem Dichterwettstreit entstanden, ebenso wie ein anderes großes der seltenen deutschen Lustspiele, «Leonce und Lena», das Georg Büchner zu einem Wettbewerb beim Cotta-Verlag einreichte. Kleist erhielt die Anregung zu seinem Lustspiel in der Runde seiner Berner Freunde. Heinrich Zschokke berichtet darüber in seinen Erinnerungen «Eine Selbstschau»:

«Unter zahlreichen, lieben Bekannten, deren Umgang den Winter (1801/02) mir verschönte, befanden sich zwei junge Männer meines Alters, denen ich mich am liebsten hingab. Sie atmeten fast einzig für die Kunst des Schönen, für Poesie, Literatur und schriftstellerische Glorie. Der eine von ihnen, Ludwig Wieland, Sohn des Dichters, gefiel mir durch Humor und sarkastischen Witz, den ein Mienenspiel begleitete, welches auch Milzsüchtige zum Lachen getrieben hätte. Verwandter fühl' ich mich dem andern, wegen seines gemütlichen, zuweilen schwärmerischen Wesens, worin sich immerdar der reinste Seelenadel offenbarte. Es war Heinrich von Kleist. Beide gewahrten in mir einen wahren Hyperboreer, der von der neuesten poetischen Schule Deutschlands kein Wort wußte. Goethe hieß ihr Abgott; nach ihm standen Schlegel und Tieck am höchsten, von denen ich bisher kaum mehr, als den Namen, kannte. Sie machten mir's zur Todsünde, als ich ehrlich bekannte, daß ich Goethes Kunstgewandtheit und Talentgröße mit Bewunderung anstaunen, aber Schillern mehr denn bewundern, daß ich ihn lieben müsse weil sein Sang, naturwahr, aus der Tiefe deutschen Gemütes, begeisternd ans Herz der Hörer, nicht nur ans kunstrichternde Ohr, schlage. Wieland wollte sogar den Sänger des ‹Oberon›, seinen Vater, nicht mehr

Dichter heißen. Das gab unter uns manchen ergötzlichen Streit. Zuweilen teilten wir uns auch freigebig von eignen poetischen Schöpfungen mit, was natürlich zu neckischen Glossen und Witzspielen den ergiebigsten Stoff lieferte. Als nun Kleist eines Tages sein Trauerspiel ‹Die Familie Schroffenstein› vorlas, ward im letzten Akt das allseitige Gelächter der Zuhörerschaft, wie auch des Dichters, so stürmisch und endlos, daß, bis zu seiner letzten Mordszene zu gelangen, Unmöglichkeit wurde. Wir vereinten uns auch, wie Virgils Hirten, zum poetischen Wettkampf. In meinem Zimmer hing ein französischer Kupferstich, ‹La cruche cassée›. In den Figuren desselben glaubten wir ein trauriges Liebespärchen, eine keifende Mutter mit einem zerbrochenen Majolika-Kruge, und einen großnasigen Richter zu erkennen. Für Wieland sollte dies Aufgabe zu einer Satire, für Kleist zu einem Lustspiel, für mich zu einer Erzählung werden. – Kleists ‹Zerbrochener Krug› hat den Preis davon getragen.»

Kleist hat in einer Vorrede, die er nicht drucken ließ, die aber im Manuskript erhalten blieb, ebenfalls den Kupferstich als Vorlage erwähnt:

«Diesem Lustspiel liegt wahrscheinlich ein historisches Faktum, worüber ich jedoch keine nähere Auskunft habe auffinden können, zum Grunde. Ich nahm die Veranlassung dazu aus einem Kupferstich, den ich vor mehreren Jahren in der Schweiz sah. Man bemerkte darauf – zuerst einen Richter, der gravitätisch auf dem Richterstuhl saß: vor ihm stand eine alte Frau, die einen zerbrochenen Krug hielt, sie schien das Unrecht, das ihm widerfahren war, zu demonstrieren: Beklagter, ein junger Bauerkerl, den der Richter, als überwiesen, andonnert, verteidigte sich noch, aber schwach: ein Mädchen, das wahrscheinlich in dieser Sache gezeugt hatte (denn wer weiß, bei welcher Gelegenheit das Deliktum geschehen war) spielte sich, in der Mitte zwischen Mutter und Bräutigam, an der Schürze; wer ein falsches Zeugnis abgelegt hätte, könnte nicht zerknirschter dastehn: und der Gerichtsschreiber sah (er hatte vielleicht kurz vorher das Mädchen angesehen) jetzt den Richter mißtrauisch zur Seite an, wie Kreon, bei einer ähnlichen Gelegenheit, den Ödip. Darunter stand: der zerbrochene Krug. – Das Original war, wenn ich nicht irre, von einem niederländischen Meister.»

Kleist irrt. Das Original, nach dem der Kupferstich gestochen war, stammte von dem französischen Maler Philibert-Louis Debucourt (1755–1832), der zwei Bilder malte, die eine Geschichte erzählen: das erste Bild zeigt die Vorgeschichte – zwei Liebende, Figuren eines Schäferspiels, im Walde, das zweite Bild hält die Nachgeschichte fest – die verlorene Unschuld (symbolisiert im zerbrochenen Krug). Debucourt wurde zu seinen Bildern von einem Gemälde des seinerzeit berühmten Malers Jean-Baptiste Greuze (1725–1805) angeregt, das den Titel «La cruche cassée» («Der zerbrochene Krug») trägt und bis zum Ende des 19. Jahrhunderts eines der populärsten Bilder des Louvre war. Es zeigt ein schönes Mädchen mit derangiertem Kleid, das in seinem Schoß die Scherben des Kruges trägt. Die Darstellung spielt auf das Sprichwort an «Der Krug geht so lange zum Brunnen, bis er sich füllt» – «Tant va la cruche à l'eau qu'à la fin… elle s'emplit», was im Französischen anzüglicher ist als im Deutschen, weil der Krug dort weiblich ist: der zerbrochene Krug als Symbol der verlorenen Unschuld.

Das zweite Bild von Debucourt wurde von Jean-Jacques Le Veau als Vorlage für einen Kupferstich benutzt, dessen Druck in Zschokkes Zimmer hing: «Le Juge, ou la Cruche cassée»; Zschokke wird dieses Bild 1795 von seiner Paris-Reise nach Bern mitgebracht haben. Dieser Stich zeigt die von Zschokke und Kleist erwähnte Gerichtsszene im Vordergrund: links den Schreiber am Tisch, in der Mitte den alten Richter auf dem Richterstuhl, rechts vier Personen: ein alter Mann, als zentrale Figur eine geifernde Alte, die einen jungen Mann mit der linken Hand an der Schulter packt, während sie mit der rechten auf ihn hinweist. Offensichtlich wird der junge Mann angeklagt, den Krug zerbrochen zu haben, also – der erotischen Symbolik entsprechend – das Mädchen verführt zu haben, das schüchtern dabeisteht.

Kleist hat in seiner Vorbemerkung nicht nur die französische Herkunft des Stiches durch eine niederländische ersetzt. In Dresden, wo er im Sommer 1803 sich aufhielt, hatte er in der Gemäldegalerie die niederländischen Genremaler, vor allem Teniers, studiert, so daß ihm die Verwechslung nahelag. Den Schauplatz der Handlung seines Stückes verlegt er denn auch in die Niederlande. Kleist hat auch eine wichtige Modifikation vorgenommen, die in seinem Hinweis auf Kreon und Ödipus abzulesen ist: der Richter selbst ist in den Vorfall verstrickt. Das entspricht keineswegs der Darstellung der französischen Vorlage, doch ist diese Variante in Zschokkes Erzählung «Der zerbrochene Krug» enthalten. Ob Zschokke, der seine Erzählung 1813 zum erstenmal veröffentlichte, durch Kleists Lustspiel, das 1808 als Fragment im «Phöbus» und 1811 als Buch in Berlin gedruckt wurde, dieses Motiv fand oder ob es schon im Berner Gespräch der Freunde entstand, also nicht allein Kleists Idee ist, vermag ich nicht zu sagen. Kleist soll in Christian Felix Weises Einakter «Der Krug geht so lange zu Wasser, bis er zerbricht, oder der Amtmann» von 1786 weitere Anregungen für seinen Einakter gefunden haben; bei Weise ist ebenfalls die Amtsperson in den Streit verwickelt. Kleist lieh 1803 aus der Dresdner Bibliothek die Komödie des Aristophanes «Wolken» aus und den ersten Band der Tragödien des Sophokles, der den «König Ödipus» enthält; dieses Drama dürfte ihn in seiner Modifikation bestärkt haben, vielleicht hat sie ihn sogar dazu angeregt.

Ödipus ist bei Sophokles Richter in eigener Sache, freilich einer schwerwiegenderen als der eines zerbrochenen Krugs. Ohne es zu wissen, erschlug er seinen Vater; ohne es zu wissen, heiratete er seine Mutter; als die Pest Theben heimsucht, beginnt er zu ahnen, daß dies die Strafe für ein Verbrechen ist. Daß es sein eigenes Verbrechen ist, will er nicht glauben, obwohl der blinde Seher Teiresias ihn anklagt. Erst am Ende seiner Untersuchung wird ihm das Schreckliche zur Gewißheit: der Mann, den er im Streit erschlug, war sein Vater; die Königin von Theben, die er heiratete, ist seine Mutter. Er blendet sich daraufhin.

In der Tragödie des Sophokles wird all dies in einer langen Gerichtsverhandlung aufgedeckt; es treten keine neuen Ereignisse hinzu, nur das bereits Geschehene wird rekonstruiert. Friedrich Schiller schreibt deshalb über diese Tragödie: «Der Ödipus ist gleichsam nur eine tragische Analysis. Alles ist schon da, und es wird nur herausgewickelt», wobei «das Geschehene als unabänderlich seiner Natur nach viel fürchterlicher ist und die Furcht, daß etwas geschehen sein möchte, das Gemüt ganz anders affiziert als die Furcht, daß etwas geschehen könnte».

Dieses Thema muß Kleist fasziniert haben: das, was geschehen ist, halb bewußt oder unbewußt, ans Tageslicht zu bringen in einer detektivischen Nachforschung. Die komplexe Handlung des Lustspiels entsteht erst dadurch, daß Kleist dieses Thema in die Szenerie vom «Zerbrochenen Krug» hineinprojiziert. Die erotische Symbolik, deren französischen Ursprung in der Redensart von «la cruche cassée» Kleist vergessen oder verdrängt hatte, blieb erhalten, ja sie bietet sogar eine erstaunliche Parallele zu der Tragödie des Sophokles. Auch im «König Ödipus» geht es schließlich darum, die nächtliche Tat des Beischlafs aufzudecken. Auch wenn es sich hier um den Beischlaf des Sohnes mit der Mutter, dort um den des Jünglings mit dem Mädchen handelt, sollte man die Ähnlichkeit der Dramen nicht übersehen. Bei Kleist ist es – anders als in der französischen Vorlage – eine Vaterfigur, nämlich der Richter Adam, der das Mädchen Eve, das seine Tochter sein könnte, verführen will. Der Inzest wird also auch hier angedeutet in der Namensgebung, die an den «Sündenfall» zwischen Adam und Eva erinnert.

Doch erst die Variation ermöglicht die Komödie: zwar brach der Krug entzwei, jedoch die Unschuld des Mädchens blieb erhalten; die Erpressung des Richters erreichte nicht ihr Ziel. Und eine weitere Variation: der Richter selber weiß von seiner Tat, und er versucht, anders als Ödipus, die Nachforschungen zu behindern, mit Lügen sich herauszuwinden; zur rechten Zeit erscheint ein Revisor, der Gerichtsrat Walter aus Utrecht als «deus ex machina», um alles schließlich zu richten. Ein Lustspiel braucht ein gutes Ende.

Die von Schiller skizzierte analytische Dramatik hat Kleist allerdings aus dem «König Ödipus» des Sophokles übernommen. Auch sein Lustspiel rekonstruiert eine bereits vollzogene Handlung. Handlungsarmut wurde dem Stück folglich vorgeworfen. Die erste Aufführung des Stückes ist an diesem Vorwurf gescheitert. Goethe, der den «Zerbrochenen Krug» im März 1808 in Weimar aufführte, war zunächst angetan von dem Stück; er schrieb an Adam Müller am 28. August 1807 aus Karlsbad:

«Der zerbrochene Krug hat außerordentliche Verdienste, und die ganze Darstellung dringt sich mit gewaltsamer Gegenwart auf. Nur schade, daß das Stück auch wieder dem unsichtbaren Theater angehört. Das Talent des Verfassers, so lebendig er auch darzustellen vermag, neigt sich doch mehr gegen das Dialektische hin; wie er es denn selbst in dieser stationären Prozeßform auf das wunderbarste manifestiert hat. Könnte er mit eben dem Naturell und Geschick eine wirklich dramatische Aufgabe lösen und eine Handlung vor unsern Augen und Sinnen sich entfalten lassen, wie er hier eine vergangene sich nach und nach enthüllen läßt, so würde es für das deutsche Theater ein großes Geschenk sein. Das

Manuskript will ich mit nach Weimar nehmen, in der Hoffnung Ihrer Erlaubnis, und sehen, ob etwa ein Versuch der Vorstellung zu machen sei. Zum Richter Adam haben wir einen vollkommen passenden Schauspieler, und auf diese Rolle kommt es vorzüglich an. Die andern sind eher zu besetzen.»

Die «Dialektik» des Stückes wurde vom Publikum weniger goutiert als von Goethe. Daß «Der zerbrochene Krug» bei einem Teil des Publikums in Weimar durchfiel, lag – so meine ich – nicht am Stück Kleists und nicht an der Aufführung Goethes als vielmehr am Publikum, das lustige Verwicklungen erwartete und sich zu langweilen begann, als in der zweiten Hälfte des Stückes sie ihm nicht mehr geboten wurden. Freilich hatte Goethe den Einakter in drei Akte geteilt, wohl nicht nur, um der Konvention zu entsprechen, sondern auch, um Pausen und Unterbrechungen zu schaffen; aber gerade dadurch hat er das Stück in die Länge gezogen. Riemer berichtet unter dem 2. März 1808: «Abends ‹Der Gefangene› und der ‹Zerbrochene Krug›, der anfangs gefiel, nachher langweilte und zuletzt von einigen wenigen ausgetrommelt wurde, während andere zum Schluß klatschten.» Daß im Weimarer Theater – in Anwesenheit des Großherzogs – getrommelt wurde, war schon eine Ungeheuerlichkeit.

Goethe und Kleist hat die Reaktion des Publikums entzweit. Goethe nahm Kleist den Mißerfolg übel und setzte sich nicht mehr für ihn ein; Kleist schrieb Goethe den Mißerfolg zu und war wütend auf ihn. Immerhin hat er in der Drucklegung das Ende des Lustspiels erheblich gekürzt; er hat damit der anscheinend nicht ganz unberechtigten Reaktion des Publikums Rechnung getragen. Zum Verständnis seiner Intention ist die Kenntnis der ursprünglichen Fassung nötig. Beginnen wir mit dem Anfang:

Adam sitzt und verbindet sich ein Bein. Licht tritt auf.
LICHT: Ei, was zum Henker, sagt, Gevatter Adam!
　　Was ist mit Euch geschehn? Wie seht Ihr aus?
ADAM: Ja, seht. Zum Straucheln brauchts doch nichts, als Füße.
　　Auf diesem glatten Boden, ist ein Strauch hier?
　　Gestrauchelt bin ich hier; denn jeder trägt
　　Den leidgen Stein zum Anstoß in sich selbst.
LICHT: Nein, sagt mir, Freund! Den Stein trüg jeglicher –?

ADAM: Ja, in sich selbst!

LICHT: Verflucht das!

ADAM: Was beliebt?

LICHT: Ihr stammt von einem lockern Ältervater
   Der so beim Anbeginn der Dinge fiel,
   Und wegen seines Falls berühmt geworden;
   Ihr seid doch nicht –?

ADAM: Nun?

LICHT: Gleichfalls –?

ADAM: Ob ich –? Ich glaube –!
   Hier bin ich hingefallen, sag ich Euch.

LICHT: Unbildlich hingeschlagen?

ADAM: Ja, unbildlich.
   Es mag ein schlechtes Bild gewesen sein.

Diese Anfangssituation – Adam sucht sich mit allen möglichen Ausflüchten den Nachforschungen der anderen zu entziehen – ist die Grundsituation des Lustspiels. Kleists Kunst zeigt sich nicht zuletzt auch in der Zungenfertigkeit seines Helden, der um keine Ausrede verlegen ist: witzig dreht er Bild und Wort. Mit dieser Anfangssituation wird zugleich auch eine über die wörtliche Bedeutung des Geschehens hinausgehende sinnbildliche Bedeutung ausgedrückt, die nicht nur Spielerei ist: Adam verweist mit seinem Namen schon auf den «lockeren Ältervater», den der Schreiber Licht erwähnt. Der Fall des biblischen Adam und der biblischen Eva bildet den Gesichtspunkt, unter dem das komische Geschehen des Lustspiels eine höhere Bedeutung erhält. Adam ist bildlich und «unbildlich» hingefallen: es ist ein Fall nach dem Sündenfall, in dem das Echo des ersten Falles nachhallt. Eve, also Eva, heißt schließlich die Partnerin Adams auch hier; das kann nicht Zufall sein, wie Kleist durch die Anrufung des «Ältervaters» schon zu Beginn deutlich macht. Adam hat zudem einen Klumpfuß, der wiederum an den Pferdefuß oder Bocksfuß des Teufels erinnert; üblicherweise wird der Teufel mit einem Menschenfuß und mit einem Tierhuf dargestellt und mit Bockshörnern. Auch das wird durch Kleists Wortspielerei schon zu Beginn assoziiert: Der Ziegenbock an der Verzierung des Ofens habe ihm die zwei Wunden am Kopf geschlagen, behauptet Adam, was Licht wiederum mit dem «Adams-Fall» in Verbindung bringt. Licht: «Der erste Adamsfall, / Den Ihr aus einem Bett hinaus getan.»

Die erste Verführung – der Evas durch die Schlange, der Adams durch Eva – liegt nahe, wenn von Verführung die Rede ist. Auch in Zschokkes Erzählung «Der zerbrochene Krug» wird diese Urverführung erwähnt; sie schmückte als Bild den Krug. Der Mann verführt die Frau, die Frau verführt mit ihrer «teuflischen» Schönheit den Mann: die «paradiesische» Unschuld ist verloren. Nichts anderes meint die Symbolik von «La cruche cassée», vom «zerbrochenen Krug». Kleist hat diese erotische Symbolik durch den Mythos ironisch überhöht; wie ernst er es meint, zeigt nicht nur ein Blick auf sein erstes Stück, «Die Familie Schroffenstein», in dem der Streit aus dem «Erbvertrag» abgeleitet wurde, der wiederum deutlich mit der «Erbsünde» und der Vertreibung aus dem Paradies gleichgesetzt wurde. Kleists Intention verdeutlicht auch ein Blick auf seine Schrift «Über das Marionettentheater» von 1811, in der er mit der Vertreibung aus dem Paradies eine neue Epoche der menschlichen Geschichte datiert; sie beginne mit dem Verlust der «Anmut», also der Unschuld im Umgang mit sich selbst und der Welt, mit dem Verlust des Nicht-Bewußtseins. Seitdem wir Bewußtsein haben – Adam und Eva aßen vom Baum der Erkenntnis –, sind wir in «Schuld» verstrickt und in Irrtum, denn unser Bewußtsein kann nicht alles erkennen. Das können nur die Götter, die unendliches Bewußtsein haben, wie es in dieser Schrift heißt.

Das Thema, das Kleist am griechischen Ödipus-Mythos faszinierte, bringt ihn in die Nähe zum jüdisch-christlichen Mythos. Ödipus handelte «unschuldig», er war sich seiner Tat nicht bewußt, als er sie vollzog; erst im Laufe des Dramas erwacht er zum schmerzlichen Bewußtsein seiner Tat und dadurch erst entsteht sein Schuldgefühl.

Adam dagegen weiß um seine Schuld, und er versucht vergeblich, in den alten Zustand der Unschuld zurückzukehren: er gibt vor, von nichts zu wissen, «unschuldig» zu sein. Doch der Weg zurück ins Paradies ist verstellt, wie Kleist im Dialog «Über das Marionettentheater» sagt. Alle Ausflüchte helfen nichts: Adams Tat kommt ans Licht; der Name des Schreibers bürgt schon dafür. Daß die Zeugin Brigitte, die schließlich die Anhaltspunkte berichtet, die keinen Zweifel mehr am Täter lassen, den Täter als Teufel zu erkennen glaubte, hat – wie alles in diesem Stück – nicht nur Witz, sondern auch «tiefere Bedeutung».

FRAU BRIGITTE: Da ich vom Vorwerk nun zurückekehre,
Zur Zeit der Mitternacht etwa, und just,
Im Lindengang, bei Marthens Garten bin,
Huscht euch ein Kerl bei mir vorbei, kahlköpfig,
Mit einem Pferdefuß, und hinter ihm
Erstinkts wie Dampf von Pech und Haar und Schwefel.
Ich sprech ein Gottseibeiuns aus, und drehe
Entsetzensvoll mich um, und seh, mein Seel,
Die Glatz, ihr Herren, im Verschwinden noch,
Wie faules Holz, den Lindengang durchleuchten.
RUPRECHT: Was! Himmel – Tausend –!
FRAU MARTHE: Ist Sie toll, Frau Briggy!?
RUPRECHT: Der Teufel, meint Sie, wärs –?
LICHT: Still! Still!
FRAU BRIGITTE: Mein Seel!
Ich weiß, was ich gesehen und gerochen.

Und danach:

Was find ich euch für eine Spur im Schnee?
Rechts fein und scharf und nett gekantet immer,
Ein ordentlicher Menschenfuß,
Und links unförmig grobhin eingetölpelt
Ein ungeheurer klotzger Pferdefuß.

Ruprechts Einwurf: «Wird doch der Teufel nicht in dem Gerichts-
hof wohnen?» weist auf den Täter hin: es war natürlich nicht der
Teufel, sondern der Richter mit dem Namen Adam, also der vom
Teufel verführte, der aus dem Paradies vertriebene Mensch.

Wie heißt es am Anfang: «denn jeder trägt / Den leidgen Stein des
Anstoß in sich selbst.» Jeder trägt seit dieser Vertreibung das «Teuflische» in sich selbst; dieses «Teuflische» ist nichts anderes als der
Mangel, der im Dialog «Über das Marionettentheater» genannt
wird: die verlorene Anmut, das begrenzte Bewußtsein und Selbstbewußtsein – und insofern ist «das Teuflische» gerade das «Menschliche», also das, was den Menschen auszeichnet, was ihn – wie es in
«Über das Marionettentheater» heißt – vom bewußtlosen Tier
einerseits und von den Göttern mit unendlichem Bewußtsein andererseits unterscheidet. Als «Menschliches, Allzumenschliches»

wird es dementsprechend in diesem Lustspiel dargestellt, dem Genre treu: der Mensch ist «komisch». Richter Adam ist so schrecklich nicht, wie er sein könnte. Das Dorf beherrscht er zwar als Tyrann, manchem Feudalherrn des achtzehnten Jahrhunderts ähnlich, doch vom feudalen Recht, mit jedem Mädchen seines Dorfes zu schlafen, macht er nicht Gebrauch. Richter Adam ist ein Tölpel wie die andern Bauern auch, die er zu übertölpeln versucht. Die Milde des Gerichtsrats Walter am Schluß des Stückes ist dem «Menschlichen, Allzumenschlichen» des Adam angemessen.

Walters Anwesenheit macht ein versöhnliches Ende möglich, weil er die Erpressung Adams verhindert und die Durchführung der Gerichtsverhandlung bis zur Aufdeckung des wahren Täters gewährleistet. In «Die Familie Schroffenstein» fehlte eine solche ordnende und übergeordnete Figur: das Teuflische in Rupert konnte sich entfalten. Freilich bringt der Gerichtsrat Walter ein Problem in das Lustspiel vom «zerbrochenen Krug»: Einerseits ermöglicht er das versöhnliche Ende des Lustspiels, er ist also dramaturgisch notwendig, andererseits wird jedoch durch seine Anwesenheit die Aussage des Lustspiels problematisch.

Die kleine Welt des Dorfes Huisum, die Kleist im Lustspiel vorstellt, gibt ein Bild von der «Gebrechlichkeit der Welt», wie es in «Die Marquise von O…» heißt. Durch Walter wird die «große» Welt in die «kleine» Welt hineingebracht. Die «große» Welt scheint in Ordnung, denn sie stellt – vorläufig wenigstens – die Ordnung in der «kleinen» Welt des Dorfes wieder her. Vom Gericht in Utrecht, das Walter entsandte, ist Gerechtigkeit zu erwarten; Frau Marthe Rull, Eves Mutter, wird denn auch mit ihrem zerbrochenen Krug am Schluß dorthin verwiesen. Diesem Krug übrigens war ein Bild aufgemalt, das die «große» Welt symbolisierte:

FRAU MARTHE: Seht ihr den Krug, ihr wertgeschätzten Herren?
   Seht ihr den Krug?
ADAM: O ja, wir sehen ihn.
FRAU MARTHE: Nichts seht ihr, mit Verlaub, die Scherben seht
   ihr;
   Der Krüge schönster ist entzwei geschlagen.
   Hier grade auf dem Loch, wo jetzo nichts,
   Sind die gesamten niederländischen Provinzen
   Dem span'schen Philipp übergeben worden.

Hier im Ornat stand Kaiser Karl der fünfte;
Von dem seht ihr nur noch die Beine stehn.
Hier kniete Philipp, und empfing die Krone:
Der liegt im Topf, bis auf den Hinterteil,
Und auch noch der hat einen Stoß empfangen.
Dort wischten seine beiden Muhmen sich,
Der Franzen und der Ungarn Königinnen,
Gerührt die Augen aus; wenn man die eine
Die Hand noch mit dem Tuch empor sieht heben,
So ists, als weinte sie über sich.
Hier im Gefolge stützt sich Philibert,
Für den den Stoß der Kaiser aufgefangen,.
Noch auf das Schwert; dort jetzo müßt er fallen,
So gut wie Maximilian: der Schlingel!
Die Schwerter unten jetzt sind weggeschlagen.
Hier in der Mitte, mit der heilgen Mütze,
Sah man den Erzbischof von Arras stehn;
Den hat der Teufel ganz und gar geholt,
Sein Schatten nur fällt lang noch übers Pflaster.

Diese «große» Welt Kaiser Karls V. und König Philipps II. wird schon durch die Art, wie die Bäuerin sie beschreibt, von der «kleinen» Welt in ihrer Würde tangiert, vor allem aber durch die Ahnenreihe der Besitzer des Krugs:

FRAU MARTHE: Den Krug erbeutete sich Childerich,
   Der Kesselflicker, als Oranien
   Briel mit den Wassergeusen überrumpelte.
   Ihn hatt ein Spanier, gefüllt mit Wein,
   Just an den Mund gesetzt, als Childerich
   Den Spanier von hinten niederwarf,
   Den Krug ergriff, ihn leer' und weiter ging.
ADAM: Ein Würdger Wassergeuse.
FRAU MARTHE: Hierauf vererbte
   Der Krug auf Fürchtegott, den Totengräber;
   Der trank zu dreimal nur, der Nüchterne,
   Und stets vermischt mit Wasser aus dem Krug.
   Das erstemal, als er im Sechzigsten
   Ein junges Weib sich nahm; drei Jahre drauf,

204

Als sie noch glücklich ihn zum Vater machte;
Und als sie jetzt noch funfzehn Kinder zeugte,
Trank er zum dritten Male, als sie starb.
ADAM: Gut. Das ist auch nicht übel.
FRAU MARTHE: Drauf fiel der Krug
An den Zachäus, Schneider in Tirlemont,
Der meinen sel'gen Mann, was ich euch jetzt
Berichten will, mit eignem Mund erzählt.
Der warf, als die Franzosen plünderten,
Den Krug, samt allem Hausrat, aus dem Fenster,
Sprang selbst, und brach den Hals, der Ungeschickte,
Und dieser irdne Krug, der Krug von Ton,
Aufs Bein kam er zu stehen, und blieb ganz.

Kesselflicker und Totengräber, also die Geringsten in der sozialen
Hierarchie, werden mit Kaisern und Königen, also den Höchsten,
zusammengebracht. Der Kontrast ergibt einen komischen Effekt,
doch die dargestellte Abhängigkeit sagt auch: die Kleinen tragen die
Großen; nur wenn dies geschieht, bleiben die Großen unversehrt.
    Kaiser Karl V. nennt Adam auch an früherer Stelle des Stückes:

Euer Gnaden werden hie und da, nicht zweifl' ich,
Den alten Brauch im Recht zu tadeln wissen;
Und wenn er in den Niederlanden gleich
Seit Kaiser Karl dem fünften schon besteht:
Was läßt sich in Gedanken nicht erfinden?
Die Welt, sagt unser Sprichwort, wird stets klüger,
Und alles liest, ich weiß, den Puffendorf;
Doch Huisum ist ein kleiner Teil der Welt,
Auf den nicht mehr, nicht minder, als sein Teil nur
Kann von der allgemeinen Klugheit kommen.

Die Gesetzgebung, die seit Karl V. gilt, gilt also nur eingeschränkt
hier unten in der «kleinen» Welt Huisums. Als Walter von Adam
fordert, nach den in Huisum geltenden Gesetzen zu verfahren, ver-
fährt Adam, wie es in Huisum üblich ist, also anders als in der «großen» Welt. Walter daraufhin:

WALTER: Ich befahl Euch,
    Recht hier nach den Gesetzen zu erteilen;
    Und hier in Huisum glaubt ich die Gesetze
    Wie anderswo in den vereinten Staaten.
ADAM: Da muß submiß ich um Verzeihung bitten!
    Wir haben hier, mit Euerer Erlaubnis,
    Statuten, eigentümliche, in Huisum,
    Nicht aufgeschriebene, muß ich gestehn, doch durch
    Bewährte Tradition uns überliefert.
    Von dieser Form, getrau ich mir zu hoffen,
    Bin ich noch heut kein Jota abgewichen.
    Doch auch in Eurer andern Form bin ich,
    Wie sie im Reich mag üblich sein, zu Hause.
    Verlangt Ihr den Beweis? Wohlan, befehlt!
    Ich kann Recht so jetzt, jetzo so erteilen.

In Huisum herrscht Willkür, nicht verbrieftes Recht, die Wahrheit kann sich nicht durchsetzen. In der «großen» Welt scheint es Gerechtigkeit zu geben: sonst wäre die Konfrontation der «kleinen» mit der «großen» hier nicht möglich.

Damit sein Lustspiel möglich ist, muß Kleist den Schauplatz der Ungerechtigkeit klein halten, ihn also auf Huisum begrenzen. Walter greift «von oben» ein und verhilft darauf der Gerechtigkeit zum Sieg. In fast allen Werken Kleists siegt die Gerechtigkeit, wenn sie überhaupt siegt, *nur* durch solche Eingriffe «von oben», also von der Höhe der sozialen Hierarchie – der Kurfürst im «Prinzen von Homburg», der Kaiser im «Käthchen von Heilbronn», der Kaiser im «Michael Kohlhaas» – oder sogar von der Höhe des Himmels – das Gottesurteil in «Der Zweikampf» und Jupiter im «Amphitryon», der freilich auch die Verwirrung hervorrief, die er wieder auflöst. Nur «höhere Mächte» können die menschlichen Irrtümer letztlich zur Wahrheit führen; wenn sie fehlen, enden die Irrtümer in Schrecken.

Daß Walter kein allzu hoher Herr ist, entspricht dem bäurischen Milieu des «Zerbrochenen Krugs». Zweifel werden aber auch an ihm und dem Gericht in Utrecht laut, jedoch erst gegen Ende des Lustspiels. Eve, die bis dahin schwieg, äußert sie. Sie ist die Wissende von Anfang an; Adam will nichts sagen, sie kann nichts sagen, um ihren Verlobten nicht zu gefährden. Eves Schweigen ist dramaturgisch notwendig, denn Adams allmähliche Demaskierung wäre sonst nicht möglich. Als Eve am Schluß endlich sprechen kann, zieht sie den Gerichtsrat Walter in Zweifel, der seine dramaturgische Pflicht erfüllt hat:

WALTER: Gut denn. Geschlossen ist die Session.
  Und Ruprecht appelliert an die Instanz zu Utrecht.
EVE: Er soll, er, erst nach Utrecht appellieren?
RUPRECHT: Was? Ich –?
WALTER: Zum Henker, ja! Und bis dahin –
EVE: Und bis dahin –?
RUPRECHT: In das Gefängnis gehn?
EVE: Den Hals ins Eisen stecken? Ihr auch Richter?
  Er dort, der Unverschämte, der dort sitzt,
  Er selber wars –
WALTER: Du hörsts, zum Teufel! Schweig!
  Ihm bis dahin krümmt sich kein Haar –
EVE: Auf, Ruprecht!
  Der Richter Adam hat den Krug zerbrochen!
RUPRECHT: Ei, wart, du!
FRAU MARTHE: Er?
FRAU BRIGITTE: Der dort?
EVE: Er, ja! Auf, Rpurecht!
  Er war bei deiner Eve gestern!
  Auf! Faß ihn! Schmeiß ihn jetzo, wie du willst.
WALTER steht auf:
  Halt dort! Wer hier Unordnungen –
EVE: Gleichviel!
  Das Eisen ist verdient, geh, Ruprecht!
  Geh, schmeiß ihn von dem Tribunal herunter.

In der Erstfassung des Lustspiels war der Vorwurf Eves erheblicher, ihr Vorwurf richtete sich nicht nur gegen Walter, sondern auch gegen die von ihm vertretene «große» Welt, also gegen die Vereinigten Staaten der Niederlande. Deren Kolonialkrieg in Indonesien ließ die «große» Welt schrecklich genug erscheinen:

EVE: Gott im Himmel, ruf ich,
Das junge Volk, das blühnde, nach Batavia!
Das Eiland, das entsetzliche, wo von
Jedweden Schiffes Mannschaft, das ihm naht,
Die eine Hälfte stets die andere begräbt,
Das ist ja keine offen ehrliche
Konskription, das ist Betrug, Herr Richter,
Gestohlen ist dem Land die schöne Jugend,
Um Pfeffer und Muskaten einzuhandeln.

Einem Vertreter dieser Staaten vermag Eve folglich keinen rechten Glauben zu schenken. Walter versucht sogar, Eves Vertrauen mit Geld zu gewinnen; mit diesem Geld soll sie den Verlobten freikaufen, wenn er nun doch nach Batavia gehen müsse. Nur durch Geld ist Gerechtigkeit zu erhalten.

Der Schluß der Kurzfassung des «Zerbrochenen Krugs», die Kleist zum Druck gab, ist die dem Lustspiel angemessenere Fassung: das rasche und pointierte Ende mit der durch Walters Autorität gerade noch aufrechterhaltenen Ordnung. Der Schluß der Erstfassung, die Kleist als «Variant» mit zum Druck gab, ist dagegen der «Gebrechlichkeit der Welt» angemessener; lustig ist dieser Schluß nicht.

Alkmenes Gott und Gatte

Zwei Mittel, der Wahrheit sich zu nähern, gibt es auch in Huisum. Sie seien erwähnt, weil Kleist immer wieder auf sie zurückkommt: der Traum und das «innerste» Gefühl. Im dritten Auftritt des ersten Aktes berichtet Adam von einem Traum, der ihm die Situation voraussagte, in die er bald geraten sollte:

> Mir träumt', es hätt ein Käger mich ergriffen,
> Und schleppte vor den Richtstuhl mich; und ich,
> Ich säße gleichwohl auf dem Richtstuhl dort,
> Und schält' und hunzt' und schlingelte mich herunter,
> Und judiziert den Hals ins Eisen mir.
> LICHT: Wie? Ihr Euch selbst?
> ADAM: So wahr ich ehrlich bin.

Der Traum weist auf die Situation voraus, die dann tatsächlich eintritt. Über die dramaturgische Funktion hinaus – die Vorausdeutung lenkt die Erwartung des Zuschauers –, hat dies auch eine weitergehende Bedeutung: im Traum liegt Wahrheit. Im «Käthchen von Heilbronn», im «Prinzen von Homburg» werden wir dieses Motiv wieder finden.

Das Vertrauen auf das «innerste» Gefühl als die Instanz, die mehr als der trügerische Verstand uns Anhaltspunkte der Wahrheit gibt – dieses Motiv haben wir in Kleists Briefen und in «Die Familie Schroffenstein» schon kennengelernt. Die Liebe von Ottokar und Agnes war auf dieses Gefühl gebaut; auch im «Zerbrochenen Krug» gründet die Liebe darauf oder sollte es doch. Eve gemahnt Ruprecht daran, der an ihr zweifelt; allerdings hat sie es leichter als er, an der Liebe festzuhalten, da sie weiß, was wirklich geschah, er aber nicht. Eve zu Ruprecht:

> Unedelmütger, du! Pfui, schäme dich,
> Daß du nicht sagst, gut, ich zerschlug den Krug!
> Pfui, Ruprecht, pfui, o schäme dich, daß du
> Mir nicht in meiner Tat vertrauen kannst.
> Gab ich die Hand dir nicht und sagte, ja,
> Als du mich fragtest, Eve, willst du mich?

Meinst du, daß du den Flickschuster nicht wert bist?
Und hättest denken sollen: Eve ist brav,
Es wird sich alles ihr zum Ruhme lösen,
Und ists im Leben nicht, so ist es jenseits,
Und wenn wir auferstehn ist auch ein Tag.
RUPRECHT: Mein Seel, das dauert mir zu lange, Evchen.
Was ich mit Händen greife, glaub ich gern.

Die Einstellung Ruprechts, der nur das für wahr hält, was er mit Händen greifen kann, führt in die Irre – bei Kleist jedenfalls. Wer gegen alle Vernunft, so wie Eve hier es fordert, glaubt, besser: vertraut; der wird die Wahrheit und die Gerechtigkeit finden. In der Erzählung «Der Zweikampf» hat Kleist dies exemplarisch vorgeführt. Es sind eher die Frauen als die Männer, die von dieser inneren Gewißheit getragen werden; sie lassen sich mehr vom Herzen führen als vom Verstand. Ihr Gefühl trügt sie nicht.

Daß Kleists Lustspiel «Amphitryon», nach einem Worte Goethes, von der «Verwirrung der Gefühle» handelt, ist deshalb nicht ganz richtig, weil bei Kleist nicht die Gefühle verwirren, sondern der Verstand. Sicher, Kleist liebt es, seine Gestalten in extreme Situationen zu führen, so daß sie aus dem Alltag herausgerissen werden, doch das verwirrt weniger ihre Gefühle als ihren Verstand. Sie werden aus dem gewohnten Leben herausgeworfen, wodurch ihnen die Fragwürdigkeit ihres Denkens deutlich wird; allein das «innerste» Gefühl gibt ihnen Gewißheit. Daß die innere Gewißheit, die Kleist hier meint, mit der Bedeutung unseres Wortes Gefühl höchst unzureichend erfaßt wird, habe ich schon gesagt.

«Verwirrung der Gefühle» ist im «Amphitryon» gegeben, weil Alkmene aus ihrer Ehe herausgerissen wird. Damit die treue und vertrauensvolle Frau verwirrt werden kann, bedarf es allerdings eines außerordentlichen Ereignisses: nur der Vater aller Götter, Jupiter, kann sie verwirren, niemand sonst. Anders gesagt: sie ist in ihrem Fühlen so sicher, daß nur Jupiter diese Sicherheit stören kann. Nur als ihr Gatte kann er sich ihr nähern: keinen anderen, keinen Gott, auch nicht Jupiter hätte sie aufgenommen. So muß der Gott sie täuschen, indem er die Gestalt Amphitryons annimmt. Es ist Alkmenes Treue, die den Gott zur Täuschung greifen läßt. Doch ob der Gott sie wirklich täuscht, das ist die Frage, die jeder Interpretation des Stückes sich stellt.

Kleist wurde vielleicht zu diesem Lustspiel noch in Bern durch die Freunde angeregt. Heinrich Zschokke plante eine Ausgabe seiner Übersetzungen von Komödien Molières, in denen der «Amphitryon» nicht enthalten war. Das könnte Kleist zu dem Versuch einer eigenen Übersetzung veranlaßt haben; aus der Übersetzung wurde eine Bearbeitung und schließlich ein eigenständiges Stück, das gleichwohl noch so viel Ähnlichkeiten mit dem Molières hat, daß Kleist es im Untertitel «Ein Lustspiel nach Molière» nennt. Sicherlich ist Kleist auch durch Johann Daniel Falk, den er 1803 in Dresden traf, angeregt worden. Falk schuf selbst eine Amphitryon-Komödie, so daß Kleists Lustspiel wiederum in einem Dichterwettstreit entstanden ist, ausdrücklich oder nicht, in dem Kleist wieder den Sieg davontrug.

Ob Kleist nun Molières Drama überwunden habe, galt lange Zeit als fraglich. Schon die ersten Rezipienten waren sich darüber nicht einig. Während Goethe und Tieck die Kleistsche Fassung wegen ihrer philosophischen Überhöhung hinter die witzigere Molières zu stellen geneigt waren, waren wichtige Rezensenten der Meinung, daß gerade durch die philosophische Überhöhung Kleist den Molière übertroffen habe. Goethes und Tiecks Ansicht setzte sich im 19. Jahrhundert weitgehend durch, während in unserem Jahrhundert die Position der damaligen Rezensenten die Oberhand gewinnt. Der Streit ist sicher müßig; Molière hat ein Meisterwerk aus dem Geist seiner Zeit geschaffen, Kleist eines aus dem Geist der seinigen. Damit dieser Geist uns deutlicher vor Augen tritt, seien zwei zeitgenössische Rezensionen zitiert. Denn es ist die zeitgenössische Haltung, aus der heraus wir Kleists Intention verstehen können; seine Intention wurde von den Erwartungen seiner Zeit beflügelt, und sie antwortete auf diese. Zunächst zitiere ich K. F. von Jariges in der «Jenaischen Allgemeinen Literatur-Zeitung» vom 24. Juli 1807:

«Was man zunächst vermißt, ist Einheit in dem durch das Ganze herrschenden Tone. Der zweite und dritte Akt sind von einer ernsten, und ans Tragische grenzenden Stimmung, daß man nur in den Nebenszenen zwischen Merkur, Sosias und der Charis das Lustspiel finden kann, das allein im ersten Akte eigentlich fühlbar ist. Wollte man dem Ganzen eine komische Ansicht abgewinnen, so könnte es nur durch eine willkürliche Reflexion geschehen, und der Schluß hat zumal einen zu ernsten Charakter, als daß man durch das Werk selbst – wahrhaft komisch angeregt würde. – Wendet man den Blick von diesen Unvollkommenheiten ab, und richtet nun sein Augenmerk lediglich auf das, was der Autor zu erreichen strebte, und was er erreichte: so muß uns seine kühne Originalität mit freudiger Bewunderung, und sein wahrhaft menschliches Gefühl mit inniger Liebe erfüllen. Das Charakterbild, das der Dichter von Alkmenen aufgestellt hat, ist höchst vortrefflich in jedem Zuge. Mit Entzücken folgt man dem Wechsel der Empfindungen in ihrer schönen Seele, welche der Dichter vor uns vorüberführt. Der verzweifelte Schmerz, als sie sich betrogen und getäuscht glaubt, die selige Wonne, wenn sie wiederum fest vertrauend der Liebe sich hingibt, ihr hoher Stolz und ihre fromme Demut, die Reinheit ihres menschlichen Gefühls, das, sich stets selber treu bleibend, nicht nach dem Übermenschlichen trachtet, und das selbst dem Jupiter bewundernde Verehrung abnötigt – alles dieses bildet ein so unbeschreiblich schönes Ganzes, daß man durch den Schluß, wo Alkmene als Jupiter sich offenbart, zwischen dem Gatten und dem Gotte zu unterscheiden gezwungen wird, sich fast verletzt fühlt. Die vorhergehende Stelle, wo sie auf den wahren Amphitryon, der doch ihr Gatte bleibt, schmäht und ihn zornig verstößt, ist kühn gedacht, und sehr gewagt; man sieht, daß dem Dichter nicht die nächste Wirkung, sonder die Idee alles gilt, nach welcher das Irdische vom Göttlichen nie scheiden sollte – und schön ist das überwältigende, unaussprechliche Gefühl von dieser plötzlichen Offenbarung durch Alkmenes einfaches Ach! ausgedrückt, womit das Drama bedeutend schließt. – Ist die Darstellung des Jupiters ebenso vollkommen gelungen, und die schwere Aufgabe, in dem Menschen den Gott der Götter zu zeigen, glücklich gelöst? Wir müssen hieran und überhaupt zweifeln, daß dieses schwierige Problem, sobald das Sinnliche überwiegt, jemals ganz zu lösen sei: der Abstand zwischen dem Schöpfer und seinem Geschöpfe bleibt alsdann eine unendliche Kluft, die sich nicht ausfüllen läßt.»

Die Stationen der Verwirrung Alkmenes sind hier schön bezeichnet, ebenso die Dominanz des Ernsthaften über das Komische in diesem «Lustspiel». Das Grundproblem des Werkes wird ebenfalls benannt: die Begegnung des Göttlichen mit dem Menschlichen. Bei Molière wurde diese antike Thematik fast ganz dem aktuellen

Thema geopfert; die Begegnung zwischen Jupiter und Alkmene wurde zur Metapher der gesellschaftlichen Situation am französischen Hofe: der König als Jupiter. Kleist hat die alte «theologische» Bedeutung dem Stoff wieder zurückgegeben und dadurch auch den alten tragikomischen Charakter; das rückt sein Lustspiel in die Nähe des «Amphitryon» von Plautus. Da uns eine griechische Version des Stoffes nicht erhalten ist, orientieren wir uns an der lateinischen; es ist die älteste überlieferte. Bei Plautus wird das erste Mal in der europäischen Literaturgeschichte das Komische und das Tragische in einem Werk zusammengeführt, womit er gegen die Poetik des Aristoteles verstieß, der Komisches und Tragisches strikt trennte. Lachen darf man nach Aristoteles nur über die kleinen Leute, das Tragische stand den hohen Herren, den Königen und Göttern zu. Merkur sagt bei Plautus im Prolog:

> Es ist mir klar, wonach das Herz euch steht:
> Ich mische sie euch als... Tragikomödie!
> Denn daß sie ganz und gar Komödie wird,
> wo Gott und König spielen, geht nicht an.
> Was also? Da ein Sklave auch erscheint,
> sei frisch kreiert die Tragikomödie.

So ist es auch bei Kleist! Die Diener treten in komischen rüpelhaften Szenen auf: Sosias, der Diener des Amphitryon, dessen Frau Charis und Merkur, der Götterbote, also der Diener des Zeus, der die Gestalt des Sosias annimmt wie jener die des Amphitryon. Die hohen Herrschaften sehen wir in fast tragischen Verwicklungen – fast tragischen, weil am Schluß Jupiter alles zum Guten wendet, wie das Lustspiel es verlangt – verstrickt: Amphitryon, den König von Theben, den ein Feldzug von seiner Heimat fernhält, Alkmene, seine Frau, und Jupiter, den Göttervater in der Gestalt des Amphitryon. Die Parallele der «Dreiecksbeziehung» von Dienern und Herren übernahm Kleist von Molière, der – anders als Plautus – dem Sosias eine Frau zur Seite stellte. Was Kleist dem Werk Molières hinzufügte, läßt sich aus einer Szene, der fünften des zweiten Aktes, zu der es im Molièreschen Stück kein Pendant gibt, am besten ablesen.

August Klingemann erkannte dies in seiner Rezension im der Leipziger «Zeitung für die elegante Welt» vom 19.Juni 1807:

«Wenn Molière den antiken Mythus bloß frivol und parodisch

behandelte, so führt ihn Kleist in sein ursprüngliches Götterland zurück, und sein Jupiter wird wieder zum olympischen, so wie Alkmene sich zur Mutter eines Gottes verklärt.

Nur die kecke Sinnlichkeit des antiken Mythus wurde jetzt dem romantischen darüber reflektierenden Dichter ein fast unübersteigliches Hindernis, und er versuchte, da er es nicht umgehen konnte, es metaphysisch aufzulösen, welchem Versuche wir die ganz hinzugedichtete (5.) Szene zwischen Jupiter und Alkmene, im zweiten Akte, verdanken, die ebenso trefflich als merkwürdig ist, indem sie zugleich beweiset, daß bei dem höchsten Dichtergenie es dennoch nur einseitig gelingen kann, einen eigentümlich antiken Gegenstand romantisch darzustellen, und daß die reine Sinnlichkeit jener alten klassischen Werke sich nur durch sich selbst vertreten kann, bei dem Hinüberführen in den Kreis der Reflexion aber sogleich Gefahr leidet.»

Klingemann erkennt deutlich Kleists Absicht, die dieser mit dem Stück zu verwirklichen suchte: eine «romantische» Überhöhung des «antiken» Mythos. Daß Kleist und der junge Wieland in Bern nicht nur für Goethe, sondern auch für zwei Romantiker schwärmten, nämlich für Tieck und Schlegel, offensichtlich Friedrich Schlegel, hat Zschokke mitgeteilt. Die «romantische» Bestimmung der «Antike» aus der Sicht der «Moderne», nämlich aus Kleists Sicht, der von Friedrich Schlegel, wohl auch von Schelling, ganz sicher später von Adam Müller beeinflußt war, werde ich im nächsten Kapitel behandeln.

Kleist hat Molière in gewisser Weise auf Plautus hin überschritten, aber natürlich nicht dessen antikes Welt- und Götterbild übernommen, sondern den alten Stoff mit einem neuen Welt- und Gottesverständnis erfüllt, was einige Schwierigkeiten bereitete, wie wir noch sehen werden. Die Schlüsselszene des Dramas ist die fünfte Szene des zweiten Aktes. Es ist wiederum eine Szene ohne Handlung, eine Szene, in der das Geschehene gedeutet, erörtert, bewußt gemacht wird. Es ist die Frage des «König Ödipus» und des «Zerbrochenen Krugs», die Kleist hier und anders als Molière bewegt: Was ist zwischen Mann und Frau geschehen, zwischen Ödipus und Jokaste, zwischen Adam und Eva und nun zwischen Jupiter und Alkmene? Insofern ist dieses Lustspiel nicht nur eine «Verwechslungskomödie», in der wir über die Düpierten lachen können, die von den Göttern an der Nase herumgeführt werden, sondern auch eine «Bewußtseinskomödie», in der uns das Lachen vergeht. Denn sie stellt die Frage nach dem Selbstbewußtsein: Wer bin ich? Wer ist der andere? Und die Frage nach der Möglichkeit von Wissen, hier: wie kann ich das Göttliche begreifen? Die «Bewußtseinskomödie» ist das Moderne dieses Dramas. Daß Kleist der modernen Fragestellung den antiken Mythos nicht opferte, sondern ihn zu erneuern versuchte, ist seine große Leistung. Diese läßt sich am ehesten an der Gestalt des Jupiter ablesen, der die Züge des antiken Göttervaters unverkennbar trägt, aber auch moderne pantheistische und christliche Gedanken äußert.

Der Göttervater Jupiter, der die schöne Frau des Amphitryon begehrt und verführt, wozu ihm jedes Mittel recht ist, auch die Täuschung – diese sinnliche Gottheit, deutlich nach menschlichem Vorbild gebildet, entspricht der antiken Auffassung, die freilich schon in der griechischen Antike sich zersetzte: Jupiter wurde wie die anderen Götter des Homer später als Symbol natürlicher Kräfte aufgefaßt. Die Handlung des Lustspiels wird von dem menschlichen Verlangen des Göttervaters nach Alkmene in Gang gesetzt, und dieser Göttervater ist eitel. Nicht nur möchte er Alkmene besitzen, er möchte zugleich auch von ihr die Zusicherung haben, daß er ihren Mann als Liebhaber weit übertrifft. Dazu bedarf es einiger Spitzfindigkeiten, da er ja als Ehemann Alkmene naht. Jupiter redet deshalb wie Richter Adam um den heißen Brei: einerseits will er seine Rolle als Amphitryon nicht aufgeben, andererseits will er doch als Jupiter wahrgenommen werden. Dies ist nicht nur als menschlich-allzumenschliche Eitelkeit zu verstehen, soweit ist es komisch, sondern auch als der ernsthafte Wunsch, als der wahrgenommen zu werden, der er ist. Auch der Göttervater hat hier sein Identitätsproblem, und das verleiht seiner komischen Eitelkeit die tragischen Züge: es ist die Einsamkeit des Gottes, der des Anderen bedarf, der ihn als Gott erkennt und anerkennt. Der Olymp ist liebeleer, Liebe findet der Gott nur bei den Menschen. Und Liebe ist – wie immer bei Kleist – auch Vertrauen. So bittet Jupiter Alkmene, ähnlich wie Ottokar Agnes bat:

So öffne mir dein Innres denn, und sprich,
Ob den Gemahl du heut, dem du verlobt bist,
Ob den Geliebten du empfangen hast?

ALKMENE: Geliebter und Gemahl! Was sprichst du da?
  Ist es dies heilige Verhältnis nicht,
  Das mich allein, dich zu empfahn, berechtigt?
  Wie kann dich ein Gesetz der Welt nur quälen,
  Das weit entfernt, beschränkend hier zu sein,
  Vielmehr den kühnsten Wünschen, die sich regen,
  Jedwede Schranke glücklich niederreißt?
JUPITER: Was ich dir fühle, teuerste Alkmene,
  Das überflügelt, sieh, um Sonnenferne,
  Was ein Gemahl dir schuldig ist. Entwöhne,
  Geliebte, von dem Gatten dich,
  Und unterscheide zwischen mir und ihm.
  Sie schmerzt mich, diese schmähliche Verwechslung,
  Und der Gedanke ist mir unerträglich,
  Daß du den Laffen bloß empfangen hast,
  Der kalt ein Recht auf dich zu haben wähnt.
  Ich möchte dir, mein süßes Licht,
  Dies Wesen eigner Art erschienen sein.
  Besieger dein, weil über dich zu siegen,
  Die Kunst, die großen Götter mich gelehrt.

Die Eifersucht auf den «Laffen» Amphitryon läßt auch Jupiter hier
laffenhaft erscheinen. Alkmene hingegen antwortet souverän:

  Amphitryon! Du scherzest. Wenn das Volk hier
  Auf den Amphitryon dich schmähen hörte,
  Es müßte doch dich einen andern wähnen.
  Ich weiß nicht wen? Nicht, daß es mir entschlüpft
  In dieser heitern Nacht, wie, vor dem Gatten,
  Oft der Geliebte aus sich zeichnen kann;
  Doch da die Götter eines und das andre
  In dir mir einigten, verzeih ich diesem
  Von Herzen gern, was der vielleicht verbrach.

Sie versucht also gerade die beiden, die Jupiter zu trennen bestrebt
ist, zusammenzuhalten: den Gemahl und den Geliebten, den Feldherrn und den Gott. Es ist die Voraussetzung ihres Glückes und
ihrer Sicherheit. Jupiter jedoch läßt nicht locker:

Versprich mir denn, daß dieses heitre Fest,
Das wir jetzt frohem Wiedersehn gefeiert,
Dir nicht aus dem Gedächtnis weichen soll;
Daß du den Göttertag, den wir durchlebt,
Geliebteste, mit deiner weitern Ehe
Gemeinen Tag'lauf nicht verwechseln willst.
Versprich, sag ich, daß du an mich willst denken,
Wenn einst Amphitryon zurückekehrt –?

ALKMENE: Nur ja. Was soll man dazu sagen?

JUPITER: Dank dir!
   Es hat mehr Sinn und Deutung, als du glaubst.

Kleist hat hier nicht nur den Jupiter ironisiert, sondern auch das
Sprachproblem: das, wozu man nichts sagen kann, weil es eitel
klingt und banal, wird in Jupiters Wendung zum Unsagbaren, das
man nicht aussprechen kann, weil es sich der Sprache entzieht: es ist
also das den Menschen Überschreitende, das Göttliche. An einer
späteren Stelle spricht Alkmene dies deutlich und ohne jede Ironie
aus. Auf die Frage von Charis, was mit ihr geschehen sei, antwortet
sie: «Wie soll ich Worte finden, meine Charis, das Unerklärliche dir
zu erklären?»
   Dieses schwer Faßbare ist das Thema des Lustspiels: die Grenzen
des Menschlichen und des Göttlichen und die Überschreitung dieser Grenzen in der Begegnung von Gott und Mensch. Wie schwer
das zu denken und darzustellen ist, zeigt das Lustspiel. Der antike
Mythos dient Kleist dazu, genügt ihm aber nicht, um das schwierige
Thema darzustellen: der Mythos wird zersetzt und ergänzt. Das
Resultat ist ein «phantastisches» Gebilde.
   In der zweiten Szene des zweiten Aktes – der wahre Amphitryon
ist zurückgekehrt, und Alkmene wundert sich, daß er an die Liebesnacht sich nicht erinnert – begrüßt Alkmene ihren Mann mit dem
Ausruf: «O Gott! Amphitryon!» Wiederum spielt Kleist ironisch
mit der Mehrdeutigkeit. Das «O Gott!» ist zunächst ein üblicher
Ausruf des Erstaunens, doch auch, seiner ursprünglichen Bedeutung gemäß, die Anrufung Gottes. Schließlich steht hier in der Zu-
sammenstellung mit dem «Amphitryon!» das Thema des Lustspiels
in aller Kürze: Gott und Mensch stehen nebeneinander, ja werden
einander zum Verwechseln ähnlich. Der Gott erschien Alkmene als
Amphitryon und Amphitryon scheint ihr göttlich.

Amphitryon spricht die Heimsuchung durch die Götter aus in einem anderen Ausruf, dessen konkrete Bedeutung der Leser bzw. Zuschauer erkennt, Amphitryon aber noch nicht:

> O ihr allmächtigen Götter, die die Welt
> Regieren! Was habt ihr über mich verhängt?

Was sie über ihn und seine Frau verhängt haben, wird Alkmene in jener fünften Szene des zweiten Aktes noch nicht recht bewußt, sie beginnt es zu ahnen. Jetzt ist sie im Zustand der Verwirrung, weil sie die zwei Gestalten, die sie für eine hielt, ja halten mußte, sich nicht erklären kann. Schon in der vorangegangenen Szene erzählt sie der Dienerin Charis, was sie Zeus nicht gestehen wollte:

> CHARIS: Ihr seid doch sicher, hoff ich, beste Fürstin? –
> ALKMENE: Wie meiner reinen Seele! Meiner Unschuld!
>   Du müßtest denn die Regung mir mißdeuten,
>   Daß ich ihn schöner niemals fand, als heut.
>   Ich hätte für sein Bild ihn halten können,
>   Für sein Gemälde, sieh, von Künstlerhand,
>   Dem Leben treu, ins Göttliche verzeichnet.
>   Er stand, ich weiß nicht, vor mir, wie im Traum,
>   Und ein unsägliches Gefühl ergriff
>   Mich meines Glücks, wie ich es nie empfunden,
>   Als er mir strahlend, wie in Glorie, gestern
>   Der hohe Sieger von Pharissa nahte.
>   Er wars, Amphitryon, der Göttersohn!
>   Nur schien er selber einer schon mir der
>   Verherrlichten, ich hätt ihn fragen mögen,
>   Ob er mir aus den Sternen niederstiege.
> CHARIS: Einbildung, Fürstin, das Gesicht der Liebe.

In der fünften Szene nun stellt sie Jupiter/Amphitryon zur Rede:

> O mein Gemahl! Kannst du mir gütig sagen,
> Warst dus, warst du es nicht? O sprich! du warsts!

Jupiter antwortet sozusagen pantheistisch:

Ich wars. Seis wer es wolle.

Wer es auch sei, immer begegnen wir dem Göttlichen. Die Komö-
dienhandlung wird aber gerade durch die Verwechslung zweier un-
terschiedlicher Figuren in Gang gebracht, die in einer Gestalt auftreten; diese Verwechslung ist nur mit dem Jupiter des antiken Mythos
möglich, der sich Amphitryon als Gestalt gewordener Gott gegen-
überstellen kann. Wenn, pantheistisch gesprochen, Gott nicht eine
Vaterfigur auf dem Olymp oder im Himmel ist, sondern eine in allen
natürlichen Gestaltungen wirkende Kraft, also auch eine in allen
Menschen wirkende Kraft, dann ist das Göttliche auch in Amphitryon wie in jedem Menschen. Dann liebt Alkmene tatsächlich in
ihrem Mann immer auch den Gott, insofern das Göttliche ihr in
ihrem Mann begegnet. Wozu aber dann die Verwechslungen? Um
die Einheit alles Natürlichen herauszustellen, das allem Lebendigen
Gemeinsame? Ja, das ist wohl Kleists Intention, die er in dieser
Szene durchführen will: die Differenzierungen des Göttlichen im
antiken Mythos werden in der Einheit alles Geschaffenen aufgehoben und in einem neuen Einheits-Mythos zusammengeführt.

Die pantheistische Selbstdefinition Jupiters in dieser Szene widerspricht dem antiken Bild vom Göttervater auf dem Olymp.

Nimmst du die Welt, sein großes Werk, wohl wahr?
Siehst du ihn in der Abendröte Schimmer,
Wenn sie durch schweigende Gebüsche fällt?
Hörst du ihn beim Gesäusel der Gewässer,
Und bei dem Schlag der üppgen Nachtigall?
Verkündet nicht umsonst der Berg ihn dir
Getürmt gen Himmel, nicht umsonst ihn dir
Der felszerstiebten Katarakten Fall?
Wenn hoch die Sonn in seinen Tempel strahlt
Und von der Freude Pulsschlag eingeläutet,
Ihn alle Gattungen Erschaffner preisen,
Steigst du nicht in des Herzens Schacht hinab
Und betest deinen Götzen an?

Der Mensch braucht Bilder, «Götzen», um das Göttliche sich vorzustellen. Für Alkmene ist es das Bild des Gatten, des Geliebten.

JUPITER: Weshalb warfst du aufs Antlitz dich? – Wars nicht,
    Weil in des Blitzes zuckender Verzeichnung
    Du einen wohlbekannten Zug erkannt?
ALKMENE: Mensch! Schauerlicher! Woher weißt du das?
JUPITER: Wer ists, dem du an seinem Altar betest?
    Ist ers dir wohl, der über Wolken ist?
    Kann dein befangner Sinn ihn wohl erfassen?
    Kann dein Gefühl, an seinem Nest gewöhnt,
    Zu solchem Fluge wohl die Schwingen wagen?
    Ists nicht Amphitryon, der Geliebte stets,
    Vor welchem du im Staube liegst?
ALKMENE: Ach, ich Unsel'ge, wie verwirrst du mich.
    Kann man auch Unwillkürliches verschulden?
    Soll ich zur weißen Wand des Marmors beten?
    Ich brauche Züge nun, um ihn zu denken.

Als sie sagt, sie werde ihn nicht mit dem anderen verwechseln, verwechselt sie ihn doch, denn er ist der andere; sie kann beide nicht
unterscheiden. Das heißt auch, sie wird weiterhin den Gott im Bilde
ihres Mannes verehren, also in der irdischen Liebe die Göttliche.
Jupiter als Jupiter kann sie nicht erkennen; als er ihr sagt, daß Jupiter
in der Liebesnacht ihr begegnet sei, ist sie erbost über seine Lüge.
    Die Verwirrung, in die sie gerät, ist das Werk des Gottes. Doch
Verwirrung ist nicht das Ziel der Täuschung wie im griechischen
Mythos, sondern bei Kleist ist sie ein notwendiger Schritt zur Erkenntnis. Der Mensch kann den Gott nur in seinen menschlichen
Grenzen begreifen und erfassen: im Geliebten, in der Natur tritt das
Göttliche ihm entgegen. Das Göttliche als solches, das Absolute,
entzieht sich ihm, das ist die menschliche Tragik. Der Gott kann –
und das ist seine Tragik – deshalb dem Menschen auch nicht als
Gott begegnen. Er muß menschliche Gestalt annehmen, will er
menschliche Liebe finden.

JUPITER: Ach Alkmene!
    Auch der Olymp ist öde ohne Liebe.
    Was gibt der Erdenvölker Anbetung
    Gestürzt in Staub, der Brust, der lechzenden?
    Er will geliebt sein, nicht ihr Wahn von ihm.
    In ewge Schleier eingehüllt,

Möcht er sich selbst in einer Seele spiegeln,
Sich aus der Träne des Entzückens widerstrahlen.

Die Einsamkeit des Gottes weist auf ein anderes Götterbild als das pantheistische hin. Der pantheistische Gott kann nicht einsam sein, da er in seiner Schöpfung aufgeht. Dem einsamen Gott entspricht ein «mystisches» Gottesbild, also eines, das in der Tradition der neuplatonischen Philosophie Plotins entstand. Plotin unterscheidet zwischen der Gottheit als dem Absoluten, Unsagbaren außerhalb der Welt und dem Göttlichen als den Emanationen, den Ausgießungen Gottes in die Welt. Die Gottheit dieser Tradition sehnt sich nicht nach der Liebe eines Menschen wie Kleists Jupiter, sondern umgekehrt sucht der Mensch die Gottheit, die er durch Versenkung, Askese oder Ekstase zu erreichen strebt. Kleists Götterbild ist also sehr komplex, denn sein Jupiter ist sinnlich-menschlich wie der griechische, mit allem Geschaffenen vereint wie der pantheistische, von allen Sterblichen abgetrennt wie die mystische Gottheit, aber liebebedürftig wie der Mensch. Als antiker Jupiter gibt er sich dann schließlich wieder am Schluß des Lustspiels zu erkennen.

Damit das Lustspiel sein gutes Ende findet, setzt Kleist den Mythos am Schluß wieder in sein Recht. Wie sollte er denn auch die Differenz zwischen Amphitryon und Jupiter darstellen, wenn das Göttliche nicht darstellbar, nicht aussprechbar ist, wie anders als mit den alten Zeichen? Er greift also auf die Insignien Jupiters zurück: Adler und Donnerkeil. Dieser Jupiter ist am Schluß eine Figur der antiken Mythologie, auch eine Figur des Theaters; er ist ein naives, theatralisches Bild der Gottheit.

Alkmene ist jetzt endlich aus ihrer Verwirrung gerissen: es war tatsächlich Jupiter, der sie als Amphitryon verführte. Nur ein Gott konnte sie verwirren, sie war also treu. Eine schwere Prüfung hat sie überstanden, doch die göttliche Heimsuchung ist noch nicht zu Ende. Sie wird einen Halbgott gebären: Herkules. Ausgerechnet Amphitryon bittet Jupiter um diesen Sohn. Das ist nur zu verstehen, wenn man das Thema des Lustspiels akzeptiert, sonst wäre der Wunsch dessen, der hier zum Hahnrei gemacht wurde, nach einem Bankert lächerlich. Wenn aber hier das Göttliche dem Menschlichen begegnet, ist Amphitryons Bitte nach einem Unterpfand dieser Begegnung verständlich. Der Halbgott ist die Versöhnung des Göttlichen mit dem Menschlichen, insofern er Gottessohn und

Menschensohn ist. Kleist spielt hier auf einen anderen Halbgott an: auf Christus. Jupiter sagt:

> Dir wird ein Sohn geboren werden,
> Deß Name Herkules: es wird an Ruhm
> Kein Heros sich, der Vorwelt, mit ihm messen,
> Auch meine ewgen Dioskuren nicht.
> Zwölf ungeheure Werke, wälzt er türmend
> Ein unvergänglich Denkmal sich zusammen.
> Und wenn die Pyramide jetzt, vollendet,
> Den Scheitel bis zum Wolkensaum erhebt,
> Steigt er auf ihren Stufen himmelan
> Und im Olymp empfang ich dann, den Gott.

Der griechische Mythos wird in den christlichen hinübergeführt, kaum merklich durch die an das Neue Testament erinnernden Worte der Verheißung: «Dir wird ein Sohn geboren werden, Deß Name Herkules.» Auf den ersten Blick verblüfft die Ähnlichkeit der Konstellation: Jupiter, Alkmene, Amphitryon, Herkules im griechischen Mythos, Gottvater, Maria, Joseph, Jesus im christlichen Mythos.

Antike und Moderne

Kleists Anspielung auf den christlichen Mythos am Ende seines tragikomischen Lustspiels, die von vielen Interpreten überlesen wird, wurde von seinen Zeitgenossen erkannt, ein Zeichen dafür, wie sehr sie dem Geist der Zeit entsprach. So schrieb H. K. Dippold in seiner Rezension im Tübinger «Morgenblatt für gebildete Stände» am 3. Juni 1807:

«Die bekannte Fabel, die in des Plautus Behandlung schon eine leise Spur von Geringschätzung gegen die Götter verrät, die in ungeweihtem Mund so leicht obszön werden kann, die unter Molières Händen, des komischen Reichtums ungeachtet, zu einer echt rationellen Hahnreischaft geworden, ist von Kleist mit solcher Keuschheit und Heiligkeit wiedergeboren, daß uns bis auf den heutigen Tag kein Werk bekannt ist, in welchem eine vielsinnige Mythe der Griechen auf so überraschende, übermenschliche und edle Weise gedeutet worden: ja, der Sinn ist bei seiner herrlichen Tiefe so rein, daß man selbst die schönste und geheimnisreichste Mythe der christlichen Religion ohne allen Zwang darin finden mag. [...] Hier ist freilich kein ionischer, noch äolischer Dialekt, keine seltsam zusammengeleimten Worte, kein antikisches Silbenmaß, ja der verwünschte Dichter hat sogar höchst moderne Gedanken hineingewebt: aber demungeachtet ist es antik im edelsten Sinne; denn eine ungezwungene Sprache (der wir im einzelnen noch eine schärfere Feile wünschten), ein gesunder natürlicher Wohllaut, freier Wechsel des Dialogs, und ein weises Maß in allen Dingen, vor allem aber Genie, und zwar nicht der Form, aber dem Wesen nach höchst antik, und besonders ist es der tiefste Grundton des Ganzen von so eigentümlichem Grade, daß man unmöglich noch nach Winkelmaß und Hammer der Schule greifen kann, um einige seiner gesunden Glieder einzuzwängen und zu behämmern.»

Hier wird nicht nur der christliche Mythos erkannt, sondern auch die eigenständige Neugestaltung des griechischen Mythos, die gerade deshalb gelungen ist, weil Kleist sich nicht von der Pedanterie überlieferter Poetik, die festlegte, was antik sei und was nicht, einschüchtern ließ. Die griechische Antike war bis ins 19. Jahrhundert hinein die Epoche der Kunst, die als unerreichbares Vorbild galt. Winckelmanns Entdeckung der Antike für das 18. Jahrhundert, eine von mehreren Wiederentdeckungen der Antike im Laufe der europäischen Geschichte, hatte ein Bild dieser Epoche geboten, die in ihrer «edlen Einfalt und stillen Größe» (Winckelmann) mehr dem Zeitalter der Aufklärung entsprach als der griechischen Wirklichkeit. Die griechische Kunst – vom Alltag der Menschen ganz zu schweigen – hatte auch düstere, bedrohliche, rauschhafte Züge. Hölderlin und Kleist haben dieses dunkle «Dionysische» neben dem klaren «Apollonischen» gesehen. Kleists «Penthesilea» trifft gerade in dem Schrecklichen, von dem Goethe abgestoßen wurde, jenen dunklen Bereich der Antike; gerade das Echo des Dionysos-Kultes, dessen Grausamkeit Euripides in den «Bakchen» dargestellt hat, rückt die «Penthesilea» mehr als alle anderen Werke der damaligen Zeit in die Nähe der Antike. Goethes «Iphigenie» dagegen, die die Klarheit der Vernunft der Wildheit des Barbarentums abringt, ist ein Kind der Aufklärung des 18. Jahrhunderts nicht zuletzt auch in ihrer klassizistischen Form. Auf die strenge klassizistische Form spielt Dippold in seiner Rezension ja an, auf den Zwang, die antiken Vorbilder bis ins Versmaß nachzuahmen. Die strenge Form der klassizistischen Tragödie, wie sie von Corneille und Racine so meisterhaft gehandhabt wurde, war damals noch eine verpflichtende Norm. Schon Lessing und der Geniekult der zweiten Hälfte des 18. Jahrhunderts hatten sich gegen diese Norm gewandt; das Genie sollte frei sein in seinem Schaffensdrang und seinen eigenen Gesetzen folgen.

Kleist ist in diesem Streit, wie eine zeitgenössische Kunst angesichts des unerreichbaren Vorbilds der Antike auszusehen habe, hineingeboren worden; gleichwohl scheint er nicht davon berührt worden zu sein; mit einer schöpferischen Freiheit ohnegleichen hat er sich über diesen Streit hinweggesetzt und damit die Früchte des Geniekults für sich geerntet. Auch die romantischen Theoretiker haben ihm diesen Weg geebnet, vor allem der von ihm verehrte Friedrich Schlegel. So ist er über ein Problem hinausgehoben worden, mit dem sich der ältere, vom Disput der Genie-Epoche des 18. Jahrhunderts geprägte Goethe zeit seines Lebens auseinandersetzte. Goethe erkannte zwar auch die christliche Überformung des Kleistschen «Amphitryon», wie aus einer Tagebuch-Eintragung vom 14. Juli 1807 hervorgeht, er konnte sie aber nicht gutheißen:

«14. Juli. Zu Riemer: Das Stück Amphitryon von Kleist enthält nichts Geringeres, als eine Deutung der Fabel ins Christliche, in die Überschattung der Maria vom Heiligen Geist. So ist's in der Szene zwischen Zeus und Alkmene. Das Ende ist aber klatrig. Der wahre Amphitryon muß sich gefallen lassen, daß ihm Zeus diese Ehre angetan hat. Sonst ist die Situation der Alkmene peinlich und die des Amphitryon zuletzt grausam. – 15. Juli. Am Schloßbrunnen, mit Oberhofprediger Reinhard: über den neuen mystischen Amphitryon und dergleichen Zeichen der Zeit.»

Goethe war mit «dergleichen Zeichen der Zeit» nicht einverstanden. Ein Generationenkonflikt deutet sich hier an, denn für die jüngeren Poeten und Kritiker war die Verbindung von antikem und christlichem Mythos, die Goethe skeptisch betrachtete, Anlaß fast schwärmerischer Begeisterung. Adam Müller, den Kleist damals noch nicht persönlich kannte – erst Ende August 1807 traf Kleist, aus der französischen Gefangenschaft kommend, in Dresden ein –, hatte nicht nur das Drama «Der zerbrochene Krug» mit einer warmen Empfehlung an Goethe gesandt, er hatte auch den «Amphitryon» enthusiastisch begrüßt und mit einem Vorwort im Mai 1807 herausgegeben. In einem Brief an Friedrich Gentz vom 25. Mai 1807 schreibt Müller:

«Mit großer Freude ersehe ich aus Ihrem mir sehr, sehr werten Briefe, daß der Amphitryon Ihnen so vorzüglich gefallen hat. Hartmann hat ein großes herrliches Bild gemalt, die drei Marien am Grabe, welches zugleich mit dem Amphitryon mir eine neue Zeit für die Kunst verkündigt. Der Amphitryon handelt jawohl ebensogut von der unbefleckten Empfängnis der heiligen Jungfrau, als von dem Geheimnis der Liebe überhaupt, und so ist er gerade aus der hohen, schönen Zeit entsprungen, in der sich endlich die Einheit alles Glaubens, aller Liebe und die große innere Gemeinschaft aller Religionen aufgetan, aus der Zeit, zu deren echten Genossen Sie und ich gehören. Protestieren Sie nicht länger, mein Freund, gegen – ich will nicht gerade sagen das neue Zeitalter der Kunst – aber gegen die Zukunft des Herrn in Wissenschaft, Leben und Kunst!»

Müller erkennt, unabhängig von Dippold und Goethe, die Anspielung auf den christlichen Mythos in Kleists «Amphitryon»; im Gegensatz zu Goethe sieht er gerade darin die Größe der Kleistschen Leistung. In diesem Brief deutet er an, was er später in seinen im «Phöbus» abgedruckten ästhetischen Schriften, beeinflußt durch Schelling und Schlegel fordert: wir leben in einem Zeitalter, so Müller, in dem wir über alle vergangenen Epochen und Religionen verfügen, also sowohl über die griechische Religion als auch über die christliche; die Kunst unserer Zeit hat deshalb die Freiheit, in einer Art «Anachronismus», die Mythen aller Epochen gleichzeitig zu gebrauchen, die Ähnlichkeit dieser Mythen zu erkennen – etwa wie Kleist die Ähnlichkeit des Mythos von Herakles und Christus – und gerade dadurch etwas Neues zu bilden.

Goethe wendet sich in seinem Brief vom 28. August 1807 an Adam Müller gegen diese Vermischung der Epochen und Stile; er argumentiert als Klassizist, der dem antiken Prinzip der Stilreinheit verpflichtet ist; er richtet sich damit gegen die Romantiker. Goethe schreibt:

«Über Amphitryon habe ich manches mit Herrn von Gentz gesprochen; aber es ist durchaus schwer, genau das rechte Wort zu finden. Nach meiner Einsicht scheiden sich Antikes und Modernes auf diesem Wege mehr, als daß sie sich vereinigen. Wenn man die beiden entgegengesetzten Enden eines lebendigen Wesens durch Contorsion zusammenbringt, so gibt das noch keine neue Art von Organisation; es ist allenfalls nur ein wunderliches Symbol, wie die Schlange, die sich in den Schwanz beißt.»

Die Schlange, die sich in den Schwanz beißt, ist ein schönes Symbol des Kreislaufs, in dem Ende und Anfang wieder zusammengehen, Werden und Vergehen zusammenfallen – ein Gedanke, der Goethe sonst gar nicht fremd ist; hier aber will ihm dies als zu «gesucht» erscheinen. In einer Skizze aus dem Jahre 1807, die Sembder in den «Lebensspuren» abdruckt, hat Goethe den Gegensatz von «Antike» und «Moderne» so zusammengestellt:

Kleists «Amphitryon» ist also «gesucht», ein künstliches, unorganisches, ein nicht-künstlerisches Gebilde. Schon sechs Jahre später übernimmt Goethe diese Polarität von Antike und Moderne, wenn auch mit einer distanzierenden Vorbemerkung, um Shakespeares Größe zu charakterisieren. Daß er hier «schon bekannte Gegen-

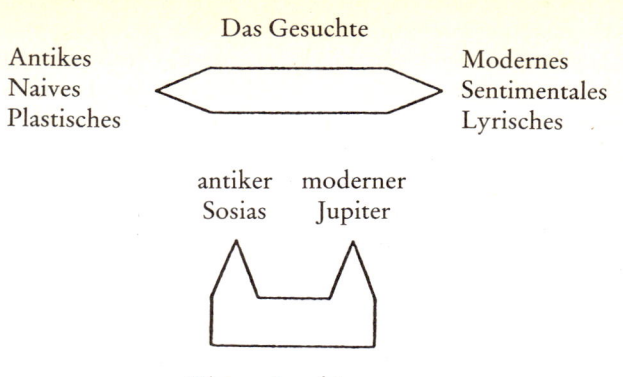

Das Gesuchte

Antikes   Modernes
Naives   Sentimentales
Plastisches   Lyrisches

antiker   moderner
Sosias   Jupiter

Kleists Amphitryon

sätze» zitiert, wie er schreibt, ist richtig: Friedrich Schlegel, Friedrich Schiller, Friedrich Wilhelm Joseph Schelling haben diese Gegensätze ausgearbeitet. Adam Müller hat in seinen «Fragmenten über die dramatische Poesie und Kunst» im «Phöbus» des Jahres 1808 die Größe Shakespeares an Hand derselben Gegensätze erklärt wie Goethe im Jahre 1813: als die eines Genies, das beide Pole, den antiken und den modernen, umfaßt und deshalb vorbildlich sei, freilich nicht nachzuahmen, nicht zu imitieren. Der zukünftigen Kunst weist Müller einen anderen Weg.

Goethe schreibt in seinem Aufsatz «Shakespeare und kein Ende» von 1813:

«Zuvörderst aber verwahre ich mich und sage, daß keineswegs meine Absicht sei, nachfolgende Terminologie als erschöpfend und abschließend zu gebrauchen; vielmehr soll es nur ein Versuch sein, zu andern, uns schon bekannten Gegensätzen nicht sowohl einen neuen hinzuzufügen, als, daß er schon in jenem enthalten sei, anzudeuten. Diese Gegensätze sind:

Antik   Modern
Naiv   Sentimental
Heidnisch   Christlich
Heldenhaft   Romantisch
Real   Ideal
Notwendigkeit   Freiheit
Sollen   Wollen»

Goethe hat später im zweiten Teil seines «Faust» die Vermischung des Antiken mit dem Modernen thematisiert in der Verbindung des christliche Faust mit der griechischen Helena. In «Faust II» wird erkennbar, daß Goethe aus den kritischen und künstlerischen Werken der Romantiker gelernt hat.

Auf die romantischen Kritiker will ich jetzt eingehen, zum einen der historischen Gerechtigkeit halber, denn sie haben erst die Freiheit des Künstlers vollends durchgesetzt; zum andern markieren ihre Überlegungen den Horizont der Zeit, vor dem Kleists Werke entstanden und vor dem sie erst zu begreifen sind.

Antike und Moderne bilden in diesen Überlegungen, wie gesagt, einen Gegensatz. Unter Antike ist die vorbildliche Kunst der Griechen zu verstehen, und zwar eher die der späten, der hellenistischen Epoche als die der frühen, der archaischen Epoche. Unter Moderne dagegen wird meistens das Zeitalter des Christentums verstanden. Adam Müller hat, an Friedrich Schlegel anknüpfend, auch das Christentum als vergangene Epoche charakterisiert, die Gegenwart dagegen als eine Epoche, die über die antike und über die christliche Mythologie verfügt – in der Nachfolge Shakespeares. Nicht so Schelling, wie Peter Szondi expliziert: «Schellings Bild von den Griechen ist nicht zu verstehen ohne sein Gegenbild: das Bild der Moderne. Da Schelling der Kunst als Stoff die Mythologie zuweist, trägt die Moderne bei ihm, mehr noch als bei seinen Zeitgenossen, religiöse, d. h. christliche Züge.» Die Moderne ist für Schelling das Zeitalter des Christentums. Szondi weiter: «Der allgemeine Weltgeist offenbare sich unter den zwei entgegengesetzten Attributen des Idealen und des Realen, und wie die realistische Mythologie ihre Blüte in der griechischen erreicht, so hat sich, schreibt Schelling, die idealistische im Lauf der Zeit ganz in das Christentum ergossen.» Das Christentum habe seinen Weg von Osten, dem Orient, nach Westen in den Okzident genommen und dort Wurzeln gefaßt. Schelling schreibt in «Die Philosophie der Kunst»:

«Der erste große Schritt der künftigen Bildung des Christenthums war der Eifer des Apostels Paulus, der jene Lehre zuerst unter die Heiden trug. Nur in dem fremden Boden konnte es sich gestalten. Es war nothwendig, daß die orientalischen Ideen in den occidentalischen Boden verpflanzt wurden. Allerdings war dieser Boden für sich unfruchtbar, das ideale Princip mußte vom Orient kommen, aber auch dieses war für sich wie in den orientalischen

Religionen reines Licht, reiner Aether, gestalt- und sogar farblos, nur in der Verbindung mit dem Entgegengesetztesten konnte es Leben entzünden.»

Szondi schließt daran folgende Überlegung an, die uns zu Kleist zurückführen wird:

«Der Gedanke könnte hölderlinischer nicht sein. Er erinnert nicht nur an die Konzeptionen der griechischen Bildung, die ihrem Ursprung aus dem Orient, dem Feuer vom Himmel, die abendländische Nüchternheit hinzugewinnt – wobei eine wesentliche Differenz freilich darin besteht, daß Hölderlin den orientalischen Ursprung beim Griechentum, Schelling aber beim Christentum sieht. Die zitierten Sätze stehen auch in großer Nähe zu der bekannten Schlußvariante von ‹Brod und Wein›. Der verpflanzte Gott, der seine Kolonie und das Vergessen seines Ursprungs liebt, ist primär Dionysos, der auf Erden geborene Gott des Weins. In sein Bild spielen aber auch Züge der beiden Halbbrüder hinein, Christi und Herakles', jener, dessen Lehre in den Okzident, nach Rom, getragen wird.»

So wie in Kleists «Amphitryon» die Ähnlichkeit zwischen Herakles und Christus, so wird in Hölderlins Ode «Brod und Wein» die Nähe des Dionysos zu Christus aufgezeigt, eine Nähe, die nicht die Erfindung der Dichter ist, sondern tatsächlich gegeben ist, wie jeder Mythenvergleich bestätigt; freilich ist sie damals erst entdeckt worden. Im Gedicht «Der Einzige» spricht Hölderlin vom Kleeblatt, also von der Einheit in der Differenz zwischen Christus, Herakles und Dionysos: wie die Blätter eines Kleeblatts sind sie unterschieden und gehören doch als Eines zusammen. Das könnte uns auch helfen, die Differenz und die Einheit zwischen Jupiter und Amphitryon in Kleists Lustspiel zu denken. In «Penthesilea» wird Kleist den Dionysos-Mythos, allerdings ohne den Namen des Gottes erwähnen, darstellen und dies wiederum mit einer Anspielung auf den Christus-Mythos.

Die Zusammenfassung des Gegensatzes von Antike und Moderne bei Schelling führt uns zu Goethes Polarität im Shakespeare-Aufsatz von 1813:

Antike	Moderne
Griechentum	Christentum
real	ideal

Goethes Gegensatz von «naiv» bei Antike und «sentimental» bei Moderne ist ein Zitat aus Schillers Aufsatz «Über naive und sentimentalische Dichtung», der ebenso wie Friedrich Schlegels «Über das Studium der griechischen Poesie» Schellings Gedankengang beeinflußt hat. Schelling fügt den Gegensätzen noch einen weiteren hinzu, der aus der Mythologie von Griechentum und Christentum kommt. Er schreibt: «Der Stoff der griechischen Mythologie war die Natur, die allgemeine Anschauung des Universums als Natur, der Stoff der christlichen die allgemeine Anschauung des Universums als Geschichte, als einer Welt der Vorsehung. Dies ist der eigentliche Wendepunkt der antiken und modernen Religion und Poesie. Die moderne Welt beginnt, indem sich der Mensch von der Natur losreißt, aber da er noch keine andere Heimath kennt, so fühlt er sich verlassen. Wo ein solches Gefühl sich über ein ganzes Geschlecht ausbreitet, wendet es sich freiwillig oder durch inneren Trieb gezwungen der ideellen Welt zu, um sich dort einheimisch zu machen.»

Auf der Seite der Antike wäre also noch «Natur» einzutragen und eine zeitenthobene Symbolik; die griechische Mythologie verbildlicht nach Schelling natürlich-kosmisches Geschehen. Auf der Seite der Moderne wäre noch «Geschichte» einzutragen; mit der Geburt Christi tritt ein historisches Ereignis ein, von dem aus wir bis heute unsere Geschichte datieren. In dieser «Geschichte» waltet die göttliche Vorsehung; die christliche Mythologie bilden symbolische Handlungen, «wunderbare» Geschichten. Schelling:

«Das Wunderbare in der historischen Beziehung [...] verbreitet sich von der Geschichte Christi und der Apostel aus herab durch die Legende, die Märtyrer- und Heiligengeschichte bis zum romantischen Wunderbaren, welches sich durch die Berührung des Christentums mit der Tapferkeit entzündete.»

Nirgendwo können wir besser erkennen, was Schlegel, Schelling und Müller, also die «Romantiker», unter griechischer Antike und christlicher Moderne verstanden, als in den beiden dem «Amphitryon» folgenden Werken Kleists: der «Penthesilea» und dem

«Käthchen von Heilbronn». Und umgekehrt: die von Kleist intendierte Aussage dieser beiden Dramen können wir nur verstehen, wenn wir die Begriffe von Antike und Moderne, wie sie Schlegel, Schelling und Müller definieren, kennen. Adam Müller ist Friedrich Schlegel näher als dem dargestellten Standpunkt Schellings, weil er dem zeitgenössischen Autor eine neue, dritte Position zugesteht, die auf die antike und die moderne, also christliche Position folgt. Es ist die gegenwärtige, die über die antike und die christliche Vergangenheit gebietet, deren Gemeinsamkeiten sieht und daraus einen «neuen Mythos» bildet. Nur so ist Adam Müllers Vorwort zu Kleists «Amphitryon» ganz zu verstehen. Er schreibt dort:

«[...] das altertümliche Kostüm gibt die Antike noch nicht; ein tüchtiger, strenger metrischer Leisten gibt noch nicht den poetischen Rhythmus; und das Geheimnis der Klassizität liegt nicht in der bloßen Vermeidung von Nachlässigkeiten, die leise verletzen, aber nicht ärgern, nicht verunstalten, oder verdunkeln können das Ursprüngliche und Hohe, das aus dem Werke herausstrahlt. Mir scheint dieser Amphitryon weder in antiker noch moderner Manier gearbeitet: der Autor verlangt auch keine mechanische Verbindung von beiden, sondern strebt nach einer gewissen poetischen Gegenwart, in der sich das Antike und Moderne – wie sehr sie auch ihr untergeordnet sein möchten, dereinst wenn getan sein wird, was Goethe entworfen hat – dennoch wohlgefallen werden.»

Auf diese zukünftige Epoche, in der Antike und Moderne sich gefallen werden, weist Kleists «Amphitryon» voraus; deshalb Adam Müllers Begeisterung über dieses Stück. Die antike Verwechslungskomödie, der Spott über Menschen und Götter, finden wir in diesem Drama wie auch die moderne Bewußtseinskomödie, die Frage nach Ich-Identität und Selbstbewußtsein. Die antike Mythologie ist darin mit der sinnlichen Liebe der Götter genauso wie die christliche Mythologie mit der keuschen Liebe der Frau, und die Ankündigung des Halbgottes Herakles (oder lateinisch Herkules) wird zur Verheißung des Gottessohnes und Menschensohnes Jesus Christus. Während dieses Schauspiel in der Verkündigung am Schluß auf die kommenden Halbgötter vorausdeutet, zeigt «Penthesilea» die Anwesenheit des Halbgottes Dionysos, der auf schreckliche Weise als Jupiter die Menschen heimsucht: die Besessenheit des Gottes führt zur Raserei. Am Schluß der «Penthesilea» wird wiederum in zwei versteckten Zeichen auf die zukünftige Versöhnung durch Christus hingewiesen. Diese vollzieht sich gegen alle menschliche Vernunft, durch übermenschliche Eingriffe im romantischen Ritterschauspiel vom christlichen Mittelalter, in «Das Käthchen von Heilbronn». Das märchenhafte Ende dieses Stückes, in dem alle Guten zum Glück finden und die Bösen verstoßen werden, verweist zudem gleich einer Utopie auf ein künftiges Weltalter.

So gesehen ließen sich die drei Dramen Kleists, «Amphitryon», «Penthesilea», «Das Käthchen von Heilbronn», fast als Trilogie lesen, in denen die wichtigsten Epochen der Weltgeschichte unter dem Blickwinkel der deutschen Romantik dargestellt werden.

Mythos und Märchen

Daß Penthesilea und Käthchen wie Gegensätze zusammengehören, weshalb sie auch hier gemeinsam behandelt werden, sagt Kleist selbst. Im Spätherbst 1807 schreibt er aus Dresden an Marie von Kleist:

> «Jetzt bin ich nur neugierig, was Sie zu dem Käthchen von Heilbronn sagen werden, denn das ist die Kehrseite der Penthesilea, ihr andrer Pol, ein Wesen, das ebenso mächtig ist durch gänzliche Hingebung, als jene durch Handeln.»

Am 8. Dezember 1808 schreibt er an Collin nach Wien, der sich für die dortige Aufführung des Käthchens einsetzte:

> «Wer das Käthchen liebt, dem kann die Penthesilea nicht ganz unbegreiflich sein, sie gehören ja wie das + und das − der Algebra zusammen, und sind ein und dasselbe Wesen, nur unter entgegengesetzten Beziehungen gedacht.»

Diese Zusammengehörigkeit im Gegensatz ist offensichtlich. Käthchen ist passiv, sie duldet eher, als daß sie handelt, sie unterwirft sich dem geliebten Mann. Penthesilea ist aktiv, sie handelt bis zur Raserei, sie kämpft gegen den geliebten Mann, um ihn sich zu unterwerfen. Dieser Gegensatz wird, dem Glauben unserer Zeit gemäß, allzu rasch psychologisch erklärt. Was aber meint Kleist, wenn er schreibt, daß die beiden Frauenfiguren in den beiden Stücken «in entgegengesetzten Beziehungen gedacht» seien! Mit «entgegengesetzten Beziehungen» meint Kleist keine psychologischen Beziehungen, jedenfalls nicht in unserem heutigen Sinne von Psychologie.

Es sind «menschliche Beziehungen», aber als Beziehungen zweier extremer Kunstfiguren in zwei unterschiedlichen Kunstwerken dargestellt; es sind künstlerische Beziehungen, unter denen sie gedacht und entworfen sind. Es sind «Antike» und «Moderne» im genannten Sinne, die hier Kleist gegeneinanderstellt: die antike Tragödie einerseits und das romantische Ritterschauspiel andererseits, die griechische Mythologie einerseits und das verklärte christliche Mittelalter andererseits. Die oben skizzierte Polarität von Antike und Moderne läßt sich an beiden Stücken, die wie zwei Pole zueinander gehören, erkennen:

Antike	Moderne
Griechentum	Christentum
real	ideal
heldenhaft	romantisch
Natur	Geschichte
Mythologie	das Wunderbare
tragisches Ende	Versöhnung

So ließen sich, in Ergänzung der von Schelling und Goethe angeführten Begriffe, die entgegengesetzten Beziehungen, unter denen Penthesilea und Käthchen gedacht sind, bezeichnen. «Penthesilea» ist ein «Trauerspiel», das die antike Tragödie nachahmt, Euripides wird noch zu nennen sein. Die griechische Mythologie wird aufgerufen, ein gigantisches Ringen von göttlichen Kräften ist im Gange, von Kräften der «Natur», des Kosmos, die im Kreislauf des Jahres Werden und Vergehen bestimmen: Sonne, Mond und Erde. Ein heroischer Konflikt entbrennt zwischen den «realen» Gestalten, der unversöhnlich, also tragisch endet: mit Achilles und Penthesileas Tod, die sich liebten und bekriegten zugleich.

Dagegen ist «Das Käthchen von Heilbronn» ein romantisches Werk, das die christliche «Moderne» zeigt, «ein großes historisches Ritterschauspiel», wie Kleist es ausdrücklich im Untertitel nennt. Es spielt im Mittelalter, das Wunderbare ereignet sich, Engel, von Gottes Thron gesandt, steigen vom Himmel herab und greifen ein, statt zeitloser «Natur» ereignet sich «Geschichte», gelenkt von der göttlichen Vorsehung. Die Liebe siegt am Schluß durch Demut. Käthchen erreicht trotz, nein: wegen ihrer Unterwürfigkeit am Ende all das, was sie am Anfang erstrebte, und dies gegen alle Vernunft, die hier wie immer bei Kleist von den Männern verkörpert wird. Das «Ideale», die Sehnsucht des Menschen nach dem Unendlichen, die Einwirkung des Unendlichen ins menschliche Leben, führt im märchenhaften Schluß zu christlicher Versöhnung.

In beiden Werken gibt es aber auch eine Anspielung auf die jeweils andere Epoche. Im «Käthchen» heißt es in der dritten Szene des zweiten Aktes: «Wenn Ihr den kleinen griechischen Feuerfunken nicht austretet, der diese Kriege veranlaßt, so sollt Ihr noch das ganze Schwabengebirge wider Euch auflodern sehen, und die Alpen und den Hunsrück obenein.» Mit «griechischen Feuerfunken» ist der unversöhnliche heroische Konflikt gemeint, der die schreckliche Zerstörung nach sich zieht; der christliche Ritter mit dem sprechenden Namen «Graf Wetter vom Strahl» muß deshalb der Fehde ein Ende bereiten.

Die Anspielung in der «Penthesilea» ist ebenfalls deutlich, wenn auch nicht so ausdrücklich; das Wort «christlich» fehlt. Es sind zwei Zeichen, die Kleist im letzten Auftritt des Trauerspiels einfügt, also nach der furchtbaren Raserei, in der Penthesilea den Geliebten zerfleischte, ohne sich dessen bewußt zu sein. Bevor sie langsam zum Bewußtsein ihrer Tat kommt, unschuldig/schuldig auch sie wie König Ödipus, bittet sie um Wasser. Doch sie trinkt es nicht; es heißt vielmehr in der Regie-Anweisung: «Penthesilea läßt sich von ihrem Sitz auf Knien vor das Becken niederfallen und begießt sich das Haupt mit Wasser.» Sich niederknien und Wasser aufs Haupt gießen, das ist eine Anspielung auf die christliche Taufe, das ist hier am Ende des Trauerspiels ein Hinweis auf die zukünftige Epoche des Christentums, in der diese in der Antike unlösbaren tragischen Konflikte eine versöhnliche Lösung finden werden. Penthesilea wiederholt diese Geste des Sich-selber-Taufens noch einmal. Den toten Achilles beschreibt sie ein wenig später mit einem Satz – das ist das zweite Zeichen –, der an christliche Sätze gemahnt: «Ach, diese blutgen Rosen! Ach, dieser Kranz von Wunden um sein Haupt!» Das ist wohl ein Zitat aus Paul Gerhards Kirchenlied «O Haupt voll Blut und Wunden». Doch soviel scheint mir sicher: der zerfleischte Achilles trägt einen Kranz von Wunden um das Haupt wie der gemarterte Christus, und diese Marter erinnert wiederum an den Dionysos-Mythos. Dionysos, auch eine Vegetationsgottheit, könnte man sagen, die den Zyklus des Jahres symbolisiert, das Werden und Vergehen der Pflanzen im Jahreslauf, das Säen, Blühen und Ernten, Dionysos ist eine Gestalt, von der solches Zerfleischen und Zermartern berichtet wird. Ähnlich Achilles soll der Gott, so eine Variante des Mythos, zerfleischt worden sein. Das Zerfleischen der Tiere zu seinen Ehren, die «Bakchen» des Euripides schildern es, ist eine sakrale Wiederholung dieser Marter. Doch alljährlich wird an der Wintersonnenwende die Neugeburt des Dionysosknaben gefeiert. Es ist derselbe Zeitpunkt, an dem die Christen die Geburt des Jesusknaben feiern, dessen Marter sie im Frühjahr gedenken, wenn die Felder wieder bestellt werden.

Nach diesem kurzen Überblick werde ich die mythologischen Zitate in beiden Stücken genauer untersuchen. Die «Penthesilea» brachte Kleist schon fast abgeschlossen nach Dresden mit; möglicherweise sind die beiden christlichen Anspielungen erst dort unter dem Einfluß Adam Müllers entstanden. «Das Käthchen von Heilbronn» ist ohne die religiöse Ästhetik des konvertierten Katholiken Adam Müller und ohne die Psychologie des romantischen Naturphilosophen Gotthilf Heinrich Schubert kaum denkbar; beide hat Kleist in Dresden kennengelernt, ihre Vorlesungen hat er dort gehört, Auszüge davon sind im von ihm und Müller herausgegebenen «Phöbus» veröffentlicht. Doch zunächst zur «Penthesilea».

Erst im dritten Auftritt erscheint die männliche Hauptfigur des Trauerspiels: Achilles, der tapferste der griechischen Heerführer, die Troja belagern. Ein Myrmidonier kündigt ihn so an:

Seht! Steigt dort über jenes Berges Rücken,
Ein Haupt nicht, ein bewaffnetes, empor?
Ein Helm, von Federbüschen überschattet?
Der Nacken schon, der mächtge, der es trägt?
Die Schultern auch, die Arme, stahlumglänzt?
Das ganze Brustgebild, o seht doch, Freunde,
Bis wo den Leib der goldne Gurt umschließt?
DER HAUPTMANN: Ha, Wessen!
DER MYRMIDONIER: Wessen! Träum ich, ihr Argiver?
Die Häupter sieht man schon, geschmückt mit Blessen,
Des Roßgespanns! Nur noch die Schenkel sind,
Die Hufen, von der Höhe Rand bedeckt!
Jetzt, auf dem Horizonte, steht das ganze
Kriegsfahrzeug da! So geht die Sonne prachtvoll
An einem heitern Frühlingstage auf!
DIE GRIECHEN: Triumph! Achilleus ists! der Göttersohn!
Selbst die Quadriga führet er heran!

Achilleus, der Göttersohn, tritt wie ein Gott auf, wie der Sonnengott: er geht wie die Sonne auf, was der Myrmidonier auch ausspricht. Der Sonnengott Helios wird in der griechischen Mythologie mit den Attributen dargestellt, die Achilles hier mit sich führt: mit dem Sonnenwagen, der Quadriga, der von den vier Sonnenpferden über den Himmel gezogen wird (so dachten sich die Griechen den Lauf der Sonne vom Morgen bis zum Abend). Diese Zeichen des Sonnengottes zieren auch Phöbus Apollo, den Lichtgott nach anderer Überlieferung. Der klare, strahlende Apollo, Gott der Wissenschaft und Kunst, gab Müllers und Kleists Dresdner Kunstmagazin den Namen: «Phöbus». Auf dem Titelblatt wird er mit dem Sonnenwagen als aufgehende Sonne abgebildet, drei Tierkreiszeichen im Ausschnitt eines Kreisrunds über ihm: Jungfrau, Waage, Skorpion. Kleists eigenes Zeichen, die Waage, steht in der hohen Mitte. Die Zeichen links und rechts sind die dem Jahreszyklus entsprechenden, sie sind zugleich aber auch die Tierkreiszeichen Goethes und Schillers, so daß der Zufall – oder die Absicht, hat Kleist es gewußt? – die drei Dramatiker hier zusammenführt. Daß Kleist sein Zeichen mit Absicht nach oben stellte – mag er nun bei den beiden anderen an Schiller und Goethe gedacht haben oder nicht –, daran kann wohl kein Zweifel sein. Kleist sah sich also als bevorzugten Schützling des Phöbus Apollo.

Achilles oder Achilleus wird immer wieder mit den Epitheta «göttlich» oder «Göttersohn» im Trauerspiel benannt. Wenn nicht als Gott, so soll er doch als Vertreter eines oder gar mehrerer Götter gelten. Das ist eine Konstellation, die uns aus dem «Amphitryon» bekannt ist: Jupiter ist Amphitryon, Amphitryon ist Jupiter; das Göttliche zeigt sich im Menschen, der Mensch verkörpert das Göttliche. Das «Göttliche», repräsentiert in den Göttern der griechischen Mythologie, nimmt in Achilles Gestalt an: Helios, der Sonnengott, Apollo, der Gott der Klarheit und Gemessenheit, schließlich auch Mars bzw. Ares, der Gott des Krieges, denn als Verkörperung des Mars erscheint Achilles der Penthesilea und ihren Amazonen, wie Penthesilea im fünfzehnten Auftritt selbst erläutert.

Die Amazonen, die in den Kampf der Griechen mit den Trojanern kriegerisch einbrechen, sind ein «überstolzer Frauenstaat», wie Achilles sie nennt. Achilles, der Grieche, hält sie für Barbaren. Sie leben ohne Männer, haben deren Unterdrückung abgeworfen und ziehen im Frühjahr jeweils aus, um sich im Krieg die Männer zu erobern, die sie zur Begattung brauchen. Mit ihnen feiern sie das Rosenfest, ein Frühlingsfest der Besamung und der Fruchtbarkeit, genau zu der Zeit, zu der auch der Samen auf die Felder gebracht wird. Penthesilea zu Achilles im fünfzehnten Auftritt, nachdem sie ihm als eine Gestalt, die vom Mond herniederstieg, erschien:

ACHILLES: Ich war zerstreut. Vergib. Ich dachte eben,
  Ob du mir aus dem Monde niederstiegst? –
PENTHESILEA *nach einer Pause*:
  So oft, nach jährlichen Berechnungen,
  Die Königin, was ihr der Tod entrafft,
  Dem Staat ersetzen will, ruft sie die blühndsten
  Der Fraun, von allen Enden ihres Reichs,
  Nach Themiscyra hin, und fleht, im Tempel
  Der Artemis, auf ihre jungen Schöße
  Den Segen keuscher Marsbefruchtung nieder.
  Ein solches Fest heißt, still und weich gefeiert,
  Der blühnden Jungfraun Fest, wir warten stets,
  Bis – wenn das Schneegewand zerhaucht, der Frühling
  Den Kuß drück auf den Busen der Natur.
  Dianas heilge Priesterin verfügt
  Auf dies Gesuch sich in den Tempel Mars',
  Und trägt, am Altar hingestreckt, dem Gott
  Den Wunsch der weisen Völkermutter vor.
  Der Gott dann, wenn er sie erhören will,
  – Denn oft verweigert ers, die Berge geben,
  Die schneeigen, der Nahrung nicht zu viel –
  Der Gott zeigt uns, durch seine Priesterin,
  Ein Volk an, keusch und herrlich, das, statt seiner,
  Als Stellvertreter uns erscheinen soll.
  Des Volkes Nam und Wohnsitz ausgesprochen,
  Ergeht ein Jubel nun durch Stadt und Land.
  Marsbräute werden sie begrüßt, die Jungfraun,
  Beschenkt mit Waffen, von der Mütter Hand.

Achilles ist der von Mars geschickte Bräutigam, den Penthesilea sich
erobern muß; von ihrer Mutter bereits wurde er ihr als eine besondere Erscheinung vorausgesagt; der Liebeskampf zwischen den beiden geht denn auch auf besondere Weise zu Ende. Es ist offensichtlich, daß hier Mann und Frau im Kampf der Geschlechter einander
gegenübertreten. Daß dieser Kampf als eine gigantische Auseinandersetzung zweier Prinzipien verläuft, zweier göttlicher Kräfte, die
sich in Mann und Frau verkörpern, darauf weist Kleist durch eine
Fülle von mythologischen Zitaten hin. So heißt es über Achilles:

«Hierher den Lauf, du Göttlicher gerichtet!»

«Achill! Heil dir, Pelide! Göttersohn!»

«Auf uns heran! Heil dir! du Göttlicher!»

Auch Penthesilea sieht ihn als göttlich an, und zwar nicht nur als
Vertreter des Mars, sondern auch als Vertreter des Helios. Im fünfzehnten Auftritt erscheint er ihr als Gottheit:

PENTHESILEA: Wie aber ward mir,
    Oh Freund, als ich dich selbst erblickte –!
    Als du mir im Skamandros-Tal erschienst,
    Von den Heroen deines Volks umringt,
    Ein Tagsstern unter bleichen Nachtgestirnen!
    So müßt es mir gewesen sein, wenn er
    Unmittelbar, mit seinen weißen Rossen,
    Von dem Olymp herabgedonnert wäre,
    Mars selbst, der Kriegsgott, seine Braut zu grüßen!
    Geblendet stand ich, als du jetzt entwichen,
    Von der Erscheinung da – wie wenn zur Nachtzeit
    Der Blitz vor einen Wandrer fällt, die Pforten
    Elysiums, des glanzerfüllten, rasselnd,
    Vor einem Geist sich öffnen und verschließen.

Im neunten Auftritt entgegnet Penthesilea aufgebracht zu Prothoe:

    Blödsinnige
   Bei seinen goldnen Flammenhaaren zög ich
   Zu mir hernieder ihn –
PROTHOE: wen?
PENTHESILEA: Helios,
   Wenn er am Scheitel mir vorüberfleucht!

Die Regie-Anweisung lautet: «Die Fürstinnen sehn sprachlos und
mit Entsetzen einander an.» Hier ist Penthesilea schon vom Wahn
gepackt, nicht vom «Wahn» in unserem heutigen Sinne, sondern
vom «Wahn» im Sinne der Alten: sie ist vom göttlichen Wahnsinn
gepackt, von der Gottheit besessen, denn sie hat den Gott gesehen,
sie will ihn besitzen, ihn lieben, im Geschlechtsakt sich mit ihm ver-

einigen. Der Geschlechtsakt als Akt der Vereinigung von Mann und Frau, von Männlichem und Weiblichem, ist zugleich die Vereinigung zweier göttlicher Prinzipien, die sich in Mann und Frau äußern; es sind gewissermaßen kosmische Kräfte, wie sie durch die griechischen Götter symbolisiert werden. Kleist formuliert hier einen Begriff von Liebe, den wir uns nicht erhaben genug denken können.

Auch Penthesilea ist göttlich. Achilles sieht sie so, hellsichtig auch er für das Göttliche, so daß er, was unverständlich ist für die übrigen Griechen, den Kampf mit ihr wie besessen sucht.

ACHILLES: Was mir die Göttliche begehrt, das weiß ich:
    Brautwerber schickt sie mir, gefiederte,
    Genug in Lüften zu, die ihre Wünsche
    Mit Todesgeflüster in das Ohr mir raunen.

Und im fünfzehnten Auftritt:

ACHILLES: Oh du, die eine Glanzerscheinung mir,
    Als hätte sich das Ätherreich eröffnet,
    Herabsteigt, Unbegreifliche, wer bist du?
    Wie nenn ich dich, wenn meine eigne Seele
    Sich, die entzückte, fragt, wem sie gehört?

Hier stellt sich die Frage nach der Identität des anderen, der Gott und Mensch zugleich ist, ähnlich wie im «Amphitryon». Achilles wünscht sich von Penthesilea einen Sohn, der als Unterpfand von ihrer Vereinigung zeugen soll wie im «Amphitryon» Herakles von der Vereinigung des Jupiters mit Alkmene: «Du sollst den Gott der Erde mir gebären!» Daß er diesen erwünschten Sohn «Gott der Erde» nennt, mag ihn in die Reihe der Halbgötter, Herakles, Christus, Dionysos, die große Taten auf der Erde vollbringen als Abkömmlinge des Himmels und der Erde zugleich, einfügen. Mit Prometheus wird er hier verglichen:

ACHILLES *mit erzwungener Heiterkeit*: Du sollst den Gott der Erde
    mir gebären!
    Prometheus soll von seinem Sitz erstehn,
    Und dem Geschlecht der Welt verkündigen:
    Hier ward ein Mensch, so hab ich ihn gewollt!

Wenn zwei Menschen als Götter, wenn zwei Götter als Menschen aufeinandertreffen wie hier, kann das nur als Kampf der «Giganten» sich ereignen. Kleist beschreibt es auch so. Im ersten Auftritt heißt es etwa:

ODYSSEUS:　　　　　Jetzt hebt
　Ein Kampf an, wie er, seit die Furien walten,
　Noch nicht gekämpft ward auf der Erde Rücken.

Im vierten Auftritt dann:

ANTILOCHUS:　　Du hast in einem Kampf
　Wetteifernder Geschwindigkeit bestanden,
　Neridensohn, wie losgelassene
　Gewitterstürm, am Himmelsplane brausend,
　Noch der erstaunten Welt ihn nicht gezeigt.

Und im siebten Auftritt:

DAS ERSTE MÄDCHEN *auf dem Hügel*:
　　　　　　　Ha, jetzt treffen sie einander!
　Ihr Götter! Haltet eure Erde fest –
　Jetzt, eben jetzt, da ich dies sage, schmettern
　Sie, wie zwei Sterne, auf einander ein!

Es ist also nicht übertrieben, wenn ich von einem kosmischen Ereignis rede. So wie Achilles, das männliche Prinzip, das Zeichen des Sonnengottes mit sich führt, den Sonnenwagen, so führen die Amazonen, das weibliche Prinzip, das Zeichen der Mondgöttin auf ihrer Fahne mit sich. Der Mond, im Griechischen als «selene» und im Lateinischen als «luna» weiblich, wird ja seit altersher als mit dem Weiblichen verbunden erkannt.

In Kleists «Penthesilea» ist der Liebeskampf zwischen Achilles und Penthesilea doppeldeutig, denn der Kampf hat eine wörtliche und eine symbolische Bedeutung. Die wörtliche liegt auf der Hand: der unbesiegbare Achilles kann nur die Frau lieben, die ihm untertan ist; die heroische Penthesilea kann – dem Gesetz ihres Amazonenstaates gemäß – nur den Mann lieben, den sie besiegt hat, der also ihr untertan ist. Das ist der unauflösbare Konflikt der Tragödie, unauflösbar so lange jedenfalls, bis nicht einer der beiden sich dem andern freiwillig zu unterwerfen bereit ist – oder so lange, bis beide einander gleichberechtigt akzeptieren. Die letzte Möglichkeit wird im Drama nicht einmal angedeutet. Die erste Möglichkeit erscheint Achilles und Penthesilea gleichermaßen als unmöglich. Der äußere Konflikt wird nur von Penthesilea als innerer Konflikt erlebt. Sie sieht sich mit zwei einander widerstreitenden Regungen konfrontiert: einerseits einer starken Neigung, die sie zu Achilles treibt, den sie liebt, und andererseits dem auferlegten, aber von ihr auch verinnerlichten Amazonengesetz, das verlangt, die Männer zu unterwerfen, zu lieben und darauf zu töten.

Achilles käme in den gleichen inneren Konflikt, wenn ihm bewußt würde, daß auch er zwischen der eigenen Neigung und dem patriarchalischen Gesetz seines Staates unterscheiden könnte. Er ist jedoch in einem Maße vom patriarchalischen Gesetz überzeugt, die Frau solle dem Manne unteratn sein, daß er es gar nicht in Zweifel zu ziehen vermag. Patriarchat und Matriarchat als absolute, miteinander unvereinbare Prinzipien stehen hier gegeneinander, was zu einer tragischen Verwicklung führt, denn die Männer, wie sehr sie auch die Frauen aus ihrer Gesellschaft ausschließen mögen, sind auf die Frauen angewiesen, wie auch die Frauen zur Fortpflanzung und Erhaltung ihres Staates der Männer bedürfen. Der Kampf endet deshalb bei Kleist tragisch mit dem Tod der beiden Liebenden, denn beide, der Mann, der das Weibliche tötet, und die Frau, die das Männliche tötet, töten letztlich sich selbst. Die Größe des Kleistschen Dramas liegt in der radikalen Konsequenz, mit der er uns dies vor Augen führt.

Die kurze Versöhnung der Liebenden im Drama beruht auf einer Täuschung: Achilles, der Penthesilea besiegt hat, macht sie glauben, sie habe ihn besiegt. Als sie die Täuschung durchschaut, wird sie «rasend» vor Wut und tötet ihn. Als ihre Tat ihr bewußt wird, tötet sie sich selbst, mit Worten statt mit einem Dolch.

Die symbolische Bedeutung des Kampfes, die Kleist in den mythologischen Zitaten und Anspielungen deutlich ausdrückt, läßt sich in der Polarität der Gottheiten, die einander in Mann und Frau begegnen, erkennen:

Helios	Selene
Sol	Luna
Mars	Diana
Apollo	(Dionysos)

Diese Gottheiten werden nacheinander von Achilles und Penthesilea verkörpert, wobei es auch zu Überlappungen kommt. Immer aber wird die Polarität von männlich und weiblich durchgehalten: der Sonnengott als männlicher, die Mondgöttin als weiblicher Planet, der Kriegsgott als männliches Pendant zu der kriegerischen Diana (griechisch Artemis), der jungfräulichen Göttin der Jagd, schließlich Phöbus Apollo als der Gott der griechischen Klarheit und Gemessenheit, Dionysos aber, der aus dem Orient relativ spät zu den Griechen kam – des Euripides «Bakchen» handeln davon –, als der wilde, barbarische Gott des Wahns und der Ekstase. Der Name des Dionysos wird als einziger nicht genannt, deshalb habe ich ihn eingeklammert. Daß er auf der Seite des Weiblichen steht, machen wiederum des Euripides «Bakchen» verständlich. Die Bakchen (hai bakchai) sind nämlich weiblich, es sind die Bacchantinnen; Frauen vor allem waren die Anhängerinnen des Bakchos (lateinisch Bacchus). Als Anhängerin der Diana jagt Penthesilea den Achilles; sie hetzt ihn mit Hunden, selbst fast ein Tier, so ist sie außer sich geraten. Die Jagd gehört zum Kultus des Dionysos, wie wir aus den «Bakchen» ersehen: die Frauen jagen durchs Gebirge, fangen Tiere und zerfleischen sie mit den Händen und Zähnen. So zerfleischt auch Argaue ihren Sohn Pentheus, den sie für einen Löwen hält, so zerfleischt auch Penthesilea ihren Geliebten Achilles, den sie für einen Hirsch hält.

Der Grieche Achilles ist in Kleists Trauerspiel der Vertreter des Gottes der ruhigen Klarheit, der edlen Einfalt, der stillen Würde, also des Apollo, die wilde Amazone dagegen ist die Vertreterin des Gottes der Raserei, der Ekstase, der Trunkenheit, des Wahns, also des Dionysos. Der hellen Seite des Griechentums – nur diese sah der Klassizismus – fügt Kleist die dunkle Seite hinzu: beide – das Apollinische und das Dionysische – machen erst die Antike aus; Kleist hat dies lange vor Nietzsche gewußt. Adam Müller hat Kleist in seinen dramatischen Vorlesungen in Dresden diesen Zusammenhang bestätigt: das Theater der Griechen war ein religiöses Theater, es war Bestandteil des Dionysos-Kultus. Müller bemerkte im zweiten Teil seiner Vorlesungen, die im «Phöbus» abgedruckt wurden:

> «Bei den Griechen war das Theater hingegen erweitertes Opfer des Bacchus: der Geber des Weinstocks begeisterte seine Priester und alle Opfernden. [...] Gesang, Drama, Opfer ward mit religiöser Gewissenhaftigkeit beibehalten, und die Zeit der Aufführung war in den schönsten Zeiten der griechischen Kunst immer durch die Feier des Bacchusfestes bestimmt.»

In seinem anachronistischen Versuch, eine antike Tragödie zu dichten, stellt Kleist den Gott, dem die antike Tragödie diente, in den Mittelpunkt, ohne ihn allerdings beim Namen zu nennen. Die Raserei ist das Zeichen der Anwesenheit des Gottes unter den Menschen. Kleist hat damit sehr tiefsinnig verschiedene Mythen miteinander verbunden: der Vegetationsgott Dionysos steht für den Zyklus des Jahres, «Brod und Wein» – der Titel von Hölderlins Ode – sind die Früchte, die er schenkt; der Jahreszyklus wird von Kleist verbunden mit dem Liebesakt zwischen Mann und Frau; die Amazonen feiern ihr Rosenfest als Begattungsfest im Frühling, wenn der Samen auf die Felder gebracht wird.

Die Antike sei ganz «Natur», sagt Schelling. Die Liebe zwischen Mann und Frau gleicht der Befruchtung der Felder und der Ernte der Früchte; beide Vorgänge sind in den großen Naturzusammenhang des Kosmos gebettet: Sonne und Mond, Himmel und Erde wirken mit. So wird aus der wörtlichen Bedeutung der Geschichte von Achilles und Penthesilea nicht nur die symbolische Bedeutung, sondern wörtliche und symbolische Bedeutung werden fast identisch – wie Jupiter und Amphitryon im Lustspiel.

Lediglich der Schluß des Trauerspiels bleibt zweideutig: als Konfrontation von absolutem Patriarchat und absolutem Matriarchat ist das Ende tragisch, als Station im Kultus des Dionysos dagegen nicht. Denn der Tod des Gottes hat seine Wiedergeburt zur Folge, dem Tod des gemarterten Dionysos – die Tiere werden an seiner Stelle von den Bakchen zerfleischt – folgt seine «Auferstehung», wie dem Herbst das Frühjahr.

Die Bakchen essen nicht nur die Früchte des Gottes, also «Brod und Wein», sie essen mit den Tieren den Gott selbst, sie nehmen ihn in sich auf. Das ist eine andere Art der Vereinigung, der Kommunion von Gott und Mensch, als der Geschlechtsakt. Penthesilea, die

Achilles «vor Liebe gefressen hat», wie Kleist selbst sagt, vereinigte sich mit ihm, indem sie ihn verschlang.

Das ist im Kultus des Christus, auf den Kleist am Schluß anspielt, ähnlich: Brot und Wein sind die Gaben, in denen die Christen ihren Gott essen: «Dies ist mein Fleisch und mein Blut», sagt Christus, als er dieses Sakrament einsetzt. Auch bei Christus folgt die Auferstehung dem Martertod. Der Tod des Achilles und der Penthesilea am Schluß des Trauerspiels ist also – mythologisch gesehen – nicht das letzte Wort. Das Samenkorn muß sterben, damit die Pflanze daraus entsprießen kann.

«Das Käthchen von Heilbronn» ist das christliche Pendant der «Penthesilea». Die Liebesgeschichte des Käthchen, Tochter des Schmieds Theobald aus Heilbronn, und des Grafen vom Strahl wird von der göttlichen Vorsehung gelenkt. Ihre Geschichte beginnt in der Silvesternacht, in der beide gleichzeitig denselben Traum haben: ein Cherub, also ein Engel vom Thron Gottes – die Cherubim stehen sehr hoch in der Hierarchie der Engel –, zeigt dem Ritter die zukünftige Braut, dem Mädchen den zukünftigen Bräutigam. Das Geschehen in dieser Nacht ist so ungeheuerlich, daß der Ritter in einen todesähnlichen Schlaf fällt. Als Käthchen ihn in der Werkstatt ihres Vaters wiedersieht, erschrickt sie, als sei ihr Gott erschienen. Am Schluß des Dramas wird die Voraussage des Engels wahr. Käthchen und der Graf vom Strahl heiraten.

Bis es soweit ist, müssen allerdings noch Mißverständnisse aufgeklärt werden. Denn auch hier vollzieht sich – streckenweise wenigstens – ein analytisches Drama; die Frage lautet: was ist in jener Silvesternacht geschehen? Das Verhör, das der Graf mit Käthchen im zweiten Auftritt des vierten Aktes anstellt, macht ihm erst bewußt, was sie schon längst weiß: Käthchen ist tatsächlich die ihm zugewiesene Braut. Doch vertraut er ihr und dem Engel nicht so sehr wie sie ihm und dem Engel. Da sie nicht die Tochter des Kaisers ist, die ihm im Traum als Geliebte vorausgesagt wurde, weist er sie immer noch zurück. Erst als der Kaiser sich die Frage stellt: «Was ist in jener Nacht geschehen?», nämlich in der Nacht, in der er die Frau des Schmieds in Heilbronn traf, erkennt er, daß Käthchen seine illegitime Tochter ist. Dem märchenhaften Schluß steht nichts mehr im Wege: der Traum hat Recht behalten, im Traum liegt Wahrheit.

«Der Graf: Was mir ein Traum schien, nackte Wahrheit ists.»

Das Geschehen ist also auch hier mit Beginn des Dramas gegeben, ist es doch in der Voraussage des Traums enthalten. Die Handlung des Dramas löst die Voraussage ein, wobei die Einlösung durch nichts anderes als die menschliche Unwissenheit verzögert wird, also durch das begrenzte Bewußtsein des Theobald, des Grafen, des Kaisers; Käthchen ist die Wissende. Im Verlauf des Dramas werden die Männer langsam zum Wissen geführt, so daß die göttliche Vorsehung sich endlich bewahrheiten kann.

Käthchens skandalöse Unterwerfung unter den Grafen, dem sie wie ein Hund auf dem Fuße folgt – skandalös nicht nur den heutigen Leserinnen und Lesern, sondern auch den Figuren der Handlung selbst, also Theobald, dem Grafen und den anderen Männern –, ist innerhalb der Dramenhandlung sehr wohl motiviert: sie gehorcht nicht dem Grafen, sondern der göttlichen Vorsehung, wenn sie sich dem Grafen unterwirft, weil ihr durch die Vorsehung der Graf als Mann ausersehen wurde. Im Grafen erscheint ihr das Göttliche – wie im Achilles der Penthesilea und im Amphitryon der Alkmene. Ihr Vater berichtet von der ersten Begegnung der beiden in der Realität:

«Und während draußen noch der Streithengst wiehert, und, mit den Pferden der Knechte, den Grund zerstampft, daß der Staub, als wär ein Cherub vom Himmel niedergefahren, emporquoll: öffnet langsam, ein großes, flaches Silbergeschirr auf dem Kopf tragend, auf welchem Flaschen, Gläser und der Imbiß gestellt waren, das Mädchen die Türe und tritt ein. Nun seht, wenn mir Gott der Herr aus Wolken erschiene, so würd ich mich ohngefähr so fassen, wie sie. Geschirr und Becher und Imbiß, da sie den Ritter erblickt, läßt sie fallen; und leichenbleich, mit Händen, wie zur Anbetung verschränkt, den Boden mit Brust und Scheitel küssend, stürzt sie vor ihm nieder, als ob sie ein Blitz nieder geschmettert hätte! Und da ich sage: Herr meines Lebens! Was fehlt dem Kind? und sie aufhebe: schlingt sie, wie ein Taschenmesser zusammenfallend, den Arm um mich, das Antlitz flammend auf ihn gerichtet, als ob sie eine Erscheinung hätte. Der Graf vom Strahl, indem er ihre Hand nimmt, fragt: wes ist das Kind?»

Der Graf erkennt sie nicht wieder, sie ihn sofort. Mit den mythologischen Zitaten arbeitet auch hier Kleist eine tiefere Bedeutung heraus: «als wär ein Cherub vom Himmel niedergefahren», «wenn Gott der Herr aus Wolken erschiene». Die Erscheinung des Grafen bestätigt Käthchen die Voraussage des Traums, der Graf erscheint ihr als von Gott geschickt. Wirft sie sich vor dem Grafen in den Staub, huldigt sie der Gottheit, die ihr in ihm erscheint.

WENZEL: Im Staub liegt sie vor ihm –
HANS: Gestürzt auf Knieen –
WENZEL: Wie wir vor dem Erlöser hingestreckt!

Es ist für sie der «Erlöser», insofern er ihr vom Erlöser, also von Christus, geschickt wurde. Kleist verläßt in diesem «modernen» Ritterschauspiel die christliche Mythologie nicht. Bei der Befragung im zweiten Auftritt des vierten Aktes sagt Käthchen dem Grafen:

KÄTHCHEN: Das weißt du nicht mehr?
DER GRAF VOM STRAHL: Nein, so wahr ich lebe.
KÄTHCHEN: Ein Cherubim, mein hoher Herr, war bei dir,
    Mit Flügeln, weiß wie Schnee, auf beiden Schultern,
    Und Licht – o Herr! das funkelte! das glänzte! –
    Der führt, an seiner Hand, dich zu mir ein.

Wiewohl im Personenverzeichnis des Schauspiels nicht genannt, erscheint dieser Cherub als Figur der Handlung. Im vierzehnten Auftritt des dritten Aktes vollzieht sich das «Wunderbare», nach Schelling ein typisches Kennzeichen christlicher Mythologie: Käthchen wird auf wunderbare Weise aus der brennenden Burg gerettet.

Käthchen tritt rasch, mit einer Papierrolle, durch ein großes Portal, das stehen geblieben ist, auf; hinter ihr ein Cherub in der Gestalt eines Jünglings, von Licht umflossen, blondlockig, Fittiche an den Schultern und ein Palmzweig in der Hand.
KÄTHCHEN, *sowie sie aus dem Portal ist, kehrt sie sich, und stürzt vor ihm nieder:*
    Schirmt mich, ihr Himmlischen! Was widerfährt mir?
DER CHERUB *berührt ihr Haupt mit der Spitze des Palmenzweigs, und verschwindet. Pause.*

Der Cherub wird hier als Figur der Handlung eingeführt. In der Tat ist er der Spielführer der Handlung, weil er ein göttlicher Bote ist, dem sogar der Kaiser zu willen sein muß. Der Kaiser wiederum, an der höchsten Spitze der irdischen Hierarchie im Mittelalter, ist Kaiser kraft der Gnade Gottes, also auch ein Vertreter Gottes. Als «göttlich» erscheint er deshalb auch dem Grafen, dem durch den Kaiser die Voraussage des Traums in Erfüllung geht.

DER GRAF VOM STRAHL *zu den Räten*:
    Wo ist der Kaiser? Wo der Theobald?
DER KAISER *indem beide ihre Mäntel abwerfen*:
    Hier sind sie!
KÄTHCHEN *steht auf*:
             Gott im hohen Himmel! Vater!
    Sie eilt auf ihn zu; er empfängt sie.
GOTTSCHALK *für sich*:
    Der Kaiser! Ei, so wahr ich bin! Da steht er!
DER GRAF VOM STRAHL: Nun, sprich du – Göttlicher!
    Wie nenn ich dich?
    – Sprich, las ich recht?
DER KAISER: Beim Himmel, ja, das tatst du!
    Die einen Cherubim zum Freunde hat,
    Der kann mit Stolz ein Kaiser Vater sein!
    Das Käthchen ist die Erst' itzt vor den Menschen,
    Wie sies vor Gott längst war; wer sie begehrt,
    Der muß bei mir jetzt würdig um sie frein.
DER GRAF VOM STRAHL *beugt ein Knie vor ihm*:
    Nun, hier auf Knieen bitt ich: gib sie mir!
DER KAISER: Herr Graf! Was fällt Ihm ein?
DER GRAF VOM STRAHL: Gib, gib sie mir!
    Welch andern Zweck ersänn ich deiner Tat?
DER KAISER: So! Meint Er das? – Der Tod nur ist umsonst,
    Und die Bedingung setz ich dir.
DER GRAF VOM STRAHL: Sprich! Rede!
DER KAISER *ernst*: In deinem Haus den Vater nimmst du auf!
DER GRAF VOM STRAHL: Du spottest!
DER KAISER: Was! du weigerst dich?
DER GRAF VOM STRAHL: In Händen!
    In meines Herzen Händen nehm ich ihn!

DER KAISER *zu Theobald*:
  Nun, Alter: hörtest du?
THEOBALD *führt ihm Käthchen zu*: So gib sie ihm!
  Was Gott fügt, heißt es, soll der Mensch nicht scheiden.

König Ödipus erforschte öffentlich vor dem Rat der Alten sich
selbst, Richter Adam mußte sich gegen seinen Willen vor seinem
eigenen Gericht öffentlich erforschen, Alkmene befragte sich und
Jupiter und Amphitryon, Penthesilea befragte sich vor ihren
Frauen, bis sie zum Bewußtsein ihrer Tat kam, der Kaiser in «Das
Käthchen von Heilbronn» geht mit sich allein zu Rat. In einem Monolog gelangt er zur Einsicht, daß der Engel wider alles Erwarten
Recht hat:
  «Der Engel Gottes, der dem Grafen vom Strahl versichert hat,
  das Käthchen sei meine Tochter: ich glaube, bei meiner kaiserlichen Ehre, er hat recht! Das Mädchen ist, wie ich höre, funfzehn
  Jahr alt; und vor sechzehn Jahren, weniger drei Monaten, genau
  gezählt, feierte ich der Pfalzgräfin, meiner Schwester, zu Ehren
  das große Turnier in Heilbronn! Es mochte ohngefähr eilf Uhr
  abends sein, und der Jupiter ging eben, mit seinem funkelnden
  Licht, im Osten auf, als ich, vom Tanz sehr ermüdet, aus dem
  Schloßtor trat, um mich in dem Garten, der daran stößt, uner-
  kannt, unter dem Volk, das ihn erfüllte, zu erlaben; und ein Stern,
  mild und kräftig, wie der, leuchtete, wie ich gar nicht zweifle, bei
  ihrer Empfängnis. Gertrud, so viel ich mich erinnere, hieß sie, mit
  der ich mich in einem von dem Volk minder besuchten, Teil des
  Gartens, beim Schein verlöschender Lampen, während die Mu-
  sik, fern von dem Tanzsaal her, in den Duft der Linden niedersäu-
  selte, unterhielt; und Käthchens Mutter heißt Gertrud! Ich weiß,
  daß ich mir, als sie sehr weinte, ein Schaustück, mit dem Bildnis
  Papst Leos, von der Brust los machte, und es ihr, als ein Anden-
  ken von mir, den sie gleichfalls nicht kannte, in das Mieder
  steckte; und ein solches Schaustück, wie ich eben vernehme, besitzt das Käthchen von Heilbronn! O Himmel! Die Welt wankt
  aus ihren Fugen!»

Daß Jupiter als Gestirn in dieser Zeugungsnacht zugegen ist, läßt
Arthur Henkels Vermutung, Jupiter sei auch in der Zeugungsnacht
in «Amphitryon» zugegen gewesen und dies sei der Sinn der Ver-

wechslung – wohl nicht der einzige Sinn, aber doch ein Sinn –, als möglich erscheinen.

Daß bei der Parusie, bei der Erscheinung des Göttlichen, «die Welt aus den Fugen» gerät, wie der Kaiser sagt, das wissen wir schon: aus der Verwirrung der Menschen bei der Erscheinung Jupiters im «Amphitryon», aus der Besessenheit des Achilles und der Penthesilea in «Penthesilea». Im «Käthchen von Heilbronn» wird es an Käthchens Verhalten ersichtlich, die den Menschen als verwirrt erscheinen muß, und aus der Erschütterung des Grafen nach dem Traum in der Silvesternacht. Wie in «Der zerbrochene Krug» legt eine Frau, Brigitte, Zeugnis ab. Im neunten Auftritt des zweiten Aktes berichtet sie der Kunigunde von Thurneck:

BRIGITTE: Drauf in der Silvesternacht, in dem Augenblick, da eben das Jahr wechselt, hebt er sich halb vom Lager empor, starrt, als ob er eine Erscheinung hätte, ins Zimmer hinein, und, indem er mit der Hand zeigt: ‹Mutter! Mutter! Mutter!› spricht er. Was gibts? fragt sie. ‹Dort! Dort!› Wo? ‹Geschwind!› spricht er. – Was? – ‹Den Helm! Den Harnisch! Das Schwert!› – Wo willst du hin? fragt die Mutter. ‹Zu ihr›, spricht er, ‹zu ihr. So! so! so!› und sinkt zurück: ‹Ade, Mutter, ade!› streckt alle Glieder von sich, und liegt wie tot.

KUNIGUNDE: Tot?

ROSALIE: Tot, ja!

KUNIGUNDE: Sie meint, einem Toten gleich.

ROSALIE: Sie sagt, tot! Stört sie nicht. – Nun?

BRIGITTE: Wir horchten an seiner Brust: es war so still darin, wie in einer leeren Kammer. Eine Feder ward ihm vorgehalten, seinen Atem zu prüfen: sie rührte sich nicht. Der Arzt meinte in der Tat, sein Geist habe ihn verlassen; rief ihm ängstlich seinen Namen ins Ohr; reizt' ihn, um ihn zu erwecken, mit Gerüchen; reizt' ihn mit Stiften und Nadeln, riß ihm ein Haar aus, daß sich das Blut zeigte; vergebens: er bewegte kein Glied und lag, wie tot.

KUNIGUNDE: Nun? Darauf?

BRIGITTE: Darauf, nachdem er einen Zeitraum so gelegen, fährt er auf, kehrt sich, mit dem Ausdruck der Betrübnis, der Wand zu, und spricht: ‹Ach! Nun bringen sie die Lichter! Nun ist sie mir wieder verschwunden!› – gleichsam, als ob er durch den Glanz derselben verscheucht würde. – Und da die Gräfin sich über ihn neigt und ihn an ihre Brust hebt und spricht: Mein Friedrich! Wo warst du? ‹Bei ihr›, versetzt er, mit freudiger Stimme; ‹bei ihr, die mich liebt! bei der Braut, die mir der Himmel bestimmt hat.› Geh, Mutter geh, und laß nun in allen Kirchen für mich beten: denn nun wünsch ich zu leben.›

KUNIGUNDE: Und bessert sich wirklich?

ROSALIE: Das eben ist das Wunder.

Wer eine solche Erscheinung erlebt, wird «verrückt», das heißt, er wird aus dem gewohnten Leben herausgerückt.

DER GRAF: Weh mir! Mein Geist, von Wunderlicht geblendet,
Schwankt an des Wahnsinns grausem Hang umher!

Der Graf wird nach dem Traum in der Silvesternacht in die Nähe des Todes geführt. Er erlebt eine Art «Wiedergeburt» nach der Erscheinung des Göttlichen, die ihm das wahre Leben eröffnet: «nun wünsch ich zu leben.» Eine solche Art «Wiedergeburt» nach der Begegnung mit Christus ist aus christlichen Bewegungen, etwa dem Pietismus, bekannt.

Zur christlichen Mythologie gehört der Teufel, der hier als Hexe Kunigunde von Thurneck auftritt. Das Teuflische täuscht den Menschen, indem es sich als Göttliches ausgibt. Kunigunde erscheint dem Grafen lange Zeit als die vorausgesagte Braut. Doch sie ist Teufelswerk; der Burggraf von Freiburg beschreibt sie:

«Sie ist eine mosaische Arbeit, aus allen drei Reichen der Natur zusammengesetzt. Ihre Zähne gehören einem Mädchen aus München, ihre Haare sind aus Frankreich verschrieben, ihrer Wangen Gesundheit kommt aus den Bergwerken in Ungarn, und den Wuchs, den ihr an ihr bewundert, hat sie einem Hemde zu danken, das ihr der Schmied, aus schwedischem Eisen, verfertigt hat.»

Das Teuflische ist hier wie im «Zerbrochenen Krug» komisch; es ist das Menschlich-Allzumenschliche, die Erbschaft der Vertreibung aus dem Paradies. Diese Vertreibung, von Kleist als Verlust der Einheit des Menschen mit sich selbst und der Natur gedacht – wie von anderen Romantikern auch –, hat die Herrschaft der zergliedernden Vernunft begründet, die den Menschen mit sich selbst entzweit. Kunigunde ist ein schönes Beispiel für das mosaische, also mosaikartige «Stückwerk», das diese Vernunft zustande bringt, will sie der göttlichen Vorsehung ins Handwerk pfuschen.

Am Schluß des Schauspiels wird Kunigunde als «Giftmischerin» bezeichnet. Käthchen ist, so der Graf, «die Göttin». Der Teufel ist besiegt. Die mittelalterliche Ordnung erscheint in ihrem schönsten Glanz: Gott mit seinen Engeln oben, der Kaiser mit seinem Hofe unten, des Kaisers Tochter vermählt mit dem Grafen Wetter vom Strahl. Ein Fest der Harmonie. In der Liebe hat sich das Göttliche gezeigt, als Liebe hat es sich den Menschen gezeigt, gemäß der christlichen Mythologie: Gott ist die Liebe.

Überwältigung und Unterwerfung

Gotthilf Heinrich Schubert (1780–1860), ein Schüler Schellings, war zu seiner Zeit ein berühmter Popularphilosoph, der in seinen Schriften eine merkwürdige Mischung von Anekdoten und Legenden, von wissenschaftlichen Erkenntnissen und romantischer Philosophie bietet. Kleist lernte ihn 1807 in Dresden kennen. Später war Schubert Professor in Erlangen und München. In Dresden beteiligte sich Schubert an den Vorlesungsreihen, die Karl August Böttiger und Adam Müller organisierten; Kleist hat ihn sicher gehört. Seine Vorlesungen hat Schubert 1808 unter dem Titel «Ansichten von der Nachtseite der Naturwissenschaft» veröffentlicht.

Die Nachtseite der Naturwissenschaft war die bisher wenig erforschte Seite, die von der Aufklärung des 18. Jahrhunderts ignorierte. Gerade von dieser Seite erhofften sich die Romantiker Aufschlüsse über Mensch und Welt. Schlaf, Traum, Nachtwandlerei, Hypnose, Wahn waren Schuberts vorzügliche Untersuchungsgegenstände, von denen Kleist fasziniert war, wie Schubert in seinen Erinnerungen «Der Erwerb aus einem vergangenen und die Erwartungen von einem zukünftigen Leben» berichtet.

«Wenn ich mit Adam Müller und seinen Freunden allein [...] mich befand [...], da konnte ich so ohne Scheu und so fertig über solche Dinge sprechen, daß es mir selber, und nach meinem Bedünken auch den andern eine Freude war. Denn namentlich für Kleist hatten Mitteilungen dieser Art so viel Anziehendes, daß er gar nicht satt davon werden konnte und immer mehr und mehr derselben aus mir hervorlockte; auch hatten einige seiner Freunde unter meiner Anleitung einen Versuch mit dem Mesmerismus gemacht, wobei sich jedoch keine der gehofften und gewünschten ‹wunderbaren› Erscheinungen zeigen wollte.»

Der Mesmerismus hat seinen Namen nach dem Arzt Franz Anton Mesmer (1733–1815), der durch Handauflegen heilen konnte. Die gerade entdeckte Elektrizität und der Magnetismus, die beide man nicht recht erklären konnte, faszinierten – auch heute können wir sie nicht erklären, aber sie faszinieren uns nicht mehr. Den Anhängern des Mesmerismus schien im Magnetismus sich Anorganisches zu bewegen, eine einzige universelle Kette schien vom Anorganischen über das Organische bis in den Kosmos die Natur zu durchziehen. Den Magnetismus meinte man auch als besondere Anziehung oder Abstoßung bei Tieren und Menschen feststellen zu können; ihn nannte man den tierischen Magnetismus oder Mesmerismus.

Die Verbindung des Anorganischen mit dem Organischen wurde als eine Entwicklungslinie gedacht, in Ansätzen also schon als eine Evolution. Schubert: «Die innigste Harmonie seines [des Menschen] Wesen mit der äußeren Natur [ist] der ursprüngliche Zustand derselben.» Dieser ursprüngliche Zustand der Einheit ist zwar verloren, aber die Entwicklung weist auf einen zukünftigen höheren Zustand der Einheit hin. Schubert sieht, daß in der Erdgeschichte schon bestimmte Formen und Farben der mineralischen Welt auf die Pflanzenwelt vorausweisen, in der bisherigen menschlichen Geschichte kündige sich ebenfalls eine höhere Entwicklung an. Schubert schreibt:

«[Es] wird, wenn wir die Bildungsgeschichte des menschlichten Gemüths, wenn wir seine Entwicklung von der Wiege bis zum Grabe betrachten, mitten in dem Gang des irdischen Strebens, ein andres höheres erkannt, welches mit jenem fast in Widerspruch zu stehen scheint, oder welches wenigstens in dem Gedränge des Lebens, selten oder nie aufzublühen vermag. Die hohe Welt der Poesie und des Künstlerideals, noch mehr die Welt der Religion, vermag in dem irdischen Daseyn nie ganz einheimisch zu werden, und pflegt der Vermischung mit den Elementen desselben zu widerstreben. [...] Es wird uns nicht an Beyspielen, aus allen Theilen der Naturwissenschaft mangeln, welche vielleicht eben über diese dunkle und tief liegende Eigenschaft unsres Gemüths, einiges Licht verbreiten können. Mit Recht ist dieselbe das Beginnen eines höheren überirdischen Daseyns, und der Mensch ein zweylebendes Wesen, welches auf dem höchsten Gipfel der irdischen Natur, zugleich die ersten Anlagen der überirdischen in sich vereint, genannt worden.»

Der Mensch hat auf diese Weise Anteil an der irdischen Welt und an einer überirdischen:

«Wir sehen das tiefe Streben nach religiöser Vollendung, und nach der Nähe des göttlichen Ideals, welches dem Gemüth beständig vorschwebt, meist vergeblich mit der Zeit und Außenwelt ringen [...]. Dieses Sehnen aber ist es eben, welches, wenn es uns nur einmal mit seinen warmen Strahlen anblickte, die Banden löst, die uns an der Erde gehalten [...]. Die Psyche, von der Kälte der langen Nacht erstarrt, schlief noch ihren tiefen Schlummer unter den welken Blumen, bis der erste Frühlingsstrahl sie berührte, und die gebundnen Schwingen sich lösten, und die Befreyte frölich zurückkehrte in die alte Heymath.»

Es ist schwer, hier nicht an Kleists eigenes Leben zu denken, wie er es in seinen letzten Briefen sah: er war auf der Erde nicht zu Hause, er sehnte sich nach einer anderen Welt. Daß er diese Sehnsucht nach der anderen Welt in seinen Werken durch die mythologischen Motive, seien es solche der antiken, der christlichen oder der von Schubert vertretenen «neuen Mythologie», zum Ausdruck bringen wollte, also den Anteil des Menschen an beiden Welten, der irdischen und der überirdischen, das ist offensichtlich. Gerade die Zustände des irdischen Daseins, die einen Abglanz des überirdischen zu erfassen scheinen, faszinierten ihn deshalb: Traum und Somnambulismus. Daß der Traum nicht wirres Zeug uns biete, sondern Wahrheit, das war eine Überzeugung, die Schubert ihm bestätigte. Der Traum des Käthchen und des Ritters vom Strahl ist von dieser Art: er ist Einblick in die höhere Welt, Einwirkung der höheren Welt in die irdische.

Der Somnambulismus ist ebenfalls ein Zustand, der den Menschen aus «dem gewöhnlichen Dasein» herausreißt, wie Schubert meint:

«Der Somnambulismus kündigt sich sogleich als eine mit dem gewöhnlichen Daseyn nicht unmittelbar zusammenhängende Erscheinung an. Denn obgleich die Somnambulen mit der größten Lebendigkeit und Klarheit auf alle ihnen vorgelegte Fragen antworten, und in jeder Hinsicht witziger, sinn- und geistreicher erscheinen als jemals im Wachen, so daß selbst Naturen von sehr mittelmäßigem Umfang, in diesem Zustand, fast über die Gränzen der gewöhnlichen menschlichen Kräfte hinaustreten, bleibt doch von diesem allen bey dem Erwachen noch weniger zurück, als von dunklen Träumen [...]. Vorzüglich merkwürdig ist aber jenes innre Licht, welches nach der Aussage der magnetischen Schlafenden ihren ganzen Körper durchströmt, und das nicht minder in den zuletzt erwähnten Zuständen gefunden wird. Es

wird bey tiefen Ohmachten öfters ein eigenthümliches Leuchten
vor den Augen gesehen, und die aus tiefen Ohnmachten und
Scheintod Erwachenden, beschreiben den nach der Aussage fast
Aller ungemein seeligen Zustand, in welchem sie sich befanden,
öfters so, daß sie von einem hell glänzenden Schein umflossen
gewesen wären [...] jenes innre Licht und Hellsehen, erinnert an
den Phosphor und an den leuchtenden Zustand, welchen die Ver-
wesung an den toden organischen Körpern hervorruft. Von den
Phänomenen der Elektricität, und wohl noch tiefer hinab, bis
hinauf zu denen der Vereinigung der Geschlechter im Organischen, sehen wir überall das brennbare Wesen auf dem höchsten
Gipfel des Daseyns und der Wechselwirkung erscheinen, durch
die höchste Thätigkeiten des Lebens hervorgerufen werden. [...]
Auch bey jenen dem Tode öfters vorausgehenden Erscheinungen
einer hohen Begeisterung, der Vorahndungen, und andern Zuständen die dem Somnambulismus und dem Hellsehen so nahe
verwandt sind, scheint jenes brennbare Wesen, das im Tode und
in der ersten Periode der letzten Auflösung so vorzüglich bedeutend wird, schon Theilweise und auf momente frey zu werden,
und jene Momente sind daher nicht Vorahndungen des Todes,
sondern der angehende, auf Augenblicke, oder Theilweise schon
eintretende Tod selber. [...] Sie sind die Momente wo die menschliche Natur die Anker nach einer schöneren Heymath lichtet, und
wo die Schwingen des neuen Daseyns sich regen.»

Der Zustand des Somnambulen, der des Ohnmächtigen, der des
Sterbenden – sie sind, nach Schuberts Ansicht, miteinander verwandte Zustände, in denen der Mensch aus seinem irdischen Leben
herausgerissen wird und höhere Klarheit, höhere Einsicht gewinnt.
Die extremen Situationen, in die Kleist seine Figuren bringt, sollen
diese zu solch höherer Einsicht bringen.

Es ist nicht nur die Holunderbusch-Szene im «Käthchen von
Heilbronn» – die Szene, in der das unter dem Holunderbusch schla-
fende und doch sprechende und denkende, also somnambule Käth-
chen vom Grafen befragt wird und ihm die Wahrheit sagt, die dem
Grafen die Augen endlich öffnet –, die im Schubertschen Sinne ver-
standen werden muß. Es sind auch die anderen Szenen Kleists –
Szenen, in denen Figuren in Ohmacht fallen, wie Sylvester in «Die
Familie Schroffenstein» und die Marquise von O… in der gleich-

namigen Erzählung –, die unter diesem Schubertschen Aspekt gesehen werden müssen, genauso wie die Euphorie der sterbenden Penthesilea und der Scheintod des Grafen nach dem Traum in der Silvesternacht. Die Ohnmacht definiert Sylvester genau so, wie sie später von Schubert definiert wird – Beleg dafür, daß sich in Dresden 1807 verwandte Seelen fanden:

Was mich freut,
Ist, daß der Geist doch mehr ist, als ich glaubte,
Denn flieht er gleich auf einen Augenblick,
An seinen Urquell geht er nur, zu Gott,
Und mit Heroenkraft kehrt er zurück.

Der «Geist» wird nicht an- und ausgeschaltet, er trennt sich vielmehr vom Körper und findet zu seinem Ursprung zurück. Ähnlich äußert sich der Graf im «Käthchen von Heilbronn»:

Nun steh mir bei, ihr Götter: ich bin doppelt!
Ein Geist bin ich und wandele zur Nacht!

Doppelt ist der Graf, insofern er als Körper im Bett auf seiner Burg liegt und zugleich als Geist Käthchen in Heilbronn besucht.

Den «Doppeltraum» dürfte Kleist auch von Schubert übernommen haben, der darüber in den «Ansichten» sich äußert. Auch den Anstoß zur Geschichte des Käthchen von Heilbronn könnte Kleist in den Vorlesungen Schuberts empfangen haben. Schubert referiert dort die Geschichte des Heilbronner Arztes Eberhard Gmelin über eine zwölfjährige Heilbronner Ratsherrentochter und deren «magnetischen Schlaf», der aus einer «sonderbaren Sympathie» zwischen der «Somnambulen» und dem «Magnetiseur» entstanden sein soll.

Hier ist mit «Magnetiseur» wohl Hypnotiseur gemeint. In der Tat ist die überlegene Haltung des Grafen, der Käthchen verhört, dem des Hypnotiseurs so unähnlich nicht, so daß also in der Holunderbusch-Szene Käthchen somnambul ist und der Graf ihr als «Magnetiseur» entgegentritt. Die dem Traum folgende Anhänglichkeit Käthchens an den Grafen könnte mithin auch als Anänglichkeit der Somnambulen an den Magnetiseur verstanden werden.

Kleists Psychologie ist die des Gotthilf Heinrich Schubert; mit ihr versuchte er das Verhalten seiner Figuren zu begründen. Wenn wir heute deren Verhalten zu deuten versuchen, tun wir das in der Regel mit Hilfe der Psychologie, die wir von Sigmund Freud und seinen Nachfolgern gelernt haben. Im Verhalten der literarischen Figuren suchen wir charakteristische Züge des Autors, in der Gestaltung der mythologischen Motive suchen wir seine Originalität. Erst wenn wir die literarischen Einflüsse und die mythologischen Zitate aufgespürt haben, können wir die Originalität in der Behandlung des Themas beurteilen. Die Originalität zeigt sich in der Selektion des Stoffes, in der Durchführung des Themas und nicht zuletzt in all dem, was sich nicht aus der Tradition ableiten läßt.

Beginnen wir mit «Penthesilea». Kleist hat aus Benjamin Hederichs «Gründliches mythologisches Lexikon» nicht die bekannteste, durch Homer überlieferte Variante des Mythos übernommmen, sondern eine unbekannte. Homer erzählt in der «Ilas», Achilleus habe die Penthesilea getötet, ihr dann den Helm abgenommen, verwundert ihre große Schönheit gesehen und sich daraufhin in sie verliebt. Die Variante, die Kleist aufgriff, lautet bei Hederich: «So erzählen auch wiederum andere, sie habe den Achilles erst selbst erleget, es sey aber solcher auf der Thetis, seiner Mutter, Bitten, wieder lebendig geworden, und habe sodann erst die Penthesilea hingerichtet.»

Ein doppelter Tod: Penthesilea tötet Achilles, Achilles tötet Penthesilea. Kleists Trauerspiel endet ebenfalls mit diesem doppelten Tod. Doch bei ihm tötet Penthesilea sich selbst, nachdem sie den Achilles getötet hat. Durch diese Modifikation wird das Ende von Achilles und Penthesilea dem Kleists und Henriette Vogels am Berliner Wannsee ähnlich. Dementsprechend hätte sich Kleist eher mit Penthesilea als mit Achilles identifiziert, wozu es tatsächlich Anhaltspunkte gibt. Seine Nähe zu Achilles ließe sich über dessen Nähe zum Lichtgott Phöbus Apollo, der wiederum Kleists Zeitschrift «Phöbus» den Titel gab, herstellen: Kleist als der vom Gott begünstigte Künstler. Die Nähe zu Penthesilea ergibt sich aus dem schon erwähnten stürmischen Liebesbrief an Ernst von Pfuel. Dort heißt es:

«Du stelltest das Zeitalter der Griechen in meinem Herzen wieder her, ich hätte bei Dir schlafen können, Du lieber Junge; so umarmte Dich meine ganze Seele! Ich habe Deinen schönen Leib oft, wenn Du in Thun vor meinen Augen in den See stiegest, mit wahrhaft mädchenhaften Gefühlen betrachtet. Er könnte wirklich einem Künstler zur Studie dienen. Ich hätte, wenn ich einer gewesen wäre, vielleicht die Idee eines Gottes durch ihn empfangen. Dein kleiner, krauser Kopf, einem feisten Halse aufgesetzt, zwei breite Schultern, ein nerviger Leib, das Ganze ein musterhaftes Bild der Stärke, als ob Du dem schönsten jungen Stier, der jemals dem Zeus geblutet, nachgebildet wärest. Mir ist die ganze Gesetzgebung des Lykurgus, und sein Begriff von der Liebe der Jünglinge, durch die Empfindung, die Du mir geweckt hast, klar geworden. Komm zu mir!»

Hier ist Pfuel der dem Zeus geweihte Stier, der geschlachtet wird, Kleist der diesen griechischen Jüngling Liebende; Pfuel also ist eher Achilles, der geopfert wird, Kleist eher Penthesilea, die Achilles liebt und opfert. Als Kleist «Penthesilea» schrieb, wohnte er mit Pfuel in einer Wohnung; «Penthesilea» sei, so sagt er, für Pfuel entworfen worden. An Marie von Kleist schreibt er:

«Ich habe die Penthesilea geendigt, von der ich Ihnen damals, als ich den Gedanken zuerst faßte, wenn Sie sich dessen noch erinnern, einen so begeisterten Brief schrieb. Sie hat ihn wirklich aufgegessen, den Achill, vor Liebe. Erschrecken Sie nicht, es läßt sich lesen. [Lücke im Text] Es ist hier schon zweimal in Gesellschaft vorgelesen worden, und es sind Tränen geflossen, soviel als das Entsetzen, das unvermeidlich dabei war, zuließ. Ich werde einige Blätter aus der Handschrift vom Schluß zusammenraffen, und diesem Brief einlegen. Für Frauen scheint es im Durchschnitt weniger gemacht als für Männer, und auch unter Männern kann es nur einer Auswahl gefallen. Pfuels kriegerisches Gemüt ist es eigentlich, auf das es durch und durch berechnet ist. Als ich aus meiner Stube mit der Pfeife in der Hand in seine trat, und ihm sagte: jetzt ist sie tot, traten ihm zwei große Tränen in die Augen. Sie kennen seine antike Miene: wenn er die letzten Szenen liest, so sieht man den Tod auf seinem Antlitz. Er ist mir so lieb dadurch geworden, und so Mensch. Ob es, bei den Forderungen, die das Publikum an die Bühne macht, gegeben werden wird, ist eine Frage, die die Zeit entscheiden muß. Ich glaube es nicht, und wünsche es auch nicht, so lange die Kräfte unsrer Schauspieler auf nichts geübt, als Naturen, wie die Kotzebueschen und Ifflandschen sind, nachzuahmen. Wenn man es recht untersucht, so sind zuletzt die Frauen an dem ganzen Verfall unsrer Bühne schuld, und sie sollten entweder gar nicht ins Schauspiel gehen, oder es müßten eigne Bühnen für sie, abgesondert von Männern, errichtet werden. Ihre Anforderungen an Sittlichkeit und Moral vernichten das ganze Wesen des Drama, und niemals hätte sich das Wesen des griechischen Theaters entwickelt, wenn sie nicht ganz davon ausgeschlossen gewesen wären.»

Liebe und Aggressivität gehen in der «Penthesilea» eine schreckliche Verbindung ein, die nicht allein aus den strengen Gesetzen des Matriarchats und des Patriarchats erklärt werden kann. Sicher, Sexualität ist oft, und männliche zumal, mit Aggressivität gepaart.

Doch zweierlei kommt bei Kleist noch hinzu: zum einen die angestaute Aggressivität, die ihn manchmal gegen sich selbst, manchmal gegen andere in Raserei bringen konnte, und zum andern die «verbotene Liebe», die den Geliebten auch zum Übeltäter macht, eben weil er zum Verbotenen lockte, so daß der Geliebte Zuneigung und Ablehnung zugleich hervorrief. Als «verbotene Liebe» im Trauerspiel finden wir die verbotene Liebe der Amazone Penthesilea zu Achilles; in Kleists Leben die verbotene Liebe des Mannes zum Mann. In Lykurgs Gesetzgebung im antiken Sparta war sie erlaubt, Kleist spielt im Brief darauf an.

Ich sehe also in dieser Konstellation von Achilles und Penthesilea eine komplexe Verflechtung von Kleistschen Wünschen und Ängsten, die ihn mal Achilles, mal Penthesilea sein lassen. Ein Rollen- und Geschlechtertausch – in «Die Familie Schroffenstein» offen vorgeführt – vollzieht sich hier heimlich. Achilles ist Kleist, insofern er den Liebesakt mit der Frau fürchtet, deshalb Angst vor ihr verspürt wie der «Hippolytos» in des Euripides Tragödie vor der Phaidra. Kleist hatte Angst, von der Frau «verschlungen» zu werden, also um sein Ich, um seine Identität gebracht zu werden. Diese Angst vor Ich-Verlust durch Liebe hat in der deutschen Redensart «Ich könnte dich vor Liebe fressen» ihren deutlichen Ausdruck gefunden. Kleist hat diese Redensart hier wörtlich genommen, wie er selbst einmal schreibt, er hat, was ihn ängstigte, im antiken Gewande dargestellt. Der Mythos von Pentheus, der in Hederichs

Lexikon an den der Penthesilea anschließt, hat ihm bei dieser Darstellung geholfen.

Kleist ist aber auch Penthesilea, insofern er Ernst von Pfuel liebte, für ihn das Stück entwarf, aber ihn doch nicht lieben konnte, weil eben die Liebe zum Mann dem Mann im damaligen Preußen so streng verboten war wie den Amazonen die Liebe zum Mann in Penthesileas sagenhaften Zeiten. Die Unmöglichkeit der Liebe bedeutet hier also, psychologisch gesehen, zweierlei: die Unmöglichkeit der Liebe des Mannes zur Frau, weil Kleist eine Frau nicht lieben konnte, und die Unmöglichkeit der Liebe des Mannes zum Manne, weil diese durch Gesetz verboten war. Daß Kleist sein «persönliches» Problem auf ein «sachliches» Problem hin überschritt, zeigt ein Blick zurück auf die mythologische Deutung. Die Liebe, die im Leben unmöglich war, wird im Mythos an ihrer Macht sichtbar als ein Geschehen, das die Gestirne, die Erde, die Pflanzen, die Tiere, die Menschen und die Götter umfaßt.

Ist Penthesilea die Frau, die den Mann völlig beherrschen will, so ist das Käthchen von Heilbronn die Frau, die sich dem Mann ganz unterwirft: die beiden Frauen verkörpern zwei extreme Positionen. Käthchen ist jung und unbeholfen, willenlos folgt sie dem Mann, mag dieser sie auch noch so schlecht behandeln. Kleist hat die totale Unterwerfung Käthchens dramaturgisch motiviert, er hat wohl auch das Motiv der falschen Braut aus dem Märchenschatz übernommen – die richtige Braut erleidet dort Erniedrigungen und wird erst nach Prüfungen als solche erkannt –, aber dennoch: es gibt Szenen, in denen die Zurückweisung Käthchens durch den schon seinem Stande nach überlegenen Mann derart schroff und beleidigend ist, daß die Vermutung naheliegt, hier habe Kleist die Gelegenheit benutzt, seine Aggressivität gegen die Frau auszuphantasieren.

KÄTHCHEN: Wo ist der Graf vom Strahl?
DER GRAF VOM STRAHL: Schmeiß sie hinaus! Ich will nichts von ihr wissen!
GOTTSCHALK *nimmt sie bei der Hand*:
  Wie, gnädiger Herr, vergönnt –!
KÄTHCHEN *reicht ihm den Brief*: Hier! nehmt, Herr Graf!
DER GRAF VOM STRAHL *sich plötzlich zu ihr wendend*:
  Was willst du hier? Was hast du hier zu suchen?

KÄTHCHEN *erschrocken*:

    Nichts! – Gott behüte! Diesen Brief hier bitt ich –

DER GRAF VOM STRAHL:

    Ich will ihn nicht! – Was ist dies für ein Brief?

    Wo kommt er her? Und was enthält er mir?

KÄTHCHEN: Der Brief hier ist –

DER GRAF VOM STRAHL: Ich will davon nichts wissen!

    Fort! Gib ihn unten in dem Vorsaal ab.

KÄTHCHEN: Mein hoher Herr! Laßt bitt ich, Euch bedeuten –

DER GRAF VOM STRAHL *wild*:

    Die Dirne, die landstreichend unverschämte!

    Ich will nichts von ihr wissen! Hinweg, sag ich!

    Zurück nach Heilbronn, wo du hingehörst!

KÄTHCHEN: Herr meines Lebens! Gleich verlaß ich Euch!

    Den Brief nur hier, der Euch sehr wichtig ist,

    Erniedrigt Euch, von meiner Hand zu nehmen.

DER GRAF VOM STRAHL: Ich aber will ihn nicht! Ich mag ihn nicht!

    Fort! Augenblicks! Hinweg!

KÄTHCHEN: Mein hoher Herr!

DER GRAF VOM STRAHL *wendet sich*:

    Die Peitsche her! An welchem Nagel hängt sie?

    Ich will doch sehn, ob ich, vor losen Mädchen,

    In meinem Haus nicht Ruh mir kann verschaffen.

    Er nimmt die Peitsche von der Wand.

Er fürchtete sich vor der Frau, die Angst führte ihn zu wütendem Angriff; andererseits sehnte er sich nach der Frau, doch wagte er es nicht, sich ihr zu nähern. Käthchen ist eine willenlose Frau, und in der Holunderbusch-Szene ist sie auch «bewußtlos», das heißt, «somnambul». Es ist die einzige Szene, in der der Graf mit dem an Jupiters Wetterstrahl und Donnerkeil erinnernden Namen sich ihr zu nähern wagt, die einzige intime Szene zwischen den Liebenden: die Frau ist im somnambulen Zustand dem Magnetiseur völlig ausgeliefert. Er vergewaltigt sie nicht körperlich, wie der Graf die ohnmächtige Marquise von O…, sondern seelisch, indem er sich auf diese Weise Zutritt zu ihrem Herzen verschafft. Jetzt soll sie ihm ihr Innerstes offenbaren. Also wieder schrankenloses «Vertrauen» statt «Liebe»? Beides erinnert an «Die Familie Schroffenstein»: an Ottokars Wunsch, in Agnes' Herz wie in einem offenen Buche zu lesen; an Johanns Liebesverlangen, als Agnes in Ohnmacht sinkt.

Die letzte Erniedrigung, die der Graf Käthchen zufügt, ist nicht einmal dramaturgisch motiviert, weshalb sie besonders ins Auge fällt. Als das glückliche Finale schon sicher ist, teilt der Graf die bevorstehende Heirat Käthchen nicht mit, obwohl der Kaiser ihm dies unmittelbar vorher aufgetragen hat. Er feiere morgen Hochzeit und sie solle dabei mitwirken, sagt er, so daß sie annehmen muß, er heirate eine andere, nämlich die Hexe Kunigunde. Sicher, das mag die letzte Prüfung sein, die Käthchen zu bestehen hat. Es ist der Versuch, sie ein letztes Mal zu erniedrigen. Ohnmächtig empfängt sie am Schluß dann der Graf.

DER GRAF VOM STRAHL *umfaßt sie*:
    Käthchen! Meine Braut! Willst du mich?
KÄTHCHEN: Schütze mich Gott und alle Heiligen!
    Sie sinkt; die Gräfin empfängt sie.
DER KAISER: Wohlan, so nehmt sie, Herr Graf vom Strahl, und
    führt sie zur Kirche!
    Glockenklang.

Des Grafen Schwermut, bevor im Traum der Himmel sich ihm öffnete und die zukünftige Braut ihm wies, führt uns zu Kleists Lebenssituation zurück, aus der ihn die romantische Poesie des Märchens vom «Käthchen von Heilbronn» erhob. Die Schwermut, die Todessehnsucht des Grafen erinnern an manches Wort in Kleists Briefen.

BRIGITTE: Der Graf war gegen das Ende des vorletzten Jahres, nach einer seltsamen Schwermut, von welcher kein Mensch die Ursache ergründen konnte, erkrankt; matt lag er da, mit glutrotem Antlitz und phantasierte; die Ärzte, die ihre Mittel erschöpft hatten, sprachen, er sei nicht zu retten. Alles, was in seinem Herzen verschlossen war, lag nun im Wahnsinn des Fiebers, auf seiner Zunge: er scheide gern, sprach er, von hinnen; das Mädchen, das fähig wäre, ihn zu lieben, sei nicht vorhanden; Leben aber ohne Liebe sei Tod; die Welt nannt er ein Grab, und das Grab eine Wiege, und meinte, er würde nun erst geboren werden.

Daß der Tod nicht nur ein Ende ist, sondern auch ein Anfang: hier ist es mit Zuversicht ausgesprochen, in «Penthesilea» ist es angedeutet, in Kleists letzten Briefen steht es als Hoffnung. Kleists Leid hat ihn an eine Grenze geführt, an der man mehr sieht und weiß als andere, die in den alltäglichen Gewohnheiten befangen bleiben. So hat er, der vielleicht die Liebe nie erfahren hat, mehr von der Liebe gewußt als viele, die sie erfahren, aber nicht wissen, was ihnen widerfährt. Sein Wissen und sein Ahnen hat Kleist in der «Penthesilea» und dem «Käthchen von Heilbronn» dargestellt. Die mythologische Deutung und die psychologische gehören zusammen, sie umfassen den Komplex dessen, was Liebe in diesen beiden Dramen ist: den Schmerz und den Schmutz und den Glanz der Liebe zugleich.

Es ist in der Forschung umstritten, wie Kleist im Brief an Marie von Kleist vom Spätherbst 1807 die «Penthesilea» charakterisierte. Er schreibt: «Es ist wahr, mein innerstes Wesen liegt darin, und Sie haben es wie eine Seherin aufgefaßt: der ganze Schmerz/Schmutz zugleich und Glanz meiner Seele.» Ob das Wort Schmerz oder Schmutz heißen sollte? Der Brief ist nur in einer Kopie überliefert, der Kopist schrieb «Schmutz», die Frage ist, ob er richtig abgeschrieben hat. Ich nehme an, es sollte Schmerz heißen, Schmutz wäre damals gar zu ungewöhnlich gewesen in einem Brief an eine Dame. Wenn es Schmutz heißen sollte, ist es ihm aus Versehen passiert, und er hat dabei mehr gesagt, als er sagen wollte. Denn es ist wohl wahr: der Schmutz seiner, unserer menschlichen Seele zeigt sich darin, der Schmerz aber auch und etwas, was uns heute schon verlorengeht: der Glanz. Es ist ein Glanz, den wir kaum noch erfassen können, weil die antike und die christliche Mythologie, in der er hier dargestellt wird, uns immer mehr entschwinden.

Der enthusiastische Freund

Adam Müller war für Kleist ein Glücksfall. Müller verstand ihn schon, bevor er ihn persönlich kennenlernte. Außer dem alten Wieland hat damals wohl niemand die geniale Begabung Kleists so rasch erkannt wie Müller, und niemand hat ihn so entschieden gefördert und unterstützt wie Müller, jedenfalls in der Dresdner Zeit, die nicht nur für Kleist die fruchtbarste war. Auch für Adam Müller war es die glanzvollste Zeit seiner Laufbahn, seine politische Karriere fiel dagegen ab; alle seine ästhetischen Schriften verfaßte er in Dresden.

Müller und Kleist waren zwei verwandte Seelen, könnte man sagen, und zwei unterschiedliche Temperamente. Was Müller sich von der zeitgenössischen Kunst versprach, sah er von Kleist eingelöst, daher seine enthusiastische Zustimmung zu «Der zerbrochene Krug» und «Amphitryon» noch vor der Freundschaft mit Kleist; diese Zustimmung hat die Freundschaft begründet. Kleist fand in Müller den kritischen Kopf, der das, was er schrieb, nicht nur bewunderte, sondern auch theoretisch zu rechtfertigen wußte. Der «Phöbus», die Zeitschrift, die beide nur kurze Zeit in Dresden herausgaben, ist deshalb so bedeutend wie das ebenfalls kurzlebige «Athenäum» der Brüder Schlegel: denn hier wurden wichtige Werke Kleists zuerst gedruckt und hier wurden die ästhetischen Schriften Müllers zuerst veröffentlicht. Müller dachte nicht so originell wie der junge Friedrich Schlegel, von dem er manches gelernt hat, aber er war eindrucksvoller im mündlichen Vortrag, bei dem er glänzte, und überzeugender in seiner Argumentation, in der Folgerichtigkeit des gedanklichen Aufbaus. Sicher, gedankliche Sprünge finden sich auch bei ihm, doch als geübter Rhetor – seine «Reden über die Beredsamkeit» sind eine der wenigen vortrefflichen Redeanleitungen unserer Sprache – wußte er die Zuhörer nicht nur zu beeindrucken, er ließ sie mitdenken, das heißt auch: er dachte mit ihnen, er ging gewissermaßen didaktisch vor.

Verwandte Seelen waren Müller und Kleist, weil sie in der Kunst das nämliche Ziel verfolgten; Müller formulierte es, Kleist realisierte es. Kleists Werke, die er während und nach seiner Dresdner Zeit schrieb, sind von Müllers Überlegungen beeinflußt. Und Müllers Überlegungen dürften von Kleists Werken beflügelt worden sein. Daß die beiden höchst unterschiedliche Temperamente hatten, ließ sie erst recht zu Freunden werden: sie ergänzten sich. Müller war der gewandte eloquente Gesellschaftsmensch, der gern in einem Kreis von Zuhörerinnen und Zuhörern glänzte. Kleist dagegen der verstockte, schweigsame, die Gesellschaft meidende Einsame. Müllers Beziehungen in Dresden, sein energisches öffentliches Auftreten waren deshalb Kleist höchst förderlich. Kleist war für Müller nicht erst in Berlin, wo er als preußischer Adliger die besseren Konnexionen hatte, förderlich; im Gespräch unter vier Augen, bei dem er sich erwärmte, gab er Anregung und Bestätigung.

Außenseiter waren sie beide, und Außenseiter blieben sie. Kleist hatte seinen Stand verlassen und als Dichter wenig Ruhm und fast keinen Erfolg gefunden, Kleist, ein Außenseiter in der Gesellschaft, war auch ein Außenseiter unter den Literaten seiner Zeit. Seine überragende Bedeutung als Dramatiker, die Wieland und Müller sahen, hat erst die Nachwelt erkannt. Müller war als Bürgerlicher, als kleiner Beamtensohn unter all den Adligen, mit denen er verkehrte, ein Emporkömmling; daran änderte auch der späte Adel nichts, den er durch Metternich erhielt. Seine devote Arbeit für Habsburg mag auch darin begründet sein: der Außenseiter wollte dazugehören, der Aufsteiger wollte anerkannt werden. Als Preußen ihm die Anerkennung verweigerte, die er sich wünschte, ging er 1811 nach Wien, wo er in Friedrich von Gentz einen einflußreichen Förderer hatte. Außenseiter war Müller aber auch im literarischen Leben, an dem er während seiner Dresdner Zeit teilnahm; zum engeren Kreis der Romantiker gehörte er damals nicht. Nach dem Scheitern des «Phöbus», den er mit großen Worten angekündigt hatte, zog er sich von der literarischen Bühne zurück; in seinen weiteren Arbeiten beschäftigte er sich mit Politik und Ökonomie.

Adam Müller wurde am 30. Mai 1779 in Berlin geboren. Sein Vater war Kalkulator beim Königlichen Oberkonsistorium, später Hofrentmeister. Nach dem frühen Tod der Mutter heiratete der Vater wieder. Die Stiefmutter und vor allem deren Vater, der Pastor Johann David Cuge, erzogen das Kind. Adam Müller besuchte das Gymnasium zum Grauen Kloster in Berlin und studierte dann in Göttingen Diplomatik, wie es damals hieß, Politikwissenschaft würden wir heute sagen. Seinem Lehrer, dem Historiker Arnold Herrmann Ludwig Heeren, widmete er später seine Arbeit «Die Elemente der Staatskunst». Das historische Denken, damals in der zweiten Hälfte des 18. Jahrhunderts eigentlich erst entstanden, bestimmte Müllers Arbeiten, auch seine ästhetischen. Immer sieht er den Zusammenhang von Kunst und Politik, von Kultur und sozialem Leben, von Religion und Lebenshaltung. Wie skizzenhaft sie auch sind: seine Überlegungen sind bereits kultursoziologische.

Mit seiner Rückkehr nach Berlin begann für Müller die sein Leben entscheidende Freundschaft mit dem älteren Friedrich von Gentz. Gentz, damals im preußischen Verwaltungsdienst, hatte sich als Übersetzer des Engländers Edmund Burke einen Namen gemacht. Dessen Schrift gegen die Französische Revoluion, «Betrachtungen über die französische Revolution», beeinflußte auch Adam Müller. Konservativ wird man Müllers spätere Gedanken zu Staat und Ökonomie nicht einfach nennen können, denn er plädierte durchaus für Erneuerungen, auch Veränderungen, doch ein Gegner der Französischen Revolution war er gewiß ebenso wie ein Gegner Napoleons. Mit Kleist stimmte er im letzten Punkte überein: Die Zeit ihrer Freundschaft war auch die Zeit des Kampfes gegen Napoleon. Als Gentz 1802 Berlin verließ, um in Wien in österreichische Dienste zu treten, schloß sich Adam Müller, der eine Stelle als Referendar bei der kurmärkischen Kammer angenommen hatte, dem polnischen Freund Sigismund Kurnatowski an. Mit diesem reiste er 1803 erstmals nach Dresden, wo er Gentz wiedertraf und die Bekanntschaft Metternichs machte. Gentz notierte über Müller in seinem Tagebuch:

«In Dresden, wo ich mich vom 22. bis 31. aufhielt, fand ich Adam Müller und Kurnatowski. Mit Adam hatte ich hier mehrere denkwürdige Gespräche: ich selbst war in tiefbewegter Stimmung, kräftig, lebendig, religiös, und doch auch zur Ausschweifung sehr geneigt und sehr fähig. Müllers großer Geist hatte mir nie so eingeleuchtet. Unter anderem sagte ich ihm in einer nächtlichen Unterredung über die Unsterblichkeit der Seele, sein System habe an mir den Tod überwunden.»

Müller gab seine Referendarstelle in Berlin bald auf und zog mit Kurnatowski auf dessen Güter nach Südpreußen, in einen Teil Polens, der damals von Preußen annektiert war. Dort in Pozarowo schrieb er seine erste Abhandlung, «Lehre vom Gegensatz», in der er Satz und Gegensatz als zwei einander zugehörende Teile eines

Ganzen versteht, den Widerspruch als notwendig verteidigt und in der Vermittlung von Satz und Gegensatz den Zugang zur Wahrheit sieht. Dieses in Ansätzen dialektische Denken prägt insoweit auch seine ästhetischen Schriften, als er hier auch Zeitaltern und Kunstrichtungen gerecht werden konnte, die damals gerne abgewertet wurden. So plädiert er entschieden für die seit Lessing in Deutschland verfemten großen Franzosen Corneille und Racine. Sein historisches Verständnis, das den französischen Klassizismus aus seiner Zeit erklärt, kommt ihm dabei genauso zu Hilfe wie sein dialektisches Denken.

Im Jahre 1805 kam Müller, einer Einladung Friedrich von Gentz' folgend, zum erstenmal nach Wien. Am 27. September 1805 konvertierte er dort zum Katholizismus, was durch Gentz und den polnischen Freund Kurnatowski beeinflußt gewesen sein mag.

Müllers Konversion geschah weder aus Gründen einer Glorifizierung des Mittelalters noch aus Opportunismus; er hatte damals gar keinen Vorteil davon. Daß die Konversion auch in seinem dialektischen Denken begründet sein dürfte, geht aus einer späteren Schrift hervor, der «Theologischen Grundlage»:

«Menschliche Wissenschaft ist [...] nur unendliche Kenntnis des Gegensatzes; und von dem Wissen selbst wissen wir nur, inwiefern es uns im Gegensatze gegen ein Antiwissen erscheint. Dieses Antiwissen, ohne welches schlechthin kein Schritt des Wissens möglich ist, der andere Fuß, der in aller Forschung dem Wissen vorantreten muß, ist bei den Heiden des Altertums wie unseres Jahrhunderts der Trieb, die Sehnsucht nach dem unbedingten Wissen; bei den Christen der Glaube.»

Also Wissen und Antiwissen oder Wissen und Glauben als zusammengehörige Hälften.

Zu Beginn des Jahres 1806 kam Müller ein zweites Mal nach Dresden, diesmal zu einem längeren Aufenthalt. Als Hauslehrer war er der Familie von Haza dorthin gefolgt, die er in Südpreußen kennengelernt hatte. In Dresden hielt er Vorlesungen und wurde rasch eine Berühmtheit. Gräffer berichtet: «Es war ein Hochgenuß, diesen Mann reden zu hören, es sei über was immer. Leicht, blühend, scheinbar gewählt und doch populär; sicher, glücklich, effektvoll, nicht die entfernteste Spur oratorischer Absicht. So wie er sprach, schrieb er. Er hatte mit Herder gemein, nichts auszubessern.»

In einem Brief an Johannes von Müller vom 5. April 1806 beschreibt Gentz den Kreis um Adam Müller, zu dem Ende August 1807 auch Heinrich von Kleist stieß:

«Da er [Peterson] eigentlich diesmal in Dresden ist, um seine etwas zerrüttete Gesundheit herzustellen, und daher nicht viel in die größere Gesellschaft geht, in der er sonst sehr geliebt war, so bringt er gerne die meisten seiner Abende bei der Frau von Haza, d. h. als Mitglied des A. Müllerschen Kreises zu, und wird Ihnen erzählen, wie lebendig und wahr und groß und kühn und polemisch und friedlich zugleich es in diesen Vereinigungen zugeht. Gnade findet nichts, als was Recht hat, Bewunderung zu fordern, und keiner vergibt sich eher im Streit, als bis er zum absoluten Stillschweigen gebracht ist. Es würde Sie gewiß äußerst interessieren, diesen Soireen beizuwohnen.»

Die Damen und Herren, die sich in den Jahren 1806 und 1807 im vornehmen Palais K. A. von Carlowitz in Dresden einfanden, um Adam Müllers Vorlesungen zu hören, zählten zur «besten Gesellschaft». Der englische Gesandte Wynne, der österreichische Gesandte Graf Zichy und Baron Buol waren darunter, Vertreter des Adels und der Diplomatie, elegante Damen und geistreiche Künstler. Anton Krättli beschreibt in einer Einführung zu Müllers kritischen Schriften die labile Situation dieser vornehmen Gesellschaft:

«Die Diplomaten und Literaten, die sich in Dresden zusammenfanden, hatten auch nach Austerlitz den Gedanken an Widerstand gegen Napoleon nicht aufgegeben. Ihre Beschäftigung mit deutscher Geistesgeschichte war zu verstehen als geistige Rüstung gegen die französische Hegemonie. Sie träumten den Traum von Befreiung und nationaler Größe, als die Koalition der europäischen Mächte zerschlagen und der Kontinent eine Domäne der Familie Bonaparte geworden war. Gentz war der geistige Führer der Kriegspartei, die auch jetzt noch in England, Österreich und Preußen ihre leidenschaftlichen Anhänger hatte. In Dresden sammelten sich einige der Unentwegtesten. Wie hoffnungslos ihre Lage übrigens scheinen mußte, geht aus dem Verhalten des Historikers Johannes von Müller hervor, der bis zu dem Tag von Austerlitz für Europa und gegen den Usurpator im Bunde mit Gentz und seinen Freunden gewirkt hatte. Jetzt suchte er sich mit dem Kaiser der Franzosen zu arrangieren. In der zweiten Besprechung seiner Werke, die Adam Müller in die Vorlesungen über die Idee des Schönen einfügte, ist die Enttäuschung über den Abfall des einst bewunderten Geschichtsschreibers spürbar.»

1806 sprach Adam Müller zunächst über die deutsche Wissenschaft und Literatur, schon im April erschien die Vorlesung als Buch, ein Jahr später bereits in einer zweiten, vermehrten Auflage. Es folgte die Vorlesung «Fragmente über dramatische Kunst», die 1808 in mehreren Heften des «Phöbus» abgedruckt wurde. Kleist wurde sicherlich durch sie beeinflußt. Auf Adam Müllers hier dargestellte Konzeption von Antike und Moderne bin ich schon eingegangen, und auf die Freiheit, die er dem zeitgenössischen Dichter zugesteht. In seinem Prolog zu den Überlegungen über Shakespeare, die den meisten Platz in den «Fragmenten» einnehmen, sagt er:

«Die Zeit und das Urtheil über die Schönheit und die Kunst ist endlich dahin gediehen, daß wir unsere Ehrfurcht vor den Alten, unsere Treue gegen unsere Lehrer, die Griechen, und unsre Liebe für unsre Freunde, die Modernen, nicht besser ausdrücken können, als indem wir den gewaltigsten und reichsten Künstler auf den Richterstuhl setzen und darüber einig werden, Maas und Richtschnur für die übrigen in ihm finden. Gemeinsame Regeln für das Handwerk der Poesie und für den poetischen Calcul lassen sich aus ihm nicht herleiten; nachahmen läßt er sich gar nicht: aber ein Ergriffenwerden von ihm, ein Fortgerissenwerden in den hohen Schwung des Lebens, in die ächte Freiheit von allen drückenden, beengenden Formen – das giebt es wohl. Deshalb weil er nothwendig ist in allen Werken wie die wirkende Natur, und doch ohne Spur von Fesseln und Regelzwang; deshalb weil er frei, unendlich frei ist, und doch die kleine Stelle noch erst aufgefunden werden soll, wo er etwa willkürlich oder übermüthig im Mißbrauch der Freiheit erscheinen möchte.»

So wie er die griechische Bühne mit Recht als religiöse begreift – das «antike» Theater war Teil des Dionysos-Kultes –, so die «moderne» Bühne als religiös, als das christliche Welttheater eines Calderón. Doch auch das Theater der Zukunft sieht er als ein religiöses, sogar «in höherem Sinne», wie er sagt, als das der Vergangenheit. Die Beispiele, an denen er dies exemplifiziert, findet er bei Goethe. Bei der Interpretation von Kleists «Prinz Friedrich von Homburg» werde ich darauf zu sprechen kommen. Einen weiteren Gedanken, der bei Kleist oft implizit auftaucht und in «Über das Marionettentheater» offen ausgesprochen wird, äußert Müller in den dramatischen Fragmenten: «Wir sind aus einem ursprünglichen paradiesischen Zustand herausgetreten und werden eines fernen Tages wieder einen paradiesischen Zustand erreichen.» Freilich ist das ein von vielen Autoren damals vertretener Gedanke; auch Gotthilf Heinrich Schubert, der zum Dresdner Kreis Adam Müllers gehörte, hing ihm an.

Die Vorlesung über «Elemente der Staatskunst», die Adam Müller im Winter 1808 auf 1809 hielt – wiederum vor erlauchtem Publikum –, hat nächst der über Dramatik Kleists weitere Werke wohl am stärksten beeinflußt; 1810 wurde sie in Berlin gedruckt. Müller greift darin auf den Ständestaat zurück; er definiert ihn zwar auf neue Weise, kann aber über eine konservative – im Wortsinne bewahrende – Auffassung des Feudalstaates nicht hinausgelangen. Von seiner «Dialektik» ausgehend, sieht er den Staat als eine Vermittlungsinstanz von Gegensätzen. Die Gegensätze definiert er «organisch» – als Jugend und Alter, als männlich und weiblich –, sich damit gegen die «mechanische» Konzeption von Montesquieu und Rousseau wendend. Kleists Gedankengang im «Michael Kohlhaas» und im «Prinz von Homburg» könnte durch Müllers «Staatskunde» affiziert worden sein.

Die Dresdner Zeit endet für Kleist und Adam Müller in einem Streit. Der «Phöbus», dessen erstes Heft am 23. Januar 1808 erscheint, hält sich nicht viel länger als ein Jahr; Ende Februar 1809 erscheint das letzte Heft. Kleists und Müllers Versuch, eine Verlagsbuchhandlung zu eröffnen, um eine finanzielle Grundlage zu gewinnen, scheitert am Einspruch der Dresdner Buchhänder, die jede Konkurrenz fürchten. Die Intrigen des Dresdner Karl August Böttiger, der anonym über den «Phöbus» in verschiedenen Blättern schrieb, trugen zum Scheitern bei. Böttiger wandte sich sogar an den Verleger Cotta, um ihn vor einer Übernahme des «Phöbus» zu warnen. Am 21. Oktober 1808 schreibt er ihm:

«Ist es gegründet, mein teuerster Freund, daß vom neuen Jahr an der Phöbus, den Kleist und Müller edierten, und der mit dem 5. Stück einen totalen Schiffbruch litt, in Ihrem Verlag erscheinen werde? Dies behaupten diese Herrn wenigstens hier allgemein. Ich habe mich schon gewundert, nun Sie Kleists Penthesilea in

Verlag nehmen. Aber es ging mich nichts an und ich schwieg. Ich sollte billig auch hier schweigen, da Sie ja meines Rats nicht bedürfen und ihn auch nicht verlangt haben. Indes Sie bewiesen sich bei so vielen und wichtigen Angelegenheiten als den edelsten Mann und als meinen wahren Freund; Sie sagten mir noch in voriger Messe in Leipzig mit einem herzlichen Händedruck, daß ich Ihnen über alles schreiben sollte, was ich Ihrem Interesse zuträglich fände. Daher kann ichs nicht übers Herz bringen, hier ganz zu schweigen. Ich habe mich für diesen Phöbus aus vollem Herzen selbst interessiert und mich seines Gedeihens gefreut. Denn ich wünsche, daß aus unserm Dresden nichts als Gutes komme. Allein der unsägliche Dünkel, mit dem diese Herrn alles neben sich behandeln und nur in Dunstgewölken, wie die Gespenster Ossians, einherschreiten, mußte, verbunden mit der totalen Unkenntnis alles dessen, was aufs große, kaufende Publikum wirkt, ihnen bald alle Herzen entfremden, und so haben sie schon bei den ersten 5 Stücken an 2000 Talern zugesetzt. Ich zweifle, daß diese Herrn den Geist ihrer Aufsätze ändern und durch Mannigfaltigkeit und Verständlichkeit gefallen wollen. Darum sage ich Ihnen ins Ohr: mit Rat! Vernichten Sie diesen Brief, oder machen Sie wenigstens nur den Gebrauch davon, den der Freund dem Freunde schuldig ist. Ziehn Sie noch nähere Erkundigung ein. Mich treibt hierbei nur reine Freundschaft. Denn ich habe übrigens nicht die geringste Animosität gegen diese meine Mitbürger.»

Soviel mag daran richtig sein: für ein anspruchsvolles Literaturmagazin, das sich nicht nach dem auf dem Markt Gängigen richtete und keine berühmten Namen zu bieten hatte, gab es kein großes Publikum. Böttiger an Cotta am 11. November 1808:

«Es freuet mich, daß Sie meine Bedenklichkeiten wegen des Phöbus so freundlich aufnehmen. Sie kamen ja auch aus gutem Herzen. Die Herausgeber haben nun, nach einem Verlust von 1400 Talern, die Fortsetzung der hiesigen Waltherschen Handlung, bloß damit sie gedruckt werde, ohne alles Honorar übergeben, und diese Handlung druckt nun vom 7. Stück an nur 150 Auflage.»

Mit diesen 150 Exemplaren konnte die Zeitschrift nicht lange fortbestehen. Als sie im Februar 1809 eingestellt wird, wendet sich Kleist politischen Schriften zu. Der Krieg steht unmittelbar bevor. Am 5. April 1809 erfährt er, daß Müller alle Außenstände des «Phöbus» an den Buchhändler Walther abgetreten hat. Müller hatte Kleist hintergangen. Es ist das vorläufige Ende ihrer Freundschaft. Erst in Berlin 1810 werden sie wieder Freunde. Die «Berliner Abendblätter», Kleists zweiter publizistischer Versuch, werden ebenfalls scheitern. Müller geht danach endgültig nach Wien, Kleist bleibt allein zurück.

Doch verfolgen wir kurz Müllers weiteren Weg im Jahre 1809. Am 9. April 1809 ziehen die Franzosen aus Dresden ab, bald darauf besetzen die Österreicher die Stadt. Müller wird zum wichtigen Gewährsmann der Österreicher, Kleist ist am 29. April mit Dahlmann nach Prag abgereist. Doch dauert die Besetzung nur kurze Zeit; als die Franzosen unter Jérôme und die Sachsen unter Thielmann anrücken, räumen die Österreicher die Stadt. Als Österreich-Anhänger bekannt, muß Müller heimlich die Stadt verlassen. Das war das stille Ende seiner glanzvollen Dresdner Jahre.

Seinen zukünftigen Wirkungsbereich sieht er allerdings immer noch in Preußen und nicht in Österreich, in einem erneuerten Preußen allerdings, das an der Seite Österreichs gegen Napoleon kämpft.

Am 29. August 1809 schreibt er an Staegemann, den Finanzrat des Ministers Hardenberg, einen Brief, in dem er anbietet, in Berlin gleichzeitig ein Regierungs- und ein Oppositionsblatt herauszubringen, also «Satz» und «Gegensatz»:

«Ein Staat wie der reorganisierte preußische muß auch sprechen: Die Gesichtspunkte sowohl für die Beurteilung der neuen Organisation als für die der außerordentlichen Maßregeln, welche die zerrüttete Lage des Staates notwendig macht, müssen populär ausgedrückt, die Opposition, die durch alle Reformen hervorgerufen wird, nicht niederschlagen, aber geleitet, noch besser vorweggenommen werden. Vorzüglich aber muß auf offiziellem Wege den Parteien, die den Staat vollends verzehren, durch eine überlegene Meinung und durch eine überlegene Opposition imponiert werden. – Ich getraue mir 1.) öffentlich und unter der Autorität des Staatsrats ein Regierungsblatt 2.) anonym und unter der bloßen Connivenz desselbigen ein Volksblatt, mit andern

Worten eine Ministerial- und Oppositionszeitung zugleich zu schreiben, die dem einen, was uns not tut, der Wiedererzeugung einer wahren und ernsthaften preußischen, öffentlichen Meinung tätig zu Hülfe kommen soll.»

Daß Müller hier eine öffentliche Meinung in dem von der Zensur beherrschten Preußen erzeugen oder besser zulassen will, zeigt ihn wieder als eigenwilligen Kopf, der nicht so leicht in einer Schablone unterzubringen ist. Seine späteren Versuche, oppositionelle Ansichten in den «Berliner Abendblättern» zu publizieren – soweit das damals überhaupt möglich war –, haben der Zeitschrift bei der preußischen Obrigkeit sehr geschadet.

Ab Sommer 1811 lebt Müller in Wien; erneut gelingt es ihm, Anschluß an die «besten Kreise» zu gewinne. Erzherzog Maximilian fördert ihn. Müller hält glanzvolle Vorlesungen, diesmal «Über die Beredsamkeit und ihr Verhältnis zur Poesie». Zwei Ereignisse aus Müllers weiterem Leben seien noch genannt, weil sie auch ein Licht auf Kleists Leben werfen: zum einen Müllers politische und militärische Tätigkeit in Tirol 1813, zum anderen seine Berichte als österreichischer Generalkonsul in Leipzig an Metternich.

Müller wird im Sommer 1813 von Wien nach Tirol geschickt, um dort bei der Organisation des Feldzugs gegen die Franzosen zu helfen. Er nimmt an den Kämpfen der Bauern im Pustertal teil und redigiert danach die Zeitschrift «Bote von Südtirol», eine publizistische Unterstützung der Kämpfe. Mir scheint das deshalb bemerkenswert, weil ich glaube, daß Müller hier eine Aufgabe erfüllte, die Kleist, hätte er nur die Gelegenheit dazu gehabt, ebenfalls übernommen hätte: am Widerstand gegen Napoleon teilzunehmen, kämpfend und schreibend.

Als Müller schließlich mit dem österreichischen Hauptquartier im Juli 1815 in Paris einzieht – Napoleon ist geschlagen –, trifft er dort als Stadtkommandanten einen alten Freund Kleists: Ernst von Pfuel, der diesen Posten wohl nur erhalten hat, weil er große Verdienste um den preußischen Widerstand gegen Napoleon hatte. In Paris wird Adam Müller endlich von Metternich mit einem ansehnlichen Posten belohnt: als österreichischer Generalkonsul geht er nach Sachsen. Von dort schickt er umfangreiche Berichte über die sozialen Verhältnisse, die politischen Bewegungen, die religiösen Sektenbildungen an Metternich nach Wien, darunter auch Berichte über das Wartburgfest der studentischen Burschenschaften im Oktober 1817.

Diese Berichte Müllers, so sachlich sie abgefaßt waren, trugen ihren Teil zur polizeilichen Überwachung der Studenten bei und schließlich im Jahre 1819, nach der Ermordung Kotzebues, zu den berüchtigten «Karlsbader Beschlüssen»: dem Verbot der Burschenschaften, der Entlassung «radikaler» Lehrer aus dem Schuldienst, der Überwachung der Universitäten, der Einführung der Vorzensur für Zeitungen und alle Schriften unter zwanzig Druckseiten. Das Ergebnis war die Lähmung des gesamten politischen Lebens in Deutschland für Jahrzehnte.

Die Berichte Müllers an Metternich sind traurige Dokumente eines intellektuellen Verrats; es ist nicht der erste und nicht der letzte dieser Art in der Geschichte. Die klare Diktion, die Sorgfalt in Beschreibung und Analyse erinnern an die Dresdner Vorlesungen; jedoch die Unabhängigkeit des Urteils, die nicht nach der Meinung anderer schielt, die spielerische Freiheit des Denkens findet man in diesen Berichten nicht. Sicher, Müller muß sich jetzt nicht mehr fragen, woher er die Groschen für den nächsten Tag nehmen soll, um Frau und zwei Töchter zu ernähren, wie noch Anfang 1813, als sein Förderer Erzherzog Maximilian bei Metternich in Ungnade fiel und nach Sardinien ins freiwillige Exil geschickt wurde. Adam Müller hatte Familie: in Dresden hatte er Sophie von Haza geheiratet, die von ihrem Mann sich getrennt und ihren Sohn zurückgelassen hatte, um dem ehemaligen Hauslehrer zu folgen.

Müller war dank Metternich in Amt und Würden, er hatte Einkommen, Einfluß und Macht. Nicht zu viel Macht, denn er war nicht Gesandter Österreichs in Dresden, sondern nur Generalkonsul in Leipzig – und das vielleicht auch deshalb, weil Metternich ihn nicht in Wien haben wollte. Er war in Amt und Würden, doch seine Unabhängigkeit war dahin. Das selbständige Urteil, das in den Dresdner Vorlesungen beeindruckte, war der Parteimeinung gewichen; es zählte nur, was dem katholischen Österreich nützte.

Müller verriet die Unabhängigkeit seines Denkens nicht um des Geldes willen – er handelte aus Überzeugung. Daß sich alles so trefflich zusammenschloß – Amt und Überzeugung, Staat und Religion –, erst das wird ihm das Gefühl, ein Zuhause gefunden zu haben, verschafft haben: einen Platz in der Welt, die in Gut und Böse zu ordnen ihm nun leicht möglich war.

Kleist ist das Amt erspart geblieben. Er empfand es 1809 als sein Unglück, für seine Dichtung war es ein Glück. Im Jahre 1809 in Böhmen wäre Kleist, den Spuren Müllers folgend, gerne österreichischer oder preußischer Propaganda-Schriftsteller geworden. Parteilich ist er in seiner Kriegslyrik und in seinem Agitationsstück «Die Hermannsschlacht» schon genug; der Devise: «Gut ist alles, was uns nützt und was dem Feinde schadet» – der Wahlspruch der totalitären Systeme, die die Menschen in Freund und Feind einteilen –, ist er dort schon untertan. Doch das Amt eines Kriegspropagandisten haben ihm weder Österreich noch Preußen übertragen. So konnte er später im «Prinz Friedrich vom Homburg» wieder eine erstaunliche Ausgeglichenheit finden, die an den frühen Adam Müller gemahnt, für den Satz und Gegensatz Anteil an der Wahrheit hatten.

Adam Müller starb am 17. Februar 1829 in Wien, fünf Tage nach Friedrich Schlegel, seinem Vorbild, seinem Konkurrenten, schließlich seinem Freund, der wie er ein Katholik und Anhänger von Metternich geworden war.

Was Müller Kleist war, was Kleist Müller war, das wird aus den Worten deutlich, die sie sich beim Abschied schrieben: Kleist bei Müllers Weggang nach Wien, Müller in seinem Nachruf auf Kleist. Kleists Schmerz nach dem Abschied des Freundes klingt nach in dem Brief, den er im Juli 1811 an Marie von Kleist schrieb: er wünschte sich darin, daß er Müller fehlen möge wie dieser ihm:

«Müllers Abreise hat mich in große Einsamkeit versenkt. Er war es eigentlich, um dessentwillen ich mich vor nun ohngefähr einem Jahr wieder in Berlin niederließ, und ich bin gewiß, so wenig dies auch mancher begreifen wird, daß er mich in Wien, wohin ich ihm nicht habe folgen können, vermissen werde. Nicht als ob ich ihm zu seinem Zwecke daselbst hätte behülflich sein können, sondern weil er mich braucht, um sich dessen, was er sich erringt und erstrebt, am Ziel zu erfreuen. Ich kann Ihnen nicht sagen, wie rührend mir die Freundschaft dieses Menschen ist, fast so rührend, wie seine Liebe zu seiner Frau. Denn sein Treiben in der Welt, abgerissen und unvollendet, wie es noch da liegt, ist mancherlei Mißdeutungen unterworfen: es gehört ein Wohlgefallen, so gänzlich rücksichtslos, und uneigennützig, in Persönlichkeiten, die ihm ganz fremd und ungleichartig sind, dazu, um die innerliche Unschuld und Güte seines Wesens zu erkennen.»

In einem anderen Brief an Marie von Kleist vom Spätsommer 1811 beschreibt er die Einsamkeit in den Monaten vor seinem Tod:

«Das Leben, das ich führe, ist seit Ihrer und A. Müllers Abreise gar zu öde und traurig. Auch bin ich mit den zwei oder drei Häusern, die ich hier besuchte, seit der letzten Zeit ein wenig außer Verbindung gekommen, und fast täglich zu Hause, von Morgen bis auf den Abend, ohne auch nur einen Menschen zu sehen, der mir sagte, wie es in der Welt steht. Sie helfen sich mit Ihrer Einbildung und rufen sich aus allen vier Weltgegenden, was Ihnen lieb und wert ist, in Ihr Zimmer herbei. Aber diesen Trost, wissen Sie, muß ich unbegreiflich unseliger Mensch entbehren. Wirklich, in einem so besonderen Fall ist noch vielleicht kein Dichter gewesen. So geschäftig dem weißen Papier gegenüber meine Einbildung ist, und so bestimmt in Umriß und Farbe die Gestalten, die sie alsdann hervorbringt, so schwer, ja ordentlich schmerzhaft ist es mir, mir das, was wirklich ist, vorzustellen... Kurz, Müller, seitdem er weg ist, kömmt mir wie tot vor, und ich empfinde auch ganz denselben Gram um ihn, und wenn ich nicht wüßte, daß Sie wieder kommen, würde mir es mit Ihnen ebenso gehn.»

Adam Müllers Wissen um Kleists Größe dokumentiert sein Nachruf auf den Dichter, den er anonym am 24. Dezember 1811 im «Österreichischen Beobachter» veröffentlichte:

«Heinrich von Kleist, durch großartige Versuche im Felde der tragischen Dichtkunst bekannt, und durch eine wahre Schönheit der Seele, wie durch aufopferndes Hingeben an alles Gute, Große und Gerechte, seinen wenigen Freunden unvergeßlich, hatte längst eine Art von Unbehaglichkeit unter den Zuständen seiner Zeit empfunden. Seine teutschen Zeitgenossen waren ihres eigenen Urteils vielleicht nie weniger mächtig gewesen, als da seine Werke erschienen: man strebte nach Ruhe, nach gewissen bequemen Empfindungen, nach leichten, schmeichelnden Berührungen des Herzens. Wie konnte ein Dichter gefallen, der selbst keines oberflächlichen Gefühls fähig, die Zukunft zu ergreifen, die Nation für den Schmerz zu erziehen, und für großmütiges Hingeben an das Vaterland und an die Freunde zu begeistern, also alle Wunden noch tiefer aufzureißen, mit jugendlicher Überschwenglichkeit unternommen hatte. Sein Publikum ließ das gut sein, der Dichter ward an die Seite gestellt, und, wie alles Unbequeme, leicht vergessen. Dies hat ihm das Herz gebrochen, seine Kraft gelähmt, ihn getötet lange vorher, ehe er den verbrecherischen Entschluß faßte, den er zuletzt, nicht ohne Widerstreben seiner besseren Natur ausführte.»

Daß er als Katholik den Selbstmord Kleists und Henriette Vogels für eine frevelhafte Sünde hielt, hinderte ihn nicht, Kleists Gestalt zu erkennen:

«Wie zwei der ausgezeichneten Naturen, auf diese Weise alle göttlichen und menschlichen Gesetze verachtend bei Seite setzen, und in frevelhafter Gemeinschaft die Tür erbrechen konnten, welche zu eröffnen der Himmel sich selbst vorbehält, bedarf keiner weiteren Erklärung. Wenn sie auch die größte Charakterstärke bewiesen hätten, so ist das neben dem Gesetz, welches sie verletzten, eine Kleinigkeit. Weit davon entfernt, sie zu rechtfertigen, oder auch nur zu entschuldigen, klagen die hinterbliebenen Freunde zuvörderst sie aufs stärkste an. Dann aber ist es ihnen auch erlaubt zu sagen, daß das Leben beider übrigens so rein und flecklos war, als es ohne den höheren Glauben, den sie durch ihr Ende verleugneten, überhaupt sein konnte; ferner daß Kleist wahr, ohne Falsch und ohne Ziererei wenigstens durchaus frei von dem theatralischen Licht war, welches falsche Emphase einerseits und Unverstand anderseits darauf hat werfen wollen. Wie er es als tragischer Dichter gemeint hat und was er geleistet, und was also Teutschland an ihm verloren hat, wird wie in solchen Fällen gewöhnlich, erst die Zukunft zu würdigen wissen.»

Der Gerechtigkeitsfanatiker

«An den Ufern der Havel lebte, um die Mitte des sechzehnten Jahrhunderts, ein Roßhändler, namens *Michael Kohlhaas*, Sohn eines Schulmeisters, einer der rechtschaffensten zugleich und entsetzlichsten Menschen seiner Zeit.» Dies ist einer der berühmten ersten Sätze der Kleistschen Novellen, die nicht nur mitten ins Geschehen hineinführen, sondern auch den Konflikt des Geschehens zusammenfassen, hier in den zwei gegensätzlichen Attributen des Michael Kohlhaas als des «rechtschaffensten zugleich und entsetzlichsten Menschen». Der Superlativ weist darauf hin: es sind nicht nur Gegensätze, es sind Extreme, zwischen die Kohlhaas gerät. Es sind zwei Eigenschaften, die seinen Charakter auszeichnen, die aber erst durch die widrigen Verhältnisse, in die er sich gestellt sieht, hervorgetrieben werden. Kohlhaas wird außerordentlich ungerecht behandelt, so daß sein Gerechtigkeitsgefühl, aufs äußerste gereizt, ihn zu furchtbaren Rachetaten treibt. Die Gegensätze bedingen einander: weil er so rechtschaffen ist, wird er in einer Welt, die ihm nicht Gerechtigkeit geben kann, zum Berserker.

Vor allem im ersten Teil der umfangreichsten Prosa-Arbeit Kleists wird dies von Kleist mit dramatischer Wucht herausgearbeitet. Nach dem Gespräch des Kohlhaas mit Martin Luther tritt eine Wendung in der Handlung ein, die sich dehnt entsprechend den verwickelten, schwer durchschaubaren Rechtshändeln am Hof von Dresden und Berlin, bis es am Schluß mit der Verurteilung und Hinrichtung des Kohlhaas noch einmal zu einer Verdichtung kommt. Das dramatische Talent des Autors, der sich nur widerwillig auf die gering geachtete Prosa-Gattung einließ, zeigt sich nicht nur in der Handlungsführung, sondern auch in den Dialogen, in denen er oft die Äußerungen der Personen mit der Beschreibung ihrer Gesten verbindet, so daß sich der Text stellenweise wie ein Filmdrehbuch liest.

Kohlhaas ist als Pferdehändler auf freien Durchgangsverkehr angewiesen, wenn er von Kohlhasenbrück bei Berlin seine Pferde nach Sachsen bringt, um sie dort zu verkaufen. Kleist verlegte den Wohnort seines Helden, der in der historischen Chronik «Hans Kohlhaas aus Cölln» bei Berlin liegt, in das kleine, heute ins äußerste südwest-

liche Ende von West-Berlin gedrängte Kohlhasenbrück, das nahe
dem Kleinen Wannsee liegt, an dem er sich später erschoß. Den
freien Durchgangsverkehr verhindert der adlige Wenzel von
Tronka, der willkürlich Zollschranken errichtet. Kohlhaas, der keinen Passierschein besitzt, muß zwei Rappen als Pfand auf der Tronkenburg zurücklassen. In Dresden erfährt er, daß ein Passierschein
gar nicht nötig ist. Zurückgekehrt auf die Tronkenburg, findet er
seine Pferde durch Feldarbeit ruiniert, sein Knecht wurde jämmer-
lich mißhandelt und nach Hause gejagt. Das ist – kurz gesagt – der
Rechtsfall, den Kohlhaas vor die sächsische Gerichtsbarkeit bringt.
Dort wird er von Verwandten des Wenzel von Tronka niedergeschlagen, die Kleist geringschätzig Hinz und Kunz von Tronka
nennt, womit er sich über die adligen Namenstafeln lustig macht.
Auch der Kanzler des Kurfürsten von Brandenburg, an den als seinen eigenen Landesherrn Kohlhaas sich danach wendet, ist ein Verwandter der Tronkas; auch er entscheidet den Fall widerrechtlich zu
deren Gunsten.

Kleist stellt den gutgläubigen, rechtschaffenden Händler einer
korrupten Adelsclique gegenüber, die nicht Recht und Gesetz
kennt, sondern nur ihren eigenen Vorteil. Der scharfe Gegensatz
von Bürgertum und Adel, von Händler und Ritter wird gemildert
durch freundliche Adlige, die auch am Hof von Dresden zu finden
sind, und durch die Kurfürsten von Sachsen und von Brandenburg,
die nicht ungerecht, sondern nur von ungerechten Beratern umgeben sind. Freilich verändert Kleist im Laufe der Erzählung das Bild
des sächsischen Kurfürsten, der von Anfang an als schwach erscheint, immer mehr zum Negativen hin, so daß am Schluß der
Brandenburger zu dessen positivem Gegenbild wird.

Kleist nahm diese Änderung entschieden gegen die Vorlage, die
«Märkische Chronik» des Petri Hafftiti, vor, die ihm wohl in einer
Publikation von Christian Schöttgen und George Christoph Kreysig aus dem Jahre 1731 bekannt wurde oder in einer Überlieferung
von Balthasar Mentz (1598) oder von Nicolaus Leutinger (1729)
oder durch alle drei.

Die andere Änderung ist der Eingriff des Wiener Kaisers in den
Rechtsstreit durch den Assessor Franz Müller, dessen Name wohl
eine ironische Anspielung auf den des Freundes Adam Müller ist;
wie die Namen der beiden ältesten Kinder des Kohlhaas, Heinrich
und Leopold, auf Kleist und seinen Bruder anspielen. Ansonsten hat

Kleist sich an die Grundzüge der Handlung gehalten, die ihm «die alte Chronik» vorgab: der Rechtsbruch des Junkers, der mörderische Kriegszug des Kohlhaas, der Luther-Brief und das Gespräch zwischen Luther und Kohlhaas sind historisch verbürgt.

Doch nicht nur die dramatische Zuspitzung und die Wendungen, die Kohlhaas einmal äußerst rechtschaffen, darauf sehr grausam, einmal lammfromm und dann wieder gehässig sein lassen, auch die Stilisierung des Geschehens sind Kleists Werk. Der Vergleich mit den Vorlagen zeigt seine literarische Arbeit deutlich: Kleist stilisiert und baut mythologische Zitate und staatsrechtliche Andeutungen ein, damit er einen «tieferen Sinn» in die merkwürdige, durch Raub und Totschlag erschreckende alte Geschichte hineinlegen kann.

Da sind die Gegensätze, die unvermittelt aufeinander prallen, dann zeitweise miteinander vermittelt werden und erst am Schluß ein wenig mühsam in einer komplexen Konklusion befriedet sind. Es sind zunächst die Gegensätze in Kohlhaasens Brust, die freilich auch die Handlung bestimmen: der ruhige, rechtschaffene Kohlhaas und der gemeine, ungerechte Wenzel von Tronka mit seinem Anhang; der mörderische, rachsüchtige Kohlhaas und der bedächtige, das Recht schützende Prinz von Meißen; die Vermittlung durch Martin Luther, der vorübergehend die Gegensätze aufhebt: der Kurfürst von Sachsen erteilt Kohlhaas eine Amnestie für seine Räubereien und verspricht einen gerechten Prozeß in seinem Rechtsfall mit Wenzel von Tronka. Hier beginnt der zweite Teil, in dem Kleist etwas mühsam die Flamme der Leidenschaft am Brennen hält: die Bosheit der Tronkas, das weiterhin brandschatzende «Gesindel» des Kohlhaas sorgen für weitere Unruhe, so daß der alte Gegensatz zwischen Kohlhaas und dem Kurfürsten von Sachsen wieder aufbricht. Als die Erzählung den Punkt erreicht hat, wo Kohlhaas auf Verlangen des Kurfürsten von Brandenburg nach Berlin überstellt wird und sein Prozeß durch den aus Wien entsandten kaiserlichen Assessor Müller vorangetrieben wird, schiebt Kleist plötzlich und ohne vorherige Ankündigung eine Geschichte ein: eine Zigeunerin steckt Kohlhaas eine Bleikapsel mit einem Zettel zu, der ihm Macht über den verhaßten sächsischen Kurfürsten verleiht. Wann und weshalb sein Geschlecht den Dresdner Thron verlieren werde, soll darauf verzeichnet sein. Das führt die alte Fehde zwischen Kohlhaas und Sachsen, denn an die Stelle der sächsischen Tronkas ist nun der Kurfürst selbst getreten, bis zum bitteren Ende.

Der Gegensatz und die Vermittlung des Gegensatzes von Handel und Rittertum, von weiblich und männlich, mag durch Adam Müllers «Elemente der Staatskunst» inspiriert worden sien. Wenn Handel nicht möglich ist, weil der Wehrstand ihn nicht schützt, sondern behindert, wird der Bürgerstand sich bewaffnen und den Staat ins Chaos stürzen. Wenn die männliche Kampfesgier von der weiblichen Friedfertigkeit nicht ausgeglichen wird, wird es zu entsetzlichen Verbrechen kommen. Das läßt sich deutlich am Entschluß des Kohlhaas erkennen, sein Recht nun selbst in die Hand zu nehmen und seinen Privatkrieg gegen Sachsen zu führen. Seine Frau Lisbeth versucht mit allen ihr zu Gebote stehenden Mitteln, dies zu verhindern: nicht durch Kämpfen, sondern durch Bitten. Sie geht nach Berlin, dem Kurfürsten dort eine Bittschrift zu überreichen. Im Gedränge vor dem Palast schwer verletzt, stirbt sie kurz darauf in Kohlhasenbrück. Nach ihrem Tod bricht Kohlhaas auf: nichts hält ihn mehr zurück.

Gerade an dieser wichtigen «Gelenkstelle» der Erzählung tritt das Mythologische in der Motivation für den Ereignisablauf hervor. Die Vermittlung des Gegensatzes von männlich und weiblich mag eine Idee Adam Müllers sein, doch die Frau als das reinere, der Naturwahrheit nähere Wesen ist eine auch von G. H. Schubert geäußerte Ansicht – alle jüngeren Frauen im Werk Kleists, von Agnes über Eve zu Käthchen und Natalie, erinnern an diese Anschauung. Kohlhaasens Frau repräsentiert zudem die Haltung des Christen: sie bittet, sie übt sich in Geduld und ist zum Leiden bereit. Auf dem Totenbett weist sie auf das Neue Testament:

«Denn da ein Geistlicher lutherischer Religion (zu welchem eben damals aufkeimenden Glauben sie sich, nach dem Beispiel ihres Mannes, bekannt hatte) neben ihrem Bette stand, und ihr mit lauter und empfindlich-feierlicher Stimme, ein Kapitel aus der Bibel vorlas: so sah sie ihn plötzlich, mit einem finstern Ausdruck, an, nahm ihm, als ob ihr daraus nichts vorzulesen wäre, die Bibel aus der Hand, blätterte und blätterte, und schien etwas darin zu suchen; und zeigte dem Kohlhaas, der an ihrem Bette saß, mit dem Zeigefinger, den Vers: ‹Vergib deinen Feinden; tue wohl auch denen, die dich hassen.› – Sie drückte ihm dabei mit einem überaus seelenvollen Blick die Hand, und starb. – Kohlhaas dachte: ‹so möge mir Gott nie vergeben, wie ich dem Junker vergebe!› küßte sie, indem ihm häufig die Tränen flossen, drückte ihr die Augen zu, und verließ das Gemach.»

Kohlhaas folgt dem christlichen Gebot nicht. Er verhält sich gewissermaßen antik: heroisch, kämpferisch, unversöhnlich. Und das Ende der Erzählung ist deshalb mühsam, weil Kleist hier in einem Text beide Haltungen in ihrer Konsequenz vorführen will: die christliche mit Vergebung und Reue, die antike mit Rache und Sieg. Luther schickt am Schluß einen Sendboten, der Kohlhaas das Abendmahl reicht, das Luther seinerzeit ihm noch verweigerte. Durch die Zigeunerin aber wird Kohlhaas beides zuteil: ein geheimnisvoller Hinweis auf die anhaltende Liebe seiner christlichen Frau und die Möglichkeit von Rache und Sieg. Die Kapsel mit dem Zettel, den er angesichts des zitternden Kurfürsten von Sachsen verschluckt, bringt ihm den Triumph der Rache noch im Tod.

In Kohlhaasens Entscheidung zum privaten Rachefeldzug werden auch Gedanken über Rousseaus «Gesellschaftsvertrag» angesprochen:

«Der Roßkamm, indem er sie sanft an seine Brust drückte, erwiderte: weil ich in einem Lande, liebste Lisbeth, in welchem man mich, in meinen Rechten, nicht schützen will, nicht bleiben mag. Lieber ein Hund sein, wenn ich von Füßen getreten werden soll, als ein Mensch!»

Und später heißt es:

«Er schloß, daß man, in diesem außerordentlichen Fall, über die Bedenklichkeit, mit einem Staatsbürger, der die Waffen ergriffen, in Unterhandlung zu treten, hinweggehen müsse: das derselbe in der Tat durch das Verfahren, das man gegen ihn beobachtet, auf gewisse Weise außer der Staatsverbindung gesetzt worden sei; und kurz, daß man ihn, um aus dem Handel zu kommen, mehr als eine fremde, in das Land gefallene Macht, wozu er sich auch, da er ein Ausländer sei, gewissermaßen qualifiziere, als einen Rebellen, der sich gegen den Thron auflehne, betrachten müsse.»

Wenn der Staat, in dem er lebt, ihn nicht mehr schützen kann, ist der Vertrag auf gegenseitige Verpflichtung zwischen Staat und Staatsbürger vom Staate aufgekündigt worden. Der Bürger braucht sich nicht mehr an die staatlichen Gesetze zu halten, er muß sich selber schützen. So führt auch Kohlhaas seinen Privatkrieg gegen Sachsen. Auch als er einen erklecklichen Haufen um sich versammelt hat, ist der Krieg nur seine eigene Angelegenheit. Sobald ihm in seinem Falle Genugtuung geschieht, entläßt Kohlhaas den Haufen, der dann vom Erzähler nur noch «räuberisches Gesindel» genannt wird.

Freilich wird dieser Privatkrieg von zwei weitergehenden Bedeutungen streckenweise überlagert. Zum einen gibt es Stellen, an denen Kleist aus der Rebellion des Einzelnen beinahe eine Revolution der Vielen entstehen läßt, als ginge es gegen die Unterdrücker überhaupt und um einen Umsturz des Staates. So sieht zum Beispiel das Volk den Wenzel von Tronka:

> «Das Volk, von den Landsknechten nur mühsam zurückgehalten, nannte ihn einen Blutigel, einen elenden Landplager und Menschenquäler; den Fluch der Stadt Wittenberg, und das Verderben von Sachsen; und nach einem jämmerlichen Zuge durch die in Trümmern liegende Stadt, während welchem er mehreremal, ohne ihn zu vermissen, den Helm verlor, den ihm ein Ritter von hinten wieder aufsetzte, erreichte man endlich das Gefängnis, wo er in einem Turm, unter dem Schutz einer starken Wache, verschwand.»

Der Adlige wird unterm Gespött der Menge ins Gefängnis gebracht; Bilder der Französischen Revolution tauchen hier auf. Die Berater des Kurfürsten von Sachsen wittern die Gefahr:

> «Die öffentliche Meinung, bemerkte er, sei auf eine höchst gefährliche Weise, auf dieses Mannes Seite, dergestalt, daß selbst in dem dreimal von ihm eingeäscherten Wittenberg, eine Stimme zu seinem Vorteil spreche; und da er sein Anerbieten, falls er damit abgewiesen werden sollte, unfehlbar, unter gehässigen Bemerkungen, zur Wissenschaft des Volkes bringen würde, so könne dasselbe leicht in dem Grade verführt werden, daß mit der Staatsgewalt gar nichts mehr gegen ihn auszurichten sei.»

Schließlich droht auf dem Marktplatz Lynchjustiz wie am Schluß der Novelle «Das Erdbeben in Chili», auch dies eine revolutionäre Situation. Wie im «Erdbeben in Chili» ruft in «Michael Kohlhaas» ein Handwerksmeister, also ein Bürgerlicher, nach Rache:

> «Meister Himboldt rief: schmeißt den Mordwüterich doch gleich zu Boden! und während die Bürger, von diesem Auftritt empört, zusammentraten, und die Wache hinwegdrängten, warf er den Kämmerer von hinten nieder, riß ihm Mantel, Kragen

und Helm ab, wand ihm das Schwert aus der Hand, und schleuderte es, in einem grimmigen Wurf, weit über den Platz hinweg.»

Die zweite weitergehende Bedeutung verleiht dieser ersten ihre Schärfe: Kohlhaas sieht sich – daher wohl auch sein Vorname – als «Statthalter Michaels, des Erzengels», der eine «bessere Ordnung» zu errichten gekommen sei. Es ist also – dem historischen Hintergrund des 16. Jahrhunderts entsprechend, der Zeit Thomas Müntzers und anderer Rebellen – die religiöse Motivation zur Revolution, die hier ausgesprochen wird:

«Er nannte sich in dem Mandat, das er, bei dieser Gelegenheit, ausstreute, ‹einen Statthalter Michaels, des Erzengels, der gekommen sei, an allen, die in dieser Streitsache des Junkers Partei ergreifen würden, mit Feuer und Schwert, die Arglist, in welcher die ganze Welt versunken sei, zu bestrafen›. Dabei rief er, von dem Lützner Schloß aus, das er überrumpelt, und worin er sich festgesetzt hatte, das Volk auf, sich zur Errichtung einer besseren Ordnung der Dinge, an ihn anzuschließen; und das Mandat war, mit einer Art von Verrückung, unterzeichnet: ‹Gegeben auf dem Sitz unserer provisorischen Weltregierung, dem Erzschlosse zu Lützner.›»

Der Erzähler bezeichnet diese großsprecherischen, nahezu apokalyptischen Äußerungen des Kohlhaas als «verrückt», das heißt: Kohlhaas irrt sich, es stimmt nicht, was er sagt.

«So verfaßte er ein zweites Mandat, worin er, nach einer kurzen Erzählung dessen, was ihm im Lande begegnet, ‹jeden guten Christen›, wie er sich ausdrückte, ‹unter Angelobung eines Handgelds und anderer kriegerischen Vorteile›, aufforderte ‹seine Sache gegen den Junker von Tronka, als dem allgemeinen Feind aller Christen, zu ergreifen›. In einem anderen Mandat, das bald darauf erschien, nannte er sich: ‹einen Reichs- und Weltfreien, Gott allein unterworfenen Herrn›; eine Schwärmerei krankhafter und mißgeschaffener Art, die ihm gleichwohl, bei dem Klang seines Geldes und der Aussicht auf Beute, unter dem Gesindel, das der Friede mit Polen außer Brot gesetzt hatte, Zulauf in Menge verschaffte.»

Mir scheint, daß Kleist hier deutlich genug Kohlhaasens Anmaßung zurückweist. Kohlhaas handelt nicht als Christ, er ist vielmehr einem schrecklichen Irrtum unterlegen. Die wahre christliche Haltung, auf die seine Frau ihn schon hingewiesen hatte, wird ihm dann von Luther vorgehalten. Luther weist in seinem Brief Kohlhaasens Anmaßung als «Wahnsinn» zurück:

> «Kohlhaas, der du dich gesandt zu sein vorgibst, das Schwert der Gerechtigkeit zu handhaben, was unterfängst du dich, Vermessener, im Wahnsinn stockblinder Leidenschaft, du, den Ungerechtigkeit selbst, vom Wirbel bis zur Sohle erfüllt? Weil der Landesherr dir, dem du untertan bist, dein Recht verweigert hat, dein Recht in dem Streit um ein nichtiges Gut, erhebst du dich, Heilloser, mit Feuer und Schwert, und brichst, wie der Wolf der Wüste, in die friedliche Gemeinschaft, die er beschirmt. Du, der die Menschen mit dieser Angabe, voll Unwahrhaftigkeit und Arglist, verführt: meinst du, Sünder, vor Gott dereinst, an dem Tage, der in die Falten aller Herzen scheinen wird, damit auszukommen? Wie kannst du sagen, daß dir dein Recht verweigert worden ist, du, dessen grimmige Brust, vom Kitzel schnöder Selbstrache gereizt, nach den ersten, leichtfertigen Versuchen, die dir gescheitert, die Bemühung gänzlich aufgegeben hast, es dir zu verschaffen?»

Luthers Einwand im folgenden Gespräch kann Kohlhaas nicht eindeutig parieren. Christlich will er sein, Martin Luther verehrt er, christlich handelt er jedoch nicht: Kohlhaas ist eine Gestalt, die auf der Grenze steht zwischen «Antike» und «Moderne», diese nunmehr weniger als Epochen, denn als Haltungen verstanden. Er kann nicht wie Christus seinen Feinden vergeben, er will sie wie – sagen wir – Dionysos zerfleischen; deshalb kann Luther ihm das Sakrament nicht geben:

> «Doch hättest du nicht, alles wohl erwogen, besser getan, du hättest, um deines Erlösers willen, dem Junker vergeben, die Rappen dürre und abgehärmt, wie sie waren, bei der Hand genommen, dich aufgesetzt, und zur Dickfütterung in deinen Stall nach Kohlhaasenbrück heimgeritten? – Kohlhaas antwortete: kann sein! indem er ans Fenster trat: kann sein, auch nicht!»

Dieses Gegeneinander von «Antike» und «Moderne» liefert eine Begründung des Konflikts in der Erzählung. Die andere Begründung ist die staatsrechtliche Problematik, also das Verhältnis von Staatsbürger und Staat, das Kleist auch im «Prinz von Homburg» beschäftigen wird. Im «Michael Kohlhaas» wird der Rechtsfall gelöst, genauer der doppelte Rechtsfall: zum einen der Verstoß des Wenzel von Tronka, zum anderen der Verstoß des Michael Kohlhaas. Wenzel von Tronka muß die Rappen wieder dick füttern und dem Kohlhaas aushändigen und dann für zwei Jahre ins Gefängnis. Kohlhaasens Amnestie durch den Kurfürsten von Sachsen gilt nicht vor dem Kaiser: wegen Landfriedensbruch wird Kohlhaas verurteilt und hingerichtet. Die Gerechtigkeit ist wiederhergestellt, dem Handel treibenden Bürger durch den Landesherrn Sicherheit gewährt, die korrupte Adelsclique in ihre Grenzen verwiesen.

Sicher ist die gesellschaftliche Situation zur Zeit Kleists darin zu erkennen: der Landesherr ist auf das Handel und Gewerbe treibende Bürgertum angewiesen, der Adel dagegen ist ein ökonomisches Hemmnis, er beharrt auf seinem Privileg der Steuerfreiheit und hält mit seiner Vetternwirtschaft alle Ämter besetzt. Der Fürst ist gut, suggeriert Kleist, die Ratgeber sind schlecht; das ist ein Topos, der sich lange in der Literatur und in der Politik gehalten hat. Bei Kleist ist jedoch nur der Kurfürst von Brandenburg redlich. Daß Kleist den Kurfürsten von Sachsen in so schlechtem Licht darstellt, könnte aus seiner Aversion gegen das sächsische Herrscherhaus seiner Tage resultieren, das mit Napoleon verbündet war. Auch die Schrecken der Französischen Revolution sind wieder spürbar: in der Warnung an den Adel, was geschehen könnte, wenn er die Rechte der kleinen Leute mißachtet; in der Warnung an die Bürger, daß eine begründete Empörung über adliges Unrecht zu einem ungeheuren mörderischen Schlachten ausufern könnte, das die Empörten um alles, auch um die Berechtigung ihrer Sache, bringen würde.

Führt die staatsrechtliche Problematik, so klar sie am Ende in der Erzählung auch gelöst wird, zu den ungelösten ökonomischen, sozialen und politischen Problemen in Kleists eigener Zeit, so führt die mythologische Begründung des Konflikts zu einem zweideutigen Schluß der Erzählung. Die Zweideutigkeit wird in der merkwürdigen Zigeunerin Gestalt. Daß sie an Kohlhaasens Frau nicht nur Kohlhaas, sondern auch den Leser erinnern soll, ist offensichtlich:

die Zigeunerin ähnelt Lisbeth so sehr, wie der Amphitryon dem Jupiter oder der Achilles dem Helios. Die Zigeunerin ist Lisbeths Vertreterin, deren Verkörperung.

> «Der Roßhändler, der eine sonderbare Ähnlichkeit zwischen ihr und seinem verstorbenen Weibe Lisbeth bemerkte, dergestalt, daß er sie hätte fragen können, ob sie ihre Großmutter sei: denn nicht nur, daß die Züge ihres Gesichts, ihre Hände, auch in ihrem knöchernen Bau noch schön, und besonders der Gebrauch, den sie davon im Reden machte, ihn aufs lebhafteste an sie erinnerten: auch ein Mal, womit seiner Frauen Hals bezeichnet war, bemerkte er an dem ihrigen.»

Später sagt sie:

> «‹Auf Wiedersehen Kohlhaas, auf Wiedersehen! Es soll dir, wenn wir uns wiedertreffen, an Kenntnis über dies alles nicht fehlen!› Und damit, indem sie sich gegen die Tür wandte, rief sie: ‹lebt wohl, Kinderchen, lebt wohl!› küßte das kleine Geschlecht nach der Reihe, und ging ab.»

Einen Brief an ihn unterschreibt sie mit dem Namen seiner Frau:

> «Aber wer beschreibt das Erstaunen, das ihn ergriff, als er folgende Nachricht darin fand: ‹Kohlhaas, der Kurfürst von Sachsen ist in Berlin; auf dem Richtplatz schon ist er vorangegangen, und wird, wenn dir daran liegt, an einem Hut, mit blauen und weißen Federbüschen kenntlich sein. Die Absicht, in der er kömmt, brauche ich dir nicht zu sagen; er will die Kapsel, sobald du verscharrt bist, ausgraben, und den Zettel, der darin befindlich ist, eröffnen lassen. – Deine Elisabeth.»

Kohlhaas erhält durch diese Gestalt die überirdische Hilfe seiner verstorbenen Frau, so scheint es; es ist der Fingerzeig des Himmels, daß er nicht alleine ist, auch nachdem seine Frau ihn verlassen hat. An einer früheren Stelle bringt Kleist ähnlich, «wunderbar» wie im «Käthchen von Heilbronn» einen Fingerzeig des Himmels an:

> «[…] trat jene, die Stiftsfrau, das silberne Bildnis des Gekreuzigten in der Hand, bleich, wie Linnenzeug, von der Rampe herab, und warf sich mit allen ihren Jungfrauen, vor Kohlhaasens Pferd nieder. Kohlhaas, während Herse und Sternbald den Stiftsvogt, der kein Schwert in der Hand hatte, überwältigten, und als Gefangenen zwischen die Pferde führten, fragte sie: wo der Junker

Wenzel von Tronka sei? und da sie, einen großen Ring mit Schlüsseln von ihrem Gurt loslösend: in Wittenberg, Kohlhaas, würdiger Mann! antwortete, und, mit bebender Stimme, hinzusetzte: fürchte Gott und tue kein Unrecht! – so wandte Kohlhaas, in die Hölle unbefriedigter Rache zurückgeschleudert, das Pferd, und war im Begriff: steckt an! zu rufen, als ein ungeheurer Wetterschlag, dicht neben ihm, zur Erde niederfiel.»

Wie in «Käthchen» ist «das Wunderbare» auch hier Ausdruck der christlichen «Moderne». Aber die Zigeunerin spendet Kohlhaas nicht nur Trost und Zuversicht – «wir sehen uns bald wieder», sagt sie –, sie liefert auch die Waffe zu seinem Sieg über den Kurfürsten von Sachsen. Das ist das Zweideutige an dieser Gestalt. Nicht die Rätselhaftigkeit der Zigeunerin irritiert – wie sehr dies auch den heutigen «aufgeklärten» Leser verstören mag –, denn sie gehört zum Repertoire der christlichen «Moderne», das Kleist hier zitiert. Irritierend ist ihr Zwitterwesen aus «christlich» und «antik». In der Beförderung der Rache des Kohlhaas, der über den Kurfürsten triumphiert, ist sie «antik»; «christlich» wäre gewesen, dem jämmerlichen Fürsten zu verzeihen.

Der Triumph des Kohlhaas freilich dürfte dem Autor der Erzählung aus dem Herzen gekommen sein, denn wie oft fühlte er sich ungerecht behandelt und wie gerne hätte er den triumphalen Sieg über alle seine Verächter endlich einmal davongetragen.

Wollt ihr den totalen Krieg?

«Die Hermannsschlacht» Kleists ist ein primitives Werk, primitiv in der doppelten Bedeutung des Wortes: das Drama ist höchst einfach in seiner Aussage, und es ist dümmlich und brutal. «Die Hermannsschlacht» ist ein Skandal, der lange Zeit nicht in seiner vollen Tragweite erkannt wurde, zum einen weil die Kleist-Forscher lange demselben Nationalismus anhingen, den das Stück predigt, und zum anderen weil ihre Verehrung für den großen Dichter ihre Urteilskraft einschränkte. Auch heute noch besteht die Neigung, das Drama zu ignorieren oder es an den Rand des Kleistschen Gesamtwerks zu rücken. Hierher gehört es zwar wegen seiner minderen ästhetischen und moralischen Qualität; es zeigt aber auch so viele Ähnlichkeiten mit den anderen Arbeiten Kleists, daß es wiederum diesen zugehört.

Kleist umfaßt in der Tat den ganzen Schmutz und Glanz der Seele, seiner so gut wie unserer. Darin unterscheidet er sich von allen anderen großen Dichtern der Goethe-Zeit. Wie Hölderlin und Goethe gelingen Kleist die anmutigsten und erhabensten Gestalten, etwa in seinem «Amphitryon» und im «Prinz Friedrich von Homburg». Doch wie kein anderer stellt er die primitivste Haltung dar und – das ist das Entscheidende – rechtfertigt, ja propagiert sie. Kleist umfaßt Himmel und Hölle zugleich. Diese Spannweite können wir in keinem anderen Werk der damaligen Zeit so deutlich erkennen als in dem Werk Kleists. «Die Hermannsschlacht» konfrontiert uns mit der Ideologie, die sich im Totalitarismus des 20. Jahrhunderts vollends durchsetzte. Eine Interpretation des Dramas ist deshalb höchst lehrreich: sie erlaubt nicht nur einen Blick ins zwiespältige Werk des Dichters, sondern auch in unsere zwiespältige Geschichte.

Der Cheruskerfürst Hermann, der im Jahre 9 n. Chr. drei Legionen der Römer im Teutoburger Wald schlug und damit Germanien von römischer Herrschaft befreite, steht im Mittelpunkt des Dramas. Hermanns einziges Ziel heißt: den Feind vernichten. Das gibt ihm Ähnlichkeit mit Rupert in «Die Familie Schroffenstein», der dem Hause seines Vetters blutige Rache schwört, es ausrotten will und alle mitmenschlichen Regungen dieser Rache unterordnet. Doch Rupert irrt: der Vetter ist nicht der Mörder seines Sohnes.

Kleist demonstriert an Rupert, daß die Verblendung einen Menschen soweit führen kann, sein eigenes Kind zu ermorden. Im Wasser spiegelt sich Ruperts Antlitz als Teufelsfratze. Der Dramatiker distanziert sich also von seiner Figur: ihre Rache ist unbegründet, der Vetter ist kein Feind, der Irrtum führt zu Schrecklichem, was nur als Warnung vor der teuflischen Rache gelesen werden kann. Doch nicht nur der Handlungsverlauf setzt Rupert ins Unrecht. Kleist stellt ihn auch in ein Beziehungsgeflecht, in dem andere, ihm überlegene Figuren ihm entgegentreten. Da ist zum Beispiel Sylvester, der zögert, zum Schwert zu greifen, weil er nicht glauben kann, daß der Vetter ihm den Sohn getötet hat. Der Dramatiker gibt ihm letztlich recht. Da ist Jeronimus, der zwischen den feindlichen Vettern vermitteln will. Rupert duldet, daß er gelyncht wird, was seine Frau Eustache ihm mit bitteren Worten vorhält, denen er nichts entgegen zu halten weiß: der Dramatiker ist offensichtlich auf Eustaches Seite. Und da ist schließlich die Liebe, die der Rache entgegensteuert: Ruperts Sohn Ottokar und Sylvesters Tochter Agnes lieben sich und überwinden die Feindschaft; die mythologischen Zitate – Agnes erinnert Ottokar an Maria – lassen die den Haß überwindende Liebe auch als christliche Liebe erscheinen.

Der Dramatiker, der «Die Familie Schroffenstein» souverän dirigierte, sinkt in «Die Hermannsschlacht» auf das Niveau einer seiner Figuren hinab und spricht aus ihrem Munde. Sein Horizont fällt mit dem seiner Figur zusammen, er gibt ihr in allem Recht und beseitigt alle Hemmungen und Hindernisse, damit sie sich als Berserker frei entfalten kann. Diese Konstellation auf die «Familie Schroffenstein» übertragen, hieße, daß Rupert der einzige Held wäre, also ohne Gegenpart, die Liebesgeschichte eine einzige Farce wäre und Ruperts «teuflische» Handlungsweisen vom Dramatiker gerechtfertigt würden.

Hermann ist eine Rupert-Figur, deren Motivation der Dichter teilt, ja, er will ihn sogar als Vorbild uns vor Augen führen. Hermann ist verlogen und verschlagen. Weder seine Frau – die als ein rechtes Dummchen ihm nicht gewachsen ist wie etwa Eustache Rupert –, noch seine fürstlichen Mitstreiter – er verachtet sie –, noch seine Cherusker – sie sind lediglich das Fußvolk der Geschichte, das der Führer hin und her bewegt – erfahren etwas von seinen Plänen. Seine Pläne richten sich gegen die verteufelten Römer.

Hermann ist eine simple Figur. Zweifel, gar Selbstzweifel kennt er nicht; er ist von Anfang an sicher. Seine List führt ihn unfehlbar zum Ziel; die Vorsehung – also die germanischen Götter, die den römischen offensichtlich überlegen sind – ist auf seiner Seite. Kleist rechtfertigt die Handlungsweise Hermanns mit seiner Charakterisierung der Römer. Indem Kleist die Römer als Halunken ohne Ausnahme darstellt, gibt er Hermann eine gewisse Berechtigung für dessen Vorgehen.

In «Die Hermannsschlacht» findet die Liebe zwischen Ottokar und Agnes ein Pendant in der Liebesgeschichte zwischen Thusnelda und Ventidius. Doch diese ist von vornherein aussichtslos, weil Thusnelda Hermanns Frau ist – Frau eines Mannes, dem sie in allem unterlegen ist. Da der «außergewöhnliche» Hermann Thusnelda sein eigen nennt, kann die Liebesgeschichte gar keine ernsthafte sein. Ventidius, der zunächst so liebenswert erscheint, doch dessen Ende voraussehbar ist, gibt sich letztlich als ein Scheusal zu erkennen wie alle Römer, will er doch nur Thusneldas blonde Haare scheren und sie als Perücke seiner Kaiserin nach Rom schicken. So lächerlich diese Motivation von Ventidius' Werben um Thusnelda ist, Kleist will sie ernst genommen wissen.

Tragische Konflikte können in dieser dürftigen dramatischen Handlung kaum entstehen. Nur die Römer gewinnen an tragischer Größe, als sie, Hermann vertrauend, in den Hinterhalt laufen. Doch nimmt Kleist dem Anführer der Legionen, Varus, seine «Römergröße» (ein Wort aus Kleists «Erdbeben in Chili»): den historisch verbürgten Selbstmord aus Verzweiflung über den Verlust der Legionen gestattet Kleist ihm nicht. Kleist behauptet, Varus sei das Schwert entzwei gebrochen. Zwei Germanenfürsten dürfen ihn töten.

Hier bewegt die Gemüter eine Freude schäbigster Natur, vergleichbar dem Lachen der Leute, die zusehen, wie ein Starker einen Schwachen auf welche Weise auch immer demütigt und erniedrigt. Es ist die Lust an der Quälerei der Schwachen. Thuschen kommt in den Genuß dieser Lust, als sie die Höhe der Gesinnung ihres Mannes erreicht hat: sie läßt Ventidius von einer Bärin zerreißen. Eine Nähe zu «Penthesilea» ist gegeben, insofern die Frau zum Tier wird – die Bärin soll Thusnelda sein –, das den Mann zerfleischt. Doch auch wie fern ist «Penthesilea»: Thuschen ist bei vollem Bewußtsein, mit Absicht lockt sie Ventidius in ihren Hinterhalt, wie Hermann den Legionenführer Varus in seine Falle, und sie wird nicht vorher und nicht nachher von Mitleid erfaßt. Im Gegenteil: nur so, will der Dichter sagen, kann man mit den Römern verfahren.

Man wende nicht ein, Kleist sei sich der Aussage seines Stückes nicht bewußt gewesen: er hat sie im Jahre 1809, in einer «patriotischen» Phase, in der das Stück entstand, auch an anderer Stelle geäußert, und er hat sie im Drama sogar gegen mögliche Einwände abgesichert. Es sind Einwände vor allem aus dem Munde Thusneldas vor ihrer Bekehrung zur Bärin:

THUSNELDA: Ob er mich liebt?
HERMANN: Nein, sprich, im Ernst, das glaubst du?
    So, was ein Deutscher lieben nennt,
    Mit Ehrfurcht und mit Sehnsucht, wie ich dich?
THUSNELDA: Gewiß, glaub mir, ich fühls, und fühls mit Schmerz,
    Daß ich den Irrtum leider selbst,
    Der dieses Jünglings Herz ergriff, verschuldet.
    Er hätte, ohne die betrügerischen Schritte,
    Zu welchen du mich aufgemuntert,
    Sich nie in diese Leidenschaft verstrickt;
    Und wenn du das Geschäft, ihn offen zu enttäuschen,
    Nicht übernehmen willst, wohlan:
    Bei unsrer nächsten Zwiesprach werd ichs selbst.
HERMANN: Nun, Thuschen, ich versichre dich,
    Ich liebe meinen Hund mehr, als er dich.
    Du machst, beim Styx, dir überflüssige Sorge.
    Ich zweifle nicht, o ja, wenn ihn dein schöner Mund
    Um einen Dienst ersucht, er tut ihn dir:
    Doch wenn er die Orange ausgesaugt,
    Die Schale, Herzchen, wirft er auf den Schutt.
THUSNELDA *empfindlich*:
    Dich macht, ich seh, dein Römerhaß ganz blind.
    Weil als dämonenartig dir
    Das Ganz' erscheint, so kannst du dir
    Als sittlich nicht den Einzelnen gedenken.
HERMANN: Meinst du? Wohlan! Wer recht hat, wird sich zeigen.
    Wie er die Lock, auf welche Weise,
    Gebrauchen will, das weiß ich nicht;
    Doch sie im Stillen an den Mund zu drücken,
    Das kannst du sicher glauben, ist es nicht.

Die Römer sind zur Liebe unfähig. Der Gegensatz ist einfach: hier die guten Germanen mit echter Liebe, tiefem Gefühl und dort die schlechten Römer mit trügerischer Liebe, falschem Gefühl. Der Einwand Thusneldas gegenüber Hermann, der Römerhaß habe ihn blind gemacht, trifft zu, wie sehr auch Hermann (und sein Dichter) sich bemühen, Thusnelda ins Unrecht zu setzen. Es ist der Mangel an Unterscheidungsfähigkeit, der Hermann (und den Dichter) hier in sträfliche Dummheit führt. Nicht mehr wird unterschieden zwischen dem einzelnen und dem Staat, dem er angehört, nicht mehr zwischen Volk und Regierung: alle Römer sind gleich schlecht. Nicht mehr wird unterschieden zwischen Kampf und Vernichtung. Hermann sind alle Mittel recht, die zur Vernichtung der Römer führen. Hermanns Befehl, daß einige seiner Leute, als Römer verkleidet, brennen, morden, plündern sollen, damit diese Schandtaten den Römern zur Last gelegt werden, zeigt deutlich genug, daß Hermann Krieg um jeden Preis will, um zum Vernichtungsschlag gegen die Römer auszuholen.

EGINHARDT: Mein Gebieter!
HERMANN *heimlich*: Hast du ein Häufchen wackrer Leute wohl,
    Die man zu einer List gebrauchen könnte?
EGINHARDT: Mein Fürst, die War' ist selten, wie du weißt.
    – Was wünschest du, sag an?
HERMANN: Was? Hast du sie?
    Nun hör, schick sie dem Varus, Freund,
    Wenn er zur Weser morgen weiter rückt,
    Schick sie in Römerkleidern, doch vermummt, ihm nach.
    Laß sie, ich bitte dich auf allen Straßen,
    Die sie durchwandern, sengen, brennen, plündern:
    Wenn sies geschickt vollziehn, will ich sie lohnen!
EGINHARDT: Du sollst die Leute haben. Laß mich machen.

Die «guten» Römer sind in Hermanns Augen die schlimmsten, weil sie nicht in seinen Plan passen und seiner Ideologie, alle Römer seien schlecht, widersprechen. Das stört Hermann, und so werden die «guten» Römer zu den «schlechtesten».

HERMANN: Die ganze Brut, die in den Leib Germaniens
    Sich eingefilzt, wie ein Insektenschwarm,

Muß durch das Schwert der Rache jetzo sterben.
THUSNELDA: Entsetzlich! – Was für Gründe, sag mir,
   Hat dein Gemüt, so grimmig zu verfahren?
HERMANN: Das muß ich dir ein andermal erzählen.
THUSNELDA: Crassus, mein liebster Freund, mit allen Römern –?
HERMANN: Mit allen, Kind; nicht einer bleibt am Leben!
   Vom Kampf, mein Thuschen, übrigens,
   Der hier im Ort gekämpft wird werden,
   Hast du auch nicht das Mindeste zu fürchten;
   Denn Astolf ist dreimal so stark, als Crassus;
   Und überdies noch bleibt ein eigner Kriegerhaufen,
   Zum Schutze dir, bei diesem Zelt zurück.
THUSNELDA: Crassus? Nein, sag mir an! Mit allen Römern –?
   Die Guten mit den Schlechten, rücksichtslos?
HERMANN: Die Guten mit den Schlechten. – Was! Die Guten!
   Das sind die Schlechtesten! Der Rache Keil
   Soll sie zuerst, vor allen andern, treffen!

Für Hermann ist jede Unterscheidung verdächtig und gefährlich.
Deshalb lehnt er auch jedes differenzierende Denken ab. Dem Römer, der waffenlos in seine Hand gegeben, antwortet er entsprechend:

SEPTIMUS: Die Götter werden ihre Söhne schützen!
   – Hier ist mein Schwert!
HERMANN *indem er das Schwert wieder weggibt*:
   Führt ihn hinweg,
   Und laßt sein Blut, das erste, gleich
   Des Vaterlandes dürren Boden trinken!
   Zwei Cherusker ergreifen ihn.
SEPTIMUS: Wie, du Barbar! Mein Blut?
   Das wirst du nicht –!
HERMANN: Warum nicht?
SEPTIMUS *mit Würde*: – Weil ich dein Gefangener bin!
   An deine Siegerpflicht erinnr' ich dich!
HERMANN *auf sein Schwert gestützt*:
   An Pflicht und Recht! Sieh da, so wahr ich lebe!
   Er hat das Buch von Cicero gelesen.
   Was müßt ich tun, sag an, nach diesem Werk?

Septimus: Nach diesem Werk? Armsel'ger Spötter, du!
　　Mein Haupt, das wehrlos vor dir steht,
　　Soll deiner Rache heilig sein;
　　Also gebeut dir das Gefühl des Rechts,
　　In deines Busens Blättern aufgeschrieben!
Hermann *indem er auf ihn einschreitet*:
　　Du weißt was Recht ist, du verfluchter Bube,
　　Und kamst nach Deutschland unbeleidigt,
　　Um uns zu unterdrücken?
　　Nehmt eine Keule doppelten Gewichts,
　　Und schlagt ihn tot!

Römer sind spitzfindige Rechthaber, die wegen ihres Einfalls in Germanien jedes Recht verwirkt haben. Nichts ist Hermann so suspekt, wie Fairneß gegenüber dem Feind. Genüßlich macht er mit der «Keule doppelten Gewichts» dem ein für allemal ein Ende. Auch die sehr berechtigte Frage des Aristan, wo denn überhaupt Germanien sei, wird mit der Ermordung des Aristan beantwortet. Statt denken also: totschlagen.

Hermann *zu Aristan*: Du hattest, du Unseliger, vielleicht
　　Den Ruf, den ich den deutschen Völkern,
　　Am Tag der Schlacht erlassen, nicht gelesen?
Aristan *keck*: Ich las, mich dünkt, ein Blatt von deiner Hand,
　　Das für Germanien in den Kampf mich rief!
　　Jedoch was galt Germanien mir?
　　Der Fürst bin ich der Ubier,
　　Beherrscher eines freien Staates,
　　In Fug und Recht, mich jedem, wer er sei,
　　Und also auch dem Varus zu verbinden!
Hermann: Ich weiß, Aristan. Diese Denkart kenn ich.
　　Du bist imstand und treibst mich in die Enge,
　　Fragst, wo und wann Germanien gewesen?
　　Ob in dem Mond? Und zu der Riesen Zeiten?
　　Und was der Witz sonst an die Hand dir gibt;
　　Doch jetzo, ich versichre dich, jetzt wirst du
　　Mich schnell begreifen, wie ich es gemeint:
　　Führt ihn hinweg und werft das Haupt ihm nieder!
Aristan *erblaßt*: Wie, du Tyrann! Du scheutest dich so wenig –?

MARBOD *halblaut, zu Wolf:*
  Die Lektion ist gut.
WOLF: Das sag ich auch.
FUST: Was gilts, er weiß jetzt, wo Germanien liegt.

Mit dieser Großtat am Schluß des Dramas hat Hermann endgültig
als Fürst der Germanen sich bewährt. Alle, auch der «würdige»
Marbod, applaudieren ihm, worauf Hermann die Fortsetzung seines Vernichtungsfeldzugs ankündigt. Die Römer sind Feinde, nicht
nur solange sie in Germanien stehen, sie sind Feinde, solange sie
leben:

  Ihr aber kommt, ihr wackern Söhne Teuts,
  Und laßt, im Hain der stillen Eichen,
  Wodan für das Geschenk des Siegs uns danken! –
  Uns bleibt der Rhein noch schleunig zu ereilen,
  Damit vorerst der Römer keiner
  Von der Germania heilgem Grund entschlüpfe:
  Und dann – nach Rom selbst mutig aufzubrechen!
  Wir oder unsre Enkel, meine Brüder!
  Denn eh doch, seh ich ein, erschwingt der Kreis der Welt
  Vor dieser Mordbrut keine Ruhe,
  Als bis das Raubnest ganz zerstört,
  Und nichts, als eine schwarze Fahne,
  Von seinem öden Trümmerhaufen weht!

Wer den anderen nicht erlaubt, Mensch zu sein, wird zum Unmen-
schen; der Vorwurf, der auf die anderen zielt, trifft ihn selbst. Die
Römer halten die Germanen für wilde Tiere, sagt Hermann, also
werden sich die Germanen auch wie Tiere verhalten, die Tiere anfal-
len. Ein menschliches Leben wiegt hier nichts mehr. Teuthold ermordet seine Tochter, die von Römern vergewaltigt wurde. Die Leiche wird auf Hermanns Befehl in fünfzehn Teile zerstückelt und an
die germanischen Stämme verteilt. Wenn Hermann das Vaterland
über alles stellt, über Leben, Hab und Gut auch der eigenen Leute,
sagt er deutlich, worum es hier geht, ob es dem Dichter nun bewußt
war oder nicht: die Vernichtung des anderen ist eine Selbstvernich-
tung, zuerst eine moralische, dann eine existenzielle, um eines
scheinbar höheren Gutes willen.

Für Kleist ist «Die Hermannsschlacht» eine moralische und eine ästhetische Niederlage. Das zeigt noch ein Blick auf den Michael Kohlhaas, den rechtschaffensten und entsetzlichsten Menschen seiner Zeit. Hermann ist nur der entsetzlichste Mensch seiner Zeit. Der Zwiespalt, aus dem Kohlhaasens Größe und Untergang resultiert, existiert bei Hermann nicht. Das Recht gründet dort auf Differenzierung, hier ist nur die Gleichmacherei im Recht. Der heroischen Rache wurde dort die christliche Vergebung entgegengestellt, hier deutet sich keine christliche Haltung an, was nur teilweise durch die Zeit der Handlung begründet ist (auch «Amphitryon» spielte vor Christi Geburt). In Thusnelda scheint immerhin noch eine Erinnerung an Kohlhaasens Lisbeth durch, wenn sie für Ventidius Gnade fordert. Thusnelda ist eine Lisbeth, aus der eine Penthesilea wird, die sich aber nicht ihrer schrecklichen Tat bewußt wird. Wo die Handlung so schlicht ist, die Motivation so schlecht, kann die ästhetische Gestalt nicht komplex sein; sie ist ebenso banal.

«Die Hermannsschlacht» ist ein Agitationsstück, das mag manches erklären, die Ideologie des totalen Krieges, die hier zum Wort findet, ist unverzeihlich. Kleist schrieb das Drama in der Hoffnung, der Krieg, den Österreich gegen Napoleon im Jahre 1809 führte, würde zum Aufstand aller Deutschen gegen die Fremdherrschaft führen. Als das Drama, das er rasch und wie auch immer aufgeführt wissen wollte, 1809 nicht auf die Bühne kam, legte er es beiseite; er erwähnt es später nicht mehr.

Wenn man die politische Lage, in der das Drama entstand, und Kleists persönliche Situation, die dem politischen Drama eingeprägt ist, bedenkt, läßt sich aus diesem Drama viel lernen. Es ist gegen die Franzosen gerichtet, gegen Napoleon. Die Römer, die, alle Völker unterjochend, nach der Weltherrschaft streben, setzt Kleist mit den Franzosen unter Napoleon gleich. In Hermann gestaltet Kleist sein Wunschbild eines deutschen Fürsten, der gegen Napoleon den Aufstand wagt – an den preußischen König mag Kleist dabei gedacht haben. In Marbod wäre der österreichische Kaiser zu erkennen, der sich mit dem preußischen König verbündet. Diese beiden Wünsche hegte Kleist im Jahre 1809. Der preußische König war jedoch kein Hermann, und ein Bündnis zwischen Preußen und Österreich gegen Napoleon wurde noch nicht geschlossen.

Napoleon allerdings war den Römern des Dramas sehr ähnlich. Das ist die erste Entschuldigung, die ich zu Kleists Gunsten beitra-

gen kann: Napoleon war tatsächlich der skrupellose, jedes Mittel
einsetzende Diktator, der nichts anderes wollte als die Ausweitung
seiner Macht. Der Haß auf Napoleon führte Kleist die Feder, doch
der Haß gegen das Scheusal ließ ihn selbst scheußlich werden. Gerade das, was er an Napoleon verabscheute, propagierte er als Mittel
des Kampfes gegen Napoleon: in seinem Hermann blickt uns
Napoleon an, der erste moderne Diktator unserer modernen
Geschichte.

Der General Napoleon hatte 1799 durch einen Staatsstreich das
Direktorium, die Pariser Regierung, gestürzt und den Rat der Fünfhundert aufgelöst. Seitdem regierte er aus eigener Machtvollkom-
menheit, gestützt auf die Armee, die gut organisierte Polizei und die
zentralisierte Verwaltung, andere politische Kräften waren unterdrückt, Presse- und Versammlungsfreiheit aufgehoben. Eine charismatische Erscheinung, die die Massen faszinierte, wurde er im Jahre
1802 zum Konsul auf Lebenszeit durch ein Plebiszit gewählt – ein
Mittel der Bestätigung, das auch spätere Diktatoren anwendeten. Im
Jahre 1804 krönte er sich selbst zum Kaiser. Damit war, nur fünfzehn Jahre nach Beginn der Französischen Revolution, wieder eingeführt worden, was die Revolution unter so viel Blutvergießen ab-
geschafft hatte: die Monarchie mit erblicher Thronfolge. Es war die
Monarchie eines Emporkömmlings, die weder wie die alte Monarchie durch Tradition legitimiert worden war noch wie die Republik eine Legitimation durch die Wahl des Volkes besaß. Napoleon
war Herrscher kraft eigener Gewalt, mit der er sich über alle Rechte
hinwegsetzte. Sein Wille war letztlich Gesetz.

Nach dem Sieg bei Austerlitz über Rußland und Österreich
zwingt er das Königreich Preußen, das in diesem Krieg neutral geblieben war, Wesel, Neuenburg, Ansbach und Bayreuth abzutreten;
es soll dafür das Kurfürstentum Hannover erhalten. Österreich be-
kommt Salzburg, muß aber dafür Tirol, Vorarlberg, Eichstätt, Pas-
sau, Burgau, Brixen und Trient an Bayern, Napoleons Verbündeten,
abgeben. Der Aufstand der Tiroler unter Andreas Hofer im Jahre
1809 richtete sich, was oft vergessen wird, gegen Bayern, das dieses
Land annektieren wollte. Im Jahre 1806 wurde Napoleons Bruder
Joseph König von Neapel, sein Bruder Louis König von Holland,
im Jahre 1807 wurde sein Bruder Jérôme – «ein Handlungskommis»
(so Kleist) – König von Westfalen, im Jahre 1808 wurde dann Joseph
König von Spanien. Nicht nur Städte und Provinzen, sondern auch

Königreiche wurden unter der Familie und den verbündeten Fürsten, die mit ihr paktierten, aufgeteilt und hin und her geschoben, mit einer Handbewegung sozusagen, ohne Rücksicht auf gewachsene Rechte, auf Sprache und Kultur der Bewohner.

Im Frieden von Tilsit 1807 mußte Preußen alle seine Gebiete westlich der Elbe abtreten. Aus seinem 1772 durch die polnische Teilung gewonnenen Gebiet und anderen Gebieten bildete Napoleon ein Herzogtum Warschau, das er dem ihm verbündeten Kurfürsten von Sachsen übergab. Österreich mußte 1809 im Frieden von Wien Salzburg, das Innviertel, die illyrischen Provinzen und Galizien wieder abtreten. Der Papst wurde nach Sarona bei Genua abgeschoben, der Kirchenstaat mit Frankreich vereinigt. Holland, Oldenburg, Ostfriesland und die Hansestädte wurden ebenfalls zu Frankreich geschlagen. Napoleon heiratete Marie-Louise, die Tochter von Kaiser Franz I. von Österreich, der von Napoleon im Jahre 1806 zur Abgabe der deutschen Kaiserkrone gezwungen worden war. Im Todesjahr Kleists befand sich sein Erzfeind auf dem Höhepunkt seiner Macht. Schon zwei Jahre später, im Oktober 1813 in der Völkerschlacht bei Leipzig, sank Napoleons Stern. Kleist hatte sich den Kampf der vereinigten Preußen, Österreicher, Russen und Engländer gegen Napoleon gewünscht, erlebt hat er ihn nicht mehr. Er erlebte, wie Willkür und Gewalt mit Erfolgen belohnt wurden.

Als Kleist im Jahre 1809 seine politischen Schriften verfaßte – eine Veröffentlichung scheiterte mit dem Plan zur Gründung der Zeitschrift «Germania» – und «Die Hermannsschlacht» schrieb, hatte es den Anschein, als könne sich das Blatt wenden. Der Sieg der Österreicher bei Aspern im Mai war der erste militärische Sieg über Napoleon, bei Wagram machte Napoleon die Niederlage allerdings wieder wett. Doch Hoffnung bestand noch, bis im Oktober 1809 der Frieden von Wien geschlossen wurde. Am 31. Oktober kehrte Kleist resigniert mit Dahlmann aus Böhmen nach Dresden zurück, im November ging er nach Frankfurt an der Oder und dann nach Berlin, wo er bis zu seinem Tode blieb.

«Der Hermannsschlacht» ist in ihrer nationalistischen Ideologie das Echo auf Napoleon. Sie ist aber auch – und das ist die zweite Entschuldigung, die ich beitragen kann – ein Echo auf die Französische Revolution, der Napoleon ein Ende bereitete, wenn er auch einige ihrer Errungenschaften beibehielt: der moderne Verwaltungsstaat, den er aufbaute, zerstörte alle feudalen Überbleibsel.

«Die Hermannsschlacht» ist ein Echo auf die Französische Revolution, weil im Oktober 1792 der Rechtsgedanke zugunsten des «salut public», also zugunsten des «öffentlichen Wohles», aufgegeben wurde. Alles, was dem öffentlichen Wohl diente, galt als richtig. Und die gerade Regierenden bestimmten, was im Interesse des «öffentlichen Wohles» lag.

Denkt Hermann nicht ebenso? Der Zweck des öffentlichen Wohles – in seinen Augen: die Befreiung Germaniens – heiligt alle Mittel. Konsequent bekennt sich Hermann zur Schreckensherrschaft gegen die Römer, wie der «Wohlfahrtsausschuß» im September 1793 sich zur «terreur» als Regierungsmittel bekannte. Die Opfer der fast ein Jahr dauernden Schreckensherrschaft unter Robespierre zählten allein in Paris 14000 bis 15000 Menschen. Hermann ist ein Geistesverwandter Robespierres. Die Schrecken der totalitären Staaten unseres Jahrhunderts erkennen wir in Taten eines Robespierres und eines Hermanns.

Damit man mich nicht mißversteht: Kleists «Die Hermannsschlacht» ist nicht für den Nationalsozialismus oder den Bolschewismus verantwortlich. Wie denn auch! Er hat jedoch in seinem Drama eine politische Gesinnung zum Ausdruck gebracht, die durch die Französische Revolution ermöglicht und als Reaktion von Napoleon hervorgerufen wurde. Es ist die Gesinnung, die das soziale Leben auf ein schlichtes Freund-Feind-Schema reduziert und die Aggression gegen den Feind erlaubt, ja, befiehlt; jedes Mittel zur Vernichtung des Feindes ist ihr recht. Diese politische Gesinnung ist in den totalitären Parteien und den von ihnen regierten Staaten später wieder hervorgetreten, denn auch sie sind Nachfolger des ersten totalitären Staates unter Napoleon.

Und damit zu Kleists persönlicher Situation: diese politische Gesinnung erlaubte ihm, so vermute ich, ein Ausphantasieren seiner angestauten Aggressivität. Wodurch diese Aggressivität entstanden war, wissen wir nicht. Das psychische Potential war vorhanden, wie uns die Belege über sein «cholerisches Temperament» beweisen. Die historische Konstellation – der gehaßte Kaiser der Franzosen einerseits und die geliebten Preußen und Österreicher andererseits – weckte seinen Zorn, der den immer wieder unterdrückten Vernichtungswunsch hervortreten und sich äußern ließ: es ist der Wunsch nach Vernichtung des anderen und seiner Selbst. Der Vernichtungswille und Zerstörungstrieb Ruperts, Kohlhaasens und Penthesileas wurden von anderen Regungen und Vorstellungen noch in Bann gehalten. In «Die Hermannsschlacht» ist der Bann gebrochen: das Zerstörerische, das Kleist später gegen sich selbst richtete, brach hervor. Wie heißt es in der Ode «Germania an ihre Kinder»:

Chor
So verlaßt, voran der Kaiser,
Eure Hütten, eure Häuser;
Schäumt, ein uferloses Meer,
Über diese Franken her!

§ 4
Alle Plätze, Trift' und Stätten,
Färbt mit ihren Knochen weiß;
Welchen Rab und Fuchs verschmähten,
Gebet ihn den Fischen preis;
Dämmt den Rhein mit ihren Leichen;
Laßt, gestäuft von ihrem Bein,
Schäumend um die Pfalz ihn weichen,
Und ihn dann die Grenze sein!

Chor
Eine Lustjagd, wie wenn Schützen
Auf die Spur dem Wolfe sitzen!
Schlagt ihn tot! Das Weltgericht
Fragt euch nach den Gründen nicht!

Die Vernichtungswut hat jede höhere Instanz der Gerechtigkeit, sei es nun das Gericht der Welt oder das Gewissen des einzelnen, beiseite geschoben.

Erstaunlicherweise vertrat Kleist zur selben Zeit in einer politischen Schrift den Gedanken einer Weltregierung, die alle Nationen friedlich vereint, also den Nationalismus überwindet. Sogar in «Die Hermannsschlacht» finden wir diesen Gedanken:

HERMANN: Ich glaub, der Deutsch' erfreut sich einer größern
Anlage, der Italier doch hat seine mindre
In diesem Augenblicke mehr entwickelt
Wenn sich der Barden Lied erfüllt,

Und, unter einem Königszepter,
Jemals die ganze Menschheit sich vereint,
So läßt, daß es ein Deutscher führt, sich denken,
Ein Britt', ein Gallier, oder wer ihr wollt;
Doch nimmer jener Latier, beim Himmel!
Der keine andre Volksnatur
Verstehen kann und ehren, als nur seine.

Hier dient die Weltregierung vor allem dazu, die Römer, also die
Franzosen, aus der Völkergemeinschaft auszuschließen und sie dadurch zu Feinden aller Welt zu erklären. In «Was gilt es in diesem
Kriege?» aus dem Jahre 1809 fordert Kleist dagegen die Weltregierung ohne diesen Hintergedanken:

«[...] deren ausgelassenster und ungeheuerster Gedanke
noch, von Dichtern und Weisen, auf Flügeln der
Einbildung erschwungen, Unterwerfung unter eine
Weltregierung ist, die, in freier Wahl, von der
Gesamtheit aller Brüdernationen, gesetzt wäre.»

Diese in freier Wahl von allen «Brüdernationen» gebildete Weltregierung wäre die Überwindung des Nationalismus; es wäre ein
Über-Nationalismus, der die Nationen brüderlich vereinte, sie also
gelten ließe, sie aber nicht gegeneinander führte, sondern sie miteinander ihre bei aller Unterschiedlichkeit gemeinsamen Probleme lösen ließe. So ist auch der Gedanke der Vereinten Nationen schon bei
Kleist zu finden. In der Tat: Schmutz und Glanz unserer Seele und
unserer Geschichte sind in seinem Werk vereint.

Die reale Misere

Unter den politischen Schriften Kleists aus dem Jahre 1809 findet sich auch ein «Lehrbuch der französischen Journalistik», das prägnant die Funktion der Presse im totalitären Staat zusammenfaßt:

§ 2
Die französische Journalistik ist die Kunst, das Volk glauben zu machen, was die Regierung für gut findet.

§ 3
Sie ist bloß Sache der Regierung, und alle Einmischung der Privatleute, bis selbst auf die Stellung vertraulicher Briefe, die die Tagesgeschichte betreffen, verboten.

§ 4
Ihr Zweck ist, die Regierung, über allen Wechsel der Begebenheiten hinaus, sicherzustellen, und die Gemüter, allen Lockungen des Augenblicks zum Trotz, in schweigender Unterwürfigkeit unter das Joch derselben niederzuhalten.

Die zwei obersten Grundsätze

§ 5
Was das Volk nicht weiß, macht das Volk nicht heiß.

§ 6
Was man dem Volk dreimal sagt, hält das Volk für wahr.

Unschwer ist in diesen Sätzen nicht nur die französische Presse unter Napoleon zu erkennen, sondern auch die Presse späterer Diktaturen.

Als Kleist 1810 in Berlin eine Tageszeitung gründen wollte, wurde er nicht nur mit dem französischen Prinzip der Journalistik konfrontiert, sondern auch mit dem preußischen. Die preußische Regierung Hardenbergs hatte eine feudale Auffassung von der Presse, war aber zugleich vom Wohlwollen der Franzosen abhängig, so daß Kleist die alte feudale Zensur und die neue totalitäre beachten mußte. Während die totalitäre Zensur die «öffentliche Meinung» selbst produziert, was sie dadurch erreicht, daß sie nur ihre eigenen Blätter zuläßt, hatte die feudale Zensur die Aufgabe, eine «öffentliche Meinung» gar nicht erst aufkommen zu lassen. Die Maßnahmen der Regierung seiner Majestät des Königs entzogen sich, so dachte man, jeglichem Räsonnement seiner Untertanen. Die feudale Regierung ignorierte den Staatsbürger. Die totalitäre Regierung manipuliert den Staatsbürger.

Das vielzitierte Wort Friedrichs II. von Preußen «[...] daß Gazetten wenn sie interessant seyn solten nicht geniret werden müsten», ist zwar richtig – denn alle anderen Zeitungen sind höchst langweilig –, war aber nicht ernst gemeint. Als er diese Worte bei seinem Amtsantritt 1740 äußerte, gab es in Berlin gar keine «Gazetten», sondern nur eine einzige Zeitung, die «Berlinische Privilegierte Zeitung», die spätere «Vossische Zeitung». Die Freiheit, die Friedrich II. in Aussicht stellte, galt zudem nur für lokale Ereignisse; nur hier durfte der Zeitungsschreiber die Freiheit haben, «zu schreiben, was er will»: «von demjenigen, was anizo hieselbst vorgehet». Doch diese Freiheit schien Friedrich II. schon bald gefährlich werden zu können, weil sie die Folgen seines Aggressionskriegs gegen Österreich auch im Lokalen hätte anzeigen können. Nur ein halbes Jahr nach seinem bekannten Ausspruch, im Dezember 1740, hob Friedrich II. die lokale Pressefreiheit wieder auf; 1749 und dann 1772 erließ er Zensuredikte. Vor allem er führte die staatliche Zensur als Institution in Preußen ein. Trotzdem hat er bis auf den heutigen Tag eine «gute Presse»: Das Wort von den interessanten Gazetten, die nicht «geniert» werden dürfen, kursiert immer noch, als ob es je eine praktische Bedeutung in Preußen gehabt hätte.

Dirk Grathoff, auf dessen ausgezeichnete Arbeit über Kleists «Berliner Abendblätter» ich mich hier stütze, faßt die unterschiedlichen Zensurmöglichkeiten der preußischen Regierung zu Kleists Zeiten in drei Punkten zusammen:

1. Die Regierung erteilte die Konzession zur Herausgabe einer Zeitung, sie vergab das «Privileg», oder sie verweigerte es, oder sie zog es wieder zurück. In der Praxis hieß das: sie verhinderte, daß überhaupt Zeitungen herausgegeben wurden. Die zwei Zeitungen, die zu Kleists Zeit in Berlin erlaubt waren, die «Vossische» und die «Spenersche», mußten sich der Regierung wohlgefällig erweisen, wenn sie ihr Privileg nicht verlieren wollten.

2. Die Regierung besaß das Nachrichtenmonopol. Es gab keine Nachrichtenagenturen und keine Korrespondenten. Nur der, der sich wohlgefällig erwies, erhielt Nachrichten von der Regierung. Nicht nur politische und wirtschaftliche, sondern auch Polizeinachrichten waren auf einem anderen Weg nicht zu erhalten.

3. Die eigentliche Zensur, meistens als Präventivzensur, also Zensur vor dem Erscheinen der Zeitung, ausgeübt, wurde ebenfalls durchgeführt, und zwar nicht erst dann, wenn die ersten beiden Mittel versagten, sondern immer.

Kleist hat alle drei Möglichkeiten kennengelernt. Zuerst hatte er Schwierigkeiten, eine Konzession zu erhalten. Ein politisches Blatt hätte er gar nicht herausgeben dürfen, also behauptete er, er wolle eine Zeitung mit vermischten Nachrichten und literarischen Anekdoten füllen. Als er die Nachrichten und die Anekdoten in politischer Absicht «umfunktionierte» – sein Ziel war, Unwillen gegen die französische Regierung zu schüren – und einen Artikel Adam Müllers gegen die Finanzpolitik der Regierung druckte, traf ihn die zweite Zensurmaßnahme: man entzog ihm die Polizeinachrichten, die sein Blatt für die Leser interessant gemacht hatten. Damit war das Ende der «Berliner Abendblätter» voraussehbar; die letzten Monate schrieb Kleist nur noch Meldungen anderer Blätter ab. Vom Januar 1811 bis zum 31.März 1811, dem Ende der Zeitung, waren die Nachrichten der «Berliner Abendblätter» sogar mit denen des vom selben Verleger herausgegebenen «Freimüthigen» identisch.

Die direkte Zensur traf Kleist auch. Seine Einwände gegen den königlichen Theaterdirektor Iffland, der wie die königliche Regierung über jeder Kritik stand, führten zu Verboten, denen über die Hälfte der vorgelegten Artikel zum Opfer fiel.

Dabei hatte es im Oktober 1810 so verheißungsvoll angefangen. Die «Berliner Abendblätter» waren die erste Tageszeitung Berlins – das «Berliner Intelligenz-Blatt», das ebenfalls täglich erschien, publizierte nur Anzeigen – und das erste Boulevardblatt Berlins. Sie waren auf den Straßenverkauf angewiesen, mußten also handlich und billig sein. Wilhelm Grimm schrieb damals: «Es erscheinen alle Woche sechs Oktavblätter, ganz bescheiden gedruckt, und soll eine ideale Wurstzeitung sein.» Den Brüdern Jacob und Wilhelm Grimm verdanken wir die einzige, fast vollständige Sammlung der Tageszeitung. Die beiden hatten sie in Kassel abonniert und sorgfältig aufbewahrt.

Daß die «Berliner Abendblätter» wie der «Phöbus» zuvor scheiterten, lag nicht an Kleist. Er hatte Konsequenzen aus dem Scheitern des «elitären» «Phöbus» gezogen und gab nun ein «populäres» Blatt heraus, mit dem er politische Wirkung erzielen wollte. Die Zielsetzung war wie die Aufmachung der Zeitung sehr bescheiden. Kleist war also fähig, sich den Realitäten anzupassen. Auch dem verstärkten Druck der preußischen Regierung fügte er sich rasch, soweit ihm das möglich war. Daß er nicht bereit war, sich völlig aufzugeben, wird man ihm nicht übelnehmen können. Daß er dem Filz der politischen Interessengruppen des damaligen Berlin trotz aller Nachgiebigkeit mit seiner Gradlinigkeit nicht gewachsen war, wird man ihm ebensowenig zur Last legen. Die Regierungsbeamten, die den Dichter für einen verrückten Querkopf hielten, haben ihn zu Fall gebracht; er war sicher nicht ihr einziges Opfer, aber ihr prominentestes.

Den Anlaß zum ernsthaften Zusammenstoß mit den Regierungsstellen lieferte Adam Müller. Als Kleist dessen verdeckten Angriff gegen die Regierung Hardenberg durch Gegendarstellung abfangen wollte, war er schon in Ungnade gefallen; ob er je mit Wohlwollen rechnen konnte, ist höchst zweifelhaft. Adam Müllers Angriff richtete sich gegen Hardenbergs wirtschaftliche Reformen. Müller, ein Dilettant auf dem Gebiet der Ökonomie, vertrat dabei eine reaktionäre Position, Hardenberg eine progressive. Kleist darf mit der Position Adam Müllers nicht identifiziert werden: er hat ausführliche und fundierte Gegendarstellungen zu Müllers Angriff gedruckt, die diesen widerlegten, und er hat später Hardenbergs Politik zu rechtfertigen versucht und dies sicher nicht nur aus Opportunismus. Er wollte ein «liberales» Blatt herausgeben, das Ansichten diskutierte, also auch Kontroversen zuließ, er wollte so etwas wie eine «öffentliche Meinung» herstellen. Das wiederum war im Sinne Adam Müllers, nicht aber im Sinne Hardenbergs.

Im elften Heft der «Berliner Abendblätter» des Jahrgangs 1810 veröffentlichte Adam Müller unter dem Pseudonym «Ps» seinen verschlüsselten Angriff «Über Christian Jakob Kraus». Er griff den verstorbenen Königsberger Professor persönlich an als einen «unproduktiven und abhängigen Kopf», der nur die Lehren des Adam Smith nachgeplappert habe, die vielleicht für England nützlich seien, aber nicht für Preußen. Die ökonomischen Lehren von Smith wurden in der Tat durch Kraus, einen Freund Kants, in Preußen bekanntgemacht.

Die Regierung des Freiherrn vom Stein wollte die Krausschen Lehren nach der Niederlage des preußischen Staates gegen Napoleon in die Praxis umsetzen. Stein schaffte die Erbuntertänigkeit der Bauern ab, erlaubte den Bürgerlichen erstmals den Erwerb adliger Güter, führte die kommunale Selbstverwaltung in Städten und Gemeinden ein und vereinfachte die Verwaltung. Auf den Druck Napoleons hin entließ ihn der König im Jahre 1810. Sein Nachfolger, Freiherr von Hardenberg, setzte jedoch sein Reformwerk fort: mit der Judenemanzipation, mit der Säkularisation der geistlichen Güter, mit der Heeresreform, mit der Einführung der Gewerbefreiheit und mit einer neuen Steuer- und Finanzordnung.

Adam Müller wandte sich also, wenn er sich gegen Smith und Kraus richtete, indirekt gegen Hardenberg. Das konnte nur im Interesse der adligen Großgrundbesitzer sein, die ihre alten Privilegien, besonders die Steuerfreiheit, verlieren sollten. Daß Kleist, der in «Michael Kohlhaas» gegen die Adelsclique und für die Freiheit von Handel und Gewerbe eintrat, hier auf seiten Adam Müllers gewesen sein könnte, ist höchst unwahrscheinlich. Müller hatte keine sachlichen Argumente für seine reaktionäre Position und griff deshalb Kraus persönlich an.

In Heft 19, 20 und 21 des Jahrgangs 1810 der «Berliner Abendblätter» druckte Kleist die Widerlegung von Adam Müllers Position durch einen unbekannten, aber sachkundigen Verfasser ab, der die Richtung des Müllerschen Angriffs verstanden hatte. Drei kleine Ausschnitte aus der Entgegnung möchte ich hier anfügen, denn mit den Gedanken von Smith und Kraus hat sich die kapitalistische Wirtschaftsordnung, die unser heutiges Leben bestimmt, in Preußen zu Beginn des 19. Jahrhunderts allmählich durchgesetzt:

«Darin besteht das Verdienst des Prof. Kraus um den Preuß. Staat, und es lebt in dem Herzen jedes Staatsmannes, der es mit seinem Vaterlande gut meint. Er arbeitete ohne Aussicht auf Belohnung und Dank. Die arbeitende Klasse für die er besonders auftrat, und die weder liest noch schreibt, kennt wahrscheinlich seinen Namen nicht. Der Landmann, der ein Eigentum hat, und diesem jetzt seine ganze Zeit und Kraft widmen kann; der sein Getraide mahlen lassen kann, wo es ihm am nächsten und bequemsten ist: der jetzt sein Bier selbst brauen kann, was er vorher nicht durfte ahndet schwerlich daß der Professor Kraus es war, der von seinem Katheder herab die angehenden Staatsbeamten von seinem Bedürfniß unterrichtete und ihm Wohlthaten vorbereitete, deren Größe er jetzt säend erkennt. [...]

Den Wohlstand und die Selbständigkeit des Landmanns und der arbeitenden Klasse überhaupt zu gründen, das hielt Kraus für die Wesentlichste aller Staatswirthschaftlichen Operationen. Ueber diesen Gegenstand, der diesen etwas langsamen und unfruchtbaren Kopf immer zur Begeisterung hinriß, mußte man ihn sprechen hören, um von Achtung und Liebe nicht sowohl für den Staatswirth als für den herrlichen reinen Menschen erfüllt zu werden. Wohlhabende, selbständige Menschen wollte er schaffen, und dadurch seinem Vaterlande, das er mit der ganzen Kraft einer männlichen Seele liebte, allmählich eine sichere Existenz unter seinen drei kolossalen Nachbarn vorbereiten.

Er wußte so gut als diejenigen, die es vornehm bedauern, gegen diesen Mann sprechen zu müssen, daß es etwas höheres giebt, als Wohlstand; aber er wußte auch, daß Wohlstand dessen nothwendige Bedingung ist; daß dieses Höhere nur aus dessen allgemeinster Verbreitung hervorgehen kann; daß außer dem Wohlstande, bürgerliche Freiheit und Gerechtigkeit das Einzige ist, was die Gesellschaft ihren Mitgliedern zu gewähren vermag: daß dieses Höhere kein Vorwurf der Regierung und Landesverwaltung sein kann und soll, sondern einer höheren Macht, mag man sie Natur oder Gottheit nennen, die sich in ihre Operationen nicht eingreifen läßt. Wir sind nun einmal so unmodern, ein Verdienst darin zu finden, Menschen glücklich zu machen, d. h. um allen Mißdeutungen vorzubeugen, ihnen bürgerliche Freiheit als Bedingung des Wohlstandes und des Glück zu gewähren; und zu glauben, daß ein solches Verdienst Ehrensäulen und Monumente verdient, wie Preußen seinem Kraus bei ruhigeren Zeiten gewiß setzen wird. [...]

Der Zwiespalt zwischen der Gesetzgebung und Administration dürfte schwerlich entstehen, wenn er nicht durch Brandbriefe angeschürt wird. Die Frage scheint zu sein: soll der Preuß. Staat über der Achtung für das strenge Recht gänzlich zu Grunde gehn, oder – gebeut die Pflicht der Selbsterhaltung, verjährte Rechte zu modificiren die mit seiner Existenz und dem Zeitgeiste unverträglich sind, weil sie einen geheimen Zwiespalt in der Nation pflegen und nähren, zu einer Zeit, wo Eintracht und Hintansetzung aller egoistischen Ansichten, und Aufhebung von Verfassungen, welche dieser Eintracht nachtheilig sind, so dringendes Bedürfniß ist?»

An diesen Sätzen ist abzulesen, wie mühsam es damals war, bürgerliche Freiheiten, auch eng begrenzte, gegen die Privilegien des Adels durchzusetzen. Der Adel berief sich auf seine jahrhundertealten Vorrechte und blockierte damit jede soziale Entwicklung. Adam Müller war in dieser Auseinandersetzung auf der Seite des Adels.

Müllers in seinen «Elementen der Staatskunst» formulierte Idee vom Ständestaat, in dem die Stände gewissermaßen von Gott gegebene unumstößliche Einrichtungen sind und der einzelne nur durch seinen Stand definiert wird, war mit dem dynamischen, auf das Eigeninteresse, den Eigennutzen des einzelnen gegründeten Wirtschaftskonzept von Kraus und Smith nicht zu vereinen.

Adam Müller wiederholte seine Intervention mit einem Aufsatz über den «Nationalcredit» im 41. Heft des Jahrgangs 1810. Diesmal wandte er sich offen gegen Hardenbergs Finanzpolitik, was sogleich dessen Mißfallen hervorrief. Der König mißbilligte diesen Aufsatz noch aus einem anderen Grund. In einer königlichen Kabinettsorder vom 18. November 1810 heißt es:

«Mein lieber Geheimer Staats-Rath Sack. Ich finde den Aufsatz: vom National-Credit in dem Berliner Abendblatt vom 16ten d. M. gar sehr am unrechten Orte. Er enthält, wie mir scheint, einen Ausfall gegen das neue Finanz-Edict. […] Außerdem spricht man in den ersten Zeilen nicht undeutlich den Wunsch nach einer allgemeinen Versammlung von Ständen aus, der in erhitzten Köpfen vorherrschend sein soll und der auf jeden Fall einer großen Modification bedarf. Absichtlich oder aus gegenseitiger Überzeugung, im Effect einerlei, kann jetzt nichts Nachtheiligeres geschehen, als wenn man Mißtrauen gegen die getroffenen großen Maasregeln der Regierung in den Gemüthern der Menge erweckt, und dies geschieht durch dergleichen hingeworfene ganz unreife Aufsätze in einem Blatte, welches so allgemein vom Publicum gelesen wird. Es ist daher von der äußersten Wichtigkeit dergleichen Blätter der strengsten Censur zu unterwerfen, und da dem Censor des Abendblattes eine diesfällige richtige

Beurtheilung zu mangeln scheint; so will Ich, daß Ihr Euch selbst diesem Geschäft unterziehet [...], weil Ich dann nur sicher sein kann, daß kein unreifes Urtheil über die neuen so vielfältig geprüften und von Mir sanctionirten Einrichtungen stattfinden werde.»

Mit dieser Kabinettsorder wurden die «Berliner Abendblätter» einer verschärften Zensur unterworfen und damit ihr Ende eingeleitet. Daß der König sich über Müllers Forderung nach einer allgemeinen Versammlung der Stände aufregte, war höchst bezeichnend. Nichts fürchteten die Majestäten in Berlin und Wien so sehr wie das Volk. Sie fürchteten es mehr als Napoleon, denn sie zögerten, gegen Napoleon dieses Volk zu den Waffen zu rufen. In keiner Weise sollte das Volk an der Regierung der Majestäten teilnehmen. Hier ist Adam Müller, wie reaktionär sein Ständestaat auch sein mag, progressiv, insofern er eine offene und öffentliche Diskussion und Beschlußfassung der Regierungsmaßnahmen forderte. In diesem Punkt ist Kleist, der verschiedentlich eine Verbindung von demokratischer Legitimität und monarchischer Legalität anstrebte – etwa im «Robert Guiskard» –, wahrscheinlich auf Müllers Seite. In seinem Aufsatz «Über die Rettung von Österreich» aus dem Jahre 1809 spricht er von der Angst der Fürsten vor der Demokratie bereits im ersten Absatz:

«Jede große und umfassende Gefahr gibt, wenn ihr wohl begegnet wird, dem Staat, für den Augenblick, ein demokratisches Ansehn. Die Flamme, die eine Stadt bedroht, um sich greifen zu lassen, ohne ihr zu wehren, aus Furcht, der Zusammenlauf der Menschen, den eine nachdrückliche Rettung herbeizöge, könnte die Polizei über den Kopf wachsen: dieser Gedanke wäre Wahnsinn, und kann in die Seele eines Despoten kommen, aber keines redlichen und tugendhaften Regenten.»

Die damaligen Regenten scheinen Despoten gewesen zu sein, denen an ihrem Thron mehr lag als am Schicksal des Vaterlandes, denn im fünften Absatz ermahnt Kleist die Regierung von Österreich:

«Zuvörderst muß die Regierung von Österreich sich überzeugen, daß der Krieg, den sie führt, weder für den Glanz noch für die Unabhängigkeit, noch selbst für das Dasein ihres Thrones geführt werde, welches, so wie die Sache liegt, lauter niedere und untergeordnete Zwecke sind, sondern für Gott, Freiheit, Gesetz und Sittlichkeit, für die Besserung einer höchst gesunkenen und entarteten Generation.»

Sein Aufsatz schließt mit einer Proklamation, die er dem österreichischen Kaiser in den Mund legt und deren letzter Punkt lautet: «Nach Beendigung des Krieges sollen die Stände zusammenberufen und auf einen allgemeinen Reichstage dem Reiche die Verfassung gegeben werden, die ihm am zweckmäßigsten ist.»

Weder der Kaiser von Österreich noch der König von Preußen haben nach der Niederlage Napoleons ihre Versprechungen, Verfassungen zu erlassen, eingelöst, schon gar nicht in der Form, die Kleist hier erwartete.

Erstaunlich immerhin, daß Kleist, der im Drama «Die Hermannsschlacht» alles Heil von einem charismatischen Führer erwartete, fast zur gleichen Zeit für eine Volkserhebung plädierte – in «Die Hermannsschlacht» mag sie mitgedacht sein –, die zu einer demokratischen Legitimität der Monarchie hätte führen sollen, also zu einer konstitutionellen Monarchie. Und in den Jahren 1810 und 1811 verficht jener Kleist, der in «Die Hermannsschlacht» ein totalitäres Konzept vertrat, das Programm einer liberalen Presse. In einem langen Brief, mit dem er am 20. Mai 1811 nachträglich dem Prinzen Wilhelm von Preußen das Verhalten der Regierung zu den «Berliner Abendblättern» schildert, schreibt er:
«Nun wäre mir zwar dieser Umstand völlig gleichgültig gewesen, wenn man mir erlaubt hätte, das Blatt, mit gänzlicher Freiheit der Meinungen, so, wie Ehrfurcht vor das bestehende Gesetz sie, bei einer liberalen Ordnung der Dinge, zu äußern gestatten, fortzuführen. Da aber die Zensurbehörde, durch die willkürlichsten und unerhörtesten Maßregeln (wofür ich mir den Beweis zu führen getraue), das Blatt, dessen tägliche Erscheinung nur mit der größten Anstrengung erzwungen werden konnte, ganz zu vernichten drohte: so erklärte ich, daß wenn ich nicht derjenigen Freiheit, die alle übrigen Herausgeber öffentlicher Blätter genössen, teilhaftig würde, ich mich genötigt sehen würde, mir im Ausland einen Verleger für dieses Wochenblatt aufzusuchen. Auf diese Erklärung willigten, in einer ganz unerwarteten Wendung, Sr. Exzellenz, der Hr. Staatskanzler, plötzlich in meinen vorigen,

schon ganz aufgegebenen Wunsch; Dieselben ließen mir durch
Hr. v. Raumer melden, daß sie, wegen Lieferung offiziellen Beiträge, das Nötige an die Chefs der resp. Departementer, erlassen
hätten; und ich, der in eine solche Zusage kein Mißtrauen setzen
konnte, schloß mit meinem Buchhändler einen Kontakt für das
laufende Jahr auf 800 Thl. Pr. Kur. Honorars ab. Dem gemäß
veränderte nun, in der Tat wenig zu meiner Freude, das Blatt
seinen ganzen Geist; alle, die Staatswirtschaft betreffenden,
Aufsätze gingen unmittelbar zur Zensur der Staatskanzlei,
Hr. v. Raumer deutete mir, in mündlichen und schriftlichen
Eröffnungen, mehrere Gedanken an, deren Entwicklung der
Staatskanzlei angenehm sein würde, und der Präsident der Polizei, Hr. Gruner, schickte selbst einen Aufsatz, unabhängig von
meiner Meinung darüber, zur Insertion in das Blatt ein.»

Nachdem Kleist am 21. Februar 1811 an den Staatssekretär Hardenbergs, Friedrich von Raumer, ein schroffes Schreiben geschickt
hatte, das er in Kopie dem Minister zukommen ließ, antwortete
Hardenberg am 26. Februar in aller Offenheit:
«Es ist unbegreiflich, wie Ew. Hochwohlgeboren sich haben bei-
gehen lassen können, mir das Schreiben mitzuteilen, welches Sie
an den Regierungsrat v. Raumer abgelassen haben, da Sie wissen
mußten, daß es Behauptungen enthielt, deren Ungrund mir ganz
genau bekannt war.

Das Abendblatt hat nicht bloß meine Aufmerksamkeit auf sich
gezogen, sondern die Sr. Majestät des Königs Höchstselbst, weil
Sie in eben dem Augenblicke, wo die neuen Finanzgesetze erschienen, Artikel darin aufnahmen, die geradezu dahin abzielten,
jene Gesetze anzugreifen. Es wäre genug gewesen, die Zensur zu
schärfen oder Ihr Blatt ganz zu verbieten, da es bei aller Freiheit,
die man unparteiischen Diskussionen über Gegenstände der
Staatsverwaltung bewilligt, doch durchaus nicht gestattet werden
kann, daß in Tageblättern Unzufriedenheit mit den Maßregeln
der Regierung aufgeregt werde. Aus wahrer Wohlmeinung gegen
Sie sprach ich aber mit Ihnen und versprach Ihnen Unterstützung, wenn Sie ein zweckmäßiges Blatt schrieben. Die Ausle-
gung, welche Sie diesem Anerbieten gaben, als ob man Sie hätte
erkaufen wollen, ist ebenso unrichtig, als die Behauptung, daß Sie
die angebotene Unterstützung abgelehnt hätten. Sie haben aber

keinen Anspruch darauf, weil die Abendblätter auf keine Weise den Zweck erfüllen und durch ihren Unwert von selbst fallen müssen, denn Auszüge aus längst gelesenen politischen Zeitungen und ein paar Anekdoten können, wie Sie selbst einsehen werden, nicht das mindeste Recht auf Unterstützung reklamieren oder die Benennung eines halboffiziellen Blattes verdienen. Ew. Hochwohlgeboren haben es sich demnach allein selbst zuzuschreiben, wenn die gute Absicht, die ich für Sie hegte, nicht erfüllt wird, und ich kann nicht umhin, Ihnen zu sagen, daß Ihre Korrespondenz mit dem Herrn v. Raumer, in der Sie sich im Widerspruch mit sich selbst befinden, mir äußerst mißfallen hat.»

Was Kleist im Schreiben an von Raumer behauptete, nämlich daß dieser ihn habe kaufen wollen, wird durch von Hardenberg bestätigt: er versprach Unterstützung, wenn Kleist «ein zweckmäßiges Blatt» schriebe, also ein Blatt, das mit der Regierung konform ginge.

Nachdem Kleists Konzept einer «liberalen» Zeitung, die unterschiedliche Meinungen druckt, gescheitert war – der Polizeipräsident Gruner gab ihm auf höchste Anweisung hin keine Polizeinachrichten mehr, so daß die Zeitung rasch ihre Käufer verlor –, hätte er auch eine halboffizielle Zeitung redigiert, wenn die Regierung ihm nur die versprochene finanzielle Unterstützung gewährt hätte. Das tat sie nicht; sie ließ die «Berliner Abendblätter», an der ihr Interesse mit der Auflage sank, eingehen.

Kleists Kampf ums Überleben der «Berliner Abendblätter» war aussichtslos: eine liberale Presse war weder in Berlin noch in Wien, noch in Paris erwünscht. Als Redakteur eines halboffiziellen Regierungsblattes war er der Regierung nicht untertänig genug. Kleists Tragik ist, daß an den Kampf ums Überleben der «Berliner Abendblätter» sich der Kampf ums eigene Überleben anschloß, denn er hatte keine finanziellen Mittel mehr, keine Unterstützung, keinen Kredit; und er war auf dem Tiefpunkt seines öffentlichen Ansehens. Die Tragik besteht auch darin, daß er nach dem Ende der «Berliner Abendblätter» auf dieselbe Obrigkeit, die sein Blatt zugrunde gerichtet hatte, angewiesen war: auf von Raumer und von Hardenberg. Nur durch sie konnte er ein Amt, wie gering auch immer besoldet und angesehen, erhalten, das ihm zu leben ermöglicht hätte. Seine Briefe an von Raumer und von Hardenberg im April 1811 sind traurige Dokumente der Erniedrigung eines einzelnen vor einem Staatsapparat.

Am 4. April 1811 macht Kleist seinen Kotau vor dem gerissenen von Raumer, den er zuvor in gerechter Wut beschimpft hatte:

«Ew. Hochwohlgeboren

nehme ich mir, unter Abstattung meines gehorsamsten und innigsten Danks, für die, durch Ihre gütige Vermittelung erfolgte, Beseitigung der stattgefundenen Mißverständnisse, die Freiheit, inliegendes Schreiben an Sr. Exzellenz, den Hr. Staatskanzler, zu überschicken. Ich unterstehe mich, Sr. Exzellenz darin, mit Übergehung der ganzen bewußten Entschädigungssache, als einen bloßen Beweis ihrer Gnade, um Übertragung der Redaktion des kurmärkischen Amtsblatts zu bitten. Ew. Hochwohlgeboren ersuche ich ganz ergebenst, im Vertrauen auf Ihre edelmütige Vergebung alles Vorgefallenen, diese Sache, zur Befriedigung aller Interessen, in Schutz zu nehmen; und in der Überzeugung, daß, in Rücksicht des großen Verlustes, den ich erlitten, meine Bitte, falls ihr nicht unüberwindliche Schwierigkeiten im Wege stehen, erfüllt werden wird, habe ich die Ehre, mit der vollkommensten und herzlichsten Hochachtung zu sein,
Ew. Hochwohlgeboren, gehorsamster

H. v. Kleist
Berlin, den 4. April 1811»

Hardenberg bittet er in dem beigelegten Schreiben um die Redaktion des bescheidenen «kurmärkischen Amtsblatts». Hardenberg schreibt daraufhin an Kleist am 18. April 1811:
«Ehe ich die Kurmärkische Regierung befrage ob Ew. die Redaktion des kurmärkischen Amtsblattes übertragen werden könnte, muß ich Sie auf einige Punkte aufmerksam machen die schon an und für sich die Zurücknahme Ihres Gesuchs begründen möchten. Zuvörderst würden Sie Ihren Aufenthalt in Potsdam nehmen müssen; dann kann die Redaktion weil alle Inserate von dem Kollegium selbst entworfen und vollzogen werden, bloß in dem ganz äußerlichen Geschäft des Korrigierens des Drucks und in einigen andern gleich unerheblichen Bemühungen bestehn. Ich glaube nicht daß diese an sich zwar nötige aber uninteressante Beschäfti-

gung Ihren Wünschen angemessen sein kann, und gebe Ihnen zu bedenken daß die Vergütung für diese Geschäfte immer nicht füglich höher bestimmt werden kann, als sie von dem zahlreichen Nebenpersonal der Regierung verlangt werden wird. Sollten Sie aber überhaupt wünschen wieder in den Königl. Dienst einzutreten, so wird dies keine Schwierigkeiten haben, sobald Sie sich den allgemeinen gesetzlichen Bedingungen unterwerfen.
Berlin, den 18. April 1811

Hardenberg»

Am 6. Juni bittet Kleist nochmals Hardenberg um Einstellung in den königlichen Zivildienst – vergeblich. Am 17. Juni schreibt er an den König selbst – vergeblich. Erst ein Brief von Marie von Kleist an den König vom 9. September 1811 zeitigt Wirkung. Am 11. September 1811 geht folgende Königliche Kabinettsorder an Kleist:
«Ich erkenne mit Wohlgefallen den guten Willen, der Ihrem Dienstanerbieten zum Grunde liegt; noch ist zwar nicht abzusehen, ob der Fall für den Sie dies Anerbieten machen, wirklich eintreten wird; sollte solches aber geschehen, dann werde Ich auch gern Ihrer in der gewünschten Art eingedenk sein, und gebe Ich Ihnen dies auf Ihr Schreiben vom 7. d. M. hiermit in Antwort zu erkennen. Friedrich Wilhelm (Aktenvermerk: Wird zur Anstellung notiert)»

Das ist nur ein vages Versprechen für einen zukünftigen Fall, von dem nicht sicher ist, ob er «wirklich eintreten» wird. Kleist hat entweder dieses Schreiben mißverstanden und mehr daraus gelesen als darin steht, oder er hat nur deswegen behauptet, der König habe ihn «im Militär angestellt», um seiner Stiefschwester Ulrike wieder Geld zu entlocken. Am 18. September schreibt er ihr:

«Meine liebste Ulrike,

Der König hat mich durch ein Schreiben im Militär angestellt, und ich werde entweder unmittelbar bei ihm Adjutant werden, oder eine Kompanie erhalten. Die Absicht, in der ich hierher kam, war, mir zu einer kleinen Einrichtung, welche dies nötig macht, Geld zu verschaffen, entweder unmittelbar von Dir, oder durch Dich, auf die Hypothek meines Hauses. Da Du Dich aber, mein liebes, wunderliches Mädchen, bei meinem Anblick so ungeheuer erschrocken hast, ein Umstand, der mich, so wahr ich lebe, auf das allertiefste erschütterte: so gebe ich, wie es sich von selbst versteht, diesen Gedanken völlig auf, ich bitte Dich von ganzem Herzen um Verzeihung, und beschränke mich, entschlossen, noch heut nachmittag nach Berlin zurückzureisen, bloß auf den anderen Wunsch, der mir am Herzen lag, Dich noch einmal auf ein paar Stunden zu sehn. Kann ich bei Dir zu Mittag essen? – Sage nicht erst, ja, es versteht sich ja von selbst, und ich werde in einer halben Stunde bei Dir sein.

Dein Heinrich.»

Daß er jetzt auch sie, die immer seine letzte Stütze war, verlor, trieb ihn vollends in die Isolation. Sie erschrak vor ihm wie vor einem Gespenst, und beim Mittagessen danach muß es zu einer schlimmen Szene gekommen sein: es war Kleists endgültiger Bruch mit der Familie. Nur Marie von Kleist, geborene von Gualtieri, eine angeheiratete Verwandte, hielt noch zu ihm; nach Kleists Hinwendung zu Henriette Vogel fühlte allerdings auch sie sich zurückgesetzt.

Nach dem endgültigen Zerfall mit der Familie schreibt Kleist am 19. September, einen Tag nach seinem Besuch in Frankfurt an der Oder, noch einmal an Hardenberg. Es ist sein letzter Hilferuf. Er behauptet wieder, der König habe geruht, «mich, durch ein soeben empfangenes allerhöchstes Schreiben, im Militär anzustellen»; er muß es geglaubt haben, denn daß Hardenberg die Kabinettsorder kannte, mußte er doch annehmen. Wieweit er in der Not, in der er sich befand, noch fähig war, seine Situation richtig einzuschätzen, ist fraglich. Er bittet nun Hardenberg um zwanzig Louisdor; man stelle sich vor: er bittet den Chef der preußischen Regierung um ein wenig Geld. Er schreibt einen Bettelbrief:

«Hochgeborner Freiherr,

Hochgebietender Herr Geheimer Staatskanzler,
Wenn gleich die Entfernung Hr. v. Raumers, der gewiß allein schuld an der Ungnade war, die Ew. Exzellenz unlängst auf mich geworfen haben, mich von der einen Seite aufmuntert, meine Entschädigungssache wegen des Abendblatts wieder aufzunehmen, so ist doch der Augenblick, da dem Vaterland eine Gefahr

bedroht, zu wenig geeignet und geschickt dazu, als daß ich eine solche Streitsache wieder in Erinnerung bringen sollte. Ich lasse, in Erwartung einer besseren Zeit, in welcher es mir ohne Zweifel glücken wird, Ew. Exzellenz zu überzeugen, wie wenig unbillig meine Forderung war, diesen Gegenstand gänzlich fallen. Da jedoch Sr. Majestät der König geruht haben, mich, durch ein soeben empfangenes allerhöchstes Schreiben, im Militär anzustellen, und mir, bei der beträchtlichen Unordnung, in welche, durch eben jenen Verlust des Abendblatts, meine Kasse geraten ist, die Anschaffung einer Equipage höchst schwierig wird: so wage ich, im Vertrauen auf Ew. Exzellenz vielfach erprobten Patriotismus, Höchstdieselben um einen Vorschuß von 20 Louisdor, für welche ich Denselben persönlich verantwortlich bleibe, anzugehn. Die Gewährung dieser Bitte wird mir die meinem Herzen äußerst wohltuende Beruhigung geben, daß Ew. Exzellenz Brust weiter von keinem Groll gegen mich erfüllt ist; und indem ich Ew. Exzellenz die Versicherung anzunehmen bitte, daß ich unmittelbar nach Beendigung des Krieges, Anstalten treffen werden, Höchstdenselben diese Ehrenschuld, unter dem Vorbehalt meiner ewigen und unauslöschlichen Dankbarkeit, wieder zuzustellen, ersterbe ich,
Ew. Exzellenz untertänigster

Berlin, den 19. Sept. 1811
Mauerstraße Nr. 53   H. v. Kleist.»

Hardenberg wartete bis zum 22. November, dann fügte er dem Brief einen Vermerk hinzu:
«H. v. Kleist um ein Privatdarlehen von 20 St. Fr. dor. Zu den Akten, da der p. v. Kleist 21.11.11 nicht mehr lebt.
Berlin, den 22. Nov. 11. Hardenberg»

Kleist war tot. Seine Akte wurde jedoch noch nicht geschlossen. Die ehrenden Nachrufe mußten noch verhindert werden. Am 27. November erging eine königliche Kabinettsorder an Hardenberg:
«Ich habe mit großem Mißfallen in dem gestrigen Blatte der Vossischen Zeitung die öffentliche Anpreisung eines in der vorigen Woche begangenen vereinten Mordes und Selbstmordes gelesen. Wenn es jedem, dessen sittliches Gefühl erstorben ist, freistehen

318

soll, seine verkehrten Ansichten in Blättern, die in jedermanns Hände kommen, laut und mit anmaßender Verachtung Besserdenkenden zu predigen, so werden alle Bemühungen, Religiosität und Sittlichkeit im Volke neu zu beleben, vergebens sein, indem der Glaube an das einstimmige Zeugnis jedes unverdorbenen Herzens verdächtig gemacht, das moralische Urteil verwirrt und die Kraft des Volkes im innersten Lebenskeime vergiftet wird. Ein solches Unternehmen ist desto gefährlicher und empörender, wenn es sich einer unter Genehmigung der Obrigkeit und unter öffentlicher Zensur erscheinenden Zeitung bedient; und Ich trage Ihnen deshalb auf, diese Meine Gesinnung gehörigen Orts zu eröffnen und aufs nachdrücklichste einzuschärfen, damit überhaupt bei der Aufsicht auf die öffentlichen Blätter der Mißbrauch derselben zur Verbreitung der Immoralität aufs sorgfältigste verhütet werde; auch will Ich, daß der Zensor einen ernstlichen Verweis empfange und daß die in jener Ankündigung dem Publikum versprochene Schrift nicht zum Druck verstattet werde.»

Peguilhen, der Freund von Henriette und Louis Vogel, der diesen kurzen Nachruf verfaßt und einen längeren versprochen hatte, entschuldigte sich in einem Schreiben an Hardenberg vom 2. Dezember 1811, in dem er zungenfertig dem Minister nach dem Munde redete; der längere Nachruf unterblieb. Der Unruhestifter war tot, er sollte auch vergessen werden.

Die ideale Lösung

Vor dem dunklen Hintergrund seines Unglücks, das mit seinem Tod endete, steht «Prinz Friedrich von Homburg», Kleists letztes Drama. Mit glücklicher Hand ist es ihm gelungen: das Schauspiel vom letztendlichen Glück des träumerischen Prinzen in Brandenburg; als ob er seine frühesten Themen wieder aufgegriffen und einer Lösung zugeführt hätte, einer Lösung, die das Leben ihm verweigerte.

Kleist kehrte nach vielen Jahren dem Militär den Rücken, weil er sich vor die Alternative «Offizier oder Mensch» gestellt sah und Mensch bleiben wollte. In «Prinz Friedrich von Homburg» scheint es möglich, beides zugleich zu sein: Offizier und Mensch, Staatsmann und Mensch. In seiner ersten literarischen Arbeit, dem kleinen «Aufsatz, den sichern Weg des Glücks zu finden», erwähnte er die trügerische Glücksgöttin Fortuna; sie taucht im «Prinzen von Homburg» wieder auf, und der Prinz wird sie schließlich erjagen. Im letzten Auftritt des ersten Aktes schildert er sie so, wie sie oft dargestellt wurde, als schöne Frau, die auf einer Kugel steht und deren Schleier sich wie ein Segel im Wind des Geschicks bewegt:

> Nun denn auf deiner Kugel, Ungeheures,
> Du der der Windeshauch den Schleier heut,
> Gleich einem Segel lüftet, roll heran!
> Du hast mir, Glück, die Locken schon gestreift:
> Ein Pfand schon warfst du, im Vorüberschweben,
> Aus deinem Füllhorn lächelnd mir herab:
> Heut, Kind der Götter, such ich, flüchtiges,
> Ich hasche dich im Feld der Schlacht und stürze
> Ganz deinen Segen mir zu Füßen um:
> Wärst du auch siebenfach, mit Eisenketten,
> Am schwedschen Siegeswagen festgebunden!

Daß er auf dem Schlachtfeld das Glück und nicht den Tod findet, erweist sich erst am Ende des Dramas. Das Glück ergießt sich nicht plötzlich wie aus einem überquellenden Füllhorn über ihn, sondern es ist das Ergebnis einer Entwicklung, die ihn durch Unbedachtheit,

Hochmut, Todesfurcht und Erniedrigung hindurch zu Einsicht und zu Unterwerfung führt. Erst als er jeder Hoffnung auf Glück entsagt und den Tod erwartet, gewinnt er das Glück. Dem Entwicklungsprozeß des Prinzen entspricht ein – wenn auch nicht so offensichtlicher, so doch ebenso notwendiger – Prozeß, den sein Kontrahent, der Kurfürst von Brandenburg, durchlaufen muß.

Kleist hat das Drama in ein ausgeklügeltes Gleichgewicht gebracht, das gerade deshalb, weil es einige Male zu kippen droht, von der Schwierigkeit und der Notwendigkeit, die Balance zu halten, kündigt. Ein Gleichgewicht entsteht nicht dadurch, daß entgegengesetzte Kräfte sich aufheben und verschwinden, sondern dadurch, daß sie ausgetragen und ausgehalten werden. Das Gleichgewicht ist in der Abfolge der Szenen zu erkennen, besonders aber an den um Prinz und Kurfürst konzentrierten Figuren und an den Konflikten dieser Figuren.

Den ersten beiden Auftritten des ersten Aktes entsprechen die letzten beiden Auftritte des letzten Aktes; im zehnten Auftritt des fünften Aktes heißt es in der Regieanweisung: «wie im ersten Akt». Es ist wieder Nacht, es ist derselbe Ort: an der Rampe des Schlosses im Garten. Zu Beginn hatte dort der schlafwandelnde Prinz seinen Traum, in den der Kurfürst mit seinem Gefolge eingriff: ihm träumte, Natalie setze ihm den Lorbeerkranz aufs Haupt als dem Sieger der Schlacht. Im letzten Akt geschieht eben dies: Natalie empfängt aus der Hand des Kurfürsten den Kranz, den sie dem Prinzen überreicht. Der Sieger von Fehrbellin, von allen gefeiert, erhält zudem die ersehnte Braut: Natalie.

Zu Beginn des fünften Aktes versammeln sich die Offiziere um den Kurfürsten wie am Ende des ersten Aktes; dort empfingen sie seine Order für die Schlacht, hier empfängt er ihre Bittschrift für Homburg. Im zweiten Akt wird der Kurfürst für tot gehalten, bis sich die Verwechslung aufklärt: er lebt, an seiner Stelle starb ein anderer. Im vierten Akt hat Homburg seine Todesfurcht überwunden und sieht sich schon nahe dem Tod. Der Kurfürst wird ihn spät erst begnadigen, so daß auch er – wie der Kurfürst zuvor – schließlich dem Leben zurückgegeben wird. Der dritte Akt in der Mitte des Dramas bringt den Wendepunkt: der mutige Anführer der Reiterei in der Schlacht von Fehrbellin fällt in feige Todesangst.

Der Prinz ist der schlafwandlerische Träumer und der spontane Kämpfer, der Kurfürst ist der ruhige Denker und der überlegte

Streiter. Folgt der Prinz dem Gefühl, der Regung seines Herzens, so folgt der Kurfürst dem Verstand und der Staatsräson. Die Polarität von Jugend und Alter, von Gefühl und Verstand, von Traum und Wirklichkeit wird nicht aus der Balance gebracht: beide Pole sind wichtig und richtig. Der eine Pol braucht den anderen. Das ist, meine ich, die Aussage des Dramas. Beide, Kurfürst und Prinz, haben Widerstände zu überwinden, Widerstände nicht nur außerhalb, sondern auch innerhalb ihrer Selbst. Sie müssen das Andere in sich selbst erkennen und akzeptieren lernen.

Auch der Kurfürst lädt Schuld auf sich, nicht nur der Prinz. Der Prinz hat sich nicht an die Order gehalten, erst auf ein Signal hin mit der Reiterei in die Schlacht einzugreifen; durch seinen zu frühen Angriff hat er zwar den Sieg herbeigeführt, doch wäre der Sieg bei planmäßigem Angriff noch glanzvoller gewesen, weil man den Schweden den Rückzug hätte abschneiden können. Doch hat er sich tatsächlich nicht an die Order gehalten? Er kannte sie ja nicht, weil er bei der Befehlsausgabe noch in seinem Traum befangen war. Dieser Traum aber war durch das mutwillige Eingreifen des Kurfürsten zu einem Grad der Realität gelangt, daß er den Prinzen irritieren mußte. Darin liegt die Schuld des Kurfürsten. Allerdings hatte er den Prinzen nach der Befehlsausgabe ausdrücklich ermahnt:

> Herr Prinz von Homburg, dir empfehl ich Ruhe!
> Du hast am Ufer, weißt du, mir des Rheins
> Zwei Siege jüngst verscherzt; regier dich wohl.
> Und laß mich heut den dritten nicht entbehren,
> Der mindres nicht, als Thron und Reich, mir gilt!

Auch während der Schlacht versuchen die Offiziere, den Prinzen zurückzuhalten, der allerdings jähzornig ist, so daß er selbst einen von ihnen entwaffnen und verhaften läßt. Hier ist der Prinz offensichtlich nicht Herr seiner selbst, wie andere Figuren Kleists auch, die in Raserei geraten:

DER PRINZ VON HOMBURG: Auf Ord'r! Ei, Kottwitz! Reitest du so langsam?
   Hast du sie noch vom Herzen nicht empfangen?
OBRIST KOTTWITZ: Order?
HOHENZOLLERN: Ich bitte dich!

OBRIST KOTTWITZ: Von meinem Herzen?
HOHENZOLLERN: Laß dir bedeuten, Arthur!
GOLZ: Hör mein Obrist!
OBRIST KOTTWITZ *beleidigt*:
    Oho! Kömmst du mir so, mein junger Herr? –
    Den Gaul, den du dahersprengst, schlepp ich schon
    Im Notfall an dem Schwanz des meinen fort!
    Marsch, marsch, ihr Herrn! Trompeter, die Fanfare!
    Zum Kampf! Zum Kampf! der Kottwitz ist dabei.
GOLZ *zu Kottwitz*: Nein nimmermehr, mein Obrist! Nimmer-
    mehr!
ZWEITER OFFIZIER: Der Hennings hat den Rhyn noch nicht
    erreicht!
ERSTER OFFIZIER: Nimm ihm den Degen ab!
DER PRINZ VON HOMBURG: Den Degen mir?
    Er stößt ihn zurück.
    Ei, du vorwitziger Knabe, der du noch
    Nicht die Zehn märkischen Gebote kennst!
    Hier ist der deinige, zusamt der Scheide!
    Er reißt das Schwert samt dem Gürtel ab.
ERSTER OFFIZIER *taumelnd*: Mein Prinz, die Tat, bei Gott –!
DER PRINZ VON HOMBURG *auf ihn einschreitend*:
    Den Mund noch öffnest –?
HOHENZOLLERN *zu dem Offizier*: Schweig! Bist du rasend?
DER PRINZ VON HOMBURG *indem er den Degen abgibt*:
    Ordonnanzen! –

So muß der Prinz im Laufe des Dramas einen zweiten Sieg erkämp-
fen: nach seinem Sieg über die Feinde in der Schlacht muß er nun
über sich selbst siegen.

    Auch der Kurfürst muß sich erst überwinden, bevor er den Prin-
zen begnadigen kann. Der Prinz glaubt an die Begnadigung, da ihm
der Kurfürst als ein gütiger Vater erscheint. Erst als der Kurfürst mit
aller Härte das staatliche Gesetz vertritt, ergreift Todesfurcht den
Prinzen, bis er diese Furcht überwindet. Jetzt gewinnt das Gefühl
im überlegen abwägenden Kurfürsten an Macht. Als Natalie ihm die
Angst des Prinzen schildert, erweicht Mitleid ihm das Herz. Doch
er begnadigt den Prinzen nicht, sondern fordert ihn auf, er solle
selbst entscheiden, ob er unrecht behandelt worden sei oder nicht.

und wenn er meine, er sei unrecht behandelt worden, dann sei er frei. Dieser geschickte dramaturgische Zug erlaubt dem Kurfürsten, das Gesicht zu wahren, und gewährt dem Prinzen die Möglichkeit, über sich selbst zu entscheiden und sich nicht einem Fremden zu unterwerfen.

Der Wettstreit zwischen den beiden endet versöhnlich, doch er hätte für beide auch tödlich ausgehen können. Wie schnell es zu Tod und Verderben kommt, wenn die Balance der Kräfte – in der eigenen Brust wie im Staat – außer Kraft gesetzt wird, das wissen wir aus anderen Dramen Kleists. «Die Hermannsschlacht» ist ein Beispiel dafür, das schrecklichste Beispiel, weil hier selbst Kleist der Vernichtungswut seines Helden oder besser seiner eigenen Vernichtungswut nichts mehr entgegenstellte. Rupert in «Die Familie Schroffenstein» wurde zum Mörder seines Sohnes, doch kam er zur Einsicht in das Böse seiner Tat. Die Konstellation von Vater und Sohn taucht in «Prinz Friedrich von Homburg» wieder auf. Im ersten Akt ruft der Kurfürst dem träumenden Prinzen die Worte nach:

Ins Nichts mit dir zurück, Herr Prinz von Homburg,
Ins Nichts, ins Nichts! In dem Gefild der Schlacht,
Sehn wir, wenns dir gefällig ist, uns wieder!
Im Traum erringt man solcher Dinge nicht!

«Ins Nichts» – das meint doch die Vernichtung des Prinzen, der den Kurfürsten Vater nennt. Die Furcht, daß der Vater die eigenen Söhne tötet, spricht der Prinz tatsächlich aus. Wie jener Brutus, von dem Livius berichtet, daß er seine beiden Söhne dem Gesetz geopfert habe, so geriere sich der Kurfürst, meint der Prinz:

Mein Vetter Friedrich will den Brutus spielen,
Und sieht, mit Kreid auf Leinewand verzeichnet,
Sich schon auf dem kurulschen Stuhle sitzen:
Die schwedschen Fahnen in dem Vordergrund,
Und auf dem Tisch die märkischen Kriegsartikel.
Bei Gott, in mir nicht findet er den Sohn,
Der, unterm Beil des Henkers, ihn bewundre.
Ein deutsches Herz, von altem Schrot und Korn,
Bin ich gewohnt an Edelmut und Liebe,
Und wenn er mir, in diesem Augenblick,

Wie die Antike starr entgegenkömmt,
Tut er mir leid, und ich muß ihn bedauren!

Das steinerne Antlitz der «Antike» ist hier das unversöhnliche Gesetz, das Menschenopfer verlangt; die «moderne» christliche Haltung dagegen ist Verzeihen und Vergeben. Auch in diesem Drama ist der Gegensatz von Antike und Moderne angedeutet, nicht zuletzt im Übergang von der Notwendigkeit zur Freiheit. Der Kurfürst gibt durch seinen Brief dem Prinzen die Freiheit wieder über sich selbst zu entscheiden; er ist damit nicht mehr mit Notwendigkeit dem Gesetz unterworfen.

Allerdings auch der Kurfürst, nicht nur der Prinz ist bedroht: durch die Rebellion der Offiziere, die ihn um Thron und Leben bringen könnte.

DER KURFÜRST: Seltsam! – Wenn ich der Dei von Tunis wäre,
Schlüg ich bei so zweideutigem Vorfall, Lärm,
Die seidne Schnur, legt ich auf meinen Tisch;
Und vor das Tor, verrammt mit Palisaden,
Führt ich Kanonen und Haubitzen auf.
Doch weils Hans Kottwitz aus der Priegnitz ist,
Der sich mir naht, willkürlich, eigenmächtig,
So will ich mich auf märksche Weise fassen:
Von den drei Locken, die man silberglänzig,
Auf seinem Schädel sieht, faß ich die eine,
Und führ ihn still, mit seinen zwölf Schwadronen,
Nach Arnstein, in sein Hauptquartier, zurück,
Wozu die Stadt aus ihrem Schlafe wecken?

Der Feldmarschall nennt jedoch die Sache dann beim Wort:

FELDMARSCHALL: Rebellion, mein Kurfürst!
DER KURFÜRST *noch im Ankleiden beschäftigt*:
                              Ruhig, ruhig!
Es ist verhaßt mir, wie dir wohl bekannt,
In mein Gemach zu treten, unangemeldet!
– Was willst du?
FELDMARSCHALL: Herr, ein Vorfall – du vergibst!
Führt von besonderem Gewicht mich her.

Der Obrist Kottwitz rückte, unbeordert,
Hier in die Stadt; an hundert Offiziere
Sind auf dem Rittersaal um ihn versammelt;
Es geht ein Blatt in ihrem Kreis herum,
Bestimmt, in deine Rechte einzugreifen.
DER KURFÜRST: Es ist mir schon bekannt! – Was wird es sein,
Als eine Regung zu des Prinzen Gunsten,
Dem das Gesetz die Kugel zuerkannte.
FELDMARSCHALL: So ists! Beim höchsten Gott! Du hasts getroffen!
KURFÜRST: Nun gut! – So ist mein Herz in ihrer Mitte.
FELDMARSCHALL: Man sagt, sie wollten heut, die Rasenden!
Die Bittschrift noch im Schloß dir überreichen,
Und falls, mit unversöhntem Grimm, du auf
Den Spruch beharrst – kaum wag ichs dir zu melden? –
Aus seiner Haft ihn mit Gewalt befrein.

Kleist hat auch hier ein aus seinem Werk bekanntes Thema aufgegriffen: an die Rebellion des «Michael Kohlhaas» erinnert die zur
damaligen Zeit ungewöhnliche «Unterschriftensammlung» der Offiziere. Kohlhaas rebellierte gegen den Kurfürsten von Sachsen, weil
ihm sein Recht nicht zuteil wurde. Die Offiziere appellieren – die
Rebellion ist angedeutet – an den Kurfürsten von Brandenburg,
Gnade vor Recht ergehen zu lassen. Nach dem Paragraphen des Gesetzes ist der Prinz von Homburg des Todes schuldig wegen seines
Ungehorsams in der Schlacht, doch als treuer Gefolgsmann, bra-
vouröser Reiter, liebenswerter Jüngling, naher Verwandter des Kurfürsten, als träumerischer, manchmal jähzorniger Mensch sollte er
Gnade verdient haben. Kleist hat so viele positive Eigenschaften
dem Prinzen gegeben, um ihn gegen den Paragraphen des Gesetzes
zu wappnen. Doch Kleist legt auch dem Kurfürsten gute Argumente in den Mund. Einseitigkeit oder Parteilichkeit des Dramati-
kers – wir kennen sie aus «Die Hermannsschlacht» – wären weder
der Dramaturgie noch der Sprache des Stückes förderlich. Und hier
geht es gerade um die Überwindung von Einseitigkeit.

DER KURFÜRST: Mit welchem Recht, du Tor, erhoffst du das,
Wenn auf dem Schlachtenwagen, eigenmächtig,
Mir in die Zügel jeder greifen darf?
Meinst du das Glück werd immerdar, wie jüngst,

Mit einem Kranz den Ungehorsam lohnen?
Den Sieg nicht mag ich, der, ein Kind des Zufalls,
Mir von der Bank fällt; das Gesetz will ich,
Die Mutter meiner Krone, aufrecht halten,
Die ein Geschlecht von Siegen mir erzeugt!

KOTTWITZ: Herr, das Gesetz, das höchste, oberste,
Das wirken soll, in deiner Feldherrn Brust,
Das ist der Buchstab deines Willens nicht;
Das ist das Vaterland, das ist die Krone,
Das bist du selber, dessen Haupt sie trägt.
Was kümmert dich, ich bitte dich, die Regel,
Nach der der Feind sich schlägt: wenn er nur nieder
Vor dir, mit allen seinen Fahnen, sinkt?
Die Regel, die ihn schlägt, das ist die höchste!
Willst du das Heer, das glühend an dir hängt,
Zu einem Werkzeug machen, gleich dem Schwerte,
Das tot in deinem goldnen Gürtel ruht?
Der ärmste Geist, der in den Sternen fremd,
Zuerst solch eine Lehre gab! Die schlechte,
Kurzsichtige Staatskunst, die, um eines Falles,
Da die Empfindung sich verderblich zeigt,
Zehn andere vergißt, im Lauf der Dinge,
Da die Empfindung einzig retten kann!
Schütt ich mein Blut dir, an dem Tag der Schlacht,
Für Sold, seis Geld, seis Ehre, in den Staub?
Behüte Gott, dazu ist es zu gut!
Was! Meine Lust hab, meine Freude ich,
Frei und für mich im Stillen, unabhängig,
An deiner Trefflichkeit und Herrlichkeit,
Am Ruhm und Wachstum deines großen Namens!
Das ist der Lohn, dem sich mein Herz verkauft!

Kottwitz will kein Söldner sein, der um des Geldes willen kämpft;
er kämpft für den, den er selber sich ausgesucht hat. Ebenso will er
kein Instrument sein in der Hand des Feldherrn, sondern mitfühlen,
mitdenken, mithandeln. Daß der Herrscher auf die Gunst des Volkes angewiesen ist, davon war Kleist – wie wir seit «Robert Guiskard» wissen – überzeugt.

Kleist wendet sich hier gegen den Anachronismus eines Monarchen, dessen Wille Gesetz war. Sein Kurfürst ist ein aufgeklärter Absolutist, der das Gesetz als eine Instanz akzeptiert, die über ihm steht. Gerade deshalb kann er den Prinzen nicht so leicht begnadigen. Er fühlt sich an das Gesetz gebunden, dessen Strafe er aussprach, als er annehmen mußte, der Prinz habe die Reiterei wegen einer Verletzung gar nicht in die Schlacht geführt. Daß der Staat mehr ist als das Gesetz, daß der Staat aus mitfühlenden, mitdenkenden, mithandelnden Menschen besteht, daß Gerechtigkeit mehr ist als Paragraphenspruch, das muß der Kurfürst erst lernen. Kleist läßt den Kurfürst zwar in seiner Würde unangetastet – er ist immer souverän, in der doppelten Bedeutung des Wortes –, doch stellt Kleist dem Kurfürsten in Kottwitz und Natalie Partner entgegen, denen der Kurfürst an Kraft der Argumente nicht immer gewachsen ist. Der Kurfürst lernt durch diese Argumente ebenso wie durch seine Liebe zum Prinzen. Der Delinquent ist dem Souverän nicht gleichgültig.

Die staatsrechtlichen Gedanken in diesem Drama sind den Ansichten Adam Müllers sehr nahe. Das ist leicht zu erkennen, wie die drei folgenden Zitate aus Müllers «Die Elemente der Staatskunst» belegen. Müller wendet sich gegen das Beharren auf dem Buchstaben des Gesetzes:

> «In dem steifen Verharren auf dem Buchstaben gewisser Begriffe und Grundsätze liegt das Geheimniß der Treue und der Festigkeit nicht; wie sich ja überhaupt der erhabene Sinn weder des menschlichen noch des politischen Lebens nicht in Worten und Buchstaben abfassen läßt. Nur in der Bewegung kann sich die Ruhe und die Treue zeigen; nur in der Beweglichkeit die Festigkeit des Herzens: denn ein Herz ist auf andre Weise ruhig, als ein Stein. Wie ruhig ist die Natur in aller ihrer ewigen Bewegung!»

Die Bewegung des Herzens setzt sich im «Prinzen Friedrich von Homburg» durch. Der Kurfürst gleicht am Schluß des Dramas dem Herrscher, den Müller gegen den absolutistischen Souverän stellt:

> «Noch heutigen Tages spricht man in den uneingeschränktesten Monarchien von einer Unterworfenheit des Souveräns unter das Gesetz; man setzt einen Streit zwischen dem Gesetz und dem Repräsentanten des Gesetzes voraus. Das Gesetz, wie es da im Buchstaben ausgedrückt ist, kann wegen seiner Starrheit und Leblosigkeit nicht regieren; deshalb ist ein lebendiger Ausüber

des Gesetzes, ein wirklicher, persönlicher Souverän, nöthig. Dieser nun soll, wegen seiner Veränderlichkeit und seiner menschlichen Gebrechlichkeit, nicht anders regieren, als mit beständiger Rücksicht auf das Gesetz. Also weder der Souverän soll, noch das Gesetz kann allein regieren; demnach regiert wirklich ein Drittes, Höheres, welches aus dem Conflict des Gesetzes mit dem Souverän in jedem Augenblicke hervorgeht, und von dem Souverän das Leben, von dem Gesetze aber die Eigenschaft der Dauer erhält; und dieses ist die Idee des Rechtes.»

Auch die jugendliche Gestalt des Prinzen hat bei Müller ihr theoretisches Pendant:

«Die Jugend eines Landes liebt aus sehr natürlichen Gründen das Ungemessene; sie liebt unbeschränkte Laufbahnen für den Ehrgeiz und für das Streben nach Reichthum; die Schranken des Gesetzes und der Gewohnheit sind ihr lästig, und so ist sie geneigt, dieselben zu durchbrechen; das Alter hingegen muß diese Schranken mehr und mehr verehren, je mehr es an physischen Kräften abnimmt, für seine Nachkommenschaft zu sorgen hat, und derselben seinen Erwerb zu erhalten strebt. Dergestalt hat innerhalb des Staates sowohl das Streben nach Erweiterung, als das andre, nach Erhaltung und Feststellung, seine Wortführer.»

Doch nicht nur Müllers Staatslehre prägt das Drama, insbesondere im Gleichgewicht der Kräfte, auch Müllers Entwurf des zeitgenössischen Dramas in seinen Dresdner Vorlesungen «Fragmente über die dramatische Poesie und Kunst» beeinflußte wohl Kleists Intention. Drei Momente, schreibt Müller im Kapitel «Vom religiösen Charakter der griechischen Bühne», bestimmten die zeitgenössische Tragödie, die «der Idee einer viel höheren, religiöseren Bühne als selbst die Griechen erreichen konnten», nahe komme: Auferstehungsmoment, Todesmoment, Himmelfahrtsmoment. Das *Auferstehungsmoment*, meint Müller, sei die Vergegenwärtigung eines Vergangenen, einer großen Tat, eines großen Helden, den es darzustellen gelte. Das *Todesmoment* erläutert Müller am Beispiel von Goethes «Egmont»:

«Ich habe schon früher bemerkt, daß der dramatische Todesmoment des Egmont dahin fällt, wo ihm Ferdinand beweist, daß alle Wege ihn aus dem Gefängnis zu befreien, abgeschnitten sind, wo Egmont mit dem Fuße stampfend ausruft: Keine Rettung, keine? und nun auch ihm, wie dem Dichter, nach dem Verschwinden der Euphrosyne, Wehmuth durch die Saiten der Brust reißt, und die nächtlichen Thränen fließen. Süßes Leben, ruft er aus u. s. f. Hierauf bricht Ferdinand, Albas Sohn, der Zeuge seines dramatischen Todes, in noch unmäßigeren Schmerz aus: er verliere sein Vorbild, düster und leer sei nun sein Leben. In dem Augenblick fühlt Egmont den Contrast zwischen seinem dramatischen und Ferdinands monologischen Schmerz: nun hat Egmont überwunden, er fühlt den Einfluß seines Lebens auf die Freunde, auf die Niederlande, auf die Welt, er fühlt sich unsterblich, und Siegessymphonien begleiten seine Himmelfahrt.»

Das erinnert nicht zufällig an des Prinzen Todesfurcht und an seine Überwindung der Todesfurcht in Kleists «Prinz Friedrich von Homburg». Das *Himmelfahrtsmoment* ist nach Müller ebenfalls im «Egmont» zu erkennen: am Ende des Dramas sieht Egmont gefaßt dem Tod entgegen, in einem Traum erscheint ihm seine Geliebte als Göttin der Freiheit. «Egmont» endet in einer großen Apotheose, in der der Held zwar stirbt, aber als der dem Bösen Überlegene siegreich ist.

Der Unterschied zum «Prinzen von Homburg» liegt auf der Hand: der Prinz stirbt nicht – sein Gegenspieler ist nicht der finstere Alba, sondern der aufgeklärte Kurfürst –, und der Traum wird Wirklichkeit. Goethe hielt am Schluß des «Egmont» die Hoffnung auf den Sieg der Freiheit über die Tyrannei fest, zeigte aber, daß hier und jetzt die Tyrannei sich behauptet. Kleist vermittelt zwischen dem Staatsführer, der nicht so böse wie Goethes Alba ist, und dem Prinzen, der nicht so heldenhaft wie Egmont ist: bei ihm gibt es Versöhnung hier und jetzt. Daß die Versöhnung möglich sei, behauptet Kleist; daß die Versöhnung damals in Preußen nicht möglich war, wie Kleists Lebensgang belegt, gibt dem Schluß des «Prinzen von Homburg» seinen utopischen Charakter.

Der «Prinz von Homburg» ist keine Tragödie wie Goethes «Egmont»; doch bei aller Unterschiedlichkeit haben beide Dramen so viel Ähnlichkeit miteinander, daß Müllers Erläuterungen zu «Egmont» sich wie Erläuterungen zum «Prinzen von Homburg» lesen. Deshalb noch einmal Müller:

«Jede Tragödie hat demnach drei vor allen Dingen zu beachtende Hauptpuncte: 1) den Auferstehungsmoment oder den Anfangspunct, den Eingang, 2) die Catastrophe, den höheren Todesmoment, den Wendepunct, den ich am Egmont dargestellt habe, 3) den Himmelfahrtsmoment oder den Endpunct. Vom Anfang bis an die Catastrophe erscheint der Held in allmählicher immer dichterer Verwicklung seiner Schicksale, die Natur, die Nothwendigkeit führt ihn ein in das Labyrinth: von der Catastrophe bis ans Ende erhebt sich seine Freiheit, oder was dasselbe sagen will, die Freiheit des Dichters wieder, und das Ende ist da, wo das Gleichgewicht wieder hergestellt, die Nothwendigkeit und die Freiheit in ein göttliches Verhältniß, oder vielmehr in eine göttliche Vereinigung treten, indem sie gegenseitig einander unterworfen erscheinen.»

Für den «Prinz von Homburg» sieht das so aus: die Notwendigkeit mit der Verstrickung bis zur Katastrophe bringen die ersten beiden Akte; der Wendepunkt mit dem Todesmoment folgt im dritten Akt, schließlich der Prozeß bis zur Wiederherstellung des Gleichgewichts im vierten und fünften Akt. Kleists «Prinz von Homburg» entspricht dem von Müller beschriebenen Ende, «wo das Gleichgewicht wieder hergestellt ist», eher als Goethes «Egmont», weil Kleist den Traum auf andere Weise als Goethe eingesetzt hat. Kleists Drama beginnt mit einem Traum und endet mit der Wirklichkeit des Traums, freilich ist dieser Traum nicht eindeutig.

Sicher ist auch hier Kleists Traum-Begriff von Gotthilf Heinrich Schubert beeinflußt. Der Prinz ist ein Schlafwandler, so heißt es ausdrücklich, also ein «Somnambuler» im Schubertschen Sinne, der die besondere Fähigkeit hat, über die Grenzen des alltäglichen Bewußtseins hinauszuschauen: er schwebt zwischen Traum und Wirklichkeit. Im Traum liegt Wahrheit: Was der Prinz am Anfang des Dramas träumt, am Ende wird es Wirklichkeit, genauso wie im «Käthchen von Heilbronn». Auch seine Liebe zu Natalie wird Homburg durch den Traum erst klar; aus so tiefer Schicht ist der Name emporgestiegen, daß er ihn vergessen hat, als er aufwacht. Doch das Ende löst den Traum nicht einfach ein: was am Anfang möglich schien, ist bis zum Einlenken des Kurfürsten im drittletzten Auftritt ganz unwahrscheinlich geworden: daß der Prinz am Leben bleibt, daß er als Sieger gefeiert wird und Natalie heiraten kann. Mühevoll muß der Traum im Alltag verwirklicht werden; dazu bedarf es der Anstrengung aller, nicht des Prinzen, auch der Kurfürst, Natalie, Kottwitz und die anderen wirken mit.

Nur gemeinsam kann der Traum von Glück und Ruhm und Liebe Wirklichkeit werden.

Eindeutig ist der Traum deshalb nicht, weil neben der von Schubert inspirierten Bedeutung – der Traum als Wahrheit – der Traum hier auch seine übliche Bedeutung als wirre Phantasterei besitzt. Wenn der Kurfürst dem Prinzen seine vernichtenden Worte zuruft, meint er diese Bedeutung:

In dem Gefild der Schlacht,
Sehn wir, wenns dir gefällig ist, uns wieder!
Im Traum erringt man solche Dinge nicht!

Doch der Schluß gibt dem Traum recht, nicht dem Kurfürsten. Ein letztes Mal taucht die übliche Bedeutung auf, wenn der Prinz, der aus der Ohnmacht erwacht, fragt: «Nein, sagt! Ist es ein Traum?» Kottwitz antwortet ironisch: «Ein Traum, was sonst.» Das ist wieder zweideutig gemeint. Kottwitz macht sich lustig über den träumerischen Prinzen: es ist kein Traum, es ist Wirklichkeit. Aber die Antwort weist wohl auch darauf hin, daß der Traum Wirklichkeit und die Wirklichkeit ein Traum ist. Das Gleichgewicht wäre somit auf seltsame Weise hergestellt.

In Preußen, nicht nur zu Kleists Zeiten, war der Schluß von Kleists Drama ein schöner Traum; die Wirklichkeit sah anders aus. Das spricht, meine ich, gegen diese Wirklichkeit, nicht gegen diesen Traum.

Zweideutig wie der Begriff des Traums ist in diesem Stück auch der Begriff des Todes. Innerhalb des Dramas ist der Tod die schreckliche Bedrohung, vor der der Prinz sich fürchtet; das ist gewissermaßen die dramaturgische Bedeutung des Todes. Andererseits erfüllt der Tod den Prinzen, nachdem dieser sich mit ihm abgefunden hat, mit einer Heiterkeit, die größer ist, als es dramaturgisch notwendig ist. Hier schimmert die zweite Bedeutung des Todes durch: die gewissermaßen biographische Bedeutung. Der Prinz muß sich vor dem Tode fürchten, damit der Wendepunkt des Dramas möglich wird, seine Furcht hat also eine dramaturgische Funktion. Kleist hat sich nicht vor dem Tod gefürchtet, er hat ihn schließlich ersehnt. In des Prinzen Worten angesichts des Todes finden wir Worte Kleists, die er angesichts seines Todes am Wannsee schrieb:

Nun, o Unsterblichkeit, bist du ganz mein!
Du strahlst mir, durch die Binde meiner Augen,
Mir Glanz der tausendfachen Sonne zu!
Es wachsen Flügel mir an beiden Schultern,
Durch stille Ätherräume schwingt mein Geist;
Und wie ein Schiff, vom Hauch des Winds entführt,
Die muntre Hafenstadt versinken sieht,
So geht mir dämmernd alles Leben unter:
Jetzt unterscheid ich Farben noch und Formen,
Und jetzt liegt Nebel alles unter mir.

Das spricht der Prinz im vorletzten Auftritt des letzten Aktes, dem zehnten, in dem er seinen Tod erwartet; erst im letzten Auftritt, dem elften, wird er begnadigt. Zweideutig sind die Begriffe von Traum und Tod in diesem Drama, das dementsprechend auch ein biographisches und ein poetisches Ende hat. Der zehnte Auftritt ist das biographische Ende, das Ende, das Kleist auf Grund seiner Lebenserfahrung ergriffen hat. Der elfte Auftritt ist das poetische Ende, mit dem er über seine Lebenserfahrung hinaus auf andere Lebensmöglichkeiten verweist, die zu verwirklichen er uns hinterlassen hat.

Jungfrau und Mutter

Die drei wichtigsten Themen in Kleists Leben und Werk sollen nun in den letzten Kapiteln zusammenfassend erörtert werden – an Hand dreier Novellen Kleists. Zunächst «Die Marquise von O…».

«In M…, einer bedeutenden Stadt im oberen Italien, ließ die verwitwete Marquise von O…, eine Dame von vortrefflichem Ruf, und Mutter von mehreren wohlerzogenen Kindern, durch die Zeitungen bekannt machen: daß sie, ohne ihr Wissen, in andre Umstände gekommen sei, daß der Vater zu dem Kinde, das sie gebären würde, sich melden solle; und daß sie, aus Familienrücksichten, entschlossen wäre, ihn zu heiraten.» Das ist der erste Satz der Novelle «Die Marquise von O…», die wegen dieser merkwürdigen Zeitungsanzeige einiges Aufsehen erregte, als sie 1808 im «Phöbus» veröffentlicht wurde; entstanden ist sie wohl schon 1807, als Kleist in der französischen Gefangenschaft saß.

Mit diesem ersten Satz gibt Kleist genauso wie mit dem ersten Satz des «Michael Kohlhaas» eine sensationelle Mitteilung, die Aufmerksamkeit erregt: eine Witwe von vortrefflichem Ruf ist ohne ihr Wissen in andere Umstände gekommen. Zugleich führt der Satz mitten in die Handlung hinein, deren Beginn und Verlauf vor jener Zeitungsanzeige der Erzähler erst erzählen muß, bis er endlich die Folgen der Anzeige zu schildern in der Lage ist. Das Wechselbad, dem Kleist seine Figuren und seine Leser aussetzt, wird auch durch den Ablauf und die Art des Erzählens erzeugt, nicht nur durch die oft abrupt wechselnden Situationen, in die er seine Figuren führt.

Die friedliche Idylle, in der die Marquise mit ihren Kindern bei ihren Eltern lebt, geht in einem Hagel von Kugeln und Granaten unter: der Feind erobert die Zitadelle, deren Kommandant der Vater der Marquise ist. Die «entsetzliche Rotte» russischer Soldaten, «viehische Mordknechte», die «unter schändlichsten Mißhandlungen» die Marquise vergewaltigen wollen, wird von einem russischen Offizier, der wie «ein Engel des Himmels» erscheint, zurückgetrieben. Der Nachricht, dieser Offizier, ein Graf F…, «sei noch am gleichen Tag in der Schlacht gefallen», folgt bald das Erstaunen, als der Graf im Kreis der Familie auftritt, «schön wie ein junger Gott».

Verblüfft spricht die Mutter der Marquise ihn an: «[...] in der Tat, wir werden glauben, daß Sie ein Geist sind, bis Sie uns werden eröffnet haben, wie Sie aus dem Grabe, in welches man Sie zu P... gelegt hatte, erstanden sind.»

Der aus dem Grab auferstandene ritterliche Held erinnert an den Ritter vom Strahl im «Käthchen von Heilbronn», dem, auf das Krankenlager hingestreckt, im Traum die Geliebte erschien wie dem Grafen die Geliebte bei der Erstürmung der Zitadelle erschien. Und erinnert die Gleichzeitigkeit von kriegerischer Erstürmung der Zitadelle und Überwältigung nicht an «Penthesilea»: wie Achilles und Penthesilea ist der Graf ein aggressiver Gewalttäter und wie Penthesilea gerät er, dem weder vorher noch nachher Ähnliches geschehen ist, in Raserei.

Die Marquise von O..., der der Graf wie ein Engel erschien, weiß nicht, was mit ihr geschah, denn sie war ohnmächtig – anders als Käthchen, dem durch den Traum Wissen zuteil wird, das ihr hilft, die Wirklichkeit zu ertragen. Die Marquise weiß nicht, was ihr in der Ohnmacht widerfuhr. Es ist etwas mit ihr geschehen, was ihr erst nach und nach bewußt wird; darin hat sie wiederum Ähnlichkeit mit Penthesilea. Der Graf, der weiß, was er getan hat, wenn er auch seine Handlung nicht verstehen kann, bestürmt die Marquise ein zweites Mal, diesmal mit Worten. Er will die schlimme Tat wiedergutmachen und die Marquise heiraten. Die Marquise, die noch nicht weiß, daß sie schwanger ist, wehrt ihn ab. Die Vermutung, die durch den Arzt und durch die Hebamme zur Gewißheit wird, stürzt sie in einen furchtbaren Zwiespalt.

«Ihre Mutter fragte, nicht wenig erschrocken, ob sie denn an die Möglichkeit eines solchen Zustands glaube? Eher, antwortete die Marquise, daß die Gräber befruchtet werden, und sich dem Schoße der Leichen eine Geburt entwickeln wird! Nun, du liebes wunderliches Weib, sagte die Obristin, indem sie sie fest an sich drückte: was beunruhigt dich denn? Wenn dein Bewußtsein dich rein spricht: wie kann dich ein Urteil, und wäre es das einer ganzen Konsulta von Ärzten, nur kümmern? Ob das seinige aus Irrtum, ob es aus Bosheit entsprang: gilt es dir nicht völlig gleichviel? Doch schicklich ist es, daß wir es dem Vater entdecken. – Oh Gott! sagte die Marquise, mit einer konvulsivischen Bewegung: wie kann ich mich beruhigen. Hab ich nicht mein eignes, innerliches, mir nur allzuwohlbekanntes Gefühl gegen mich? Würd ich nicht, wenn ich in einer andern meine Empfindung wüßte, von ihr selbst urteilen, daß es damit seine Richtigkeit habe? Es ist entsetzlich, versetzte die Obristin.»

Das innere Gefühl trifft die Wahrheit – nicht das Bewußtsein. Sie fühlt, daß der Arzt recht hat, aber sie begreift nicht, was geschah und wie es geschehen konnte. Als die Hebamme die Aussage des Arztes bestätigt, fällt die Marquise ein zweites Mal in Ohnmacht. Nicht nur in dieser Kleistschen Novelle bedeutet die Ohnmacht jeweils den Wechsel von einem Zustand in einen anderen: mit der ersten Ohnmacht verlor die Marquise den Zustand der Eintracht mit sich selbst und mit der Welt und geriet in den Zustand der Zwietracht mit sich selbst, aber immer noch der Eintracht mit der Welt; durch die zweite Ohnmacht gewinnt sie mit der Gewißheit den Zustand der Eintracht mit sich selbst zurück und fällt gleichzeitig in den Zustand der Zwietracht mit der Welt, vor allem mit der Familie, aus der der Vater sie verstößt. «Durch diese schöne Anstrengung mit sich selbst bekannt gemacht, hob sie sich plötzlich, wie an ihrer eigenen Hand, aus der ganzen Tiefe, in welche das Schicksal sie herabgestürzt hatte, empor.» Sie weiß zwar immer noch nicht, wie es geschehen konnte, doch hat sie sich mit der Tatsache abgefunden. Sie setzt sich über ihre Familie, über die Moral der Zeit hinweg und gewinnt gerade dadurch wahre Größe und Sittlichkeit. Der Graf sagt deshalb mit Recht, «daß sie mehr wert wäre als die ganze Welt, die sie verachtete».

Die Mutter der Marquise, als Frau auf der Seite ihrer Tochter, zürnt ihrem Mann:

«Inzwischen waren in dem Hause des Kommandanten die lebhaftesten Auftritte vorgefallen. Die Obristin war über die zerstörende Heftigkeit ihres Gatten und über die Schwäche, mit welcher sie sich, bei der tyrannischen Verstoßung der Tochter, von ihm hatte unterjochen lassen, äußerst erbittert. Sie war, als der Schuß in des Kommandanten Schlafgemach fiel, und die Tochter aus demselben hervorstürzte, in eine Ohnmacht gesunken, aus der sie sich zwar bald wieder erholte; doch der Kommandant hatte, in dem Augenblick ihres Erwachens, weiter nichts gesagt, als, es täte ihm leid, daß sie diesen Schrecken umsonst gehabt, und das abgeschossene Pistol auf einen Tisch geworfen.»

Der Vater ist – auch das ist zeitgenössisches Kolorit – der Sitten-
wächter der Familie. Der Mordversuch erinnert an Lessings «Emilia
Galotti», wo der Vater die Tochter tötet, um ihre Reinheit zu schützen – mit ihrem Einverständnis und mit dem Lessings, der diese
tragische Tat als eine doch verständliche darstellt.

Kleist liegt allerdings auch an der Sittenreinheit der Frau. Es ist
ihm nur geschickter als anderen Dichtern gelungen, eine Situation
zu konstruieren, in der die Frau unschuldig bleibt und doch
schwanger wird: also Jungfrau und Mutter zugleich. Er hat diese
Situation aus einer Vorlage übernommen, aber warum faszinierte sie
ihn? Auf die zweite Ohnmacht folgt ein Gespräch der Marquise mit
der Hebamme:

> «Die Marquise, der das Tageslicht von neuem schwinden wollte,
> zog die Geburtshelferin vor sich nieder, und legte ihr Haupt hef-
> tig zitternd an ihre Brust. Sie fragte, mit gebrochener Stimme, wie
> denn die Natur auf ihren Wegen walte? Und ob die Möglichkeit
> einer unwissentlichen Empfängnis sei? – Die Hebamme lächelte,
> machte ihr das Tuch los, und sagte, das würde ja doch der Frau
> Marquise Fall nicht sein. Nein, nein, antwortete die Marquise, sie
> habe wissentlich empfangen, sie wolle nur im allgemeinen wissen,
> ob diese Erscheinung im Reiche der Natur sei? Die Hebamme
> versetzte, daß dies, außer der heiligen Jungfrau, noch keinem
> Weibe auf Erden zugestoßen wäre. Die Marquise zitterte immer
> heftiger.»

Die Hebamme macht sich ein wenig lustig über die Marquise. Die
Konstellation von Jungfrau und Mutter gibt es nur in der christlichen Mythologie, es ist ein einmaliger Vorgang: die Jungfrau Maria
ist die Mutter Jesu. Sie ist die Madonna, deren von Raffael gemaltes
Bild Kleist in der Dresdner Galerie besonders liebte.

Die Frage: Was ist in der Nacht geschehen? bewegt Kleist auch in
anderen Werken. Sie findet sich im analytischen Lustspiel «Der zerbrochene Krug». Im «Amphitryon» geht es um die Frage: was hat
sich eigentlich zwischen Alkmene und Jupiter ereignet? Die Novelle
«Der Zweikampf», die ähnlich wie «Der zerbrochene Krug» detek-
tivische Züge trägt, entwickelt sich um die Rätselfrage: Ist Frau Littegarde unschuldig oder nicht? Jakob der Rotbart behauptet, er
habe bei ihr jene Nacht verbracht, in der sein Halbbruder, der Herzog Wilhelm von Breysach, ermordet wurde. Sie aber widerspricht

dem entschieden. Niemand glaubt ihr, nur der Kämmerer Friedrich
von Trota vertraut ihr gegen allen äußeren Anschein; er glaubt seinem innersten Gefühl. Der Zweikampf zwischen Jakob und Friedrich soll das Gottesurteil bringen. Rotbart siegt, Trota wird schwer
verwundet. Für kurze Zeit wird Friedrich von Trota mißtrauisch:

«‹Hast du mich, um jenes Elenden willen, nicht verraten, und bist
du rein von der Schuld, deren er dich vor Gericht geziehen?› Lieber! flüsterte Littegarde, indem sie seine Hand an ihre Lippen
drückte – ‹Bist dus?› reif der Kämmerer: ‹bist dus?› – Wie die
Brust eines neugebornen Kindes, wie das Gewissen eines aus der
Beichte kommenden Menschen, wie die Leiche einer, in der Sa-
kristei, unter der Einkleidung, verschiedenen Nonne! – ‹O Gott,
der Allmächtige!› rief Herr Friedrich, ihre Kniee umfassend:
‹habe Dank! Deine Worte geben mir das Leben wieder; der Tod
schreckt mich nicht mehr, und die Ewigkeit, soeben noch wie ein
Meer unabsehbaren Elends vor mir ausgebreitet, geht wieder, wie
ein Reich voll tausend glänziger Sonnen, vor mir auf!› – Du Un-
glücklicher, sagte Littegarde, indem sie sich zurück zog: wie
kannst du dem, was dir mein Mund sagt, Glauben schenken? –
‹Warum nicht?› fragte Herr Friedrich glühend. – Wahnsinniger!
Rasender! rief Littegarde; hat das geheiligte Urteil Gottes nicht
gegen mich entschieden? Hast du dem Grafen nicht in jenem
verhängnisvollen Zweikampf unterlegen, und er nicht die Wahr-
haftigkeit dessen, was er vor Gericht gegen mich angebracht, aus-
gekämpft? – ‹O meine teuerste Littegarde›, rief der Kämmerer:
‹bewahre deine Sinne vor Verzweiflung! türme das Gefühl, das in
deiner Brust lebt, wie einen Felsen empor: halte dich daran und
wanke nicht, und wenn Erd und Himmer unter dir und über dir
zu Grunde gingen! Laß uns, von zwei Gedanken, die die Sinne
verwirren, den verständlicheren und begreiflicheren denken, und
ehe du dich schuldig glaubst, lieber glauben, daß ich in dem Zweikampf, den ich für dich gefochten, siegte! – Gott, Herr meines
Lebens›, setzte er in diesem Augenblick hinzu, indem er seine
Hände vor sein Antlitz legte, ‹bewahre meine Seele selbst vor
Verwirrung! Ich meine, so wahr ich selig werden will, vom
Schwert meines Gegners nicht überwunden worden zu sein, da
ich schon unter den Staub seines Fußtritts hingeworfen, wieder
ins Dasein erstanden bin. Wo liegt die Verpflichtung der höchsten
göttlichen Weisheit, die Wahrheit im Augenblick der glaubens-

vollen Anrufung selbst anzuzeigen und auszusprechen? O Littegarde›, beschloß er, indem er ihre Hand zwischen die seinigen drückte: ‹im Leben laß uns auf den Tod, und im Tode auf die Ewigkeit hinaus sehen, und des festen, unerschütterlichen Glaubens sein: deine Unschuld wird, und wird durch den Zweikampf, den ich für dich gefochten, zum heitern, hellen Licht der Sonne gebracht werden!›»

So ist es auch: Rotbart stirbt an seiner winzigen Wunde, Friedrich ist von seiner schweren Verletzung bald genesen. Littegarde ist unschuldig! Nicht ganz gelungen ist hier die Konstruktion, die Kleist erfand, um Beischlaf und Reinheit der Frau zu verbinden: «Man muß nämlich wissen», sagt der Erzähler, der uns Lesern dies bis dahin vorenthalten hat, «daß der Graf schon lange, ehe seine Begierde sich auf Frau Littegarden stellte, mit Rosalien, ihrer Kammerzofe, auf einem nichtswürdigen Fuß lebte.» Rosalie gab in jener Nacht als Littegarde sich aus, ist also die «schmutzige» Doppelgängerin der «reinen» Frau.

Das Motiv der «Doppelgängerei» von «schmutzigen» und «reinen» Wesen finden wir auch in der Novelle «Die Marquise von O…». Der Marquise erscheint der Graf mal als Engel, mal als Teufel. Es heißt: «[…] er würde ihr damals nicht als Teufel erschienen sein, wenn er ihr nicht, bei seiner ersten Erscheinung, wie ein Engel vorgekommen wäre.» Als der Graf die menschliche Mitte zwischen diesen Extremen wiederfindet, verzeiht ihm die Marquise «um der gebrechlichen Einrichtung der Welt willen».

Noch ein anderes Motiv finden wir im «Zweikampf». Wilhelm von Breysach ist mit Katharina von Hünningen verheiratet. Sein Halbbruder Jakob erstrebt seinen Thron und läßt ihn töten. In der Untersuchung des Falles nennt er Littegarden, die er liebt, als Zeugin seines Alibis. Die Novelle kreist dann nur um Littegarde; der Mordfall wird am Schluß nebenbei aufgeklärt. Littegarde wird zur Stellvertreterin Katharinas: Jakob der Rotbart erstrebt den Thron seines Bruders und dessen Frau. Das Motiv der Dreiecksgeschichte finden wir in «Die Familie Schroffenstein»: Johann, der Halbbruder Ottokars, ist auch in Agnes verliebt, doch wird er von ihr nicht wiedergeliebt.

Erstaunlich ist die Ähnlichkeit der Dreiecksgeschichten Kleists, die oft mit dem Motiv der Doppelgängerin verbunden sind. Richter

Adam konkurriert mit Ruprecht um Eve, deren Unschuld in Frage gestellt wird; Eves Doppelgängerin, die statt ihrer «berührt» wurde, ist «la cruche», der Krug. Die Doppelgängerin ist schließlich Thema der Verwechslungs- und Bewußtseinskomödie «Amphitryon»: Sosias und der als Sosias verkleidete Merkur werben um Charis, Amphitryon und der als Amphitryon maskierte Jupiter begehren beide Alkmene. Auch im «Käthchen von Heilbronn» ist dieser Motivzusammenhang gegeben, diesmal zwischen einem Mann, dem Grafen vom Strahl, und zwei Frauen, dem himmlischen Käthchen und der höllischen Kunigunde. Eine weitere Dreieckskonstellation taucht am Rande auf: der Kaiser und Theobald umwerben beide Gertrude, Käthchens Mutter. In «Die Hermannsschlacht» ist der feindliche Römer Ventidius Hermanns Nebenbuhler um Thusnelda. Ähnlich ist im «Prinzen Friedrich von Homburg» der feindliche Schwedenkönig der Konkurrent des Prinzen um die Liebe Natalies. Schließlich «Der Findling»: der «Findling» Nicolo begehrt seine Ziehmutter Elvire, deren Mann Antonio ihn zerschmettert. Auf einer merkwürdigen doppelten Vertauschung baut Kleist diese Novelle auf: den Findling nimmt Antonio Piachi an Stelle seines Sohnes aus erster Ehe, Paolo, an, nachdem dieser gestorben ist; Nicolo ist der juristische Sohn, aber nicht der blutsverwandte Sohn, weshalb die Inzestschranke zwischen Nicolo und Antonios Frau Elvire entfällt; sie ist nur seine Adoptivmutter. Zu dem verstorbenen Paolo stand sie immerhin im Verhältnis der Stiefmutter. Aber Nicolo ist auch – und das ist die zweite Vertauschung – dem verstorbenen Retter der Elvire ähnlich, den diese liebt. Kleist hat diesem Verstorbenen den Namen Colino gegeben, ein Anagramm also, das die Buchstaben von Nicolo neu zusammenstellt. Nicolo und Colino sind einander ähnlich, wenn auch der Verstorbene der Gute, der Lebende der Böse ist. Der Begehrende ist der Böse, Elvire liebt den Guten, der nicht ihr Adoptivsohn war, also auch von ihrer Seite her wird die Inzestschranke beseitigt. Elvire darf Colino lieben. Das Verlangen des Sohnes nach der Mutter und der Mutter nach dem Sohne – dies bleibt, nimmt man die doppelte Vertauschung zurück – wird vom Vater mit dem Tode bestraft. Ist dies der Grund für Kleists mörderische Väter?

Zweierlei fällt auf, überblickt man Kleists Dramen und Erzählungen: Zum einen die Frage nach dem, was in der Nacht geschah, zum andern die in den Dreiecksgeschichten angedeutete Inzestproblematik. Mit fast pubertärer Eindringlichkeit fragt er immer wieder, was zwischen Mann und Frau vor sich geht, als wisse er es nicht. Der Heranwachsende will es wissen, er ahnt es, er fürchtet es, er weiß es aber nicht genau, weshalb er es sich ausmalt, mit Überzeichnungen nach der guten oder nach der schlimmen Seite. Über den pubertären Stand in dieser Frage, so scheint mir, ist Kleist nie hinausgekommen.

Seine Verteufelung oder Vergöttlichung des Geschlechtsaktes ließe sich dadurch erklären: auf der einen Seite der hinkende Richter Adam, der böse Römer Ventidius, Jakob der Rotbart, der verdorbene Nicolo, der mal als Teufel erscheinende Graf F...; auf der anderen Seite dagegen Jupiter und Alkmene, Käthchen und der Graf Wetter vom Strahl, die der Maria ähnelnde Agnes und ihr Ottokar, Littegarde und ihr Kämmerer, sowie die Marquise von O...

Wenn der Akt selbst als quasi teuflisch verdammt wird, dann muß die verehrte Frau von diesem rein gehalten werden. Deshalb die Frauen, deren Unschuld bedroht wird, die aber «rein» bleiben: Eve, Alkmene, Elvire, Littegarde, die Marquise. Dabei denkt der Dichter sich Konstellationen aus, die trotz des äußeren Anscheins die letztendliche Unschuld der Frauen ermöglichen: nur der Krug Eves ging entzwei, nur der Vater der Götter konnte Alkmene verwirren, nur eine böse Vertauschung konnte Elvire täuschen, nur die Kammerzofe war's, nicht aber Littegarde, nur die Ohnmacht der Marquise machte es möglich. Besonders delikat wird es, wenn die unschuldige Frau Mutter ist und Mutter wird wie die Marquise; doch gerade im Wunsch, die Mutter rein zu halten, zeigt sich die besagte pubertäre Haltung. Die Mutter ist die am stärksten verehrte Frau, an deren Reinheit dem Kinde besonders liegt.

Kleist hat, so vermute ich, das geschlechtliche Verlangen in sein Leben nicht zu integrieren vermocht, so daß es für ihn nie etwas Normales, sondern immer etwas Außerordentliches war, das ihn beunruhigte und anzog zugleich.

Sein persönliches Problem fügt sich auf erstaunliche Weise in die mythologische Tradition. Maria in der christlichen, vor allem in der katholischen Überlieferung, ist Mutter und Jungfrau zugleich. Kleist konnte die katholische Jungfrau nicht akzeptieren. In «Die Familie Schroffenstein», seinem ersten Drama, nennt er Agnes zwar Maria; doch erst in «Die Marquise von O...» gelingt ihm eine Lösung, die ein aufgeklärtes Zeitalter akzeptieren kann: die Marquise war ohnmächtig, als sie geschwängert wurde, sie ist also eine «unschuldige Mutter».

Auch die Inzestproblematik behandelt Kleist auf eine so tiefsinnige Weise, daß auch hier das Individuelle sich zum Über-Individuellen erweitert. Atavistische Wünsche und Ängste tauchen auf, wenn er die Überbewertung oder die Unterbewertung der Blutsbande in ihren verhängnisvollen Folgen darstellt. In «Die Familie Schroffenstein» sind Todfeinde alle, die zum Haus des Vetters gehören (Überbewertung der Blutsbande), und töten die Väter ihre eigenen Kinder (Unterbewertung); in «Die Hermannsschlacht» sind alle Römer schlecht, fast alle Germanen gut (Überbewertung); in «Prinz Friedrich von Homburg» finden wir die Überbewertung der Blutsbande: «in den Staub mit allen Feinden Brandenburgs», und ihre Unterbewertung: der väterliche Kurfürst hätte beinahe den jungen Prinzen töten lassen. Überbewertung und Unterbewertung der Blutsbande, so Claude Lévi-Strauss, seien auch Thema des antiken Ödipus-Mythos, der Kleist faszinierte: Ödipus tötet seinen Vater (Unterbewertung) und heiratet seine Mutter (Überbewertung).

Folgen wir Kleist, so liegt der Grund des Inzesttabus in der Notwendigkeit, die eigenen Blutsbindungen zu überschreiten und neue zu bilden, und in der Notwendigkeit, den Streit innerhalb der Familie zu vermeiden, der durch sexuelle Konkurrenz entstehen könnte.

In der Novelle «Die Marquise von O...» taucht die Dreieckskonstellation auf in der Beziehung zwischen der Marquise, dem Grafen und dem Vater. Die Dreiecksbeziehung bezeichnet nicht zuletzt die Situation in der Familie: sie zeigt die Konkurrenz, die der Sohn (der Graf) für den Vater und der Vater für den Sohn darstellt bzw. die Mutter für die Tochter und die Tochter (die Marquise als verwitwete Mutter) für die Mutter. Der Vater der Marquise, der seine Tochter beinahe erschossen hätte, versöhnt sich nach der Bestätigung ihrer «Unschuld» mit ihr; die Mutter wird zur Voyeuse der Szene. Kleist hat das Sexuelle der Handlung durch seine Beschreibung hervorgehoben:

«Drauf endlich öffnete sie die Tür, und sah nun – und das Herz quoll ihr vor Freuden empor: die Tochter still, mit zurückgebeugtem Nacken, die Augen fest geschlossen, in des Vaters Armen liegen; indessen dieser, auf dem Lehnstuhl sitzend, lange, heiße und lechzende Küsse, das große Auge voll glänzender Tränen, auf ihren Mund drückte: gerade wie ein Verliebter! Die Tochter sprach nicht, er sprach nicht; mit über sie gebeugtem Antlitz saß er, wie über das Mädchen seiner ersten Liebe, und legte ihr den Mund zurecht, und küßte sie. Die Mutter fühlte sich, wie eine Selige; ungesehen, wie sie hinter seinem Stuhle stand, säumte sie, die Lust der himmelfrohen Versöhnung, die ihrem Hause wieder geworden war, zu stören. Sie nahte sich dem Vater endlich, und sah ihn, da er eben wieder mit Fingern und Lippen in unsäglicher Lust über den Mund seiner Tochter beschäftigt war, sich um den Stuhl herumbeugend, von der Seite an. Der Kommandant schlug, bei ihrem Anblick, das Gesicht schon wieder ganz kraus nieder, und wollte etwas sagen; doch sie rief: o was für ein Gesicht ist das! küßte es jetzt auch ihrerseits in Ordnung, und machte der Rührung durch Scherzen ein Ende. Sie lud und führte beide, die wie Brautleute gingen, zur Abendtafel, an welcher der Kommandant zwar sehr heiter war, aber noch von Zeit zu Zeit schluchzte, wenig aß und sprach, auf den Teller niedersah, und mit der Hand seiner Tochter spielte.»

Der Vater ist der Konkurrent des Sohnes im Kampf um die Frau und um die Macht, was wohl in früheren Kulturen und lange auch noch in der feudalen dasselbe war: wer die Macht hatte, hatte auch die Frau. Auf die Grundsituation des «Robert Guiskard» verweist das zurück: Robert und Abälard als Konkurrenten des alten siechen Guiskard, der Abälard seine Tochter Helena und die Regentschaft über Konstantinopel versprochen hat und ihn zumindest um Konstantinopel betrügen wollte.

Die Väter töten ihre Söhne: Rupert tötet Ottokar, Antonio tötet Nicolo. Die Väter nehmen den Söhnen die Frau: Jupiter, der Göttervater, dem Amphitryon, dem alten Adam gelingt es beinahe, dem Kaiser im «Käthchen von Heilbronn» tatsächlich. Der Kurfürst von Brandenburg tötet beinahe den Prinzen von Homburg, der ihn Vater nennt: der Ungehorsam des Sohnes gegen den Vater wird hart bestraft; erst als der Sohn sich unterwirft, begnadigt ihn der Vater. Die Rebellion der Söhne gegen die Väter – in der des Volkes im «Robert Guiskard», in der der Offiziere im «Prinz von Homburg» immerhin erwähnt – ist Kleist in seinen Werken nie gelungen. Er hat den Ödipus-Mythos umgekehrt: Ödipus tötete seinen Vater, Rupert aber tötet seinen Sohn. In Kleists Dramen und Novellen gelingt die Rebellion gegen den eigenen Vater, gegen die väterliche Autorität nie, wie sehr auch Haß und Wut gegen die Autorität sich richten. Der symbolische Vatermord, in welcher Form auch immer, wäre ein Akt der Befreiung gewesen: im Text und in Kleists Leben auch.

Kohlhaasens Rebellion richtet sich ausdrücklich gegen den fremden Landesvater, den Kurfürsten von Sachsen, nicht gegen den eigenen, den Kurfürsten von Brandenburg. Hermanns Rebellion, von den Römern gegen den mächtigsten Anführer der Germanen Marbod gelenkt, wendet sich gegen die Herrschaft der Fremden. So mag auch Kleists Haß gegen Napoleon, so verständlich er ist, ihn vom Haß gegen den eigenen läppischen König abgelenkt haben, ein Haß, der ihm sicher ganz undenkbar war. Wir dürfen nicht vergessen, wie stark damals, wie erdrückend damals die patriarchalische Gewalt war – in Familie, Schule, Kirche und Staat. Den Kindern wurde das Rückgrat gebrochen, ohne daß auch nur ein Wort der Kritik an den Vätern erlaubt gewesen wäre.

Diese patriarchische Unterdrückung war in Deutschland stärker als in Frankreich oder England. Die Deutschen haben ihren König nicht ermordet wie die Franzosen, sie haben ihn nicht entmachtet wie die Engländer im 19. Jahrhundert. Mit den alten Hofschranzen auf den Schultern sind sie in das neue Zeitalter der Wissenschaft und Technik getreten. Die allfälligen Reformen wurden vom feudalen Machtapparat Hardenbergs als Verwaltungsmaßnahmen in Preußen durchgeführt, so wie später die Einheit des Reiches durch Krieg und Annektionen des preußischen Militärapparates, 1866 schon – nicht erst 1871 –, als Preußen den österreichischen Konkurrenten besiegte und Hannover, Kurhessen, Nassau und Frankfurt am Main widerrechtlich annektierte.

Auch insofern hat Napoleon in Deutschland verhängnisvolle Folgen gehabt: nicht nur als schlechtes Beispiel, das demonstrierte, daß man mit der Macht der Bajonette sich alles erlauben kann. Er hat die alte Ordnung des Reiches zwar gestört, aber nicht zerstört. Er hat mit einigen der alten Fürsten paktiert, mit den Fürsten der sogenannten Rheinbundstaaten, besonders dem König von Bayern und dem von Sachsen. Als Napoleon geschlagen war, blieben diese Fürsten mächtiger denn je zurück, die Auflehnung des Volkes, die sich gegen sie hätte richten können, hatten sie gegen Napoleon abgelenkt.

Die Liebe und der Tod

«Ihr hohen Herren, wollen Sie eine schöne Geschichte von Liebe und Tod hören?» zitiert Denis de Rougemont in seinem Buch «Die Liebe und das Abendland» den Anfang von Bédiers «Tristan» und fügt hinzu: «Nichts auf der Welt könnten wir lieben wollen.» Er fährt fort: «Liebe und Tod, Liebe, die zum Tode führt: ist das nicht die ganze Dichtung, so doch wenigstens all das, was volkstümlich ist, all das, was in unseren Literaturen allgemein bewegend ist, in unseren ältesten Legenden und in unseren schönsten Liedern. Die glückliche Liebe hat keine Geschichte. Es gibt Romane nur von der Liebe, die zum Tode führt, d. h., von der bedrohten und vom Leben selbst verdammten Liebe. Was die abendländische Lyrik begeistert, ist nicht die Sinnenfreude oder der reiche Frieden der Vermählten. Es ist weniger die erfüllte Liebe als die Leidenschaft der Liebe. Und Leidenschaft bedeutet Leiden.»

In Kleists Leben und Werk stehen die Liebe und der Tod an zentraler Stelle. Das ist nicht verwunderlich, denn Liebe und Tod bestimmen unser aller Leben am stärksten. Verwunderlich ist die absonderliche Weise, auf die Kleist sie erfahren hat oder zu erfahren suchte. Das gilt es noch einmal zusammenzufassen; das Besondere seiner individuellen Erfahrung fügt sich wieder in eine mythologische und literarische Thematik ein.

In «Die Familie Schroffenstein» treffen die Liebenden sich in einer Höhle, abseits der Berge gelegen, auf denen ihre Eltern wohnen. Sie nehmen die Hochzeit und die Hochzeitsnacht in Worten vorweg, als die Väter plötzlich hereinbrechen und ihre Kinder töten. So sind Liebe und Tod für die Liebenden fast identisch geworden.

Auch in anderen Werken Kleists treffen auf ähnlich merkwürdige Weise die Liebe und der Tod zusammen. Penthesilea tötet den Geliebten und dann sich selbst; die Liebe, die im Leben nicht möglich war, führt sie beide in den Tod: im Tod sind sie in Liebe vereint. Kleists eigenes Lebensende ist dem Ende der «Penthesilea» ähnlich: erst tötete er die Geliebte, dann sich selbst. Im Tode ist er mit ihr vereint. Wie schreibt er am Morgen seines Todes an Marie von Kleist:

«Meine liebste Marie, wenn Du wüßtest, wie der Tod und die

Liebe sich abwechseln, um diese letzten Augenblicke meines Lebens mit Blumen, himmlischen und irdischen, zu bekränzen, gewiß Du würdest mich gern sterben lassen. Ach, ich versichre Dich, ich bin ganz selig. Morgens und abends knie ich nieder, was ich nie gekonnt habe, und bete zu Gott; ich kann ihm mein Leben, das allerqualvollste, das je ein Mensch geführt hat, jetzo danken, weil er es mir durch den herrlichsten und wollüstigsten aller Tode vergütigt.»

Hier ist die Nähe von Liebe und Tod betont: der Tod und die Liebe wechseln sich ab, der Tod ist «wollüstig» wie sonst nur die Liebe; er wird zum Ersatz für die Liebe. Kleist zieht Henriettes Grab ihrem Bett vor, schreibt er doch in demselben Brief:

«Ein Strudel von nie empfundner Seligkeit hat mich ergriffen, und ich kann Dir nicht leugnen, daß mir ihr Grab lieber ist als die Betten aller Kaiserinnen der Welt.»

Deshalb sind die tödlichen Ausgänge seiner Liebesgeschichten doppeldeutig: innerhalb der Novelle, innerhalb des Dramas sind sie grausam und schrecklich wie der Tod von Ottokar und Agnes, von Achilles und Penthesilea, innerhalb seiner Lebensgeschichte sind sie es nicht, weil ihm ein solches Ende wollüstig und begehrenswert war. Im Jahre seines Todes schreibt Kleist die Novelle «Die Verlobung in St. Domingo», die so endet wie sein Leben bald darauf: Gustav tötet die geliebte Toni und dann sich selbst.

«Gustav, halb im Bette aufgerichtet, drückte ihnen freundlich die Hand; im übrigen war er still und zerstreut, und statt der Pistolen, die sie ihm darreichten, zu ergreifen, hob er die Rechte, und strich sich, mit einem unaussprechlichen Ausdruck von Gram, damit über die Stirn. Die Jünglinge, die sich bei ihm niedergesetzt hatten, fragten: was ihm fehle? und schon, da er sie mit seinem Arm umschloß, und sich mit dem Kopf schweigend an die Schulter des Jüngern lehnte, wollte Adelbert sich erheben, um ihm im Wahn, daß ihn eine Ohnmacht anwandle, einen Trunk Wasser herbeiholen: als Toni, den Knaben Seppy auf dem Arm, an der Hand Herrn Strömlis, in das Zimmer trat. Gustav wechselte bei diesem Anblick die Farbe; er hielt sich, indem er aufstand, als ob er umsinken wollte, an den Leibern der Freunde fest: und ehe die Jünglinge noch wußten, was er mit dem Pistol, das er ihnen jetzt aus der Hand nahm, anfangen wollte: drückte er dasselbe schon, knirschend vor Wut, gegen Toni ab. Der Schuß war ihr mitten durch die Brust gegangen; und da sie, mit einem gebrochenen Laut des Schmerzes, noch einige Schritte gegen ihn tat, und sodann, indem sie den Knaben an Herrn Strömli gab, vor ihm niedersank: schleuderte er das Pistol über sie, stieß sie mit dem Fuß von sich, und warf sich, indem er sie eine Hure nannte, wieder auf das Bette nieder. ‹Du ungeheurer Mensch!› riefen Herr Strömli und seine beiden Söhne. [...] Herr Strömli, heiße Tränen auf sein Schnupftuch niederweinend, fragte: warum, Elender, hast du das getan? Vetter Gustav, der von dem Bette aufgestanden war, und das Mädchen, indem er sich den Schweiß von der Stirn abwischte, betrachtete, antwortete: daß sie ihn schändlicher Weise zur Nachtzeit gebunden, und dem Neger Hoango übergeben habe. ‹Ach!› rief Toni, und streckte, mit einem unbeschreiblichen Blick, ihre Hand nach ihm aus: ‹dich, liebsten Freund, band ich, weil –!› Aber sie konnte nicht reden und ihn auch mit der Hand nicht erreichen; sie fiel, mit einer plötzlichen Erschlaffung der Kraft, wieder auf den Schoß Herrn Strömlis zurück. Weshalb, fragte Gustav blaß, indem er zu ihr niederkniete. Herr Strömli, nach einer langen, nur durch das Röcheln Tonis unterbrochenen Pause, in welcher man vergebens auf eine Antwort von ihr gehofft hatte, nahm das Wort und sprach: weil, nach der Ankunft Hoangas, dich, Unglücklichen, zu retten, kein anderes Mittel war; weil sie den Kampf, den du unfehlbar eingegangen wärest, vermeiden, weil sie Zeit gewinnen wollte, bis wir, die wir schon vermöge ihrer Veranstaltung herbeieilten, deine Befreiung mit den Waffen in der Hand erzwingen konnten. Gustav legt die Hände vor sein Gesicht. Oh! rief er, ohne aufzusehen, und meinte, die Erde versänke unter seinen Füßen: ist das, was ihr mir sagt, wahr? Er legte seine Arme um ihren Leib und sah ihr mit jammervoll zerrissenem Herzen ins Gesicht. ‹Ach›, rief Toni, und dies waren ihre letzten Worte: ‹du hättest mir nicht mißtrauen sollen!› Und damit hauchte sie ihre schöne Seele aus. Gustav raufte sich die Haare. Gewiß! sagte er, da ihn die Vettern von der Leiche wegrissen: ich hätte dir nicht mißtrauen sollen; denn du warst mir durch einen Eidschwur verlobt, obschon wir keine Worte darüber gewechselt hatten! Herr Strömli drückte jammernd den Latz, der des Mädchens Brust umschloß, nieder. Er ermunterte den Diener, der mit einigen unvollkommenen Rettungswerkzeugen neben ihm stand, die Kugel, die wie er meinte, in dem Brustknochen stecken müsse, auszuziehen; aber alle Bemühung, wie gesagt, war vergebens, sie war von dem Blei ganz durchbohrt, und ihre Seele schon zu besseren Sternen entflohn. – Inzwischen war Gustav ans Fenster getreten; und während Herr Strömli und seine Söhne unter stillen Tränen beratschlagten, was mit der Leiche anzufangen sei, und ob man nicht die Mutter herbeirufen solle; jagte Gustav sich die Kugel, womit das andere Pistol geladen war, durchs Hirn. Diese neue Schreckenstat raubte den Verwandten völlig alle Besinnung. Die Hülfe wandte sich jetzt auf ihn; aber des Ärmsten Schädel war ganz zerschmettert, und hing, da er sich das Pistol in den Mund gesetzt hatte, zum Teil an den Wänden umher.»

Die Ungeheuerlichkeit der Tat bebt in dieser Sprache wieder. Was hier geschieht, ist schrecklich. Aber ist hinter dem Schrecken nicht auch eine geheime Lust zu spüren, die der Dichter sich nicht eingestehen konnte: eine Lust, der Wut gegen die Frau endlich freie Bahn zu lassen, unter welchem Vorwand auch immer? Gustav klammert sich «an den Leibern der Freunde» fest, als er Toni erschießt, als suche er bei den Freunden Schutz vor der Frau, als wolle die Frau ihn den Freunden entreißen. Die Strafe gegen sich selbst für die ungeheure Tat vollzieht er dann sogleich: er tötet sich. Der Vorgang wird sich am Wannsee wiederholen: Gustav schießt Toni ins Herz wie Kleist Henriette Vogel, und Gustav setzt sich die Pistole in den Mund, wie es dann Kleist tat.

Daß die Liebe für Kleist vor allem Vertrauen bedeutete, das finden wir auch in der Novelle bestätigt. Gustav hätte, gegen alle Vernunft und auf sein Gefühl gestützt, Toni vertrauen sollen; das Mißtrauen hat ihn zu seiner Tat verleitet. Die verfeindeten Väter, die ihre Kinder bedrohen, sind in dieser Novelle wiederzufinden als die Weißen und Schwarzen, die einen unversöhnlichen Kampf austragen. Der Sklavenaufstand gegen die weißen Sklavenhalter, angeführt von Hoango, wiederholt das Motiv der Rebellion gegen die fremde Autorität, nicht gegen die eigene Herrschaft. Toni und Gustav sind das Liebespaar zwischen den Fronten der jeweils durch Blutbande verbundenen Todfeinde. Ihrer Liebe gelingt es nicht, die Fronten aufzulösen, weil Gustav, ein Weißer, sein Mißtrauen nicht überwinden kann. Toni hat als Mischling Anteil am weißen und am schwarzen Blut und ist deshalb die geeignete Vermittlerin. In ihr verkörpert Kleist die Liebe, die dem Tod entgegentritt und dem Tod schließlich doch unterliegt: Liebe und Tod vereinen sich.

Was Kleist sein Leben lang nicht erreichte, das wollte er – so meint der Psychiater Gerhard Schmidt in seinem Aufsatz «Der Todestrieb bei Heinrich von Kleist» – angesichts des Todes gewinnen: «Ersehnt wurde von jeher der Zusammenschluß von Mensch zu Mensch sicherlich erotischer, uneingestanden auch sexueller Färbung. Diese Bindung, zeitlebens nicht realisierbar, sollte durch die alle Bedenken hinwegfegenden Todesschauer garantiert werden. In der Tat erwuchs im Schatten des Todes die Liebe. Ein Todesbund, der zum Liebestodesbund wurde. [...] Dieses Sterben zu zweit kompensiert also den Nachholbedarf an sexuellem Kontakt.»

Seine Sehnsucht nach dem Liebesakt wollte Kleist im Sterbeakt stillen. Dieser Wunsch erscheint auf den ersten Blick absonderlich. Doch er ist ein bekanntes Thema in Mythologie und Literatur. Der Gegensatz von Liebe und Tod darf die partielle Ähnlichkeit von Liebe und Tod nicht verdecken, die durch das Zusammentreffen von Liebe und Tod in vielen Liebesgeschichten thematisiert wird. Denis de Rougemont stellt zu Recht fest, daß die Liebesgeschichte der neueren Literatur von Liebe und Tod handelt: «Romeo und Julia» von Shakespeare hat nicht ohne Grund Kleist zu Ottokar und Agnes inspiriert. Rougemonts bevorzugtes Beispiel ist eines der mittelalterlichen Literatur: «Tristan und Isolde», auch eine Dreiecksgeschichte. König Marke ist in einer Version der Geschichte der Onkel der Mutter des Tristan, also in der mütterlichen Linie der nächste Verwandte, gewissermaßen ein Vater. Isolde, die Tristan liebt, von dem sie wiederum geliebt wird, ist die Frau des Marke. Die Geschichte endet mit dem Tod der Liebenden, wie Kleists Geschichten meist auch. Insofern ist die Ähnlichkeit der Kleistschen Dreiecksbeziehungen zu den Erzählungen von «Tristan und Isolde», die er wohl nicht gekannt hat, größer als zum «König Ödipus» des Sophokles, den er gelesen hat. Im «König Ödipus» tötet der Sohn den Vater, in «Tristan und Isolde» tötet der Vater den Sohn, so ließe sich sagen.

In der Fassung des Thomas d'Angleterre aus der zweiten Hälfte des 12. Jahrhunderts endet die Liebesgeschichte von Tristan und Isolde auf Kleistsche Weise: Tristan ist tot, Isolde stirbt, als sie ihn umarmt, Mund an Mund mit ihm. Liebe und Tod sind eins. In der Fassung Gottfrieds von Straßburg aus der ersten Hälfte des 12. Jahrhunderts – sie blieb unvollendet – sagt Tristan, der durch den Liebestrank für Isolde entflammte: «sollte din wuncliche Isot/ iemer alsu sin min tot:so wolte ich gerne werben/umb ein ewicliches sterben.» Wenn Isolde für ihn den Tod bedeuten sollte, so wird ein «ewiges Sterben» ihn auf ewig mit ihr vereinen. Wie sagt der Ritter vom Strahl in «Das Käthchen von Heilbronn»: «[...] hätt ich zehn Leben, nach der Hochzeitsnacht/opfr' ich sie jauchzend jedem von euch hin.» Die Liebe überwindet den Tod, weil die Liebesumarmung im Tod ewig ist.

Ein Grund für diese Nähe von Liebe und Tod dürfte darin bestehen, daß im Liebesakt sich eine Art Sterben vollzieht oder doch etwas, das wie das Sterben oft empfunden wird. Die Zuckungen des Orgasmus haben immer wieder an die Zuckungen des Todes erinnert; so wie im Liebesakt das Ich zur Einheit mit dem Du zerfließt, so vereinen sich im Tod die Liebeskräfte mit der allumfassenden Lebensquelle. Im Französischen ist die Nähe ausgedrückt: der Koitus heißt «la petite morte», also der kleine Tod, er ist gewissermaßen der Bruder des Todes. Es ist ein «Stirb und Werde», das sich im Liebesakt ereignet. Goethe hat in seinem Gedicht «Selige Sehnsucht» diesen Vorgang des «Stirb und Werde» in der Liebesnacht dargestellt:

Sag es niemand, nur den Weisen,
Weil die Menge gleich verhöhnet,
Das Lebend'ge will ich preisen,
Das nach Flammentod sich sehnet.

In der Liebesnächte Kühlung,
Die dich zeugte, wo du zeugtest,
Überfällt dich fremde Fühlung,
Wenn die stille Kerze leuchtet.

Nicht mehr bleibest du umfangen
In der Finsternis Beschattung
Und dich reißet neu Verlangen
Auf zu höherer Begattung.

Keine Ferne macht dich schwierig,
Kommst geflogen und gebannt,

Und zuletzt, des Lichts begierig,
Bist du, Schmetterling, verbrannt.

Und so lang du das nicht hast,
Dieses: Stirb und werde!
Bist du nur ein trüber Gast
Auf der dunklen Erde.

Ich vermute, Kleist hat dieses «Stirb und Werde» auf diese Weise im
Leben nie erfahren, im Tod wollte er es sich erringen. Seine unge-
stillte Sehnsucht stürzte ihn in den Tod, der die Wollust des «Stirb
und Werde» versprach. In der Tat war ihm ja der Tod eine Schwelle
zu einem neuen Leben.

Die Aggressivität des Mannes gegen die Frau, die er liebt und tötet
zugleich, wie Gustav Toni in «Die Verlobung in St. Domingo»,
bringt eine andere mythologische Tradition in Erinnerung. Bei den
Griechen galt Eros als Sohn des Kriegsgottes Ares und der Liebes-
göttin Aphrodite. Die Gewalt des Mannes, der mit seinem Phallos
von der Frau Besitz ergreift, erinnert an die Gewalt des Kriegers, der
den Feind mit seiner Waffe durchstößt. Diese Analogie hat Kleist in
der «Marquise von O...» dargestellt: der Graf F... erstürmt die
Zitadelle und erobert zugleich die Marquise. Der Kampf in der
Schlacht zwischen Achilles und Penthesilea ist zugleich der Ge-
schlechterkampf zwischen Mann und Frau, in dem diesmal die Frau
gewappnet ist und der Mann überwältigt wird. Auch hier erreicht
Kleist eine atavistische Gewalt, die uns erschreckt, eben weil sie mit
Altem, Mythischem uns wieder bekannt macht, das wir längst für
überwunden glaubten.

Daß Kleist Liebe und Krieg, Liebe und Tod als nahe verwandt, als
erschreckend ähnlich uns vor Augen führt, verweist möglicherweise
auf die «grandiose Abnormität» dieses Menschen, wie der Psychiater Gerhard Schmidt schreibt. Doch gerade diese individuelle
«Abnormität» erweckt die alten Gestalten des Mythos wieder: Eros
und Thanatos, Liebe und Tod. Wie nahe verwandt sie einst gedacht
wurden, zeigen die hellenistischen Bilder, die uns überliefert sind.
Beide sind schöne Jünglinge: Eros mit Pfeil und Bogen kriegerisch
bewehrt, und Thanatos mit der nach unten gehaltenen, also ver-
löschenden Fackel des Lebens. Da sie so nahe verwandt sind, sind
sie leicht zu verwechseln.

Thomas Mann hat in seiner Novelle «Der Tod in Venedig» die

Verwechslung von Liebe und Tod vorgeführt: der schöne Jüngling Tadzio erscheint dem Dichter Aschenbach zuerst als Eros, dann als Thanatos; der Liebesbote wird zum Todesboten. So werden – bei Thomas Mann auf andere Weise als bei Kleist – Liebe und Tod eins.

Daß im Werk Kleists uns die alten mythologischen Gestalten wieder begegnen, ist eine Frucht seiner Leidenserfahrungen nicht nur, es ist vor allem eine Frucht seiner künstlerischen Schaffenskraft. Weil er die Gabe hatte, die nur wenige haben: zu sagen, was er litt, also es nicht nur auszusprechen, sondern es auch schöpferisch zu gestalten, wird das Alte im Neuen wieder lebendig für uns.

Kleist hatte nach seiner Absage an die Wissenschaften, die ihm den Zugang zur Wahrheit nicht verbürgen konnten, sich der Kunst zugewandt; in der Darstellung der Schönheit wollte er den Schein der ersehnten Wahrheit finden. Auch das ist ein alter Gedanke: die Schönheit als sinnlicher Abglanz der Wahrheit. In Platons Dialog «Phaidros», den Thomas Mann gegen Ende seiner Novelle «Der Tod in Venedig» erwähnt, erläutert Sokrates dem Phaidros, was der Anblick der irdischen Schönheit im Menschen bewirkt:

«Sooft ein Mensch ein irdisch Schönes hier erblickt, so erinnert er sich der wahren Schönheit, und es wachsen ihm die Flügel, und er möchte auffliegen wieder zu ihr; doch da ihn seine Flügel nicht hoch tragen, steht er und sieht in die Luft und vergißt, was um ihn unten lebt, und gilt für einen, der wahnsinnig ist.»

Dieses Bild von den Flügeln, die dem Sehnsuchtsvollen an den Schultern wachsen, kennen wir aus dem Monolog des Prinzen von Homburg: «Nun, o Unsterblichkeit, bist du ganz mein», und aus Kleists letzten Briefen. Sokrates fährt fort:

«Aber ich sage dir, diese Gottseligkeit ist echt wie keine und das große Heil dessen, in welchem sie steckt, und jenes anderen, dem dieser sie mitteilt, und wer also besessen und gottselig, mit diesem Wahnsinn die Schönheit liebt, der ist der wahrhaft Liebende.»

Auch der wahrhaft Liebende ersehnt also in der Liebe den Tod, insofern er nach der «wahren Schönheit» strebt, die er vor seiner Geburt sah und nach seinem Tod wieder sehen wird – nach Platons Ansicht jedenfalls.

Die Reise um die Welt

«In St. Jago, der Hauptstadt des Königreichs Chili, stand gerade in dem Augenblick der großen Erderschütterung vom Jahre 1647, bei welcher viele tausend Menschen ihren Untergang fanden, ein junger, auf ein Verbrechen angeklagter Spanier, namens Jeronimo Rugera, an einem Pfeiler des Gefängnisses, in welches man ihn eingesperrt hatte, und wollte sich erhenken.»

Das ist der erste Satz der im Jahre 1806 entstandenen Novelle «Das Erdbeben in Chili», in dem in einem Augenblick zwei ungeheure Ereignisse zusammenfallen: der Untergang St. Jagos und der Selbstmordversuch des Jeronimo Rugera; der Untergang der Stadt, bei dem viele tausend Menschen das Leben verlieren, und das Ende eines Menschen, der aus Verzweiflung in den Tod gehen will. Der Punkt, in dem die beiden Linien, die des öffentlichen Schicksals und die des privaten, sich schneiden, ist ein Wendepunkt: danach – um es in einem Kleistschen Bilde zu sagen – führt die «öffentliche Linie» nach unten, die «private» aber steigt nach oben. Das will sagen: erst als die öffentlichen Einrichtungen, die sozialen Institutionen, zerstört sind, können die Liebenden miteinander leben. Denn das Verbrechen, dessen Jeronimo angeklagt ist, ist seine Liebe zu Josephe – eine Liebe, die zuerst von Josephes Vater, dann vom Erzbischof verboten wird und schließlich vom Gerichtshof mit der Todesstrafe belegt wird. Eine höchst unschuldige Liebe, in der zwei junge Menschen zusammenfinden, wird von Familie, Kirche und Staat wie ein Verbrechen mit dem Tode bestraft.

Jeronimo ist arm und nicht von Adel, der Vater Josephes ist «einer der reichsten Edelleute der Stadt». Dieser Standesunterschied verbietet eine Heirat zwischen Jeronimo und Josephe. Josephe kommt ins Karmeliterkloster. Doch Jeronimo kann sie dort heimlich besuchen, «in einer verschwiegenen Nacht» macht er «den Klostergarten zum Schauplatz seines vollen Glückes». Josephe wird schwanger, und ausgerechnet beim Fronleichnamsfest sinkt sie während der Prozession «auf den Stufen der Kathedrale» in Mutterwehen nieder. Daraufhin wird sie auf Befehl des Erzbischofs zum Tode verurteilt. Alles Bitten um Gnade hilft nichts: der Vizekönig mildert das Urteil nur insoweit, daß Josephe an Stelle des Feuertodes den durch Enthauptung zu erleiden hat. Jeronimo wird ins Gefängnis geworfen. Am Tag der Hinrichtung Josephes will er sich töten; es ist der Tag des großen Erdbebens im Jahre 1647.

Gerade dieses Erdbeben, das Tausenden von Menschen das Leben kostet, rettet – paradox genug – den beiden Liebenden das Leben: Jeronimo kann fliehen, Josephe findet ihr Kind Philipp und rettet sich mit ihm ebenfalls aufs Land, wo endlich die kleine Familie zusammentrifft. Als Jeronimo Frau und Kind sieht, ruft er aus: «O Mutter Gottes, du Heilige! und erkannte Josephen, als sie sich bei dem Geräusche schüchtern umsah. Mit welcher Seligkeit umarmten sie sich, die Unglücklichen, die ein Wunder des Himmels gerettet hatte.» Im Gefängnis hatte Jeronimo die Mutter Gottes um Hilfe gebeten: «Er warf sich vor dem Bildnisse der heiligen Mutter Gottes nieder und betete mit unendlicher Inbrunst zu ihr als der einzigen, von der ihm jetzt noch Rettung kommen könnte.»

Draußen auf dem Lande entfaltet sich nun ein Leben, «wie nur ein Dichter davon träumen mag»: es ist ein «Eden», ein Paradies, in dem auf kurze Zeit der Traum Wirklichkeit wird und die Wirklichkeit ein Traum – wie am Ende des «Prinzen von Homburg». Jeronimo und Josephe bettet der Dichter unter einen Granatapfelbaum, es ist der Baum, von dessen Äpfeln einst Adam und Eva im Paradies gegessen haben sollen. Damit ist die paradiesische Idylle als gefährdet gekennzeichnet: die Vertreibung aus dem Paradies droht. Auch das Tableau, in dem Kleist die kleine Familie unter dem Granatapfelbaum postiert, ist bekannt aus der Tradition: «Hier ließ sich Jeronimo am Stamme nieder, und Josephe in seinem, Philipp in Josephens Schoß, saßen sie, von seinem Mantel bedeckt, und ruhten.» «Maria Selbdritt» heißen diese Konstellationen in der spätmittelalterlichen Malerei: Maria hält das Jesukind auf dem Schoß und sitzt wiederum auf dem Schoß ihrer Mutter, der heiligen Anna. Kleist evoziert hier nicht nur die heilige Familie – an Joseph erinnert ja Josephens Name –, sondern auch die heile Geschlechterfolge, in der Generation aus Generation hervorgeht und die neue in der vorangegangenen geborgen ist. Das ist hier jedoch nicht der Fall.

Es sind die Väter, die ihre Kinder verstoßen und töten. Es ist die patriarchalische Ordnung, die die unschuldige Liebe Josephens und Jeronimos verbietet: zuerst innerhalb der Familie, denn Josephes Vater Don Henrico Asteron reißt die Liebenden auseinander; dann innerhalb des Staates, denn der Erzbischof verhängt die Todesstrafe und der Vizekönig bestätigt sie. Die Bitte der Äbtissin fruchtet nichts: «sogar der Wunsch der Äbtissin selbst, welche das junge Mädchen wegen ihres sonst untadelhaften Betragens lieb gewonnen hatte», konnte die Strenge des Urteils nicht mildern, so wenig wie die Mutter der Marquise von O... den erbosten Vater zu zähmen vermochte. Die Strenge eines inhumanen Gesetzes – denn wie kann das Gesetz, das die Liebe verbietet, human sein – waltet hier gnadenlos. Nur der Untergang dieser patriarchalischen Ordnung kann die Liebenden retten. Gewissenhaft zählt Kleist alle Orte des Verderbens auf, die vom Erdbeben zertrümmert wurden:

«Sie hatte noch wenig Schritte getan, als ihr auch schon die Leiche des Erzbischofs begegnete, die man soeben zerschmettert aus dem Schutt der Kathedrale hervorgezogen hatte. Der Palast des Vizekönigs war versunken, der Gerichtshof, in welchem ihr das Urteil gesprochen worden war, stand in Flammen, und an die Stelle, wo sich ihr väterliches Haus befunden hatte, war ein See getreten, und kochte rötliche Dämpfe aus.»

Im Erdbeben, das die alte Ordnung von Grund auf beseitigt, schwingt das Beben der Französischen Revolution nach. Doch Kleist nennt eine erfolgreiche Umwälzung, die alten Instanzen sind zunächst beseitigt, nicht eine Revolution, sondern er wählt eine Metapher, das Erdbeben, das als Naturereignis keinen Täter braucht, keine Menschen, die es ins Werk setzen. In dieser Metapher vom Erdbeben ist beides zu erkennen: die Hoffnung auf Umwälzung, also auf Beseitigung der lebensbedrohlichen patriarchalischen Institutionen, und die Angst davor, die Revolution in Gang zu setzen, also selbst die Waffen gegen die Väter zu ergreifen.

Das Verbot der Kritik an der väterlichen Gewalt wirkte tief ins eigene Innere, so daß die Wut gegen diese Gewalt, die nach Außen zu treten sich nicht getraute, sich gegen die jungen Menschen selbst richtet.

Der Mord der Väter an den Kindern kann sich auch als Selbstmord der Kinder vollziehen, wenn die Väter den Kindern allen Lebensraum nehmen. Und der Selbstmord des Kindes kann auch ein Ersatz für den Mord am Vater sein. In einer kleinen Geschichte Kleists, «Der neuere (glücklichere) Werther», eine ironische Paraphrase auf Goethes berühmten Roman, wird dieser Zusammenhang auf verblüffende Weise deutlich. Kleists Werther ist ein junger Mann wie der Goethes, aber sein Konkurrent ist ein alter Mann, nämlich sein Prinzipal, dessen Frau er liebt. Als die Eheleute verreist sind, legt sich der junge Mann ins Bett der abwesenden Frau; ein Zeichen seines Wunsches, sie zu besitzen, und zugleich seiner Angst, vor ihr zu versagen. Als die Eheleute unverhofft zurückkehren, richtet er die Pistole auf sich und drückt ab. Doch nicht der Junge, der Alte stirbt, zu Tode erschrocken über den Pistolenschuß. Der Junge ist bald genesen und heiratet die Witwe. Der Schuß, den der Junge auslöste, tötete den Alten, das heißt, dieser Schuß war eigentlich für den Alten bestimmt. Den Mut, die Pistole auf den Prinzipal zu richten, hatte der junge Mann jedoch nicht. Die Angst vor der väterlichen Autorität war zu groß.

Im zweiten Teil des «Erdbebens in Chili» malt Kleist eine angstfreie und repressionsfreie Gesellschaft aus. Die Idylle auf dem Land, nach der Zertrümmerung der Stadt, zeigt in dem Bild des vergangenen paradiesischen Zustands den erhofften zukünftigen; das biblische Paradies wird zur Utopie der Gesellschaft, in der alle künstlichen Trennungen von Stand und Besitz aufgehoben sind und der natürliche Zustand als der einzig menschliche wiederhergestellt ist: alle Menschen sind Brüder, Freiheit, Gleichheit, Brüderlichkeit herrschen:

«Josephe dünkte sich unter den Seligen. Ein Gefühl, das sie nicht unterdrücken konnte, nannte den verfloßnen Tag, so viel Elend er auch über die Welt gebracht hatte, eine Wohltat, wie der Himmel noch keine über sie verhängt hatte. Und in der Tat schien, mitten in diesen gräßlichen Augenblicken, in welchen alle irdischen Güter der Menschen zu Grunde gingen, und die ganze Natur verschüttet zu werden drohte, der menschliche Geist selbst, wie eine schöne Blume, aufzugehn. Auf den Feldern, so weit das Auge reichte, sah man Menschen von allen Ständen durcheinander liegen, Fürsten und Bettler, Matronen und Bäuerinnen, Staatsbeamte und Tagelöhner, Klosterherren und Klosterfrauen: einander bemitleiden, sich wechselseitig Hülfe reichen, von dem, was sie zur Erhaltung ihres Lebens gerettet haben mochten, freudig mitteilen, als ob das allgemeine Unglück alles, was ihm entronnen war, zu einer Familie gemacht hätte.»

Die alte Welt muß untergehen, damit die neue Welt aufgehen kann: die apokalyptische Vorstellung, in allen Revolutionsideen verborgen, bricht hier durch. Doch noch ist es nicht soweit. Mit dem mehrmaligen «als ob» setzt der Dichter ein Signal. «Als ob» heißt: es ist nicht so, es sieht nur so aus. Die Idylle auf dem Land ist ein Vorschein der Gesellschaft, in der alle Menschen Brüder sind, sie ist jedoch die freie Gesellschaft noch nicht.

Jeronimo und Josephe begehen den Irrtum, nicht dem ersten spontanen Entschluß, nach Spanien auszuwandern, zu folgen, sondern schließlich in die Stadt zurückzukehren.

So zerstört die Stadt auch ist, die Kirche der Dominikaner, von deren «ältester Chorherren einer» eine Predigt hält, steht noch. Reste der patriarchalischen Institutionen haben das Erdbeben überstanden: das Verhängnis nimmt seinen Lauf. Der väterliche Dominikaner hetzt gegen die Liebenden, und sie werden erkannt. Jeronimo wird daraufhin von seinem eigenen Vater erschlagen:

«Doch kaum waren sie auf den von Menschen gleichfalls gefüllten Vorplatz derselben [der Kirche] getreten, als eine Stimme aus dem rasenden Haufen, der sie verfolgt hatte, rief: dies ist Jeronimo Rugera, ihr Bürger, denn ich bin sein eigner Vater! und ihn an Donna Constanzens Seite mit einem ungeheuren Keulenschlage zu Boden streckt. Jesus Maria! rief Donna Constanze, und floh zu ihrem Schwager; doch: Klostermetze! erscholl es schon, mit einem zweiten Keulenschlage, von einer andern Seite, der sie leblos neben Jeronimo niederwarf. Ungeheuer! rief ein Unbekannter: dies war Donna Constanze Xares! Warum belogen sie uns! antwortete der Schuster: sucht die rechte auf, und bringt sie uns! Don Fernando, als er Constanzes Leichnam erblickte, glühte vor Zorn; er zog und schwang das Schwert, und hieb, daß er ihn gespalten hätte, den fanatischen Mordknecht, der diese Greuel veranlaßte, wenn derselbe nicht, durch eine Wendung, dem wütenden Schlag entwichen wäre. Doch da er die Menge, die auf ihn eindrang, nicht überwältigen konnte: leben Sie wohl, Don Fernando mit den Kindern! rief Josephe – und: hier mordet mich, ihr blutdürstenden Tiger! und stürzte sich freiwillig unter sie, um dem Kampf ein Ende zu machen. Meister Pedrillo schlug sie mit der Keule nieder. Darauf ganz mit ihrem Blute besprützt: schickt ihr den Bastard zur Hölle nach! rief er, und drang, mit noch ungesättigter Mordlust, von neuem vor. –

Don Fernando, dieser göttliche Held, stand jetzt, den Rücken an die Kirche gelehnt; in der Linken hielt er die Kinder, in der Rechten das Schwert. Mit jedem Hiebe wetterstrahlte er einen zu Boden; ein Löwe wehrt sich nicht besser. Sieben Bluthunde lagen tot vor ihm, der Fürst der satanischen Rotte selbst war verwundet. Doch Meister Pedrillo ruhte nicht eher, als bis er der Kinder eines bei den Beinen von seiner Brust gerissen, und, hochher im Kreise geschwungen, an eines Kirchpfeilers Ecke zerschmettert hatte. Hierauf ward es still, und alles entfernte sich. Don Fernando, als er seinen kleinen Juan vor sich liegen sah, mit aus dem Hirne vorquellenden Mark, hob, voll namenlosen Schmerzens, seine Augen gen Himmel.»

Don Fernando, der «wetterstrahlende» Offizier – Graf Wetter vom Strahl hieß der Ritter in «Das Käthchen von Heilbronn» –, wird als «göttlicher Held» bezeichnet, Meister Pedrillo dagegen, der Wortführer der Lynchjustiz, als «Fürst der satanischen Rotte». Deutlich ist jetzt – nach der Vertreibung aus dem Vorschein des Paradieses – der Teufel am Werk. Doch wirkt auch die «göttliche» Kraft, die als Ritterlichkeit und Tapferkeit in Don Fernando verkörpert ist. Don Fernandos eigenes Kind wird ermordet, doch Philipp, das Kind der Liebe, bleibt am Leben – als ein Hoffnungszeichen, daß das Ende aller Tage noch nicht gekommen ist. Hoffnung freilich erfüllt sich erst, so scheint es, am Ende aller Tage, wenn der Traum Wirklichkeit wird, die Utopie Realität.

Die Enttäuschung über die Französische Revolution steht auch in diesem Text: sie hat zwar, wie das Erdbeben in St. Jago, die alten Instanzen beseitigt, aber die Ideale der Revolution, wie sie in der Idylle auf dem Land ausgemalt werden, nicht verwirklicht, sondern ein noch schlimmeres System der Willkür und der Lynchjustiz zur Folge – wie im dritten Teil der Novelle ausgeführt.

«Das Erdbeben in Chili» handelt vom verlorenen Paradies – ein altes Thema auch bei Kleist, denn schon der Erbvertrag in «Die Familie Schroffenstein» gemahnt daran. Dieser jüdisch-christliche Mythos wurde durch Rousseau aufgenommen und weitergeführt: die Menschen, von Natur aus gut, werden durch künstliche Schranken, durch Stand und Besitz, voneinander entzweit und auch von der Natur getrennt. Die Hoffnung aber ist, daß eines Tages auf höherer Stufe ein neuer paradiesischer Zustand erreicht wird, die künstlichen Trennungen aufgehoben, die Entfremdung überwunden, die Einheit wiederhergestellt wird. Der Mythos vom goldenen Zeitalter, aus der Antike überliefert, ist dem jüdisch-christlichen Mythos und seiner Neuformulierung durch Rousseau sehr ähnlich. Dieser Mythos vom goldenen Zeitalter ist ein, wenn nicht gar der zentrale Mythos der deutschen Romantik. Bei Gotthilf Heinrich Schubert fanden wir ihn in seinen drei Epochen der Weltgeschichte; Adam Müller sprach ihn in seiner «Einleitung in die Betrachtung der griechischen Bühne» in seinen Dresdner Vorlesungen aus. Demnach ist das Paradies am Anfang aller Geschichte ein Werk der «Natur», das Paradies am Ende unserer Geschichte aber wird ein Werk der «Kunst» sein, also des Menschen. Bei Friedrich Schlegel, bei Schelling, bei Novalis finden wir den Mythos vom goldenen Zeitalter ebenfalls, bei E. T. A. Hoffmann in «Der goldene Topf» mit Zitaten aus Schuberts Werk, bei Friedrich Hölderlin in «Brod und Wein». Hölderlins «Dichter in dürftiger Zeit» ist der Dichter in der welthistorischen Nacht, in der wir leben, nachdem der Tag der Menschheit, da die Götter und Halbgötter wie Dionysos und Christus unter den Menschen weilten, mit den Griechen zu Ende gegangen ist. Christus und Dionysos haben als Pfand dessen, daß sie einmal da waren und daß sie einmal wiederkehren werden, Brot und Wein hinterlassen.

Der Philosoph Schelling formuliert den Mythos im Rahmen einer «Geschichte des Selbstbewußtseins»; in dessen drei Entwicklungsstufen erkennen wir das vergangene goldene Zeitalter, die entfremdete Geschichte und das zukünftige goldene Zeitalter wieder. Wir finden das goldene Zeitalter in der nicht nur von Hegel, sondern auch von der Romantik beeinflußten Philosophie von Karl Marx: der Ur-Kommunismus ist das vergangene goldene Zeitalter, der erhoffte Kommunismus ist das zukünftige goldene Zeitalter und die menschliche Geschichte dazwischen ist eine der Entfremdung, der Widersprüche, der «Klassenkämpfe».

Kleist hat den Mythos vom goldenen Zeitalter nicht nur in Andeutungen in seine Werke aufgenommen oder explizit dargestellt wie in der Novelle «Das Erdbeben in Chili», er hat ihn auch in einem Essay ausgesprochen, der in der Tradition der Aufklärung als Dialog abgefaßt ist. Es ist der Dialog «Über das Marionettentheater». Den ursprünglichen paradiesischen Zustand führt Kleist an drei Beispie-

len vor: an der Marionette, der seelenlosen «bewußtlosen» Glieder-
puppe, an einem Bären, der, ein Tier, ohne Bewußtsein seiner selbst
und ganz im Einklang mit sich und der Welt ist, ein «natürliches
Wesen», schließlich an einem Jüngling, der wie die Figur des Dorn-
ausziehers voll Anmut sich bewegt, bis er sich im Spiegel erblickt,
also bis er sich seiner Bewegung bewußt wird, bis er auf sich reflektiert, denn danach gelingt ihm die unwillkürliche, also unbewußte
und anmutige Bewegung nicht mehr. Anmut ist für Kleist die unwillkürliche, unbewußte Handlung, das unreflektierte Sein. Diese
Anmut hat der Mensch durch sein Bewußtsein verloren.

Zu der These, die Marionette sei anmutig, der Mensch aber nicht,
sagt Herr C... im Dialog:

«Er versetzte, daß es dem Menschen schlechthin unmöglich
wäre, den Gliedermann darin auch nur zu erreichen. Nur ein
Gott könne sich, auf diesem Felde, mit der Materie messen; und
hier sei der Punkt, wo die beiden Enden der ringförmigen Welt in
einander griffen. – Ich erstaunte immer mehr, und wußte nicht,
was ich zu so sonderbaren Behauptungen sagen sollte. – Es
scheine, versetzte er, indem er eine Prise Tabak nahm, daß ich das
dritte Kapitel vom ersten Buch Moses nicht mit Aufmerksamkeit
gelesen; und wer diese erste Periode aller menschlichen Bildung
nicht kennt, mit dem könne man nicht füglich über die folgenden,
um wie viel weniger über die letzte, sprechen. – Ich sagte, daß ich
gar wohl wüßte, welche Unordnungen, in der natürlichen Grazie
des Menschen, das Bewußtsein anrichtet. Ein junger Mann von
meiner Bekanntschaft hätte, durch eine bloße Bemerkung,
gleichsam vor meinen Augen, seine Unschuld verloren, und das
Paradies derselben, trotz aller ersinnlichen Bemühungen, nachher niemals wieder gefunden.»

Dieser junge Mann ist der besagte Jüngling, der kurze Zeit die Anmut eines Kunstwerkes besitzt. Das dritte Buch Moses, das «von
der ersten Periode aller menschlichen Bildung» berichtet, erzählt
die Vertreibung aus dem Paradies. Die letzte Periode wird diejenige
sein, in der der Mensch ein neues, gewissermaßen göttliches Bewußtsein erreicht. Steht für die erste Periode «der Gliedermann»
oder das Tier, stehen für die dritte und letzte Periode die Götter.
Sie haben unendliches Bewußtsein. Die zweite Periode ist die des
Menschen mit seinem begrenzten Bewußtsein.

«Nun, mein vortrefflicher Freund, sagte Herr C…, so sind Sie im Besitz von allem, was nötig ist, um mich zu begreifen. Wir sehen, daß in dem Maße, als, in der organischen Welt, die Reflexion dunkler und schwächer wird, die Grazie darin immer strahlender und herrschender hervortritt. – Doch so, wie sich der Durchschnitt zweier Linien, auf der einen Seite eines Punkts, nach dem Durchgang durch das Unendliche, plötzlich wieder auf der andern Seite einfindet, oder das Bild des Hohlspiegels, nachdem es sich in das Unendliche entfernt hat, plötzlich wieder dicht vor uns tritt: so findet sich auch, wenn die Erkenntnis gleichsam durch ein Unendliches gegangen ist, die Grazie wieder ein; so daß sie, zu gleicher Zeit, in demjenigen menschlichen Körperbau am reinsten erscheint, der entweder gar keins, oder ein unendliches Bewußtsein hat, d. h. in dem Gliedermann, oder in dem Gott. – Mithin, sagte ich ein wenig zerstreut, müßten wir wieder von dem Baum der Erkenntnis essen, um in den Stand der Unschuld zurückzufallen? – Allerdings, antwortete er; das ist das letzte Kapitel von der Geschichte der Welt.»

Das menschliche Bewußtsein muß also «gleichsam» durch «ein Unendliches» gegangen sein, um den höheren Stand des Bewußtseins zu erlangen, das «unendliche» Bewußtsein des Gottes. Kleist formuliert also die drei Epochen bzw. Perioden des Mythos auf seine Weise, so wie Schelling, Schubert und die anderen sie auf ihre Weise erläuterten. Die künstlerische Darstellung in Dialogform sollte nicht dazu verleiten anzunehmen, er meine es nicht ernst; dazu sind die Anspielungen auf den Mythos in seinen Werken zu zahlreich. Und gerade die spielerische Darstellung ist – paradox genug – ein Indiz für Kleists Ernsthaftigkeit: nur unwillkürliche, also spontane, gewissermaßen zerstreute Gedanken können etwas Wichtiges aussagen. Daß der Partner des Herrn C… «ein wenig zerstreut» spricht, soll heißen: aus ihm spricht die Wahrheit.

Kleist kleiner Aufsatz «Über die allmähliche Verfertigung der Gedanken beim Reden» handelt sehr klug gerade davon: wer bei jedem Wort, das er redet, nachdenkt, kommt ins Stottern; wer sich dem Gedankenstrom überläßt, dem gelingt die Rede als «ein lautes Denken». Daß das Denken meist ein bewußtloser Vorgang ist, dessen wir uns erst im nachhinein, in der Reflexion des Gedachten, vergewissern, wußte Kleist. So ist auch seine Skepsis gegen das Den-

ken und gegen die Sprache zu modifizieren. Zwar schreibt er im
«Brief eines Dichters an einen anderen», die Sprache sei ein «wahrer,
obschon natürlicher und notwendiger Übelstand», am besten wäre
es, er könnte in seinen Busen fassen, «meinen Gedanken ergreifen
und ohne weitere Zutat, in den deinigen legen». Doch ist die Sprache nun einmal notwendig, also auch derart zu gebrauchen, daß sie
als Instrument sich nicht vor die Sache drängt: «[…] die Kunst kann,
in bezug auf sie, auf nichts gehen, als sie möglichst verschwinden
machen.»

Kleists Mißtrauen gegen das Denken ist im Grunde ein Mißtrauen
gegen die Reflexion, also gegen das Darüber-Nachdenken, das an
Stelle des Handelns und des Fühlens tritt. Kleist wendet sich gegen
das Reflektieren vor allem Tun, weil Reflexion das Seiende, die Tat,
voraussetzt, und er ist gegen das Reflektieren des Reflektierens mißtrauisch. Hier ist Kleist, meine ich, kein Romantiker, er wendet sich
gegen die «romantische Ironie», nicht ausdrücklich, denn er erwähnt sie nie, aber tatsächlich. Kleist wendet sich gegen die Reflexion der Darstellung in der Darstellung des Kunstwerks mittels der
Ironie, wie wir sie etwa bei Tieck oder Hoffmann finden. Und er
wendet sich genauso gegen die Königsstellung der Reflexion in der
Philosophie des deutschen Idealismus, ebenfalls nicht ausdrücklich,
aber tatsächlich. Er lehnt also, scheint mir, Transzendentalphilo-
sophie und Transzendentalpoesie ab, beides Versuche, durch die
Reflexion zu einer Art Gewißheit zu gelangen.

Kleist weiß: die Reflexion setzt das Dasein voraus, das Sehen,
Handeln, Empfinden, das ihm deshalb als das Ursprüngliche auch
das Grundlegende ist. Seine Ablehnung der Reflexion ist also keine
Ablehnung des Denkens. Das Denken selbst, sofern es sich spontan
im freien Fluß ergießt, ist ihm erwünscht. Es ist nur schwer, dieses
Denken, das sich selber denkt, in Gang zu bringen und in Worte zu
fassen: In «Über die allmähliche Verfertigung der Gedanken beim
Reden» heißt es deshalb:

«Ein solches Reden ist ein wahrhaftes lautes Denken. Die Reihen
der Vorstellungen und ihrer Bezeichnungen gehen neben einander fort und die Gemütsakten für eins und das andere, kongru-
ieren. Die Sprache ist alsdann keine Fessel, etwa wie ein Hemm-
schuh an dem Rade des Geistes, sondern wie ein zweites, mit ihm
parallel fortlaufendes, Rad an seiner Achse. Etwas ganz anders ist
es wenn der Geist schon, vor aller Rede, mit dem Gedanken fertig

ist. Denn dann muß er bei seiner bloßen Ausdrückung zurückbleiben, und dies Geschäft, weit entfernt ihn zu erregen, hat vielmehr keine andere Wirkung, als ihn von seiner Erregung abzuspannen. Wenn daher eine Vorstellung verworren ausgedrückt wird, so folgt der Schluß noch gar nicht, daß sie auch verworren gedacht worden sei; vielmehr könnte es leicht sein, daß die verworrenst ausgedrückten grade am deutlichsten gedacht werden. Man sieht oft in einer Gesellschaft, wo durch ein lebhaftes Gespräch, eine kontinuierliche Befruchtung der Gemüter mit Ideen im Werk ist, Leute, die sich, weil sie sich der Sprache nicht mächtig fühlen, sonst in der Regel zurückgezogen halten, plötzlich mit einer zuckenden Bewegung, aufflammen, die Sprache an sich reißen und etwas Unverständliches zur Welt bringen. Ja, sie scheinen, wenn sie nun die Aufmerksamkeit aller auf sich gezogen haben, durch ein verlegenes Gebärdenspiel anzudeuten, daß sie selbst nicht mehr recht wissen, was sie haben sagen wollen. Es ist wahrscheinlich, daß diese Leute etwas recht Treffendes, und sehr deutlich, gedacht haben. Aber der plötzliche Geschäftswechsel, der Übergang ihres Geistes vom Denken zum Ausdrücken, schlug die ganze Erregung desselben, die zur Festhaltung des Gedankens notwendig, wie zum Hervorbringen erforderlich war, wieder nieder. In solchen Fällen ist es um so unerläßlicher, daß uns die Sprache mit Leichtigkeit zur Hand sei, um dasjenige, was wir gleichzeitig gedacht haben, und doch nicht gleichzeitig von uns geben können, wenigstens so schnell, als möglich, aufeinander folgen zu lassen.»

Der Weg des menschlichen Bewußtseins, von seiner Befreiung aus der Umarmung mit der Natur über die Entzweiung mit der Natur und sich selbst, mag ein schmerzlicher sein, er ist zugleich ein notwendiger. Nur auf diesem Weg erlangen wir eine höhere Stufe des Bewußtseins. Kleist ist kein rückwärts gewandter Kopf, keiner, der ins Mittelalter, in die Antike oder ins goldene Zeitalter zurückkehren möchte. Der Weg zurück ist verbaut, nur voran geht es weiter. Gerade die Mittel, die uns in unser jetziges Elend geführt haben, werden un auch aus ihm herausführen; der Weg geht also nicht ins Bewußtlose zurück, sondern durch «ein Unendliches» hindurch zu neuem Bewußtsein voran. Das ist der Gang der menschlichen Geschichte von seinem Anfangspunkt zu seinem Endpunkt, wie Kleist ihn sieht, es ist die «Reise um die Welt», wie Kleist im Dialog «Über das Marionettentheater» schreibt:

> «[...] das Paradies ist verriegelt und der Cherub hinter uns; wir müssen die Reise um die Welt machen, und sehen, ob es vielleicht von hinten irgendwo wieder offen ist.»

Daten zu Leben und Werk

1769 Heirat des Vaters Joachim Friedrich von Kleist, Kapitän einer Kompanie in Frankfurt a. d. O., mit Karoline Luise von Wulffen.

1772 Geburt der Stiefschwester Wilhelmine.

1774 Geburt der Stiefschwester Ulrike. Tod von Karoline Luise von Kleist. Zweite Heirat des Vaters mit Juliane Ulrike von Pannwitz.

1775 Geburt der Schwester Friederike.

1776 Geburt der Schwester Auguste.

1777 18. Oktober (nach seiner Meinung 10. Oktober): Geburt von Bernd Heinrich Wilhelm von Kleist.

1780 Geburt des Bruders Leopold.

1781 Geburt der Schwester Juliane.
Heinrich von Kleist wird zusammen mit seinem Vetter Carl von Pannwitz vom Hauslehrer Christian Ernst Martini erzogen.

1788 18. Juni: Tod des Vaters. Heinrich kommt mit seinem Vetter ins Internat nach Berlin.

1789 Beginn der Französischen Revolution.

1792 Erster Koalitionskrieg: Frankreich gegen Österreich und Preußen.
Juni: Konfirmation Heinrich von Kleists in Frankfurt a. d. O. Eintritt in das Garderegiment zu Potsdam als Gefreiterkorporal.
Dezember: Heimaturlaub in Frankfurt a. d. O.

1793 3. Februar: Tod der Mutter.
März: Reise von Frankfurt a. d. O. über Leipzig, Naumburg, Erfurt, Fulda nach Frankfurt a. M., wo Heinrich von Kleist sein Regiment trifft.
Von April bis Juli: Teilnahme an der Belagerung von Mainz.
September: Beginn der Schreckensherrschaft (terreur) in Frankreich.

1794 Gefechte von Kleists Regiment in der Pfalz.

1795 Quartier des Regiments in Eschborn bei Frankfurt a. M. Beförderung zum Portepeefähnrich. Im Juli Rückkehr nach Potsdam.
Frieden von Basel zwischen Frankreich und Preußen.

1796 Sommerreise mit den Geschwistern nach Rügen, dort Bekanntschaft mit Ludwig von Brockes.

1797 Ernst von Pfuel wird nach Potsdam versetzt. Kleist wird zum Sekondeleutnant befördert.
Frieden von Campoformio zwischen Frankreich und Österreich.

1798 J. J. Otto August Rühle von Lilienstern kommt nach Potsdam. Gemeinsame Studien der Freunde. Kleist spielt Klarinette im Quartett mit Rühle, Schlotheim und Gleißenberg. Ausflug in den Harz.

1799 April: Kleists Abschied vom Militär und Beginn seines Studiums in Frankfurt a. d. O.

Im Sommer Riesengebirgsreise mit Martini, den Geschwistern Ulrike und Leopold.

Im Wintersemester Privatvorlesung bei Prof. Wünsch. Staatsstreich Napoleons in Paris: Beginn der Alleinherrschaft Napoleons in Frankreich.

1799– Zweiter Koalitionskrieg: England, Rußland, Österreich gegen
1803 Frankreich, Preußen bleibt neutral.

1800 Januar: Verlobung mit Wilhelmine von Zenge.
August: Reise nach Berlin und Koblentz bei Pasewalk. Weiterreise mit Ludwig von Brockes nach Berlin. Dort Gespräch mit Minister Struensee. Dann mit Brockes nach Leipzig und Dresden, von dort nach Würzburg. Aufenthalt in Würzburg vom 9. September bis 22. Oktober.
Ende Oktober wieder in Berlin.
Besuch bei der königlichen Familie in Potsdam.
Im Dezember Teilnahme an einer Sitzung der technischen Deputation.

1801 Januar: Abreise Ludwig von Brockes' aus Berlin.
März: Erkenntniskrise.
April: Reise mit Ulrike von Kleist nach Dresden, Leipzig, Halberstadt, Göttingen, Kassel, Mainz, von dort über Heidelberg und Straßburg nach Paris. Am 14. Juli beim Friedensfest in Paris.
November: Rückreise mit Ulrike von Kleist und dem Maler Heinrich Lohse über Metz nach Frankfurt a. M., allein mit Lohse weiter nach Basel und Bern.

1802 Freundschaft mit Heinrich Zschokke und Ludwig Wieland in Bern.
Aufenthalt in Thun.
Arbeit an «Familie Ghonorez» (später: «Die Familie Schroffenstein»), an «Robert Guiskard» und «Der zerbrochene Krug».
Mai: Ende der Verlobung mit Wilhelmine von Zenge.
Oktober: Reise mit Ulrike von Kleist und Ludwig Wieland nach Jena und Weimar.

1803 Januar und Februar beim alten Wieland in Oßmannstedt bei Weimar.
März: Reise nach Leipzig.
April bis Juli in Dresden. Veröffentlichungen von «Die Familie Schroffenstein». Arbeit an «Robert Guiskard», «Der zerbrochene Krug», «Amphitryon».
Reise mit Ernst von Pfuel nach Bern und Thun, von dort durchs Tessin nach Mailand, dann über Genf und Lyon nach Paris.
Oktober: Streit mit Pfuel in Paris. Kleist verbrennt das «Guiskard»-Manuskript und geht ohne Paß nach Boulogne, um der französischen Armee beizutreten.
Vom preußischen Botschafter Lucchesini wird er nach Deutschland geschickt. Im Winter ist Kleist beim Arzt Georg Wedekind in Mainz.

1804   Napoleon macht sich zum Kaiser: Einführung des erblichen Kaisertums.

Im Frühjahr ist Kleist in Paris.

Im Juni kehrt er von Mainz über Weimar, Frankfurt a. d. O. und Potsdam nach Berlin zurück.

Audienz bei Köckeritz: Bewerbung um Anstellung im Zivildienst.

1805   Der dritte Koalitionskrieg beginnt: England, Rußland, Österreich und Schweden gegen Frankreich, Preußen bleibt wieder neutral.

Ab Mai ist Kleist in Königsberg an der Domänenkammer tätig. Ulrike von Kleist zieht zu ihm. Ab Herbst Krankheiten.

2. Dezember: «Drei-Kaiser-Schlacht»: Napoleon besiegt bei Austerlitz Rußland und Österreich. Frieden von Preßburg zwischen Frankreich und Österreich.

1806   Kaiser Franz II. – Franz I. von Österreich – legt auf Ultimatum Napoleons hin die römisch-deutsche Kaiserwürde nieder.

Im August nimmt Kleist Urlaub vom Amt in Königsberg aus Gesundheitsgründen. «Der zerbrochene Krug» schickt er an Marie von Kleist. Literarische Arbeit.

Preußen tritt an der Seite Rußlands in den Krieg gegen Napoleon ein.

24. Oktober: Schlacht bei Jena und Auerstedt bringt die Niederlage Preußens.

Bündnis Napoleons mit dem König von Sachsen.

1807   Kleist geht mit Pfuel und zwei anderen ehemaligen Offizierskameraden von Königsberg nach Berlin, Pfuel trennt sich zuvor von ihnen, die anderten werden von den Franzosen als Spione verhaftet.

März: Haft auf Fort de Joux.

April: Haft in Châlons-sur-Marne.

Mai: «Amphitryon» erscheint mit dem Vorwort Adam Müllers in Dresden.

Juli: Entlassung aus der Haft. Reise über Berlin nach Dresden, wo auch Rühle und Pfuel sich aufhalten.

9. Juli: Frieden von Tilsit zwischen Preußen und Frankreich.

Veröffentlichung von «Jeronimo und Josephe» (später «Das Erdbeben in Chili»).

Herbst und Winter: Vorlesungen von Adam Müller und Gotthilf Heinrich Schubert in Dresden.

Dezember: Gründung der Zeitschrift «Phöbus» mit Adam Müller.

1808   Ab Januar erscheint der «Phöbus». Dort Veröffentlichungen von «Penthesilea» (Fragment), «Die Marquise von O...», «Der zerbrochene Krug» (Teile nach der mißlungenen Aufführung in Weimar), «Guiskard» (Fragment), «Das Käthchen von Heilbronn» (Teildruck) und «Michael Kohlhaas».

«Penthesilia» erscheint bei Cotta als Buch.

1809   Februar: Letztes Heft des «Phöbus».

April: Die Franzosen räumen Dresden, die österreichische Armee marschiert in Bayern ein.

Kleist geht mit Friedrich Christoph Dahlmann nach Böhmen. Er schreibt Kriegslyrik. «Die Hermannsschlacht» schickt er schon am 1. Januar nach Wien.

21. und 22. Mai: in der Schlacht von Aspern besiegt Österreich Napoleons Armee. Kleist und Dahlmann besuchen am 25. Mai das Schlachtfeld.

In Prag versucht Kleist vergeblich eine Zeitschrift «Germania» herauszubringen.

6. Juli: Niederlage Österreichs bei Wagram.

16. Oktober: Friedensschluß zwischen Österreich und Frankreich.

Im November reist Kleist nach Frankfurt a. d. O., von dort nach Berlin.

1810 Reise über Leipzig nach Frankfurt a. M. Ab Februar wieder in Berlin.

März: Aufführung des «Käthchen von Heilbronn» in Wien.

September: Bei Riemer in Berlin erscheinen «Das Käthchen von Heilbronn» und der erste Band der Erzählungen.

1. Oktober: Erste Nummer der «Berliner Abendblätter». Seit Anfang Dezember Verhandlungen mit Hardenberg und Raumer wegen Unterstützung der «Abendblätter».

1811 Februar: «Der zerbrochene Krug» erscheint bei Riemer.

30. März: Letzte Nummer der «Berliner Abendblätter».

April: Bewerbung um Redakteurstelle des Kurmärkischen Amtsblatts bei Hardenberg.

Ende Mai: Adam Müller geht nach Wien, Marie von Kleist reist nach Mecklenburg.

Juni: Gesuch an Hardenberg um Anstellung, danach Gesuch an den König.

Zweiter Band der Erzählungen erscheint bei Riemer.

September: Widmungsexemplar des «Prinz Friedrich von Homburg» überreicht Marie von Kleist an Prinzessin Marianne von Preußen, geborene von Homburg.

September: Auf Vermittlung von Marie von Kleist Audienz beim König. Hoffnung auf Anstellung. Letzter Besuch in Frankfurt a. d. O.

Freundschaft mit Henriette Vogel.

20. November: Fahrt mit Henriette Vogel nach Stimmings Krug am Kleinen Wannsee bei Berlin.

21. November: Gegen 4 Uhr nachmittags erschießt Kleist Henriette Vogel, dann sich selbst am Kleinen Wannsee.

Literaturverzeichnis

Grundlage meiner Arbeit war die Ausgabe der Werke Kleists, die Helmut Sembdner besorgt hat:
Sämtliche Werke und Briefe. Hg. von Helmut Sembdner. München 1952 ff, 7. ergänzte und revidierte Auflage 1984 (auch als Taschenbuchausgabe beim Deutschen Taschenbuch Verlag).

Außerdem die Faksimile-Nachdrucke von Kleists Zeitschriften
Phöbus. Ein Journal für die Kunst. Photomechanischer Nachdruck mit Nachwort und Kommentar von Helmut Sembdner. Darmstadt 1961 (Neudruck Hildesheim 1987).
Berliner Abendblätter. Reprografischer Nachdruck. Nachwort und Register von H. Sembdner. Darmstadt 1982.

Grundlegend sind auch zwei Sammelbände von Helmut Sembdner:
Heinrich von Kleists Lebensspuren. Hg. von H. Sembdner. Bremen 1957, zuletzt Frankfurt a. M. 1984.
Heinrich von Kleists Nachruhm. Hg. von H. Sembdner. Bremen 1967, zuletzt Frankfurt a. M. 1984.

Den neuesten Stand der Kleist-Forschung vermitteln die Beiträge des *Kleist-Jahrbuches*, das seit 1980 Hans Joachim Kreutzer im Auftrage der Kleist-Gesellschaft herausgibt. Über den Gang der Kleist-Forschung informieren die beiden Bände, die Walter Müller-Seidel in der Reihe «Wege der Forschung» der Wissenschaftlichen Buchgesellschaft Darmstadt ediert hat:
Heinrich von Kleist. Aufsätze und Essays. Wege der Forschung 147. Darmstadt 1967.
Kleists Aktualität. Neue Aufsätze und Essays 1966–1978. Wege der Forschung 586. Darmstadt 1981.
Wichtig weiterhin: *Kleists Dramen. Studien und Interpretationen*. Hg. von Walter Hinderer. Stuttgart 1981 (Hier besonders die Beiträge von H. Arntzen und G. Ueding).

Nur in Ausnahmefällen verweise ich in der folgenden Liste auf Beiträge der genannten Sammelbände. Die Liste enthält nur eine Auswahl der Werke, die ich benutzt habe.

Beda Allemann: Der Nationalismus Heinrich von Kleists. In: Kleists Aktualität, S. 46–54.
Ilse-Marie Barth: Zur Aufführung von Kleists Lustspiel «Der zerbrochene Krug» am Weimarer Hoftheater 1808. In: Goethe-Jahrbuch 100, 1983, S. 219–225.

Klaus Birkenhauer: Kleist. Tübingen 1977.

Bernhard Böschenstein: Kleist und Rousseau. In: Kleist-Jahrbuch 1981/82, S. 145–156.

Eduard von Bülow: Heinrich von Kleists Leben und Briefe. Berlin 1848.

Otto Büsch: Militärsystem und Sozialwesen im alten Preußen 1713–1807. Berlin 1962.

Ernst Cassirer: Heinrich von Kleist und die Kantische Philosophie. Berlin 1922.

Erik H. Erikson: Identität und Lebenszyklus. Frankfurt a. M. 1971.

Ludwig Fertig: Zeitgeist und Erziehungskunst. Eine Einführung in die Kulturgeschichte der Erziehung von 1600 bis 1900. Darmstadt 1984.

Ulrich Gall: Philosophie bei Heinrich von Kleist. Bonn 1977.

Dirk Grathoff: Die Zensurkonflikte der Berliner Abendblätter. Frankfurt a. M. 1972 (Ideologiekritische Studien zur Literatur. Band 5).

Hanna Hellmann: Heinrich von Kleist und «Der Kettenträger». In: Germanisch-Romanische Monatsschrift 13, 1925, S. 350–363.

Arthur Henkel: Traum und Gesetz in Kleists «Prinz Friedrich von Homburg». In: Der Zeiten-Bildersaal. Kleine Schriften 2. Stuttgart 1983.

Paul Hoffmann: Ulrike von Kleist über ihren Bruder Heinrich. In: Euphorion, 1903, S. 105–152.

Heinz Ide: Der junge Kleist. Würzburg 1961.

Hans Joachim Kreutzer. Die dichterische Entwicklung Heinrich von Kleists. Berlin 1967.

Hans Joachim Kreutzer: Über die Geschichte der Kleist-Handschriften und über Kleists Handschrift. In: Kleist-Jahrbuch 1981/82, S. 66–85.

Joachim Maass: Kleist. Die Fackel Preußens. Eine Lebensgeschichte. München 1958.

Hans Mayer: Heinrich von Kleist. Der geschichtliche Augenblick. Pfullingen 1962.

Franz Rudolf Merkel: Der Naturphilosoph Gotthilf Heinrich Schubert und die deutsche Romantik. München 1913.

Georg Minde-Pouet: Kleists letzte Stunden. Das Akten-Material. Berlin 1925.

Max Morris: Heinrich von Kleists Reise nach Würzburg. Berlin 1892.

Adam Müller: Ausgewählte Abhandlungen. Hg. von Jakob Baxa. Jena 1921.

Adam Müller: Vermittelte Kritik (Werke, Auswahl). Hg. von Anton Krättli. Zürich 1968.

Adam Müller: Kritische, ästhetische und philosophische Schriften. Hg. von Walter Schroeder und Werner Siebert. Neuwied–Berlin 1967.

Johannes K. H. Müller: Die Rechts- und Staatsauffassungen Heinrich von Kleists. Bonn 1962.

Ludwig Muth: Kleist und Kant. Köln 1954.

Heinz Politzer: Auf der Suche nach Identität. In: Kleists Aktualität, S. 55–76.

Sigismund Rahmer: Heinrich von Kleist als Mensch und Dichter. Berlin 1909.

Jean Ruffet: Kleist à Boulogne. In: Études germaniques 31, 1976, S. 186–188.

Richard Samuel und *Hilda M. Brown:* Kleist's Lost Year and the Quest for «Robert Guiskard». Leamington, Spa. 1981.

Richard Samuel: Rezension über Katharina Mommsens «Kleists Kampf mit Goethe». In: Kleist-Jahrbuch 1980, S. 151–160.

Hanna Schissler: Preußische Agrargesellschaft im Wandel. Göttingen 1978.

Gerhard Schmidt: Der Todestrieb bei Heinrich von Kleist. In: Münchener Medizinische Wochenschrift 10, 1970, S. 762–768.

Jochen Schmidt: Kleists «Robert Guiskard» im Horizont der zeitgenössischen Legitimationskrise. In: Kleist-Jahrbuch 1981/82, S. 358–379.

Hans-Jürgen Schrader: Unmögliche Liebesbriefe. Heinrich von Kleist an Wilhelmine von Zenge. In: Kleist-Jahrbuch 1981/82, S. 86–97.

Gotthilf Heinrich Schubert: Ansichten von der Nachtseite der Naturwissenschaft. Reprografischer Nachdruck der Ausgabe von 1808. Darmstadt 1967.

Gotthilf Heinrich Schubert: Die Symbolik des Traumes. Faksimile der Ausgabe von 1814. Heidelberg 1968.

Helmut Sembdner: In Sachen Kleist. Beiträge zur Forschung. München 1974.

Helmut Sembdner (Hg.): Kleists Aufsatz «Über das Marionettentheater». Berlin 1967.

Eberhard Siebert: War Heinrich von Kleist als Industriespion in Würzburg? In: Jahrbuch der Stiftung Preußischer Kulturbesitz 22, 1985, S. 185–206.

Bengt Algot Sorensen: Herrschaft und Zärtlichkeit. Der Patriarchalismus und das Drama im 18. Jahrhunderts. München 1984.

Peter Szondi: Amphitryon. Kleists Lustspiel nach Molière. In: Schriften II. Frankfurt a. M. 1978.

Peter Szondi: Poetik und Geschichtsphilosophie I (Studienausgabe der Vorlesungen Band 2). Frankfurt a. M. 1974.

Ingeborg Weber-Kellermann: Die deutsche Familie. Versuch einer Sozialgeschichte. Frankfurt a. M. 1974.

Rudolf Vierhaus: Heinrich von Kleist und die Krise des preußischen Staates um 1800. In: Kleist-Jahrbuch 1980, S. 9–33.

Hermann F. Weiss: Funde und Studien zu Heinrich von Kleist. Tübingen 1984.

Thomas Wichmann: Heinrich von Kleist (Sammlung Metzler, Realien zur Literatur 240). Stuttgart 1988.

Julius von Wickede: Aus alten Tagebüchern. 1. Band, 2. Ausgabe. Jena 1871.

Register der erwähnten Werke Kleists

Amphitryon 88, 182, 187, 206, 210f, 224f, 229f, 237, 240, 249f, 265, 290, 298, 337, 340
Aufsatz, den sichern Weg des Glücks zu finden 73, 81, 320

Brief eines Dichters an einen anderen 116, 183, 362

Das Bettelweib von Locarno 182
Das Erdbeben in Chili 65, 182, 187, 284, 292, 353f
Das Käthchen von Heilbronn 17, 19, 182, 188, 206, 209, 231f, 234, 236, 245f, 256f, 261f, 288f, 331, 335, 340, 343, 350, 358
Der Findling 182, 340
Der neuere (glücklichere) Werther 355
Der zerbrochene Krug 172, 174, 181, 187f, 194f, 197f, 209, 214, 225, 250f, 265, 337
Der Zweikampf 182, 206, 210, 337, 339
Die Famlie Schroffenstein 19, 49f, 58f, 131, 181, 188f, 194f, 201, 209, 256, 260, 262, 290f, 324, 339, 341f, 345, 358
Die heilige Cäcilie 182
Die Hermannsschlacht 182, 276, 290f, 312, 324, 326, 340, 342
Die Marquise von O… 17, 48, 88, 182, 187, 334f, 341f, 351
Die Verlobung von St. Domingo 182, 346, 351

Germania an ihre Kinder 302

Lehrbuch der französischen Journalistik 304

Michael Kohlhaas 17, 88 182, 271, 279f, 308, 326, 334

Penthesilea 17, 19, 88, 130, 182, 187f, 224, 229f, 235f, 245, 250, 258f, 264, 271, 292, 335, 345
Prinz Friedrich von Homburg 88f, 182, 206, 209, 270f, 276, 287, 290, 320f, 340, 342f, 354

Robert Guiskard 88, 135, 165, 169, 181, 185f, 187f, 191f, 194, 311, 327, 343

Über das Marionettentheater 61, 183, 201f, 271, 359f, 364
Über die allmähliche Verfertigung der Gedanken beim Reden 183, 361f
Über die Rettung von Österreich 311

Was gilt es in diesem Kriege? 303

Namenregister

Ahlemann 139, 147
Aischylos 185
Albanus, E. C. 29
Altenstein, Karl Freiherr von Stein zum 171
Aristophanes 154, 180, 197
Aristoteles 213
Arnim, Achim von 70, 153
Arnim, Bettina von 70

Bauer, Konrektor 72
Bédier, Joseph 345
Benjamin, Walter 18f, 180
Bertuch, Karl 170
Böttiger, Karl August 253, 271f
Bouterwek, Friedrich 109, 110f
Brentano, Clemens 153
Brockes, Ludwig von 46f, 91f, 95, 97, 101f, 109f, 112, 113, 114f, 118, 120f, 133, 155
Brown, Hilda M. 170f, 181
Büchner, Georg 194
Bülow, Eduard von 76, 133, 160, 163f, 173
Buol, Joseph von 175f, 269
Burke, Edmund 267

Calderón de la Barca, Pedro 270
Cassirer, Ernst 114
Catel, Johann Heinrich 22, 28f
Chamisso, Adelbert von (Louis Charles Adélaide de Chamisso de Boncourt) 70
Cicero, Marcus Tullius 295
Clauren, Heinrich (Carl Heun) 129
Collin, Heinrich Joseph von 188, 233
Corneille, Pierre 224, 268
Cotta von Cottendorf, Johann Friedrich Freiherr 271f

Cuge, Johann David 266

Dahlmann, Friedrich Christoph 165, 174f, 273, 300
D'Allaglio, General 94
Debucourt, Philibert-Louis 196
Diogenes Laertios 82
Dippold, H. K. 223, 224, 226
Dostojevskij, Fjodor M. 179

Ehrenberg, Friedrich 172
Eichler, August Wilhelm 175f
Elisabeth, Zarin 69
Elliott, Lord 93
Epikur 82, 83, 106
Erikson, Erik Homburger 26
Euripides 224, 234, 235, 243, 260

Falk, Johann Daniel 211
Felgentreu 7, 13
Fichte, Johann Gottlieb 114
Flachsland, Caroline 128
Forster, Georg 36
Fouqué, Friedrich Baron de la Motte 70, 160
Franz I., Kaiser von Österreich 300
Freud, Sigmund 178f, 258
Friedrich II., Kaiser 69
Friedrich II. der Große, König von Preußen 68, 69f, 81, 305
Friedrich Wilhelm II., König von Preußen 27f, 70
Friedrich Wilhelm III., König von Preußen 67f, 70, 172, 316
Funck, Karl Wilhelm Ferdinand von 189f

Gall, Ulrich 82, 100, 113f
Gauvain, Karl Ernst von 172
Gentz, Friedrich von 175, 225f, 266f

Gerhard, Paul 235
Geßner, Heinrich 182
Gleißenberg, Lieutenant von 72
Gmelin, Eberhard 257
Goethe, Johann Wolfgang von 19,
    35 f, 134, 181 f, 185, 188, 194,
    198 f, 210, 211, 214, 224 f, 234,
    237, 270, 290, 329 f, 350, 355 f
Gottfried von Straßburg 350
Gräffer 268
Grathoff, Dirk 170 f, 305
Greif, Stadtchirurgus 13, 16
Greuze, Jean-Baptiste 196
Grimm, Jacob 306
Grimm, Wilhelm 306
Gruner, Justus von 313, 314
Gualtieri, Peter von 156
Gubitz, Friedrich Wilhelm 162

Hafftiti, Petri 280
Hardenberg, Karl August Fürst von
    161, 273, 304, 307 f, 310, 313 f,
    344
Hartmann, Ferdinand 176, 225
Haza, Sophie von 269, 275
Hederich, Benjamin 258, 260
Heeren, Arnold Herrmann Ludwig
    266
Hegel, Georg Wilhelm Friedrich
    359
Heller, Erich 100
Hellmann, Hanna 114
Helvétius, Claude-Adrien 126
Hendel-Schütz, Henriette 162
Henkel, Arthur 249
Herder, Johann Gottfried von 83,
    128, 268
Hermann der Cherusker (Armi-
    nius) 290
Hofer, Andreas 299
Hoffmann, Ernst Theodor Ama-
    deus 70, 78, 359, 362
Hoffmeister 10
Hölderlin, Friedrich 78, 224, 229,
    244, 290, 359

Homer 215, 258
Humboldt, Alexander Freiherr von
    68
Humboldt, Wilhelm Freiherr von
    68

Iffland, August Wilhelm 70, 260,
    306

Jariges, K. F. von 211
Jérôme Bonaparte, König von
    Westfalen 273, 299
Jesus 79, 222, 226, 229 f, 235, 240,
    245, 251, 286, 298, 337, 359
Joseph Bonaparte, König von Nea-
    pel 299

Kant, Immanuel 71, 113 f, 126 f, 142,
    146, 164, 308
Karl, Erzherzog 177
Karl, Herzog von Mecklenburg 72
Karl V., Kaiser 204, 205
Kleist, Auguste von 21 f
Kleist, Bernd Christian von 21
Kleist, Ewald Christian von 81
Kleist, Franz Alexander von 81
Kleist, Friedrike von 21 f
Kleist, Joachim Friedrich von 21,
    25, 27 f, 51, 128, 191
Kleist, Juliane von 21 f
Kleist, Juliane Ulrike von 21 f, 24 f,
    27 f, 30 f, 39, 51, 128, 150
Kleist, Karoline Luise von 21
Kleist, Leopold von 21 f, 25, 40, 128,
    191 f, 280
Kleist, Marie von 11, 12, 158, 182,
    233, 259, 264, 276 f, 316 f, 345
Kleist, Ulrike von 11, 12, 21 f, 28,
    32 f, 39, 76 f, 81, 83, 91 f, 97, 99 f,
    102, 103 f, 109, 114, 115 f, 123,
    125, 129, 134, 136 f, 139, 149 f,
    161, 166, 168 f, 171, 179 f, 187,
    191 f, 316
Kleist, Wilhelmine von 21
Klingemann, August 213 f

Klinger, Friedrich Maximilian 114, 120, 127, 129
Knesebeck, Karl Friedrich von dem 175 f
Kotzebue, August von 260, 275
Krättli, Anton 269
Kraus, Christian Jakob 308 f
Kreysig, George Christoph 280
Kreutzer, Hans Joachim 134 f, 188
Krug, Wilhelm Traugott 90, 142
Kühn 182
Kunze, Julie 133, 163
Kurnatowski, Sigismund 267 f

Langhans, Carl Gotthard 70
Leibniz, Gottfried Wilhelm Freiherr von 106
Lessing, Gotthold Ephraim 58, 83, 224, 268, 337
Leutinger, Nicolaus 280
Le Veau, Jean-Jacques 196
Lévi-Strauss, Claude 342
Linkersdorf, Luise von 45
Livius, Titus 324
Lohse, Heinrich 129, 136, 155, 166 f, 178
Löschbrand, Ernst von 21
Louis Bonaparte, König von Holland 299
Lucchesini, Marchese Girolamo 170
Luise, Königin von Preußen 172
Lukrez (Titus Lucretius Carus) 82
Luther, Martin 279, 281, 283, 286
Lykurg 46, 259, 260

Manitius 10
Mann, Thomas 351 f
Marie-Louise, Kaiserin der Franzosen 300
Martini, Adam 22
Martini, Christian Ernst 22, 28 f, 70, 72, 75
Marwitz, Friedrich August von der 39

Marx, Karl 359
von Massow 30 f, 76, 128
Maximilian, Erzherzog 274 f
Mentz, Balthasar 280
Mereau, Sophie 151
Mesmer, Franz Anton 253
Metternich, Klemens Wenzel Nepomuk Fürst von 266 f, 274 f
Meyer, Polizeirat 13
Molière (Jean-Baptiste Poquelin) 211, 212 f, 223
Montesquieu, Charles de Secondat, Baron de La Brède et de 271
Morris, Max 100
Müller, Adam 11, 12, 88, 113, 153, 157, 174 f, 177, 182, 187 f, 198, 214, 225 f, 230 f, 236 f, 243, 253, 265 f, 273 f, 280, 282, 306 f, 310 f, 328 f, 359
Müller, Cäcilie 182
Müller, Johannes von 269
Müller, Quartiermeister 10
Müller, Sophie 11
Müntzer, Thomas 285
Muth, Ludwig 114 f

Napoleon I., Kaiser der Franzosen 65, 88, 102, 169 f, 173, 175, 177, 190 f, 267, 269, 273, 274, 287, 298 f, 304, 308, 311 f, 344
Nietzsche, Friedrich 243
Novalis (Friedrich Leopold Freiherr von Hardenberg) 359

Ossian (James Macpherson) 272

Pannwitz, Auguste von 140
Pannwitz, Carl von 22, 28, 29 f, 142
Pannwitz, Juliane Ulrike von s. u. Juliane Ulrike von Kleist
Pannwitz, Wilhelm von 22, 32, 169
Paulus 228
Peguilhen, Kriegsrat 9 f, 12 f, 161 f, 319
Peterson 269

Pfuel, Ernst von 45, 50, 72, 88, 135, 154, 156, 158, 163f, 169, 172f, 175, 187, 258f, 261, 274
Pfuel, Friedrich von 175f
Phaidros 352
Philipp II., König von Spanien 204
Pinelli, Ada 158
Platner, Ernst 114
Platon 82, 154, 352
Plautus 213f, 223
Plotin 221
Politzer, Heinz 99
Pufendorf, Samuel Freiherr von 205

Racine, Jean 224, 268
Radetzky von Radetz, Joseph Wenzel Graf 176f
Raffael (Raffaello Santi) 337
Randow, Fräulein von 140
Raumer, Friedrich von 313f, 317
Reinhard, Franz Volkmar 225
Reinhold, Karl Leonhard 114
Riebisch 8f
Riebisch, Frau 8f
Riemer, Friedrich Wilhelm 199, 225
Robespierre, Maximilien de 301
Rougemont, Denis de 345, 349
Rousseau, Jean-Jacques 24, 28, 63f, 66, 77, 109, 115, 126, 129, 130, 192, 271, 283, 358f
Ruffet, Jean 171
Rühle von Lilienstern, J. J. Otto August 6, 45, 72f, 129, 164, 173, 182

Sack, Staatsrat 310
Samuel, Richard 170f, 181, 190f
Sappho 154
Sartre, Jean-Paul 180
Schadow, Gottfried 70
Scheffner, Johann George 161
Schelling, Friedrich Wilhelm Joseph von 214, 226f, 234, 244, 247, 253, 359, 361

Schill, Ferdinand von 173
Schiller, Friedrich 58, 111, 134, 185, 190, 194, 197f, 227, 230, 237
Schinkel, Karl Friedrich 70
Schlegel, August Wilhelm von 265
Schlegel, Friedrich von 154, 194, 214, 224, 226f, 230, 265, 276, 359
Schlieben, Karoline von 83, 124
von Schlotheim, Gouverneur 30, 72
Schmidt, Gerhard 100, 349, 351
Schmidt, Jochen 192
Schönfeldt, Ernst von 30
Schönfeldt, Johann Heinrich von 28, 116
Schöttgen, Christian 280
Schubert, Gotthilf Heinrich 236, 253f, 271, 282, 331f, 359, 361
Sembdner, Helmut 160, 164, 226
Shakespeare, William 63, 181, 185, 226f, 270, 349
Siebert, Eberhard 104f
Smith, Adam 307f, 310
Sokrates 79, 352
Sophokles 181, 185, 189, 191, 197f, 349
Staegemann, Finanzrat 273
Stein, Karl Reichsfreiherr vom und zum 308
Sternemann, Dr. 13, 16
Stimming, Frau 9
Stimming, Gastwirt 12, 13
Stojenthin, Philipp von 22
Struensee von Karlsbach, Karl Gustav 91, 98, 99, 100f, 103
Szondi, Peter 228f

Teniers, David 196
Thielmann, Johann Adolph Freiherr von 273
Thomas d'Angleterre 349
Tieck, Ludwig 29, 70, 120, 127, 158, 164, 194, 211, 214, 362

Varnhagen von Ense, Karl August 91

Varus, Publius Quinctilius 292
Vergil 195
Vierhaus, Rudolf 68f
Vogel, Henriette 7f, 16, 17, 89, 161,
    177, 258, 278, 317, 319, 346, 348
Vogel, Louis 7, 10f, 12f, 161, 319
Vogel, Pauline 10f
Voltaire (François-Marie Arouet)
    126

Wackerbarth 116
Walther, Buchhändler 174, 273
Wedekind, Georg 88, 102, 170f,
    178, 183
Weise, Christian Felix 197
Weiss, Hermann F. 175f
Werdeck, Adolfine von 40, 42, 124
von Werdeck 185, 186
Weyer, Gustav von 22
Wieland, Christoph Martin 40, 43f,
    69, 82f, 88, 114, 133f, 170, 178,
    183, 186, 187, 194, 265f
Wieland, Ludwig 50, 182f, 185,
    194f, 214
Wieland, Luise 133f
Wilbrandt, Adolf von 50
Wilhelm, Prinz von Preußen 312
Wilhelmine, Prinzessin von Preu-
    ßen 182

Winckelmann, Johann Joachim 224
Wirth, Joseph 93, 103
Wittgenstein, Ludwig 127
Wolff, Christian Freiherr von 82
Wouwerman, Philips 125, 180
Wulfen, Karoline Luise von s. u.
    Karoline Luise von Kleist
Wünsch, Christian Ernst 82, 114,
    143
Wynne, Gesandter 269

Zelter, Carl Friedrich 70
Zenge, Emilie von 140
Zenge, Generalmajor von 21, 79,
    128, 131, 143
Zenge, Lotte von 144
Zenge, Louise von 139, 144
Zenge, Minette von 79
Zenge, Wilhelmine von 22, 32, 43f,
    45, 83, 84, 85f, 90f, 100f, 106f,
    113, 114, 115, 120f, 128f, 136f,
    141f, 148, 150, 160, 168, 178, 180,
    192
Zichy, Graf 269
Zschokke, Heinrich 50, 182, 194,
    196f, 201, 211, 214

rowohlts bildmonographien

Thema Literatur

Bernhard Jendricke
Alfred Andersch (395)

Erling Nielsen
Hans Christian Andersen (5)

Helene M. Kastinger Riley
Achim von Arnim (277)

Helmut Hirsch
Bettine von Arnim (369)

Gaëtan Picon
Honoré de Balzac (30)

Pascal Pia
Charles Baudelaire (7)

Christiane Zehl Romero
Simone de Beauvoir (260)

Klaus Birkenhauer
Samuel Beckett (176)

Bernd Witte
Walter Benjamin (341)

Walter Lennig
Gottfried Benn (71)

Klaus Schröter
Heinrich Böll (310)

Peter Rühmkorf
Wolfgang Borchert (58)

Marianne Kesting
Bertolt Brecht (37)

Ernst Johann
Georg Büchner (18)

Joseph Kraus
Wilhelm Busch (163)

Hartmut Müller
Lord Byron (297)

Morvan Lebesque
Albert Camus (50)

J. Rives Childs
Giacomo Casanova de Seingalt (48)

Elsbeth Wolffheim
Anton Cechov (307)

Anton Dieterich
Miguel de Cervantes (324)

Peter Berglar
Matthias Claudius (192)

Peter Nicolaisen
Joseph Conrad (384)

Kurt Leonhard
Dante Alighieri (167)

Johann Schmidt
Charles Dickens (262)

Klaus Schröter
Alfred Döblin (266)

Janko Lavrin
Fjodor M. Dostojevskij (88)

Peter Berglar
Annette von Droste-Hülshoff (130)

Heinrich Goertz
Friedrich Dürrenmatt (380)

Paul Stöcklein
Joseph von Eichendorff (84)

Johannes Kleinstück
T.S. Eliot (119)

Jürgen Manthey
Hans Fallada (78)

Peter Nicolaisen
William Faulkner (300)

Reinhold Jaretzky
Lion Feuchtwanger (334)

C 2058/7

rowohlts bildmonographien

Jean de la Varende
Gustave Flaubert (20)

Helmuth Nürnberger
Theodor Fontane (145)

Volker Hage
Max Frisch (321)

Franz Schonauer
Stefan George (44)

Claude Martin
André Gide (89)

Peter Boerner
**Johann Wolfgang
von Goethe** (100)

Rolf-Dietrich Keil
Nikolai W. Gogol (342)

Nina Gourfinkel
Maxim Gorki (9)

Georg Bollenbeck
Oskar Maria Graf (337)

Heinrich Vormweg
Günter Grass (359)

Hermann Gerstner
Brüder Grimm (201)

Curt Hohoff
**Johann Jakob
Christoph von
Grimmelshausen** (267)

Martin Beheim-
Schwarzbach
Knut Hamsun (3)

Kurt Lothar Tank
Gerhart Hauptmann
(27)

Hayo Matthiesen
Friedrich Hebbel (160)

Detlef Brennecke
Sven Hedin (355)

Ludwig Marcuse
Heinrich Heine (41)

Georges-Albert Astre
Ernest Hemingway (73)

Bernhard Zeller
Hermann Hesse (85)

Ulrich Häussermann
Friedrich Hölderlin (53)

Gabrielle Wittkop-
Ménardeau
E.T.A. Hoffmann (113)

Werner Volke
**Hugo von
Hofmannsthal** (127)

Herbert Bannert
Homer (272)

Dieter Hildebrandt
Ödön von Horváth (231)

Theo Schumacher
Aldous Huxley (368)

Gerd Enno Rieger
Henrik Ibsen (295)

Francois Bondy
Eugène Ionesco (223)

Jean Paris
James Joyce (40)

Luiselotte Enderle
Erich Kästner (120)

Klaus Wagenbach
Franz Kafka (91)

Bernd Breitenbruch
Gottfried Keller (136)

**Thema
Literatur**

rororo
bildmono
graphien

C 2058/7 a

rowohlts bildmonographien

Adolf Stock
Heinar Kipphardt
(364)

Curt Hohoff
Heinrich von Kleist (1)

Paul Schick
Karl Kraus (111)

Erika Klüsener
Else Lasker-Schüler
(283)

Richard Aldington
**David Herbert
Lawrence** (51)

Curt Hohoff
**Jakob Michael
Reinhold Lenz** (259)

Wolfgang Drews
**Gotthold Ephraim
Lessing** (75)

Wolfgang Promies
**Georg Christoph
Lichtenberg** (90)

Sybil Gräfin Schönfelt
Astrid Lindgren (371)

Thomas Ayck
Jack London (244)

Heribert Hoven
Malcolm Lowry (414)

Klaus Schröter
Heinrich Mann (125)

**Thema
Literatur**

Uwe Naumann
Klaus Mann (332)

Klaus Schröter
Thomas Mann (93)

David A. Jackson
**Conrad Ferdinand
Meyer** (238)

Walter Schmiele
Henry Miller (61)

Hans Egon Holthusen
Eduard Mörike (175)

Friedrich Hartau
Molière (245)

Martin Beheim-
Schwarzbach
Christian Morgenstern
(97)

Wilfried Berghahn
Robert Musil (81)

Donald E. Morton
Vladimir Nabokov (328)

Otto Basil
Johann Nestroy (132)

Gerhard Schulz
Novalis (154)

Karen Baasch/
Helmuth Nürnberger
**Oswald von
Wolkenstein** (360)

Hanns-Josef Ortheil
Jean Paul (329)

Walter Lennig
Edgar Allen Poe (32)

Claude Mauriac
Marcel Proust (15)

Gudrun Ziegler
Alexander S. Puschkin
(279)

Hans Oppermann
Wilhelm Raabe (165)

Michael Töteberg
Fritz Reuter (271)

Hans Egon Holthusen
Rainer Maria Rilke (22)

bildmono rororo graphien

C 2058/7 b

rowohlts bildmonographien

Yves Bonnefoy
Arthur Rimbaud (65)

Herbert Günther
Joachim Ringelnatz (96)

Helmuth Nürnberger
Joseph Roth (301)

Paul Mayer
Ernst Rowohlt (139)

Walter Lennig
Marquis de Sade (108)

Luc Estang
Antoine de Saint-Exupréry (4)

Renate Wiggershaus
George Sand (309)

Marion Giebel
Sappho (291)

Walter Biemel
Jean-Paul Sartre (87)

Friedrich Burschell
Friedrich Schiller (14)

Ernst Behler
Friedrich Schlegel (123)

Hartmut Scheible
Arthur Schnitzler (235)

Jean Paris
William Shakespeare (2)

Thema Literatur

Hermann Stresau
George Bernhard Shaw (59)

Manfred Linke
Carl Sternheim (278)

Urban Roedl
Adalbert Stifter (86)

Hartmut Vincon
Theodor Storm (186)

Justus Franz Wittkop
Jonathan Swift (242)

Fritz Heinle
Ludwig Thoma (80)

Wolfgang Rothe
Ernst Toller (312)

Janko Lavrin
Leo Tolstoj (57)

Otto Basil
Georg Trakl (106)

Tschechow
(siehe Cechov)

Klaus-Peter Schulz
Kurt Tucholsky (31)

Thomas Ayck
Mark Twain (211)

Volker Dehs
Jules Verne (358)

Hans-Uwe Rump
Walther von der Vogelweide (209)

Günter Seehaus
Frank Wedekind (213)

Jochen Vogt
Peter Weiss (367) Juni '87

Peter Funke
Oscar Wilde (148)

Werner Waldmann
Virginia Woolf (323)

Marc Bernard
Émile Zola (24)

Thomas Ayck
Carl Zuckmayer (256)

ro ro ro
bildmono graphien

C 2058/7 c